»Ein Wort – ein Glanz, ein Flug, ein Feuer ...«

»Ein Wort – ein Glanz, ein Flug, ein Feuer …«

Theologen interpretieren Gedichte

Herausgegeben von Heike Krötke

Wolf Krötke
zum
60. Geburtstag
am 5. Oktober 1998

Calwer Verlag Stuttgart

Die Deutsche Bibliothek – CIP-Einheitsaufnahme

»Ein **Wort – ein Glanz, ein Flug, ein Feuer ...**« : Theologen interpretieren Gedichte; Wolf Krötke zum 60. Geburtstag am 5. Oktober 1998 / hrsg. von Heike Krötke. – Stuttgart : Calwer Verl., 1998

ISBN 3-7668-3604-8

Umschlaggestaltung: ES-Typographic, Stuttgart
Der Titel ist ein Zitat aus dem Gedicht »Ein Wort«
von Gottfried Benn. © 1948, 1983 by Arche Verlag, Raabe + Vitali, Zürich
Satz: Calwer Verlag
Druck und Verarbeitung: Druck Partner Rübelmann GmbH, Hemsbach

Inhalt

Heike Krötke
Einleitung 9

Siegfried Bräuer
»David« – Franz Fühmanns Gedicht zu Karl Hofers Gemälde 17

Christoph Demke
Zeitansage – Gedanken zu Paul Celans Gedicht »Corona« 29

Christoph Dieckmann
»Pancho & Lefty« – Ein Sänger seines Lebens: Townes Van Zandt 36

Christofer Frey
Verfremdete »Botschaft« – Gedanken zu einem Gedicht von Ingeborg Bachmann 48

Christian Gremmels
Günter Eich: »Der Anfang kühlerer Tage« – Eine psychodramatische Annäherung 56

Kjetil Hafstad
Kein hoher Himmel: Peter Huchels »Weihnachtslied« 62

Peter Heidrich
Johannes Bobrowski: »Klosterkirche« 71

Jürgen Henkys
»Ja, ich sprech in den Wind« –
Zu einem poetologischen Rondo von Johannes Bobrowski 76

Wolfgang Huber
Wisława Szymborska: »Das Ende eines Jahrhunderts« 88

Klaus-Peter Jörns
»DIKTAION ANTRON« (Diktäische Höhle) –
Wahrnehmung Gottes in theologischer Poesie 95

Manfred Josuttis
Poiesis und Genesis. Zu dem Gedicht »Ein Wort« von Gottfried Benn 109

Ingo Klaer
Die Himmels-Insel in der Weltall-Hölle –
Gedanken zu Fritz Usingers Gedicht »Der Höllen-Himmel« 120

Bertold Klappert
Der ökumenische Weg des Petrus –
Zur biblischen Sensopera »Petrus« von Henning Frederichs 137

Dietrich Korsch
Erich Arendt: »Sela« 152

Ernstpeter Maurer
»Sprich auch du« – Bemerkungen zu einem Gedicht von Paul Celan . . 158

Michael Meyer-Blanck
Leben im Rinnstein – Carl Zuckmayers »Lob der Spatzen«
Biblisch-theologische Bezüge in einem Gelegenheitsgedicht 172

Michael Moxter
Ingeborg Bachmann: »Reigen« 183

Joachim Ringleben
Paul Celan: »Sommerbericht« 192

Hartmut Ruddies
Wolf Biermann: »Nach Auschwitz« – Versuch einer Interpretation . . . 199

Henning Schröer
Auf der Spur des Gegenglücks – Gottfried Benn:
»Einsamer nie –« 210

Hans-Walter Schütte
Else Lasker-Schüler: »Gebet« 219

Dorothee Sölle
»Mein einziges Korn« – Ein Stück anonymer Theopoesie 231

Martin Uhle-Wettler
Das Ungeheure, Unnennbare benennen? –
Gedanken zu Paul Celans Gedicht »Tenebrae« 236

Wolfgang Ullmann
Ende der Zeit – Ende der Sprache
Zu Ossip Mandelstams »Der Hufeisenfinder« 243

Michael Weinrich
Hans Magnus Enzensberger: »Abendmahl. Venezianisch,
16. Jahrhundert« 257

Christof Gestrich
Theologie und Dichtung –
Evangelische Erörterung einer alten Beziehung 271

Autorenverzeichnis 291

Heike Krötke

Einleitung

Was geschieht, wenn wir Gedichte lesen? Welches Ereignis lösen Sie in uns aus? Warum gehen sie uns so unmittelbar an, daß wir uns in ihnen ausgedrückt finden und in ihre Worte einkehren wie in eine Welt, in der wir schon lange bekannt und endlich verstanden sind?

Franz Fühmann hat in seinem in den 80er Jahren unter den Intellektuellen der DDR berühmten Aufsatz von einem »mythischen Element« in der Literatur gesprochen.[1] Demzufolge ist der Mythos »das Geheimnis der Dichtung«.[2] Den Begriff des Mythos definiert Fühmann nicht inhaltlich, sondern formal. Es geht also nicht darum, das Wesen der Dichtung dort zu finden, wo das Schicksal der Menschen verwoben mit den Geschichten der Götter erzählt wird. Vom Mythos soll vielmehr dort die Rede sein, wo es der Sprache gelingt, die Einheit eines Widerspruches auszudrücken.[3] Der Grundwiderspruch, in dem der Mensch nach Fühmann existiert, ist der zwischen »Innen« und »Außen«.[4] Anders gesagt: Da ethisches Verhalten ein »Opfer an Eigensubstanz«[5] impliziert, liegt in jedem Individuum ein »ethisch an sich Indifferentes, das im Gesellschaftlichen als böse erscheint«.[6] Indem der Mensch also sein Inneres sprachlich – lyrisch – zum Ausdruck bringt, gerät er in den Konflikt von Gut und Böse, von Geborgenheit und Gefährdung, Erfüllung und Vernichtung. Konkret macht Fühmann das deutlich an dem Abendlied »Der Mond ist aufgegangen« von Matthias Claudius. In welcher Weise kommen hier Innen und Außen gemeinsam zum Ausdruck? Fühmann antwortet: »Meiner Ansicht nach [durch] die entsetzliche Ahnung, daß eine Welt, die allen noch heil scheint, einen Riß hat, durch den Kälte strömt.«[7] Das Lied von Claudius ist ein Beispiel innigster Dichtung, weil es vermag, diesen Riß auszusagen und damit eine Einheit des Widerspruches zu stiften. Es hat damit den Charakter des Mythos, der so lange lebendig bleibt, wie es möglich ist, das eigene »Innen« in ihm ausgedrückt zu finden. In diesem Sinne scheut Fühmann sich nicht, die – mythologisch gesprochen – teuflischen Ereignisse des 20. Jahrhunderts bereits bei Claudius sprachlich aufgehoben zu finden. So wie der Wald, der schwarz und schweigend steht, sprachlich ein Mythos ist, weil menschheitsalte Erfahrungen beides in ihn integriert haben: »Anheimelung *und* Schrecken«,[8] läßt auch die »stille Kammer«, ein Ausdruck der Geborgenheit, die Möglichkeit der gegenteiligen Erfahrung offen: Da »steht die trauliche Kammer in einer Schwärze, durch die langsam ein Brodem herankriecht, und diese holde Kammer Welt ist wie die holde Kammer Seele voll von allem Jammer der Menschheit – draußen ist's still, aber drinnen stöhnt es, in dieser Kammer, aus der man noch den Mond gesehen hat und die sich jetzt schließt, die dicht wird …«.[9] Fühmann findet in Claudius' Abendlied einen Hinweis auf den Ort der Hölle des 20. Jahrhunderts, die »GASKAMMER«. Und durch den schauerlichen Riß in der Welt »zischt das Gas«.[10]

Fühmanns Theorie der Dichtung ist – im weitesten Sinne – marxistisch fundiert. Der Widerspruch zwischen Innen und Außen kann darum nicht nur mit dem zwischen Individuum bzw. Naturwesen und Gesellschaftswesen identifiziert werden, sondern mit dem zwischen Individuum und »Gattung«.[11] Der Mensch vermag es darum, mittels der Kunst individuelle Erlebnisse auf der Projektionsfläche der Gattung zu verallgemeinern und d.h., in Erfahrungen umzubilden. Das Individuum findet sein Innerstes in der Kunst ausgedrückt, weil es selbst ein Exemplar der Gattung ist und die künstlerische Verallgemeinerung seiner Freuden und Leiden ihm die Möglichkeit des Vergleiches mit anderen und also Erleichterung gibt.[12]

Verallgemeinerung in diesem Sinne müßte bedeuten, daß der Einzelne im Gedicht all diejenigen Merkmale seiner selbst erkennt, die ihn als Gattungswesen auszeichnen. Da er aber ausschließlich kraft seiner Individualität von der Gattung unterschieden ist, dürfte es unmöglich sein, daß er auf diese Weise *sich selbst* im Gedicht wiedererkennt. Anders ausgedrückt: Da der Einzelne sich tatsächlich in das eigene Sprachvermögen übersteigender Weise im Gedicht findet, ist es nicht möglich, den Widerspruch von Individuum und Gattung in geschilderter Weise kunsttheoretisch einzusetzen. Die Schwierigkeit verschärft sich noch, wenn man den marxistischen Begriff der Gattung als solchen für fragwürdig hält. Dennoch enthält diese Beschreibung des Geheimnisses der Dichtung eine Wahrheit, die weiterzutragen ist.

Die Rede vom »Riß« – dem poetologischen Zentrum des Fühmannschen Aufsatzes – hat Tradition. Nach Georg Wilhelm Friedrich Hegel gilt es ebenso wie für die Philosophie und die Religion als Aufgabe der Kunst, »die tiefsten Interessen des Menschen … zum Bewußtsein zu bringen und auszusprechen.«[13] Das tiefste »Innen« des Menschen ist nun aber nach Hegel »das Göttliche«[14] und die Kunst unterscheidet sich darin von Religion und Philosophie, daß sie dasselbe weder als ein »Jenseits dem unmittelbaren Bewußtsein und der gegenwärtigen Empfindung gegenüber aufstellt«, noch sich »dem Diesseits, das sinnliche Wirklichkeit und Endlichkeit heißt, enthebt« sondern daß sie dieses »Höchste sinnlich darstellt«.[15] Kunstschönheit ist nach Hegel »die aus dem Geiste geborene und wiedergeborene

Schönheit« und alles Schöne ist nur wahrhaft schön, sofern es am »Geist« Anteil hat.[16] In welche Rolle gerät demnach die Kunst neben Religion und Philosophie? Der sich kraft des Menschen verwirklichende Geist strebt vom Sinnlichen fort hin zur begrifflichen Darstellung seiner selbst. Damit entsteht ein *Bruch* zwischen Sinnlichkeit und Geist, zwischen »Außen« und »Innen«. Hegel formuliert: »Diesen Bruch aber, zu welchem der Geist fortgeht, weiß er ebenso zu heilen; er erzeugt aus sich selbst die Werke der schönen Kunst als das erste versöhnende Mittelglied zwischen dem bloß Äußerlichen, Sinnlichen und Vergänglichen und zwischen dem reinen Gedanken, zwischen der Natur und endlichen Wirklichkeit und der unendlichen Freiheit des begreifenden Denkens.«[17]

Wie nach Fühmann besteht das Geheimnis der Kunst auch nach Hegel darin, die Einheit eines Widerspruches darzustellen. Der »Riß« jedoch hat einen anderen Ort. Entwirft Fühmann seine Theorie vom Individuum her, das seine Widersprüchlichkeit im Allgemeinen vermitteln muß, so ist nach Hegel vom Einzelnen nur zu reden, indem er vom Geist her an diesem Anteil gewinnt. An die Stelle der widersprüchlichen Einheit von Innen und Außen auf der Ebene des Allgemeinen tritt bei Hegel die – letztlich – widerspruchsfreie Einheit von Konkretem bzw. Einzelnem und Geist. Das »Außen« Fühmanns, das nicht ohne ein »Innen« möglich ist, wird darum bei Hegel zum »bloß Äußerlichen«. Demnach besteht der Unterschied zu Hegel darin, daß gemäß diesem im Kunstwerk nicht Individuelles verallgemeinert wird, sondern vielmehr umgekehrt sich der Begriff (das Allgemeine) zum Besonderen, Sinnlichen hin entfremdet. Der Geist jedoch verliert sich nicht in dieser Entfremdung, sondern vermag sich in seiner Entäußerung wiederzuerkennen und die Entfremdung wiederum aufzuheben.[18]

Der Sinn der Kunst, das Geheimnisvolle, uns Anrührende, nicht Übersetz- und Erklärbare liegt so in der durch den Menschen vermittelten Gegenwart des »Göttlichen« im Einzelnen, Sinnlichen, ohne diese Gegenwart bloß Natürlichen.[19] Darum hat die Kunst nach Hegel einen ganz bestimmten, geschichtlichen Ort. In der Geschichte des sich verwirklichenden Geistes ist es nur auf einer ganz bestimmten »Stufe« möglich, die Wahrheit im Kunstwerk darzustellen, und Hegel ordnet die Kunst einer relativ frühen Entwicklungsstufe des Geistes zu, weil ihrer Form (der Sinnlichkeit) nur ein Inhalt entsprechen kann, der selbst noch sinnlich ausdrückbar ist. Die eigentlich angemessene Darstellung des Göttlichen findet sich somit in den Marmorbildern griechischer Götter als der leiblichen Erscheinung des Geistes.[20]

Mit der christlichen Auffassung und nach Hegel vielmehr noch mit der philosophischen kann die Kunst nicht mehr als Selbstdarstellung des Geistes verstanden werden. Welche Rolle spielt sie demnach in der Gegenwart? Nach

Hegel haben »Gedanke und ... Reflexion ... die schöne Kunst überflügelt«.[21] An die Stelle der Einheit von Begriff und Sinnlichkeit ist die Abstraktion mit ihren Trennungen und Entgegensetzungen getreten.[22] Die Einheit des Widerspruches zwischen dem Gedanken und der sinnlichen Welt, welche das Geheimnis der Kunst war, ist damit zerbrochen. Hegel nennt diesen – gegenwärtig – unheilbaren Bruch »Entfremdung«.[23] Seine Konsequenz ist »die unvermittelte Disparatheit des so zur bloßen Zufälligkeit herabgesetzten Äußeren und des ebenso zufällig gewordenen Subjektiven«.[24] Damit ergibt sich aber eine neue Möglichkeit der Kunst: Insofern sie frei geworden ist von ihrem Inhalt, dem Göttlichen, ist sie eine Möglichkeit der Selbstdarstellung individueller Subjektivität. In der Kunst vermag der in der Welt zufällig, ortlos gewordene Einzelne seiner Entfremdung, »der konkreten Wirklichkeit der entzweiten Welt«, auszuweichen.[25] Im Verzicht auf die Heilung des Bruches erfährt er sich so in freier, konkreter Individualität.[26]

Blicken wir in der Perspektive des 20. Jahrhunderts von dieser Kunsttheorie her zurück zu Fühmann, bekommt der Bruch, von dem Hegel spricht, eine andere Qualität. Nach Hegel ist die Einheit, welche die Kunst zu bilden vermag, zerbrochen worden durch den Geschichtsprozeß, in dem der »Geist« zu sich selbst kommt. Die Grundlage der Argumentation ist jedoch die Tatsache, daß das Ich sich in seiner Welt nicht mehr künstlerisch auszudrücken vermag. Interpretieren wir nun aber unsere gegenwärtige Situation auf diese Weise, ist es nicht mehr möglich, sie als Ergebnis eines Geschichtsprozesses im Sinne Hegels zu verstehen. Die Anerkennung des Bruches schließt am Ende des 20. Jahrhunderts das Eingeständnis ein, daß es unmöglich ist, ihn geschichtsphilosophisch in ein teleologisch organisiertes Sinnganzes zu integrieren. Deutlich wird das an Fühmann. An die Stelle der Geschichte, in der kraft des Geistes letztlich auch dieser Bruch geheilt sein wird, tritt der Mythos. Der Widerspruch zwischen Innen und Außen ist nur noch in einem transgeschichtlichen Immer aussagbar. Dazu kommt: Solange der Bruch ein Moment der Geschichte ist, kann er als sinnvoll, als teilhaftig an der Wahrheit und insofern als gut verstanden werden. Fehlt aber der ihn übergreifende Zusammenhang, gerät das Individuum, das sich selbst in ein »Außen« zu transzendieren sucht, in den Konflikt von Gut und Böse. Kraft des Mythos beschwört Fühmann die Einheit von Böse und Gut. Folgen wir jedoch der Verwandlung der »trauten Kammer« in die Kammern von Auschwitz, können wir nur zu der Konsequenz kommen, daß der Riß, durch den »das Gas zischt«, in keinen Mythos mehr aufgehoben werden kann.

Am Ende des 20. Jahrhunderts, das man als »Jahrhundert des Terrors« bezeichnen kann (Ullmann/Mandelstam), steht der zufällig gewordene Einzelne einer ebenso in die Zufälligkeit gesunkenen Welt gegenüber, von der ihn ein Riß trennt, der dichterisch – sprachlich – nicht mehr überbrückbar zu sein scheint (Ringleben/Celan). Der Dichter kann sich darum nicht mehr – wie nach Hegel – jenseits der Welt seiner frei gewordenen Individualität freuen. Diese »Welt« ist in die Sprache eingebrochen und hat sie zu einer »Glossolalie der Verzweiflung« (Ullmann/Mandelstam) werden lassen. Die Suche des Einzelnen, die eine Suche der Sprache mittels der Sprache ist, wird darum zum Thema der Lyrik. Eine solche Sprache aber fällt sich selbst in's Wort. Sie ist gezwungen, sich in der Sehnsucht nach Ganzheit immer wieder selbst zu unterbrechen. In dieser Situation jedoch kann nicht mehr – philosophisch – ausgemacht werden, was das »Geheimnis der Dichtung« ist.

Am 26. September 1940 hatte sich der jüdische Philosoph Walter Benjamin bei dem mißglückten Unternehmen, nach Amerika auszuwandern, an der spanisch-französischen Grenze das Leben genommen.[27] Seine Schriften waren zu Lebzeiten weitgehend unbekannt geblieben, und auch im Nachhinein ist es nicht einfach, sein »Lebenswerk« zu fassen. Gemäß Hannah Arendt hat Benjamin sich selbst als Sammler von Zitaten verstanden. Seine Habilitationsschrift beispielweise ist eine Sammlung und Auslegung von Zitaten, und sein Traum bestand darin, ein vollkommenes Werk zu schaffen, das nichts anderes darstellen sollte, als ein kunstvoll zusammengefügtes Mosaik von lauter Zitaten.[28] Nach Arendt zieht Benjamin mit solcher Art Philosophie die Konsequenz aus der Einsicht in den Verlust der »Konsistenz der Wahrheit«.[29] Mit diesem Verlust, der als signum des 20. Jahrhunderts verstanden werden kann, verliert Wahrheit ihre Tradierbarkeit. D.h.: In einer durch Kontinuität geprägten Geschichte wird die Wahrheit als Traditionsgut zur Weisheit. Verliert Wahrheit ihre Tradierbarkeit, kann sie, selbst wenn wir mit ihr konfrontiert werden, nicht mehr als Weisheit rezipiert werden.[30]

Benjamins umfangreiche Zitatensammlungen sind eine Reaktion auf dieses Problem, und er verstand das Sammeln deswegen als einer revolutionären Tätigkeit verwandt.[31] Arendt vergleicht ihn mit einem »Perlentaucher«, der auf dem »Meeresgrund des Vergangenen«[32] Stücke aus Korallen bricht, um sie an's Tageslicht zu heben. Ein solcher »Sammler zerstört den Zusammenhang, in dem sein Gegenstand einmal nur Teil eines größeren lebendigen Ganzen gewesen ist«.[33] Er reinigt damit diesen Gegenstand – das Wort – von allem, was an ihm typisch ist, und bringt das Einmalige, Unvergleichbare zum Vorschein. Eingedenk des beschriebenen Traditionsbruches entspricht so die Arbeit des Sammlers dem, was die Geschichte von sich her anbietet: Die Arbeit des Zerstörens ist ihm im Prinzip bereits abgenommen, und er braucht »sich gleichsam nur zu bücken ..., um sich seine kostbaren Bruchstücke aus den Trümmerhaufen des Vergangenen herauszulesen«.[34]

Das Bruchstück tritt an die Stelle des Zusammenhanges, der einzelne Gedanke bzw. das einzelne Wort gewinnt eine »tödliche Stoßkraft«,[35] indem es den Bruch, den »Riß« in der Wirklichkeit bestätigt. Darin aber liegt nach

Benjamin die Ahnung eines neuen Anfangs. Im einzelnen Wort, im aus dem Zusammenhang gefallenen Gedanken kann eine revolutionäre Kraft liegen, gerade weil sie darauf verzichten, Etwas sagen zu wollen. Rede in diesem Verzicht aber ist im weitesten Sinne dichterisch und so hat denn auch Arendt in Benjamin einen dichterischen Denker gesehen.[36] Sie zitiert: »Kein Gedicht gilt einem Leser, kein Bild dem Beschauer, keine Symphonie der Hörerschaft«.[37] Die Wahrheit, die in der Dichtung zum Ausdruck kommt, ist intentionslos.[38] Auf diese Weise aber gewinnt die Sprache an Eigenmacht gegenüber dem Hörer wie auch dem Sprecher bzw. Dichter selbst. D.h.: Gerade in der Anerkennung des Risses, der mit dem Zusammenhang von Ich und Welt auch jeglichen Sinnzusammenhang zerstört, mittels dessen sich das Ich in die Welt integrieren kann, könnte es der Sprache gelingen, in sich selber einzukehren und uralten Sinn auf neue Weise zu stiften (Maurer/Celan).[39]

Wird eine solche Spracheinkehr in den Gedichten des 20. Jahrhunderts vollzogen? Es fällt auf, daß das Ende der Religion – dichterisch – nicht identisch ist mit der Verwendung religiöser Metaphern (Moxter/Bachmann). Mit diesem Phänomen setzen sich die folgenden Aufsätze auseinander. Welchen Grund gibt es, dichterisch auf Gott zu verweisen – oder zumindest auf Elemente der christlichen Tradition, die, auch in einzelne Worte zerbrochen, Sinn in sich tragen? Es gibt auf die Frage des Zusammenhanges von Theologie und Ästhetik, ja, auch von Theologie und Literatur Antworten im Bereich der Systematischen wie der Praktischen Theologie. Es ist jedoch darüber hinaus notwendig, daß man sich konkret der Fragen des Vorkommens religiöser Metaphern in Gedichten des 20. Jahrhunderts und d.h. im Horizont der Gebrochenheit unseres Sprachvermögens im Schatten unserer Geschichte widmet. So schwierig das Thema ist, so vorsichtig sind die Fragen, die gestellt werden, so tastend die Antworten. Wichtig ist, daß es möglich wird, unsere Situation zu beschreiben, die Veränderung des Charakters unserer Sprache einzugestehen. – Und wo sollte das deutlicher möglich sein als im Kontext der Lyrik, die am sensibelsten, am unmittelbarsten zu sagen vermag, wie es um den Menschen steht, gerade wenn dies nicht mehr ausdrücklich zu sagen ist?

Eine der vorsichtigen Antworten auf das Problem der Sprache können wir bei Benjamin angedeutet finden. Zwar geht es bei ihm nicht ausdrücklich um die religiöse Thematik von Gedichten. Jedoch liegt – so erklärt er – im bruchstückhaften Denken ein religiöser Sinn, gerade weil es darauf verzichtet, den Menschen in den Horizont seiner Vernunft einzuschließen. Was uns angeht, behält »vielleicht [den] besten Sinn, wenn … [es] nicht von vornherein ausschließlich auf den Menschen bezogen wird.[40] Sprache, die uns selbst übersteigt, könnte einen Verweis enthalten auf Gottes eigene

Sprache.[41] Benjamin hat später auf diesen theologischen Hintergrund verzichtet, er hat es jedoch nie aufgegeben, unser Sprachvermögen einem »Weltwesen« einzuordnen, »aus dem das Sprechen hervorgeht«.[42]

Können wir diesem Weg Benjamins nicht folgen, so ist doch mit ihm zu akzeptieren, daß wir im eigentlichen Sprechen nicht Subjekte unserer selbst sind. In den um uns versammelten Denkbruchstücken, zu denen auch Reste einer – für die »Denker« vielleicht vergangenen – Religion gehören, liegt deswegen die Chance eines neuen Sinnes: Unsere Weltfremdheit, die profan auch als Ergebnis unserer Kriege verstanden werden muß, birgt vielleicht die Hoffnung, in den zerbrochenen und verlassenen Kirchen das WORT neu zu hören (Heidrich/Bobrowski).

Anmerkungen

1 Franz Fühmann: Das mythische Element in der Literatur, in: F. Fühmann, Essays, Gespräche, Aufsätze, 1964–1981, Rostock 1983, S. 82-140.
2 Ebd., S. 132.
3 Vgl. ebd., S. 90ff., 133ff.
4 Vgl. ebd., S. 132.
5 Ebd., S. 126.
6 Ebd., S. 131.
7 Ebd., S. 132.
8 Ebd., S. 134.
9 Ebd.
10 Ebd.
11 Vgl. ebd., S. 94, S. 115f.
12 Vgl. ebd., S. 115, S. 120f.
13 Georg Wilhelm Friedrich Hegel: Ästhetik 1, hg. von F. Bassenge, Berlin/Weimar 1984, S. 19.
14 Ebd. (Die Hervorhebungen im Zitat – wie in den folgenden – sind von mir fortgelassen worden.)
15 Ebd.
16 Vgl. ebd., S. 14.
17 Ebd., S. 19.
18 Vgl. ebd., S. 24.
19 Vgl. ebd., S. 14, S. 24.
20 Vgl. ebd., S. 21.
21 Ebd.
22 Vgl. G. Rohrmoser: Art. Ästhetik, II. Als philosophisches und neuzeitlich religionsphilosophisches Problem, in: TRE, Bd. 1, S. 554–566, S. 559.
23 Vgl. ebd.
24 Ebd.

25 Ebd., S. 560.
26 Vgl. ebd.
27 Vgl. H. Arendt: Walter Benjamin, in: H. Arendt, Menschen in finsteren Zeiten, hg. von U. Ludz, München/Zürich 1989 (2. Auflage), S. 185-242, S. 229ff., S. 207.
28 Vgl. ebd., S. 194, S. 187, S. 239.
29 Benjamin nach Arendt, S. 231.
30 Vgl. Arendt, S. 232.
31 Vgl. ebd., S. 233.
32 Ebd., S. 232, vgl. ebd., S. 242.
33 Ebd., S. 236.
34 Ebd.
35 Benjamin, nach Arendt, S. 236, S. 238.
36 Vgl. Arendt, S. 242.
37 Benjamin, nach Arendt, S. 239.
38 Vgl. ebd., S. 238.
39 Vgl. Arendt, S. 241.
40 Benjamin, nach Arendt, S. 240.
41 Vgl. ebd.
42 Ebd.

Siegfried Bräuer

»David«
Franz Fühmanns Gedicht zu Karl Hofers Gemälde

DAVID

Nach diesem Aufmarsch,
nach dieser Parade,
nach diesem Olympia:
David.

Ja, all das war Goliath:
alle die ungeheuren Körper,
die gigantischen Klumpen
blödester Kraft, die aufgerollten
Flanken von Kadern geistfeindlichen Fleisches,
gezüchtet zum Schlachten, Fleisch, das da schrie:
»Die Straße frei –«
Fleisch, hirnlos, das nach Freiheit schrie
für Goliath den Größten.

Goliath, alles war Goliath,
alles über alles war Goliath,
bis nach Olympia kam Goliath,
stand dort, mit Fackeln, qualmenden,
vor brennenden Büchern und Menschen,
brüllend ins Antlitz der Welt:
»Wir werden weitermarschieren –«

Da,
in den Scherben des Geists,
ein geächteter
Maler
schuf
David.
David:
die kundige Hand,

David:
das weitblickende Auge,
David:
die hohe Stirne,
mit Lorbeer gekrönt:
der Sieger.

Zündet die Feuer an!
Kommt aus dem Dunkel heraus!
Lasset, ihr Schwachen, die Hoffnung nicht fahren,
wo immer ihr seid in des Goliaths Klaun:
David
wird Goliath
töten.

In Fühmanns zweitem Gedichtband »Aber die Schöpfung soll dauern« (1957) finden sich neben ersten Gedichten über Märchen auch die »Zu drei Bildern Carl Hofers«; es handelt sich um die Gemälde: Die schwarzen Zimmer (1928); Der Übersetzer (1937); David (1937).[1] Die beiden ersten brachte mit den Bildvorlagen der Hofergemälde bereits das Januarheft der »Bildenden Kunst« als Vorabdruck.[2] Hofers Daviddarstellung von 1937 wird in den Katalogen und anderen kunstgeschichtlichen Publikationen selten wiedergegeben. Möglicherweise hat Fühmann das Bild beim Besuch der Gedächtnisausstellung für den 1955 verstorbenen Künstler im Herbst 1956 in der Hochschule für bildende Künste in Berlin-Charlottenburg kennengelernt.[3] In einer frühen Phase (1907), als er noch unter dem Einfluß Hans von Marées stand, hatte Hofer David ganzfigürlich als nackten Jüngling mit Schleuder in weiter Landschaft gemalt.[4] 30 Jahre später wendet er sich dem Motiv noch einmal zu. Nicht nur sein Stil, seine ganze Situation hat sich grundlegend verändert. Seit dem Machtantritt Hitlers zählt er zu den geächteten Künstlern. Er verliert 1934 sein Lehramt an der Kunsthochschule Berlin-Charlottenburg. Berufs- und Ausstellungsverbot sowie der Ausschluß aus der Preußischen Akademie der Künste folgen. Acht seiner Gemälde werden in der Ausstellung »Entartete Kunst«, die am 19. Juli 1937 in München eröffnet wurde, gezeigt und angeprangert. Im gleichen Sommer werden in öffentlichen Sammlungen mehr als 300 seiner Werke beschlagnahmt.[5] Ohne den Rückhalt einer religiösen Überzeugung und ohne jede Hoffnung angesichts der zunehmenden Menschen- und Kulturverachtung im Dritten Reich, malt er gegen seine eigene wachsende Verzweiflung noch einmal David.[6] Diesmal stellt er die nur mit Lendenschurz bekleidete Dreiviertelfigur vor einen farbigen Hintergrund. Die Schleuder hält der Jüngling in Brusthöhe, nicht wie 1907 in den herabhängenden Händen. Der Blick ist konzentriert auf den Betrachter des Bildes gerichtet. Auf dem Kopf trägt David diesmal einen Lorbeerkranz.[7] Nach eigener Aussage interessierte den Maler bei seinen »wenige(n) Bilder(n) christlichen Inhalts und aus der Heiligenlegende« das Thema nur, soweit es »allgemein-menschlicher und ewig-gültiger Natur war«.[8] Ein konkreter Situationsbezug fehlt folgerichtig auch bei der Daviddarstellung.

Inspiriert durch das Entstehungsjahr, wohl auch durch den Lorbeerkranz, hat Fühmann das Gemälde Hofers zeitgeschichtlich interpretiert. Er hat es als künstlerische Antwort auf die XI. Olympischen Sommerspiele vom 1. bis 16. August 1936 in Berlin verstanden. Thomas Wolfe war Zeuge dieser Demonstration der neuen Macht und Überlegenheit Deutschlands. Er hat das »Unheilverkündende« dieses täglichen Massenereignisses, »die horrende Konzentration der Kräfte, das ungeheuer Straffe und Geordnete in den von überallher zusammengezogenen Kräften des ganzen Landes« gespürt. Georg Webber, den Helden seines nachgelassenen Romans »Es führt kein Weg zurück«, läßt er die treffende Beobachtung festhalten, daß eben darin das Unheilverkündende lag, »daß diese Macht-Demonstration offensichtlich über die Erfordernisse des sportlichen Ereignisses hinausging«.[9]

Fühmann läßt in seinen fünf freien Strophen nicht die hintergründige ambivalente Atmosphäre dieses »Festes der Schönheit und der Spiele der Gewalt« vor den Lesern erstehen.[10] Aus dem zeitlichen Abstand gibt er dem Ereignis von 1936 eindeutige und scharfe Konturen. Sein »David« steht von vornherein dazu in schroffer Konfrontation. Äußerst verknappt geschieht das bereits in der Eingangsstrophe mit den beiden Stichworten für NS-Massenveranstaltungen, Aufmarsch und Parade. Die Eröffnung mit dem gewichtigen Einsilber »nach« verstärkt diese Absicht.[11] Dreimal wird so der Unerwartete angekündigt: David.

Der Name genügt zunächst, um in den beiden Folgestrophen Raum für eine ausführliche Darstellung des Gegners zu lassen. Goliath verkörpert den »Aufmarsch«, den »Festzug geordneter Massen«,[12] der zugleich Symbol stupider Macht und geistfeindlichen Fleisches ist. Mit ihm kommt auch das Ziel der Züchtung und des Drills in den Blick, Schlacht und Schlachtung. Die Perspektive des Freiheitsrufes für Goliath ist damit aufgedeckt. Das Zitat aus der zweiten Strophe des Horst-Wessel-Liedes verdeutlicht sie noch einmal als Drang zum Eroberungskrieg. Zwei weitere Liedzitate nehmen in der dritten Strophe diesen Ton auf und führen ihn weiter. Eher verhalten klingt das Überlegenheitsbewußtsein an die formelhafte Wendung im Deutschlandlied (»über alles«) an. Unverstellt meldet sich dann die vermeintliche Berufung zur Weltherrschaft mit der Zeile aus dem Marschlied von Hans Baumann »Und heute gehört uns Deutschland« zu Wort.[13] Die auch bei der Olympiade wirkungsvoll rituell eingesetzten Fackeln bringen deren Funktion bei der

Bücherverbrennung am 10. Mai 1933 in Erinnerung und greifen zugleich voraus auf die Verbrennung von Menschen in Anstalten und Vernichtungslagern. Diese Dimension leuchtet auf, wenn Goliath, die Personifizierung des macht- und vernichtungsbesessenen Dritten Reiches, von Olympia Besitz ergriffen hat.

Nachdem das Ausmaß der Bedrohung durch Goliath erkennbar geworden ist, kann die vierte Strophe auf David zurücklenken. Wie aus hartem Material gemeißelt, rückt schon die Strophenform David als Antityp zu Goliath in den Blick. Als Goliaths Triumph alles zu überfluten scheint und »alles in Scherben fällt«, wie es das Marschlied Baumanns angekündigt hat, genügen Scherben des Geistes, um in aller Stille die Gegenbewegung in Gang zu setzen.[14] Der geächtete Hofer malt David. Wenige Stichworte genügen: Hand, Auge, bekränzte Stirn, und David steht als der Sieger über Goliath vor den Augen der Betrachter.

Mit Rhythmen, die der Barocklyrik entlehnt scheinen, öffnet die fünfte Strophe die Situation nach vorn. Aus dem Rückblick auf das Unheil und der Verkündung des Siegers wird die Aufforderung, die Feuer neu anzuzünden und das Dunkel zu verlassen. Die Schwachen, die unter Goliaths Tyrannei leiden, sollen nicht aufgeben. Wo immer sie Schweres ertragen müssen, auch für sie wird David kommen und Goliath töten. In der aggressiven Schlußzeile verdichtet sich die verkündete Gewißheit, wenngleich eine Konkretion nicht einmal in Umrissen angedeutet wird.

Fühmanns kleiner Gedichtzyklus über Hofergemälde entspricht den zentralen Themen seiner frühen Lyrik.[15] Der 1922 in Böhmen als Sohn eines Apothekers geborene Autor hat sich bereits während seiner Schulzeit im Jesuitengymnasium Kalksburg bei Wien vom Katholizismus abgewendet. Der nationalsozialistischen Erziehung öffnete er sich wie die meisten seiner Generation. In der sowjetischen Gefangenschaft begegnete er der marxistischen Ideologie, die das durch den Zusammenbruch des Dritten Reiches entstandene weltanschauliche Vakuum füllte. Ein tiefgreifender Wandlungsprozeß setzte ein, den er nach der Rückkehr aus der Gefangenschaft 1950 auch beruflich als Kulturfunktionär der Nationaldemokratischen Partei Deutschlands bestätigen wollte. Im Mittelpunkt seines lyrischen Schaffens stand die Auseinandersetzung mit der nationalsozialistischen Vergangenheit und ihren virulenten Resten. Das Lob auf die sozialistische Neugestaltung der Gesellschaft fehlte ebenfalls nicht. Vor allem sein Poem von 1953, »Die Fahrt nach Stalingrad«, brachte ihm starke Beachtung in der Literaturkritik der DDR.[16] Fühmann beurteilte später seine »didaktische« Dichtung insgesamt sehr kritisch.[17] Mit einem Gedicht über den Start der ersten Weltraumrakete, des »Sputnik«, beendete er sein eigenständiges lyrisches Schaffen für immer. Das Versiegen der Lyrik gegen Ende der fünfziger Jahre erklärte er im Rückblick als Folge der enttäuschten Hoffnungen nach Chrustschows Abrechnung mit Stalin auf dem XXI. Parteitag der KPDSU.[18]

Der mühsame Ablösungsprozeß von seiner Identifizierung mit der DDR als einem Staat neuer Qualität, vor allem mit dem Beginn einer neuen Eiszeit auf kulturellem Gebiet mit dem 11. Plenum des ZK der SED (16.–18. Dezember 1965), fand in den Tagebuchaufzeichnungen während einer Ungarnreise 1971 seine erste deutliche literarische Gestaltung.[19]

Als Fühmanns »David« 1957 entstand, befand sich der Prozeß einer erneuten Wandlung noch in den Anfängen. Bei den »Schwachen ... in des Goliath Klaun« dürfte der Autor kaum schon an Dissidenten der eigenen Gesellschaft gedacht haben. Seit Ende der sechziger Jahre betonte er zunehmend »das moralische Element der Literatur« und meinte damit »all das, was auf die Demokratisierung der Gesellschaft zielt«.[20] Seine Überzeugung festigte sich, daß das »Schlagwort ›Demokratisierung der Gesellschaft‹ als Prinzip« verstanden werden müsse.[21] Die Gesellschaft kranke an der »dauernde(n) Gleichsetzung von Partei und Staat und Bevölkerung«.[22] Im Zentralthema der Wahrhaftigkeit sah er einen Ansatzpunkt für eine notwendige gegenläufige Entwicklung, in der auch die Literatur ihre unvertretbare Funktion wahrzunehmen hätte.[23] Als sich von Ende 1979 an die weltpolitischen Spannungen durch die Beschlüsse über neue Raketenstationierungen zuspitzten, brachte Fühmann auch öffentlich zum Ausdruck, er halte es »für die größte Aufgabe unserer Zeit«, dahin zu wirken, »daß aus den beiden antagonistischen Lagern eine Menschheit werde«.[24] Die offizielle Friedenspolitik der DDR klammerte er bei seinen alternativen Überlegungen keineswegs aus. Anfang der achtziger Jahre verwendete er für seine persönliche Post auch Antikriegspostkarten des Heidelberger Künstlers Klaus Staeck.[25] Nach der Friedensdekade vom November 1981, durch die der Konflikt wegen des Aufnähers »Schwerter zu Pflugscharen« ausgelöst wurde, entstand Fühmanns nachgelassene Erzählung über den Propheten Micha, »Der Mund des Propheten«. Darin widerspricht der Prophet vor seiner Hinrichtung dem Henker, der ihn auf die Nutzlosigkeit seines Tuns anspricht: »Das Wort wird bewahrt.« Als nutzlos stellt sich vielmehr der immer neue Versuch heraus, das prophetische Friedenswort zum Verstummen zu bringen. Der Erzähler betont aber, es sei »bewahrt worden ..., auf daß man ihm zustrebe oder es verhöhne«. Es verheiße »nicht die Zukunft ..., wie sie sein muß, sondern wie sie kommt als eine der beiden«.[26] Die prophetische Verheißung wird bei Fühmann zur Aufgabe.[27] Hofer hatte mit seinem »David« bei Fühmann eine der alttestamentlichen Gestalten ins Gedächtnis zurückgeholt, die ihm in der Kindheit vertraut gewesen waren. Erst im Prozeß der Neuorientierung Ende der sechziger Jahre wandte sich Fühmann wieder intensiver dem Alten Testament zu. Seine Erzählung

»Erzvater und Satan« entstand. Der Plan einer erzählenden Bibel-Adaption, eines Alten Testaments für Kinder, blieb unausgeführt.[28] Im Vorfeld des Lutherjubiläums von 1983, Juni/August 1982, stellte er sich der Aufgabe, für den Reclam-Nachdruck von Luthers deutscher Bibel aus dem Jahre 1534 einen Begleittext zu schreiben.[29] Das Ergebnis ist der Essay »Meine Bibel. Erfahrungen«. Hier berichtet er von den tiefen Eindrücken, die er durch die biblischen Geschichten in seiner Kindheit empfing, aber auch von der, aufs Ganze gesehen, anhaltenden Faszination. Er ermutigt die Leser zur unvoreingenommenen Lektüre, um »mit dem Buch zu wachsen«. In seinem Leben habe er es als »ein Buch der Subversion« erfahren. Man müsse die biblischen Gestalten richtig sehen lernen. Dann werde man »nicht satt ihrer Widersprüche«. Denn sie seien keine Heroen, sondern »Menschen in ihrem Widerspruch, in ihrer Verstrickung in Schuld und Verfehlung«. David sei einer von ihnen. Das Provokative seines Kampfes gegen Goliath habe er schon früh begriffen. Er habe geahnt, daß dieser Hirte »ein Ärgernis für die Moral wie für die Staatsmacht, anstößig schon im Guten, wie erst im Bösen« sei.[30]

Fühmanns Auffassung von der Bibel als Buch der Subversion, seine Sicht der biblischen Gestalten als Menschen voller Widersprüche, sein Urteil über Davids Kampf gegen Goliath als Provokation gehören zu den Ergebnissen eines säkularen Bibelverständnisses. Dieses Buch wird als ein Werk der Weltliteratur geschätzt. Die theologische Tradition folgt anderen Intentionen. Bis in unser Jahrhundert ist die figurative oder typologische Interpretation von Davids Sieg über Goliath vorherrschend. Augustins Erläuterung zu Ps 34,4 ist hierfür prägend gewesen: »David ist Vor-Bild für Christus wie Goliath für den Teufel.«[31] In diese lange und breite exegetische Spur begibt sich auch Luther, als er in seiner Trostschrift für Friedrich den Weisen 1519 darlegt, in dem fürchterlichen Riesen Goliath werde die Sünde abgebildet, und der kleine David, der ihn niedergestreckt habe, weise auf Christus hin.[32] Luther scheute sich aber auch nicht, die biblische Erzählung auf konkrete zeitgenössische Situationen bzw. Personen anzuwenden, z. B. auf den »Goliath Emser« oder auf die »Goliathe« Herzog Georg von Sachsen und Kardinal Albrecht von Mainz.[33] Selbst als ethisches Exempel diente ihm die Perikope, Davids tapferer Glaube als Vorbild, Goliaths großsprecherischer Hochmut als Warnung.[34] Dieses unterschiedliche Verständnis der Geschichte von David und Goliath blieb auch nicht ohne Einfluß auf die Dichtung. Im Bibeldrama des 16. Jahrhunderts ist die figurative Deutung genauso wirksam geworden wie der zeitgeschichtliche Bezug.[35] Als ethisches Exempel ist »Die Geschichte von David und Goliath in Reime gebracht« von Matthias Claudius besonders bekannt geworden.[36] Was für die Dichtung gilt, trifft auch auf die bildende Kunst zu. Sie stand ebenfalls lange im Banne der figurativen Interpretation der Perikope.[37]

In der theologisch-kirchlichen Auslegung der Bibel hat das figurative Verständnis der Perikope viel länger Priorität behalten als in der Rezeption durch Dichtung und bildende Kunst. Nur zwei Jahre vor Hofers erneuter Beschäftigung mit dem David-Motiv hielt Dietrich Bonhoeffer seine Finkenwalder Bibelarbeiten über die Davidgeschichte. Er schließt sich der theologischen Tradition an und entscheidet sich für die typologische Auslegung: »Als der zum messianischen Königtum Gesalbte, als Vorbild und Schatten Christi siegt David über Goliath. Es ist Christi Sieg in ihm. Denn *Christus* war in David.«[38] In einer Notiz auf dem Umschlag des Manuskripts ist festgehalten worden, daß ein Verständnis des biblischen Textes als moralisches Exempel damit abgelehnt wird.[39] Bonhoeffers allein auf Gottes Erwählung und Verheißung konzentrierte Auslegung forderte nach ihrer Veröffentlichung in der »Jungen Kirche« 1936 dennoch den Protest eines nationalsozialistischen Journalisten heraus.[40] Verhaltener steht die christologische Deutung der Perikope auch hinter der Auslegung von Hans Asmussen, die zwei Jahre später erschien.[41]

Wenn 1. Sam 17 in der kirchlichen Verkündigung der Nachkriegszeit nicht überhaupt übergangen wird, hat sie vorrangig den individuellen Glauben des Predigthörers im Blick.[42] Wilhelm Stählin sieht im ungleichen Kampf zwischen David und Goliath »das eigentliche Thema der ganzen Heiligen Schrift, Not und Verheißung der ganzen Kirchengeschichte«, nämlich das Spiegelbild des »Kampfes zwischen dem Gott der Offenbarung und Baal, zugleich der großen Versuchung, sich mit der Verherrlichung physischer Kräfte und kosmischer Mächte ... dem strengen Gebot des Gottes vom Sinai zu entziehen.«[43] Konkret in die Gegenwart übertragen heißt das, daß Goliath die imponierenden und erschreckenden antikirchlichen Tendenzen von Agitatoren, Propagandarednern, Sportnarren und Meinungsmachern verkörpert. Für dadurch verzagte Herzen lautet deshalb die Botschaft der Perikope: Wo einem solchen Goliath »der einfältige Glaube ›Davids‹ begegnet, da ist es aus mit der Macht des Riesen.«[44]

In ähnlicher Weise wird Davids Kampf gegen Goliath in der Lesepredigt des Löninger Pfarrers Eberhard Braunschön für die Gegenwart transparent. Jedermanns Goliath sind die Ängste, eine Prüfung, eine Operation, das Altwerden, eine drückende Schuld o. ä. David zeige, daß diesen Ängsten »mit dem Glauben zu begegnen sei: Gott ist unsere Stärke.« Die Erzählung erinnere darüber hinaus daran, daß noch einer für uns gekämpft habe, der sogar noch ein gutes Stück weiterging als David. Im Lichte des Neuen Testaments kann Braunschön als Fazit festhalten: »Einer unserer Goliaths wird uns ereilen zu seiner Zeit ... Aber wir werden leben, weil Er, Jesus, für uns gekämpft hat.«[45]

Die Predigt des Basler Münsterpfarrers Walter Lüthi über 1. Sam 17 von

Anfang der sechziger Jahre beeindruckt durch ihre gedankliche Weite und ihre sprachliche Gestalt. Lüthi sieht in Davids Worten, Gott wolle, daß alle Welt erkenne, Israel habe einen Gott, der nicht durch Schwert oder Spieß hilft (V. 46f), die Kernaussage des Textes. Er verzichtet auf eine Auflistung der zeitgenössischen Goliathschrecken, deutet aber den drohenden Konflikt der Machtblöcke und die Gefahr eines Atomkrieges an, desgleichen die alltägliche Bedrängnis durch einen kleinen oder großen Goliath zu Hause, am Arbeitsplatz oder in der eigenen Brust. Mit seiner Predigt stellt er die Hörer und Leser schließlich vor eine doppelte Herausforderung. Er fragt zuerst nach dem Davidglauben angesichts eines »Gleichgewichts des Schreckens« durch Waffen und Superwaffen: »Glauben wir in dieser Lage, daß es einen Gott gibt, bei dem die Entscheidung liegt?« Danach erinnert er an die Möglichkeit, daß Goliaths Gewalt, wie schon so oft, den Davidglauben vor aller Welt lächerlich macht. David trat gegen Goliath in »Begleitung des Unbekannten« an, um ihn waltete »das Geheimnis des Erwählten«, für den in diesem Fall die Niederlage nicht vorgesehen war. Tausend Jahre später aber kam aus dem Hause und Geschlecht Davids der Mann, mit dem auch die zweite Frage an den Glauben eine Antwort erhält. Wer sich am Geheimnis seiner Kreuzigung und seines Ostersieges nicht ärgert, weiß nun, »daß man mit Gott siegen kann wie David über Goliath, daß man aber auch mit Gott unterliegen kann, um im Unterliegen Sieger zu bleiben«. Im beigefügten Gebet geht Lüthi den notwendigen Schritt weiter, von der verkündigten Gewißheit zur Bitte um Mut für die Kirche, allein zu stehen und um Gottes Aktivität gegen alles, was zum Atomkrieg beiträgt.[46]

Lüthis Schritt über die Zusage hinaus konnte Fühmann nicht gehen. Bedrängt von ähnlichen Gedanken über die Gefährdung des Friedens, hat er auf die Grenze seiner Möglichkeiten in einem für die Veröffentlichung bestimmten Gespräch hingewiesen: »... da ich nicht gottgläubig bin, weiß ich jetzt nicht, welches Wesen ich anrufen soll, daß es Einsicht gäbe und Kraft gäbe und Mut gäbe, um aus den schwierigen und furchtbaren Situationen, die zweifellos noch auftreten werden, mit Maß und Vernunft hervorzugehen«.[47]

Trotz seiner Skepsis trat Fühmann mit zunehmender Kompromißlosigkeit für die Demokratisierung der DDR, die Freiheit des kulturellen Schaffens und besonders gegen die Behinderung des literarischen Nachwuchses ein.[48] Vermutlich hätte er sich gegen Ende seines Lebens nicht mehr in der Lage gesehen, den Sieg Davids über Goliath in der Art seiner hymnischen Rhythmen von 1957 anzukündigen. Gebrochener hat er die Hoffnung der Geschöpfe in seinen nachgelassenen Erzählungen aus den achtziger Jahren literarisch gestaltet.[49] Die Verse über den provokativen Sieg des Hirten bleiben dennoch in Geltung, für die einen ein Ärgernis, für die anderen eine inspirierende Erwartung. Das Gedicht kann so die Funktion bekommen, die Fühmann einmal der Lyrik zugesprochen hat, nämlich sich »dem völligen Auflösen ins Rationale« zu widersetzen«.[50] Im Gefälle dieser Funktion kann es auch dem theologisch-kirchlichen Umgang mit 1. Sam 17 einen Anstoß geben. Es kann daran erinnern, daß der Sieg Davids über Goliath noch nicht seine endgültige Dimension erreicht hat. Wie bei anderen heilsgeschichtlichen Texten des Alten Testaments ist für diese Perikope noch nicht alles abgegolten. Im letzten Kapitel der Bibel kündigt der sein endgültiges Kommen an, der »die Wurzel und das Geschlecht Davids« ist (Offb 22,16). Seltsam, wie wenig die kirchliche Verkündigung über 1. Sam 17 auf diese adventliche Perspektive zu sprechen kommt.

Anmerkungen

1 Franz Fühmann: Aber die Schöpfung soll dauern. Berlin 1957, S. 26–30 (David: S. 29f). Außerdem ist das Gedicht zu finden in: Franz Fühmann: Die Richtung der Märchen. Berlin 1962, S. 116–120 (David: S. 119f); Franz Fühmann: Gedichte und Nachdichtungen. © by Hinstorff Verlag, Rostock 1984. Der Abdruck des Gedichtes erfolgt mit freundlicher Genehmigung des Hinstorff Verlags.
Die irrtümliche Schreibweise »Carl« ist aus Hofers Monogramm CH während seiner französischen Jahre entstanden; vgl. Karl Hofer: Bilder im Schloßmuseum Ettlingen. Hg. von der Stadt Ettlingen und vom Karl Hofer Archiv Berlin. Mit Texten von Ursula und Günter Feist. Berlin 1983, S. 62.

2 Franz Fühmann: Zu zwei Bildern von Carl Hofer. Bildende Kunst 5 (1/1957), S. 86f.

3 Vgl. Gedächtnis-Ausstellung für Karl Hofer. Veranstalter: Hochschule für bildende Künste Berlin-Charlottenburg vom 11. Oktober bis 15. November 1956. Badischer Kunstverein in Verbindung mit der Staatlichen Kunsthalle Karlsruhe vom 9. Dezember 1956 bis 6. Januar 1957, Verzeichnis der Gemälde Nr. 92 (ohne Abbildung).

4 Retrospektiv-Ausstellung Karl Hofer 1878–1955. Ölgemälde, Aquarelle, Handzeichnungen, Lithographien. Köln 1967, Bild Nr. 1; Karl Hofer. Beiträge von Thomas Gädeke und Brigitte Wetzel. Dokumente, Portrait- und Atelieraufnahmen von Ingeborg Sello. Schleswig-Holsteinisches Landesmuseum 1996, Kat.-Nr. 1 (Öl auf Leinwand 136,5 cm x 85 cm). = Die Sammlung Rolf Deyhle. Katalog mit ausgewählten Werken. Hg. von Heinz Spielmann; 3.

5 Hofer: Schloßmuseum Ettlingen, S. 48f. (wie Anm. 1); Karl Hofer: Malerei hat eine Zukunft. Briefe, Aufsätze, Reden. Mit 48 Abb. Hg. von Andreas Hüneke. Leipzig/Weimar 1991, S. 444f.

6 Von 1936 an erwähnt Hofer in seinen Briefen immer wieder seine Hoffnungslosigkeit. Mehrfach zitiert er die Inschrift von der Höllenpforte in Dantes »Göttlicher Komödie« (Lasciate ogni speranzae); vgl. Hofer: Zukunft, S. 202, 204f, 224 u. ö. (wie Anm. 5).

7 Hofer: Schloßmuseum Ettlingen, S. 83 (Öl auf Leinwand, 100 x 65). Der Abbildung ist als Text das Fühmanngedicht auf S. 82 beigegeben.
8 Hofer: Zukunft, S. 218 (9. August 1941 an den Nürnberger Pfarrer und Sammler Grießhammer). Hofer führt als Beispiele seine Gemälde »Jakob ringt mit dem Engel«, »Der heilige Martin«, »David und Jonathan« an. Vgl. auch ebd., S. 242f: »Die christliche Religion kann mir bei diesem grausigen Geschehen keinerlei Trost geben, denn die Ereignisse sind ein Hohn auf die Worte Gottes und Christi« (13. Januar 1944 an Grießhammer).
9 Thomas Wolfe: Es führt kein Weg zurück. Roman. Halle/Sa. 1955, S. 579f. Vgl. auch ders.: Eine nicht gefundene Tür. Ausgewählte Briefe. Hg. von Joachim Krehayn. Berlin 1971, S. 287f.
10 Überschrift der Darstellung von Olympia 1936 in: Peter Reichel: Der schöne Schein des Dritten Reiches. Faszination und Gewalt des Faschismus. Frankfurt a. M. 1994, S. 262–272.
11 Zu einsilbigen Gedichteröffnungen vgl. Franz Fühmann: Essays, Gespräche, Aufsätze 1964–1981. Rostock 1983, S. 155.
12 Vgl. Der Sprach-Brockhaus. Deutsches Bildwörterbuch für jedermann, 4. Aufl. Leipzig 1940, S. 34.
13 Zum Horst-Wessel-Lied und zum Marschlied Baumanns vgl. Günter Hartung: Literatur und Ästhetik des deutschen Faschismus. Drei Studien, Berlin 1983, S. 223–225 und 247–251.
14 Vgl. aus Baumanns Marschlied: »Wir werden weitermarschieren, wenn alles in Scherben fällt« (ebd.).
15 Zum Zyklus bei Fühmann vgl. Josef-Hermann Sauter: Interview mit Franz Fühmann. Weimarer Beiträge 17 (1/1971), S. 33–53, bes. 45.
16 Vgl. Anna Seghers: Über Kunst und Wirklichkeit. Bearb. und eingel. von Sigrid Bock. Bd. 2. Berlin 1971, S. 120–125. 4; Anneliese Große: Vom Werden des Menschen. Zum Werk Franz Fühmanns. Weimarer Beiträge 17 (1/1971), S. 54–78, bes. 71–73; Horst Haase/Hans Jürgen Geerdts u. a.: Geschichte der Literatur der Deutschen Demokratischen Republik. Berlin 1977, S. 465.
17 Vgl. Sauter: Interview, S. 40: Sogar »ans Kitschige streifte« sein Stalingradpoem (wie Anm. 15).
18 Fühmann: Essays, S. 443: »Zuerst sterben immer die Gedichte«; ebd., S. 478f (wie Anm. 11).
19 Franz Fühmann: Zweiundzwanzig Tage oder Die Hälfte des Lebens. Rostock 1973. Vgl. auch Fühmann: Essays, S. 419f (wie Anm. 11).
20 Fühmann: Zweiundzwanzig Tage, S. 72 (wie Anm. 19).
21 Fühmann: Essays, S. 418–422 und 443 (wie Anm. 11).
22 Ebd., S. 492.
23 Ebd., S. 414f.
24 Ebd., S, 483; vgl. ebd., S. 484: »man muß das Gemeinsame suchen, und zwar überall«. Fühmanns Gesprächspartner vom 23. Januar 1981, der Cheflektor des Hinstorff Verlages Horst Simon, zählte sich nach Fühmanns Tod zu seinen »nahen Gefährten«. Er behauptete: »Wir haben uns nichts vorgemacht, sondern uns offen dargeboten, wie wir waren.« Das Vertrauen sei echt geblieben bis in die letzten Begegnungen; Horst Simon/Barbara Richter (Hg.): Zwischen Erzählen und

Schweigen. Ein Buch des Erinnerns und Gedenkens. Franz Fühmann zum 65. Rostock 1987, S. 6 und 149. In Wahrheit war Simon als IME »Schönberg« zugleich für die Stasi gegen Fühmann tätig; vgl. Franz Fühmann: Briefe 1950–1984. Eine Auswahl. Hg. von Hans-Jürgen Schmitt 2. Aufl. Rostock 1994, S. 558; Joachim Walther: Sicherheitsbereich Literatur. Schriftsteller und Staatssicherheit in der Deutschen Demokratischen Republik, Berlin 1996, S. 290 u. ö.

25 Eine Staeck-Karte Nr. 127a »An alle Generäle« (1981) Fühmanns vom 28. Juni 1982 ist in meinem Besitz.

26 Franz Fühmann: Das Ohr des Dionysios. Nachgelassene Erzählungen. Rostock 1985, S. 18–30, bes. S. 29. Fühmann schließt die Erzählung mit dem Zitat aus Mi 4,1.3–4 (nach der Jerusalemer Bibel) ab. Der Gedanke zu der Erzählung entstand nach der Berliner Begegnung zur Friedensförderung im Dezember 1981. Im März 1982 lag sie vor, vgl. ebd., S. 152.

27 Ebd., S. 137: »Die Propheten klären nicht auf.« Sie zeigen vielmehr »das geschichtliche Werden als Alternative: Das Volk kann über sein Schicksal verfügen, da es über seine Haltung verfügt«. Sie verkündigen den »Sinngehalt einer Niederlage als Möglichkeit einer Wendung zum Anderen, als radikales Neubeginnen, und zwar zuerst mit der eigenen Person, als die Chance, Lehren zu ziehen, als Selbstbesinnung auf ethische Werte, als Bruch mit verderblichen Traditionen, als beispielgebendes Menschentum« (ebd., S. 144).

28 Ebd., S. 7–17 (1968), S. 151f.

29 Noch kurz zuvor war Fühmann für die Anregung der Evangelischen Verlagsanstalt/Berlin nicht zu gewinnen, einen Beitrag über sein Lutherverständnis zu schreiben. Er verwies auf seine katholische Erziehung, die ihn eher befähige, sich über die Scholastik zu äußern. Das genauere Kennenlernen Luthers habe er noch vor sich. In einem Gespräch bezeichnete er die staatliche Lutherehrung sarkastisch als »Ausverkauf der marxistischen Ideologie«.

30 Franz Fühmann: Meine Bibel. Erfahrungen. In: Brendler/Endermann/Kratzsch/Fühmann: Zu Martin Luther: Biblia. Leipzig 1983, S. 51–81 (= Reclams Universal-Bibliothek 1012). Neudruck in: Fühmann: Ohr, S. 113–149 (wie Anm. 26).

31 Aurelius Augustinus: In Psalmum XXXIII Enarratio, Sermo 1, 4 vgl. Jacques-Paul Migne: Patrologiae Latinae. Tom. 36. Thurnholti 1979, Sp. 302: »In figura Christi David, sicut Golias in figura diaboli.« Zur figurativen Interpretation vgl. Erich Auerbach: Mimesis. Dargestellte Wirklichkeit in der abendländischen Literatur. 6. Aufl. Bern/München 1977, S. 74–77 u. ö.

32 D. Martin Luthers Werke. Kritische Gesamtausgabe, Bd. 6. Weimar 1888, S. 124: Tessaradecas consolatoria (= WA).

33 WA Bd. 7, S. 660.

34 WA Briefwechsel Bd. 6, S. 538.

35 Zur figurativen Interpretation bei Hans Tirolf 1541 z. B. vgl. Wolfgang Stammler: Von der Mystik zum Barock. 1400–1600. 2. Aufl. Stuttgart 1950, S. 372; zur zeitbezogenen Interpretation (König Eduard IV. von England) bei Joachim de Coignac ca. 1550, vgl. Wilhelm Creizenach: Geschichte des neueren Dramas. Bd. 2. 2. Aufl. Halle 1918, S. 427.

36 Vgl. Matthias Claudius: Sämtliche Werke. Nach dem Text der Erstausgaben … München 1968, S. 166–169 (1778).

37 Vgl. Robert L. Wyss: David. In: Reallexikon zur deutschen Kunstgeschichte. Bd. 3. Stuttgart 1954, Sp. 1083–1119, bes. 1084; Lexikon der Kunst. Bd. 2 Leipzig 1989, S. 91f.

38 Dietrich Bonhoeffer: Werke. Bd. 14. Hg. von Otto Dudzus/Jürgen Henkys u. a. Gütersloh 1996, S. 884. Vgl. ebd., S. 882: »David ist nur insofern wichtig, als er Zeugnis von Christus ist ... «.

39 Ebd., S. 878.

40 Ebd., S. 904.

41 Hans Asmussen: Das 1. Samuelisbuch. München 1938, z. B. S. 116: »Die Welt kommt nicht zu Fall durch die Rüstung des werdenden Antichristen sondern nur durch die nicht vorhandene Rüstung des ganz auf Gott vertrauenden Christus« (zu 1. Sam 17,38–40). Zur Lektüre des Alten Testaments mit den Augen des Neuen Testaments bei Asmussen seit 1935 vgl. Hans Asmussen: Zur jüngsten Kirchengeschichte. Anmerkungen und Folgerungen. Stuttgart 1961, S. 114. Wilhelm Vischers christologische Deutung der Perikope ist erst nach dem Krieg erschienen; vgl. Wilhelm Vischer: Das Christuszeugnis des Alten Testaments. Bd. 2, 1. Zollikon-Zürich 1946, S. 203–209.

42 Ausgelassen worden ist die Perikope beispielsweise bei Manfred Josuttis: Predigten zur Geschichte Davids. Neukirchen-Vluyn 1968. = Alttestamentliche Predigten 9; desgleichen bei den Texten für die 38. Bibelwoche 1975/76.

43 Wilhelm Stählin: Predigthilfen, Bd. 3. Kassel 1959, S. 104f (Grundlage ist eine Oldenburger Predigt vom 29. September 1952).

44 Ebd., S. 105f. »Einfältiger Glaube« ist nach Stählin auch, u. U. nicht auf kirchliche Organisation, Finanzwirtschaft, Publizistik, Synodalbeschlüsse und Massenkundgebungen vertrauen, auf theologische Bildung und bewährte kirchliche Methoden verzichten.

45 Eberhard Braunschön (Hg.): Alttestamentliche Predigten für das Kirchenjahr. Göttingen 1978, S. 10.34–38 (= Dienst am Wort 33).

46 Walter Lüthi: Das erste Buch Samuel ausgelegt für die Gemeinde. 22 Predigten mit Eingangs- und Schlußgebeten, Basel 1964, S. 208–220.

47 Fühmann: Essays, S. 487: Gespräch mit Horst Simon, 23. Januar 1981 (wie Anm. 11).

48 Vgl. Fühmann: Briefe, S. 292–466 (wie Anm. 24). Die Friedensfrage wurde bei Fühmanns kritischen Reflexionen nicht ausgespart, vgl. ebd., S. 466.

49 Vgl. z. B. Fühmann: Ohr, S. 73–91: Nephele. 1984 (wie Anm. 26).

50 Fühmann: Essays, S. 155 (wie Anm. 11).

Christoph Demke

Zeitansage
Gedanken zu Paul Celans Gedicht »Corona«

In unserer Küche hing Jahre hindurch ein Monatskalender, für jeden Monat ein Spruch. Eine Studentin hatte ihn als graphische Fingerübung entworfen. Jeden Oktober lasen wir Zeilen von Paul Celan:

> Es ist Zeit, daß man weiß!
> Es ist Zeit, daß der Stein sich zu blühen bequemt,
> daß der Unrast ein Herz schlägt.
> Es ist Zeit, daß es Zeit wird.
> Es ist Zeit.

Diese Worte, gelesen und wieder gelesen, bewirken, was sie sagen, »daß der Unrast ein Herz schlägt«. Sie teilen nicht nur mit, sondern teilen aus, was sie bewegt und in ihrer Mitte steht: die Unrast, die ein Herz sucht. Vierfach besteht der Dichter darauf: Es ist Zeit. Der Nachdruck steigert sich, bis er in der dritten Wiederholung sich zu brechen scheint: Es ist Zeit, daß es Zeit wird. Alles Drängen kann die Zeit nicht herbeizwingen, wenn sie nicht wird und kommt zu ihrer Zeit. Nach dieser Wendung klingt die letzte Zeile wie ein fast schon ohnmächtiges Seufzen. Oder ist sie ein letztes Beharren, ein Beschwören mit jedem einzelnen Wort?

Von Anfang an hörte ich hinter den Zeilen die Stimmen der Beter der Psalmen mitschwingen »Ach du, Herr, wie lange!« (Psalm 6,4 als Beispiel für viele Stellen). Es ist Zeit, daß der Herr handelt (Psalm 119,126). Wird das Drängen der Worte Celans beschieden werden, wie die Frager in Jesaja 21,11–12: »Wächter ist die Nacht bald hin? Wächter ist die Nacht bald hin? Der Wächter aber sprach: Wenn auch der Morgen kommt, so wird es doch Nacht bleiben. Wenn ihr fragen wollt, so kommt wieder und fragt.«[1]

Zu der performativen Kraft der Zeilen – wenn ich das einmal so bezeichnen darf –, daß sie nämlich austeilen, wovon sie sprechen, trägt entscheidend die zweite Zeile bei, nicht nur durch ihr faszinierendes Bild, sondern auch durch die benutzte Redefigur. ›Es ist Zeit, daß sich jemand bequemt‹ – da klingt Alltagssprache an, die Stimme von Müttern, Vätern, Lehrerinnen und

Lehrern: Gehorsam wird eingefordert. Die Formulierung setzt mit, daß der Stein unter einem Anruf steht, Auftrag hat und Berufung. Wer hat ihm diesen Auftrag gegeben? Woher kennt ihn der Dichter? Ist hier verschwiegen von Gott die Rede?[2] Wollte man einmal probeweise statt von dem Anruf, unter dem der Stein steht, von der Verheißung des blühenden Steines (Gesteines?) sprechen in gewisser Parallelität zu Prophetenvisionen, wie in Jesaja 35 oder 55, 12b, so würde deutlich, wie sehr bei der Suche nach Antwort auf die genannten Fragen, Vorsicht geboten ist. Von Verheißung zu sprechen besteht wohl kein Anlaß. Wir müssen uns begnügen: Der Stein steht unter einem Aufruf, und der diesen Aufruf herausfordert, ist der Dichter selbst. So verwandeln sich die angedeuteten Fragen zunächst in die Frage, was dem Dichter die Vollmacht zu solcher Herausforderung des Steines gibt. Dabei ist zuerst dem Bild näher nachzudenken. Wer im waldlosen Hochgebirge wandert, weiß, daß Gestein und Felsen sehr wohl zu blühen vermögen mit ihren Abbrüchen und Spaltungen, die die verschieden gefärbten Schichten manchmal bizarr hervortreten lassen, wenn nur das Licht günstig ist. Der glückliche Finder einer Druse weiß erst recht von blühenden Steinen zu reden.

Unter den Büchern, die Celan sich später in Paris angeschafft hat, waren immerhin auch geologische Bücher, Bücher über Kristalle und Minerale.[3] Aber solche Erfahrungen und Vergleiche schärfen zuerst die Aufmerksamkeit darauf, daß Celan nicht von Gestein und Steinen, sondern von dem Stein spricht, was zwar kaum einen bestimmten Stein aber auch nicht generell das Gesteinhafte schlechthin meint, sondern den Stein in seiner Einzelheit mit seiner in sich zurückkehrenden Rundung, der schwer lastet, nicht aufzusprengen ist. M.E. wird durch die Abfolge im Gesamtgedicht vom Bild der Nuß über das Bild der Muschel zum Bild des Steines die innere Wahrnehmung in die beschriebene Richtung gesteuert. Für Celan selbst mag der Gedanke an die schmückenden und gedenkenden Steine auf jüdischen Gräbern spontaner mitschwingen als für uns. Die Steine, die seine Eltern in den Lagern zu schleppen hatten, ihre Hände zerreißende Härte und ihre Rücken niederbeugende und Atem auspressende Last – Paul Celan hat selbst seine Erfahrung damit – müssen im Blick bleiben. Aber so sehr das Bild das Unwahrscheinliche vor Augen stellt, daß der tote, niederdrückende Stein sich in zarter Blüte entfalten soll, so sehr das Bild paradox wirkt, es ist nicht absurd, sondern im Gegenteil anziehend und verlockend: Was für ein herrlicher Anblick wäre das!

Dieses zugleich ganz und gar Unwahrscheinliche und zugleich so Verlockende verbunden mit einer alltäglichen Redefigur der Unrast, die zugleich Gehorsam anfordert und das hartnäckige Bestehen darauf, daß es Zeit ist, machen die performative Sprachkraft dieser Zeilen aus, so daß sie ganz in sich selbst bestehen können und in verschiedene Erlebens- und Erfahrungszusammenhänge eingehen können. Sie werden für verschiedene Horizonte rezipierbar. Das macht ihre Kraft aus und ihre Gefährdung. Denn wo ist die Grenze legitimer Aneignung? Die Frage nach der Grenze möglicher und legitimer Interpretationen soll hier nur erinnert werden. Die Tradierbarkeit »großer« Texte lebt von Elementen, die auch den Mißbrauch der Texte ermöglichen. Mir scheint, daß dieser Sachverhalt auch zu den besonders verwundenden Erfahrungen gehört, die Celan mit der Wirkung seiner Gedichte machen mußte.

Ich habe erst später durch Zufall festgestellt, daß diese »Spruchzeilen« einem längeren Gedicht zugehören, dessen Schluß sie bilden. Ich habe dennoch mit diesem Abschluß begonnen, nicht nur um die mehr oder weniger zufällige Geschichte meiner Begegnung mit diesem Gedicht nachzuzeichnen, sondern vor allem weil sich dieser Weg durch das Gedicht selbst nahelegt, wenn nicht sogar durchsetzt; zu sehr prägen sich beim ersten Lesen diese Schlußzeilen ein und ziehen durch den Eindruck, in ihrem proklamatorischen Stil schnell entschlüsselbar zu sein, die Aufmerksamkeit auf sich.

CORONA

Aus der Hand frißt der Herbst mir sein Blatt: Wir sind Freunde.
Wir schälen die Zeit aus den Nüssen und lehren sie gehn:
Die Zeit kehrt zurück in die Schale.

Im Spiegel ist Sonntag,
Im Traum wird geschlafen,
der Mund redet wahr.

Mein Aug steigt hinab zum Geschlecht der Geliebten:
Wir sehen uns an,
wir sagen uns Dunkles,
wir lieben einander wie Mohn und Gedächtnis,
wir schlafen wie Wein in den Muscheln,
wie das Meer im Blutstrahl des Mondes.

Wir stehen umschlungen im Fenster, sie sehen uns zu von der Straße:
Es ist Zeit, daß man weiß
Es ist Zeit, daß der Stein sich zu blühen bequemt,
daß der Unrast ein Herz schlägt.
Es ist Zeit, daß es Zeit wird.

Es ist Zeit.

Der Anfang nimmt eine vertraute Redewendung der Alltagssprache auf: jemandem aus der Hand fressen als Kennzeichen für Vertrautheit, Vertrauen, ja Unterwürfigkeit besonders dann, wenn es sich um jemanden handelt, der als Gefahr empfunden wurde. Wenn der Dichter dann von sich und dem Herbst sagt: wir sind Freunde, so ist die Art dieser Freundschaft durch die aufgenommene Redewendung in ein bestimmtes Licht gerückt. Sie hat etwas Kameradschaftliches an sich, etwas vom Schulterklopfen gegenüber einem glücklicherweise nun Gezähmten. In der Tat tritt der Herbst sonst als Zeit des Todes auf, besonders in dem Gedicht »Schwarze Flocken«, das – wie John Felstiner es formuliert[4] – »in einem einzigen Augenblick die Katastrophe des europäischen Judentums, den privaten Verlust Paul Antschels und die Berufung eines Dichters« enthält. Immerhin beginnt das 1944 – also nach »Schwarze Flocken« – entstandene Gedicht »Der Einsame«:

Mehr als die Taube und den Maulbeerbaum
liebt mich der Herbst ...

Aber jetzt sind Herbst und Autor miteinander Freunde – und das ist noch einmal etwas anderes. Überraschend ist, daß Freund Herbst sein Blatt dem Freund aus der Hand frißt. Unversehens wird durch die Formulierung in der schon technisch gewordenen Redefigur die Anschauung einer Hand zum Leben erweckt. Das ist ein sprachlicher Kniff, den auch der Prophet Amos nutzte, Paulus in seinen Briefen gern gebraucht (besonders dicht in 1. Thess 5,1–10). Im heutigen Computer-Jargon könnte man sagen: Mit diesem Klick wird ein Fenster geöffnet und eine ganze Geschichte kommt zum Vorschein: Der Dichter hat wohl eines der bunten, leuchtenden in ihrer durchsichtigen Struktur so faszinierenden Blätter des Herbstes aufgehoben oder beim Vorbeisegeln aufgefangen, um es zu betrachten. Aber weder für Rilkesche Empfindungen noch für Hessesche Reflektionen bleibt ihm Zeit. Der Freund Herbst frißt sein Kennzeichen und seine Gabe aus der Hand und weg. Der Herbstwind hat sein Blatt wieder ergriffen. Mit diesem Herbst ist der Dichter Freund, und die Freunde nehmen sich etwas vor, nämlich: Nüsse knacken. »Wir schälen die Zeit aus den Nüssen und lehren sie gehn.« Eine wirklich tolle Spielidee, die sich die beiden Freunde einfallen lassen! Man spürt die Phantasie, über die Kinder verfügen, weil sie sehen, was sie in der Übernahme gesprochener Sprache sagen: die Zeit gehen lehren! Das Ergebnis ist eine Erfahrung die ohne Ausdrücke der Enttäuschung oder des Schmerzes kühl festgestellt wird:

die Zeit kehrt zurück in die Schale.

Sie läßt sich nicht gehen lehren. Sie läßt sich nicht treiben. Am Schluß wird es heißen:

es wird Zeit, daß es Zeit wird.

Mensch und Natur sind ihres Ganges nicht Herr. Wie alles seine Zeit hat – Prediger 3 ist bekannt – so auch die Zeit. Denn sie ist nicht leere Zeit wie die Betrachtung der Schlußzeilen zeigte.

Ein »Herbstgedicht« wie es von Rilke oder Hermann Hesse vertraut ist, ist dies nicht. Hier wird Zeit nicht aus dem Rhythmus der Jahreszeiten angesagt. Nicht ein Herbstag gibt dem Gedicht den Rahmen der Anschauung und Empfindung, sondern eher ein Lebensbogen. Vielleicht ist der Kredit, den der Interpret in Anspruch nehmen darf, mit dem folgenden Gedanken überzogen. Mir scheint, in dem Gedicht läßt sich auch ein Bogen finden, der sich von der (spielerischen) Jugend über das Mannesalter im Mittelteil (dem eigentlichen Liebesgedicht) bis zu den insistierenden Sentenzen des Alters spannt und mit dem Seufzer sich verabschiedet: es ist Zeit. Dann könnte sich die schwer zu deutende Überschrift auf diesen Bogen beziehen.[5]

Der Mittelteil beginnt mit dem Sonntag im Spiegel und endet mit den Sonntagsspaziergängern, die zu dem umschlungenen Liebespaar am Fenster emporsehen. Es ist, als würde alles in sich selbst zurückkehren. So wie der Sonntag im Spiegel wiederkehrt, so kehrt im Traum der Schlaf wieder. Sonntag begegnet Sonntag, Schlaf dem Schlaf. Die Liebenden sind ganz einander zugewandt. Die Zeit scheint stille zu stehen, auch in dem Bild von Mohn und Gedächtnis. Mohn scheint mir in dieser Verbindung nicht so sehr von Vergessen zu sprechen,[6] als vielmehr vom Vergehen. So schnell verfliegen die zarten Blütenblätter des Mohns in Sonne und Wind, daß sie in unseren mitteleuropäischen Breiten eher, als die berühmten »Lilien auf dem Felde« für die Vergänglichkeit menschlichen Lebens stehen können (Psalm 103,16 vgl. Jesaja 40,6–7 das Volk!). Das sich dem Flugsand der Zeiten, die alles zudecken und verbergen, widersetzende Gedächtnis und das Vergehen gehören zueinander. In diesem nahezu idyllischen Stillstehen der Zeit schreckt am Ende auf, wie das Meer schläft: im Blutstrahl des Mondes. Die Stille verbirgt Unheil. Bedrohlich wirkt das letzte Bild in seiner Anschauung: der mächtige »blanke Hans« ausgestreckt still atmend und das Blutlicht des Mondes spiegelnd. Aber die in sich selbst zurückkehrende Stille des Gegeneinanderübers und Einanderzugehörens öffnet sich im Ende, wenn das Paar umschlungen am Fenster steht und sich den neugierigen Blicken von der Straße ausgesetzt sieht und aussetzt. Jetzt schließen sich die am Anfang betrachteten Schlußzeilen durch die Vermittlung eines Doppelpunktes an, als würde das Paar den Menschen auf der Straße zurufen: Es ist Zeit, daß man weiß. Das Wissen, das an der Zeit ist, bezieht sich wohl zunächst darauf, daß eben diese Beiden sich lieben. Dazu bekennen sie sich gegenüber den Leuten, diesen Voyeuristen des »sie« und »man«. Aber wer liebt und geliebt wird, weiß mehr und sieht anderes. Die einander Liebenden können nicht bei sich bleiben. Sie vernehmen die Berufung des Steines. Sie kennen sie und fordern sie ein. Ob die Voyeure ihr Herz der Unrast öffnen? Oder bleiben sie verschlossen neugierige Gaffer auf der Straße? Mit dieser Frage, die in dem Schlußbild des Gedichtes mitschwingt, hier das Paar am Fenster und da die spazierend aufblickenden Leute, scheint mir Celans Situation und Befindlichkeit mit seinem Dichten in der literarischen Öffentlichkeit, die sich an der Aesthetik des gelungenen Wortes mehr berauscht als von dem treffenden Wort bewegen läßt, ins Bild gesetzt. Vielleicht ist das auch die Aporie des Dichtens, daß das gelungene Wort das treffende Wort, das es als gelungenes Wort zunächst selbst durchaus ist, verhüllt und verdeckt. Jetzt kann die Frage nach der Vollmacht, die in den Schlußzeilen spricht, aufgenommen werden. Hier spricht die Vollmacht der Liebenden-Geliebten. Es ist zu pauschal, wenn man sagen würde: hier spricht die Vollmacht der Liebe. Dann entsteht leicht ein aktivistischer Ton. Die Liebe ist hier aber als das Zueinander von Lieben und Geliebtwerden zur Stelle. Aus der Liebe als diesem Zueinander erwächst die Vollmacht, zu bestehen auf dem Blühen des Steins, der jetzt nur lastet, bedrückt und verwundet. Kann man dann sagen, daß in diesem Gedicht verschwiegen von Gott die Rede ist? Meine Antwort auf solche zudringliche Frage ist: Die Möglichkeit von Gott zu reden wird hier nicht verschüttet, sondern eher aufgeschlossen. Aber der Dichter ergreift sie nicht.

Die diesem Text angemessene Rede von Gott wäre wohl die Sprache des Gebetes.

Anmerkungen

Der Abdruck des Gedichtes (S. 31) erfolgt mit freundlicher Genehmigung der Deutschen Verlags-Anstalt, Stuttgart. Es ist dem Band entnommen: Paul Celan, Mohn und Gedächtnis, Stuttgart: DVA 1952.

1 Zur Interpretation und den Übersetzungsproblemen s. Jürgen Ebach, Die Niederlage von 587/6 und ihre Reflexion in der Theologie Israels, in: Einwürfe 5, hg. von F.W. Marquardt, D. Schellong und M. Weinrich, München 1988, S. 96–103.

2 John Felstiner (»Paul Celan«. Eine Biographie, München 1997) liest den Text (vgl. S. 85–87) vor dem Hintergrund von Rilkes bekanntem Gedicht »Herbsttag«: »Herr. Es ist Zeit. Der Sommer war sehr groß ...« Ein Signal dafür, daß Celan sich auf diesen Text Rilkes beruft, ihn zugleich widerrufend, sieht Felstiner nicht nur in dem vierfachen »Es ist Zeit« am Schluß, sondern auch in der Tatsache, daß An-

spielungen auf Jahreszeiten bei Celan »gewöhnlich« (S. 380, Anm. 33) auf den Zeitpunkt der Entstehung eines Gedichts hindeuten, Celan aber den interpretierten Text in Wien, wo er einen Winter und Frühling lang war, geschrieben hat. Das Auftauchen von Herbst muß also aus einem anderern Bezug kommen.
Die Zitate – im weitesten Sinne genommen – bei Celan sind ein ergiebiges Forschungsfeld und z.T. ein beliebter Tummelplatz der Literaturwissenschaft. Winfried Menninghaus hat das Verfahren einer ebenso scharfen wie differenzierten methodologischen Kritik unterzogen (Wissen oder Nicht-Wissen. Überlegungen zum Problem des Zitats bei Celan oder der Celan-Philologie, in: Datum und Zitat bei P. Celan. Akten des Internationalen Paul Celan-Colloquiums, Haifa 1986. Jahrbuch für Internationale Germanistik, Reihe A. Band 21, Bern 1987, S. 81–96).
Bei Felstiner, der durchaus behutsam vorgeht, fällt auf, daß er die umgangssprachlichen »Zitate« weniger beachtet, als die »literarischen«. Darunter leidet dann die sinnliche Anschauung und Wahrnehmung. 1966 sagt Celan im Gespräch mit Hugo Huppert: »Ich bleibe in meinen Sachen sinnfällig; sie prätendieren niemals aufs ›Übersinnliche‹, das liegt mir nicht, das wäre Pose. Ich lehne es ab, den Poeten als Propheten hinzustellen. Als Seher und Weissager« (Hugo Huppert: Sinnen und Trachten, Halle 1973, S. 32 = Paul Celan, hg. von W. Hamacher u. W. Menninghaus, Frankfurt 1988, S. 321).
Bei Felstiner wird deutlich, wie der Gegenstand der Interpretation sich durch die Hypothese über »Zitate« verschiebt. An die Stelle des Geflechtes des Textes tritt das Geflecht der vom Interpreten vermuteten Bezugnahmen.
So stellt Felstiner fest, daß bei Celan im Unterschied zu Rilke der Anruf »Herr« fehle: »nach zwei Weltkriegen«. Es gibt keine Gewißheit mehr des Gehaltenwerdens und der göttlichen Gegenwart, wie bei Rilke etwa in »Herbst«: »Die Blätter fallen, fallen wie von weit ... Und doch ist Einer, welcher dieses Fallen unendlich sanft in seinen Händen hält.«
Zurecht erinnert Felstiner an die Sprache der Psalmen und sieht den Text von »christlich-jüdicher Dynamik« (S. 85) angetrieben. Aber diese geistesgeschichtlichen Beobachtungen decken die Sprachbewegungen bei Celan eher zu, als daß sie diese aufdecken.

3 Vgl. J. Felstiner, a.a.O., S. 134 und W. Hamacher, Die Sekunde der Inversion. Bewegungen einer Figur durch Celans Gedichte (= Paul Celan, hg. von W. Hamacher und W. Menninghaus, Frankfurt 1988, S. 81–126), S. 115ff.

4 Vgl. J. Felstiner, a.a.O., S. 47.

5 Das Gedicht trägt den Titel: Corona. Felstiners Bemerkung dazu halte ich für abwegig: »Das Wort ›Corona‹ deutet auf Christi Dornenkrone wie auf eine neue Zeit, die wiedergekehrt ist« (S. 86).

6 So Felstiner häufig; vgl. S. 105 zu dem Gedichtband ›Mohn und Gedächtnis‹: »Der Titel des Buches, aus dem Gedicht Corona, sollte emblematisch für Celan bleiben: Mohn des Vergessens; aber auch der Mohn im jüdichen Feiertagsgebäck und im Challah, dem Sabbatbrot, einst in der Kindheit in der Bukowina.«

Christoph Dieckmann

»Pancho & Lefty« Ein Sänger seines Lebens: Townes Van Zandt

»Muß das denn immer wieder der Preis sein:
ein schönes Werk, auf Kosten eines schönen Lebens?«
Urs Widmer: »Über Robert Walser«

I

Es war, das muß man sagen, kein leichtes Gespräch damals im Oktober 1992. Er lächelte fremd und reichte die Hand. Er pellte sich aus seinem Fischgrätenmantel und nahm Platz. Er bemerkte den Photogaphen, setzte die Hornbrille ab, und als der Kellner ihm das Ginglas brachte, sah er zu, daß es nicht ins Bild geriet. Er sprach sehr leise, stockend, mit scheuem Gelächter. Ringsum schnatterten die Gäste. Die Espressomaschine schrie. Er wirkte so selbstverloren. Er war da, aber nicht hier.

Townes Van Zandt: Geboren 1944 in Fort Worth/Texas. Der Vater Ölmanager, die Eltern reich und mobil. Umzüge nach Montana, Colorado, Illinois, Minnesota, zurück nach Texas. Townes' erstes Radioerlebnis war Hank Williams, Amerikas Ahnvater weißer ländlicher Einsamkeitsmusik. Dann im Fernsehen Elvis. Townes' ältere Schwester und ihre Freundinnen fielen in kreischendes Entzücken. Townes war neun und fand, das Rätsel Mädchen ließe sich wohl am besten mit Gitarre lösen. Der Vater versprach ihm eine, falls er bis Weihnachten den deutschamerikanischen Schunkler »Fraulein« lernte. *Fraulein, fraulein, you are my pretty fraulein.*

Die US-amerikanische Anthropologie ist eine Dialektik der wandernden Seßhaftigkeit. Sie kennt zwei Sorten Mensch. Die einen bleiben. Die anderen verlassen die einen, durchmessen das Reich und die Zeit, kämpfen, leiden, etliche sterben, etliche kehren heim, die Taschen voll besiegter Gefahr, von der sie zehren, bis sie, oder diesmal die anderen, weitermüssen. *Finger laufen dunkelwärts / Mitternacht in Sinnen / sammle dir dein Gold ans Herz / Mondschein, Narr, ist drinnen / greifst du es und trägst es heim / schmelzen deine Hände / so laß diesen Traum allein / such ein andres Ende.*

Townes war kein Bleiber. Er trampte jahrelang durchs Land. Er lebte in Houston, im New Yorker Bohème-Quartier Greenwich Village, in einer Hütte in den Bergen von Colorado. Zur Schneeschmelze ritt er ins Tal, würfelte und soff mit den Grubenarbeitern und amüsierte sie als Bluesimitator. Seinen ersten richtigen Song schrieb er mit siebzehn. »Waiting 'round To Die«, über das Streunen und Saufen und sonstige Arten, den Tod zu erwarten. *I guess I keep a-gamblin' / lotsa booze and lotsa ramblin'*. Dabei ist er geblieben. Ach ja, studiert hat er auch, Philosophie und Literatur.

War Van Zandt je jung? Die Photos seiner ersten Platten zeigen einen freundlich femininen Schlaks. Er schaut drein wie ein Hippie-Rilke, den sein juveniler Kummer mit Versen belohnt. Dann hört man »Our Mother The Mountain«, das rabenschwarze »Nothin'«, »Lungs« und hat einem Greis gelauscht. *Leih mir Lungen, bitte ich / meine wollen sterben / stehe starr und bitterlich / atme Zeit in Scherben / atme her und atme hin / bete, daß kein Gift im Tag / rings ist Leben, und ich bin / einsam, unentschieden, zag.*

Frühvollendet – dieser Ausdruck der Beerdigungssprache trifft schon den lebenden Van Zandt. Sein 73er Doppelalbum »Live at The Old Quarter, Houston, Texas« enthält bereits fast alle Songs, mit denen er dann noch ein Vierteljahrhundert rastlos unterwegs sein sollte. Was diesen drei- bis vierminütigen Kosmologien für Schleppstimme und Gitarre völlig abgeht, ist Rebellion. »Ich war mehr ein trauriger als ein zorniger junger Mann«, sagte Townes.

»Woher kam diese Düsternis?«

»Weil die Sonne verbrennt. Alles, was ich liebte, starb. Und wenn nicht, so würde es sterben. So läuft die Welt, und es bricht dir das Herz.«

Wie gesagt, es war kein ganz einfaches Gespräch.

Schreiben, erklärte Townes, sei für ihn eine Qual. Es breche über ihn herein. Es stürze herab. Er rase und komme mit dem Stift kaum hinterher. Bei »Mr. Mud And Mr. Gold« habe er keine Ahnung gehabt, was er da schrieb, nachts um drei, irgendwo in South Carolina. Er hätte sich am liebsten die Hände abgehackt, um Ruhe zu finden. Dann wieder Stille, Jahre nichts. Aber die Stimme dunkelte ständig nach.

»Du mußt allein sein«, sagte Townes. »Du mußt bereit sein, wenn der Song kommt. Wenn ich schreibe, gibt es nur mich und den Kosmos.«

Himmel und Erde, dazwischen Barlachs Bild: der singende Mann. *Hoch, tief kommen die Tage zur Welt / wie Regen auf eine Trommel fällt / vergiß, verliere jedes Wort / aber jage nichts fort / Leben ist Fliegen / oben, hienieden/ aus Schwingen und Augen / wirf Staub und den Schlaf.*

»Der Schlüssel ist Dankbarkeit«, sagte Townes. »In jedem Song steckt Hoffnung. Ich bin kein Missionar. Ich bringe nur zusammen.«

(Pause)

»Was ist das?« sagte Townes und lächelte. »Es sitzt auf dem Spielplatz und hat vier Beine und einen Arm.«

»Keine Ahnung.«

»Ein Rottweiler.«

II

Er ist immer ein Geheimnis geblieben, der Masse unbekannt, der Gemeinde unantastbar. Platten verkaufte er kaum. Seine Lebensversicherung waren die Tantiemen für jene Songs, die berühmtere Kollegen übernahmen: Doc Watson, Willie Nelson, Bruce Springsteen, neuerdings die Cowboy Junkies und die Walkabouts – allesamt Reporter der menschlichen Verdunkelung und verdiente Bekämpfer postmodernen Plapperpops.

Townes' berühmtester Song? »Pancho & Lefty«, 1977 von Emmylou Harris nachgesungen und seither die Hymne der alternativen, nichtopportunistischen Countrymusik. Van Zandt, der ein Selbstironiker von Graden war, pflegte das Stück anzusagen als *a medley of my greatest hit*, ein Potpourri seines einzigen Erfolgs.

PANCHO & LEFTY[1]

Living on the road my friend
Was gonna keep you free and clean
Now you wear your skin like iron
And your breath's as hard as kerosene
You weren't your mama's only boy
But her favorite one it seems
She began to cry when you said goodbye
Sank into your dreams

Leben unterwegs, mein Freund
Hielt dich damals frei und kühn
Jetzt trägst du deine Haut wie Eisen
Dein Atem ist wie Kerosin
Du warst nicht Mutters Einzelsohn
Doch ihr liebster, wie es scheint
Du gingst, sie hat geweint
Bald traumversunken schon

Pancho was a bandit boy
His horse was fast as polished steel
Wore his gun outside his pants
For all the honest world to feel
But Pancho met his match you know
on the desert down Mexico
Nobody heard his dying words
But that's the way it goes

Pancho war ein Bandenmann
Sein Pferd war schnell wie Spiegelstahl
Er trug die Waffe überm Rock
Daß sie der braven Welt befahl
Wo Pancho seinen Meister fand?
In Mexiko, im Wüstensand.
Sein Sterbewort bleibt unerzählt
Das ist der Lauf der Welt

And all the federales say
They could 've had him any day
They only let him hang around
Out of kindness I suppose

Lefty he can't sing the Blues
All night long like he used to
The dust that Pancho bit down south
Ended up in Lefty's mouth
The day they laid poor Pancho low
Lefty split for Ohio
Where he got the bread to go
Ain't nobody knows

And all the federales say
They could 've had him any day
They only let him slip away

Now the poets tell how Pancho fell
Lefty's livin' in a cheap hotel
The desert's quiet and Cleveland's cold
So the story ends we're told
Pancho needs your prayers it's true
Save a few for Lefty too
He just did what he had to do
Now he's growin' old

And a few grey federales say
They could 've had 'em any day
They only let 'em go so wrong
Out of kindness I suppose

And a few grey federales say
They could 've had 'em any day
They only let 'em go so wrong
Out of kindness I suppose

1972

Und all die Jäger sagen dir
Sie kannten täglich seine Tür
Sie ließen ihn in Ruh' dafür
Aus Güte, nehm' ich an

Lefty aber singt nicht mehr
So wie damals, lang ist's her
Der Staub aus Panchos letzter Stund'
Endete in Leftys Mund
Als man von Pancho Abschied nahm
ging Lefty nach Ohio fort
Woher er das Geld bekam?
Keiner weiß ein Wort

Und all die Jäger sagen dir
Sie kannten täglich seine Tür
Und ließen ihn doch fort von hier

Dichter malen Pancho hell
Arm lebt Lefty im Hotel
Die Wüste schweigt, Cleveland ist kalt
So endet die Geschichte bald
Pancho braucht Gebete, wahr
Sprich für Lefty auch ein paar
Tat er's nicht aus Pflichtgewalt?
Und nun wird er alt

Und graue Jäger sagen dir
Sie kannten täglich ihre Tür
Sie ließen sie verirrt dafür
Aus Güte, nehm' ich an

Und graue Jäger sagen dir
Sie kannten täglich ihre Tür
Sie ließen sie verirrt dafür
Aus Güte, nehm' ich an

Übersetzung:
Christoph Dieckmann, 1998

Howard Larman vom Magazin »Folk Roots« schrieb, jedesmal, wenn er »Pancho & Lefty« höre, schienen ihm Bedeutung und Szenerie verändert. Er fühle, dies seien lediglich Fragmente eines viel größeren Stoffs. Townes erzählte nur, er verdanke den Song maßgeblich dem Evangelisten Billy Graham und dem Guru Maharaji. Diese beiden Männer des Heils missionierten Dallas zur selben Zeit, als Van Zandt dort ein Drei-Tage-Engagement absolvierte. »Graham«, sagte Townes, »hatte eine halbe Million Publikum, der Guru dreihunderttausend und ich die restlichen sieben Säufer. Außerdem okkupierten die jungen Christen und die jungen Gurus sämtliche Hotels in und um Dallas. Ich hockte fünfzig Meilen von der Stadt entfernt in einem Schuppen ohne Fernseher und Coke-Maschine. Das Telephon war kaputt. Der Swimmingpool hatte einen Riß und wurde von Fröschen bewohnt. Was tun? Ich *mußte* schreiben, dank Billy Graham.«

Ist »Pancho & Lefty« ein Remake des Mythos von Kain und Abel? Wäre also Abel der Bandit? Und Lefty deshalb keiner? Hat überhaupt Lefty Pancho umgebracht? Sind sie denn Brüder? *Brothers in crime*? Stehen sie für Amerikas Geschwisterkampf, den Bürgerkrieg? Wer war Mutters Lieblingssohn? Ist Pancho Jesse James, der südstaatliche Bandit und Sagenrebell? Sind die *federales* die Blauen, die polizeigewaltliche Siegermacht über die grauen *confederates*? Und dann altert die Tragödie, ermatten die feindlichen Farben: *a few grey federales say* …

Townes befand, wie fast alle seine Songs habe auch dieser keinen exakten Topos. Eben das macht ihn so groß, zu einem hundsraffinierten Glockenspiel von Archetypen. Ich höre »Pancho & Lefty« als fatalistische Moritat von Schuld und Sühne. Van Zandt rächt und richtet so wenig, wie er Versöhnung akklamiert. Er nimmt keine Partei. Auch die trägen Häscher des Gesetzes, sagt der variierte Kehrvers, trifft an dem Drama Verdienst und Schuld.

Kennt Townes Van Zandt Wahrheit? Nur die verstreichende Zeit. Der Sänger, der ja nicht Wolf Biermann heißt, ist nicht im Besitz der Moral. Er gehört der gesamten Tragödie. Sämtliche Figuren und Motive stehen unter seinem Schutz. Für sich selbst verlangt er wenig, nur die ersten vier Zeilen. Andere mögen *Vergangenheit aufarbeiten*, andere ihr entfliehen – Townes läßt willfahren. Seine Mörderin ist die Wüste. Seine Mutter auch?

Während dies geschrieben wird, richten sie in Texas die Mörderin, die bekehrte Christin Karla Faye Tucker hin, nach vierzehn Jahren in der Todeszelle.

»*Oh boy*«, sagte Townes, »wenn Vincent und Albert nicht im Himmel sind, dann kommt niemand rein.«

»Albert?«

»Albert Schweizer.«

III

Man hat Townes Van Zandt den van Gogh der Folkmusik genannt; das kommt beiden nahe. Man hat ihn über Dylan und Springsteen gestellt, was er haßte. Man erklärte ihn zum Stalker der verbrannten Seelen – vielleicht das größte Mißverständnis. Der Theologe in mir nennt ihn Stellvertreter. Van Zandts deutsches Publikum war *glad to be sad* und schlürfte importierte Melancholie. Townes' ruhelose Heimatpilgerei und unsere Seßhaftigkeit standen in ironischer Korrespondenz. Er wanderte für uns aus den großen Städten fort. Er war, statt unser, überall und wußte, daß nichts hilft. Aber uns diente Townes' Texas als das Tal der blauen Blume, die in Deutschland nicht mehr blüht, seit die Nazis sie zu Braunkohl gemacht haben. Townes' Sonnenfinsternisse waren unser Naturheilmittel gegen die Depressionen der flächenversiegelten Welt. Townes' Wasser kam noch aus reinen Gebirgen und seine Kunst von Gott, an den er nicht glaubte, aber an sich selbst als den Wanderer im finsteren Tal. *We all got holes to fill / Them holes are all that's real / Some fall on you like a storm / Sometimes you dig your own.*

Van Zandt hat seine Düsternisse nie dramatisch aufgemotzt. Seine Schreie schrien nicht, sie wurden Stille und Choral, unendlich weit vom schicken Dekadenztheater, von Tom-Waits-Klangtapete im Ambiente-Lokal, von Bukowski-Rotz und Dunkelkitsch à la Cormac McCarthy. Falls Townes gefiel, wie seine Jünger ihn als Schmerzensmann verehrten, war er doch unfähig, dieses Image zu genießen.

Als ich Townes entdeckte, so um die Wendezeit, befand er sich schon auf dem Abstieg. Wer ihn buchte, wer zu seinen Konzerten aufbrach, tat das ohne Garantie auf einen großen Abend. Unvergeßlich sein Auftritt 1993 im Berliner »Loft«: zwei Stunden Stimme nicht von dieser Welt, ein Nukleus wahren Lebens. Den schlimmsten Absturz sah ich zwei Jahre später am selben Ort. Ich kam gerade noch pünktlich aus Aschaffenburg, wo Emmylou Harris am Abend zuvor ihr einziges Deutschland-Konzert mit einem kristallinen »Pancho & Lefty« eröffnet hatte. Das »Loft« war halb gefüllt. Townes blieb lange in der Garderobe, torkelte dann ans Mikrophon, klampfte rutschig, verirrte sich im Text – ein lallendes Wrack, das nicht mal seine gefürchteten Witze zu Ende bekam. *Go on*! brüllte es von unten. *Play*! Townes starrte ins Dunkel und sagte, plötzlich ganz klar: Ich komme übers Meer, tausende von Meilen. Du machst ein paar Schritte vor die Haustür und schreist: *Play*!?

Zwölf Monate darauf war er wieder in Berlin. Er schien leidlich repariert und erzählte die Geschichte vom texanischen Trinker, der jedesmal drei Gläser bestellt – eins für seinen Bruder in Tokio, eins für seinen Bruder in Paris, eins für sich selber. Eines Tages ordert er nur zwei Drinks. Der

Barkeeper will kondolieren: Welcher Bruder denn gestorben sei? – Keiner, sagt der Mann. Ich trinke nicht mehr.

Daß er keinen Alkohol mehr brauche, hatte Townes schon 1992 irritierend betont. Zum Schluß war er nur noch Haut und Knochen. Berlins Folk'n'Roll-Enzyklopädist Wolfgang Doebeling, der ihn als Freund gut kannte, sagt, daß Townes bezüglich seines nahen Endes keinerlei Illusionen hatte.

Am Weihnachtsabend 1996 stürzte Townes daheim in Smyrna/Tennessee und lädierte sich die Hüfte. Er wollte nicht ins Krankenhaus. Jeanene, seine Frau, mietete einen Rollstuhl. Darin sitzend nahm Townes in der Woche nach Weihnachten etliche Songs auf. Die Schmerzen wurden aber so stark, daß Jeanene Townes am Silvesterabend doch ins Krankenhaus fuhr. Beim Röntgen stellte sich heraus, daß die Hüfte gebrochen war. Noch in der Neujahrsnacht wurde Townes operiert. Am Morgen bestand er darauf, entlassen zu werden. Jeanene fuhr ihn nach Hause. Abends machte sie ihm in der Küche etwas zu essen und telephonierte mit Suzanna, der Frau von Townes' Song-Compadre Guy Clark. Da rief Will, der Sohn, aus dem Bad: *Mom, you better look! I think Dad is dead.*

Ein Blutgerinsel hatte Townes das Herz verstopft. Man hüte sich, diesen ärztlichen Befund poetisch zu verkitschen. Auch medizinisch ist er banal. Townes hat sich totgesoffen. Er war kein Selbstmörder, aber er betrieb auf Raten, was Joe Ely *suicide in self defense* nannte.

Falling is a feeling that I just can't lose, singt Townes in meinem Lieblingssong, »Flying Shoes«. Was er meinte, illustriert jene Geschichte, an die er sich nicht so gern erinnern ließ: Townes sitzt auf der Brüstung seines Balkons, den Rücken zur Tiefe, die Flasche im Arm, und kippelt und kippelt, bis er endlich fällt. Er stürzt vier Stockwerke hinab. Er überlebt fast unversehrt und war doch jenseits gewesen. Auch die Flasche blieb heil.

Am 1. Januar 1997 war es dann Zeit. Townes starb genau 44 Jahre nach Hank Williams, dem Vorsänger der Entsagung. Williams wurde 29, Van Zandt 52 Jahre alt. Die Mythen sind ihm sicher. Die Wahrheit ist, daß ihm auf Erden nicht zu helfen war. Aber er hat geholfen.

IV

So soll es nicht enden. Und so endet es auch nicht. Nach Townes' Tod häufen sich die Widmungen und Memoiren. Einer, der zu beidem Grund hat, ist Steve Earle. Gerade erschien sein inniges Album »El Corazón« (»Das Herz«). *See you when I get there Maestro*, hat Earle unter seine Texte geschrieben und Townes den »Ft. Worth Blues« nachgesungen: *You used to say the highway was your home / but we both know / that ain't true / It's just the only place a man can go / when he don't know / where he's travellin' to.*

Earle, Texaner vom Jahrgang 1955, ist ein so berühmter wie gezeichneter Balanceur zwischen Country und Rock 'n' Roll. Jahrzehntelang hing er an der Heroin-Nadel. Kurz vor dem irdischen Schlußpfiff und während er ein Sümmchen Knast absolvierte, ist Earle eingefallen, daß er weiterleben möchte. Den Richter, der ihn heroinfrei eingebuchtet hat, nennt Steve seinen Lebensretter. Seine Lehrer? Townes Van Zandt und Guy Clark. Am meisten danke er Townes das Künstler-Ethos, nicht für Geld zu existieren. »Ich könnte der beste Lohntexter in der Songfabrik von Nashville sein«, sagt Steve. (Nashville ist das Hollywood der Country-Industrie.) »Aber dank Townes und Guy weiß ich: Sowas ist nicht okay.«

Earles Townes-Erinnerungen sind unendlich, und fast alle handeln sie von der Alkoholvernichtung eines fragilen Genies. Die Geschichte vom Russischen Roulette. Dann die Geschichte, wie Townes hinten auf den Zug sprang. Wie sie Auto fuhren, Steve am Steuer, Townes trank und trat urplötzlich mit steinerner Gewalt Steves Fuß samt Gaspedal in den Boden. Er wollte einfach erleben, was passieren könnte. Sie endeten am Baum. Einmal in Colorado ist Earle selbst Van Zandt gewesen. Townes schlief im Rausch und war nicht zu wecken. Sie brauchten die Gage für die Rückreise nach Texas. Steve wußte alle Songs, und die Gebirgler kannten weder ihn noch Townes von Angesicht.

»Ich hatte immer das Gefühl«, sagt Steve, »daß Townes sich bestrafen wollte für Fehlentscheidungen, die er früh in seinem Leben getroffen hat. Auch in finanzieller Hinsicht. Townes spielte ja. Er schien dabei nie glücklich, bevor er nicht sein ganzes Geld verloren hatte – außer, er spielte gegen Guy Clark, Guy war ein Festpunkt in Townes' Leben.«

Bevor Guy Clark nach Deutschland kommt, kann man lange warten. Also fliegen wir nach Texas. Tief unten liegt Neufundland, das Eismeer; weiße Klüfte klammern braunes Land. New York. Der Delta-Anschlußflug ist ersatzlos gestrichen. Protest erwirkt die Überweisung zu American Airlines. Kurz nach Sonnenuntergang schneidet das Flugzeug ins *afterglow*, den purpurnen, kobaltblauen, schwarzen Himmel. All die Babeltürme unten werden Fläche, ein riesiges leuchtendes Beet.

Bald Washington, dann Louisville, in gelb blinkenden Zirkeln ums State Capitol von Kentucky gelegt. Nashville, Memphis ... Die Erdsterne unten verlöschen nie. Man hielt doch immer dieses Riesenland für leer. Nachtwiesenbunt strahlt Dallas herauf, wie bei Jimmie Dale Gilmore: *Have you ever seen Dallas from a DC 9 at night*? Wir landen. Wir starten. Um Mitternacht Austin.

Eine Heimkehr in der Fremde. Mit Hilfe guter Mächte und des World Press Institute Saint Paul/Minnesota hatte ich das halbe Jahr 1990 auf einer

US-Kreuzfahrt verbracht, die zehn Journalisten aus zehn Ländern durch zwanzig Städte führte. Austin war die freundlichste. Wir wohnten im altehrwürdigen Driskill-Hotel. Wir fuhren bei Gewitter auf dem grünen Colorado Motorboot. Wir besichtigten Computerfirmen, Madalyn O'Hair, die Gottmutter der wenigen amerikanischen Atheisten, sowie Admiral Bobby Inman, der uns die US-Tourneen der Genossen Gorbatschow und Jelzin rezensierte. Gorby kam gut weg, aber den Säufer Jelzin hatte Admiral Inman höchstselbst bei einem Bankett voll betankt unterm Tisch hervorgezogen.

Zum Schluß empfing uns ein heiterer Rundling, der Oberbürgermeister Lee Cooke. Er kredenzte Kekse, er zeigte uns sein Lieblingsphoto mit seinem alten *buddy* George Bush, er pries Austins Aufschwung und die Sicherheit: 22 Morde pro Jahr; New York biete 5 000. Und als uns das freute und weil wir alle Kekse aufgegessen hatten, ernannte uns Lee Cooke *for now and for all time to come* zu Ehrenbürgern der Hauptstadt von Texas. *Please come again!*

Und da wären wir wieder.

Austin ist zweierlei: das neue Silicon Valley und die selbsternannte *Live Music Capital of the World*. Die Computerindustrie boomt, aber spätestens, wenn es dunkelt, führen alle Wege zur 6th street. Hier befinden sich, Häuschen an Häuschen, die meisten der über hundert Musikkneipen und -restaurants der Stadt. Alle offerieren jeden Abend Live-Musik bester Güte, oft mit Berühmtheiten. Jetzt tobt außerdem, wie seit 1987 jeden März, die South by Southwest Music Conference, die größte Messe bodenständiger amerikanischer Musik. 750 Auftritte in fünf Tagen an 36 simultanen Spielstätten. Die polygamen Ohren hetzen durch die Stadt und verhelfen Austins Taxifahrern zum Geschäft des Jahres.

Wir hetzen nicht. Wir müssen ins »La Zona Rosa«, zu Guy Clark. Es gibt nicht mehr viele Musiker, die endlich zu erleben ich so gierig bin. Wie jeder South-by-Southwest-Artist hat Clark nur 45 Minuten Auftrittszeit. Er spielt ein kleines *Best-of*-Konzert, mündend in »Desperados Waiting For A Train«, Clarks Pendant zu »Pancho & Lefty«. Das Publikum unterhält sich leider bestens: brüllend laut.

Anderntags gegen Mittag sitzen wir in der Lobby des Marriott-Hotels. Clark ist ein Bulle von Mann mit der Aura eines Weisen. Der Kellner kommt. Clark bestellt Tee, wie gewiß nicht immer. »Guy trinkt 'ne Menge«, hatte Steve Earle mitgeteilt. »Aber er trinkt viel besser als Townes.«

Clark, geboren 1941, stammt aus situiertem Hause. Sein Vater war Rechtsanwalt in Rockport an der texanischen Golfküste. Nach Tisch wurde vorgelesen – Romane, Lyrik, Robert Frost. Das erzog Guy zum Erzählpoeten. Musikalisch war Texas immer ein Großmarkt der Kulturen. »Es gab viele gute Songschreiber«, sagt Clark. »Aber Townes war der beste. Der literarischste.«

»Was hat euch unterschieden?«

»Townes«, sagt Clark bedächtig und bläst sorgfältig Rauch aus, »Townes schrieb durchweg aus der rechten Hälfte seines Hirns. Fast *stream of conciousness*. Ich dachte oft: Wo hat er das jetzt wieder her? *His horse was fast as polished steel ... His breath was hard as kerosene* ... Puuuh! Ich bin ein bißchen mehr Handwerker.«

»Warum habt ihr nie politisch geschrieben? Townes' und deine Jugend waren doch für Amerika eine revolutionäre Zeit.«

Was er politisch und sozial denke, meinte Clark, sei zwar nicht privat, aber es gehöre nicht in seine Songs. »Da ist noch ein Unterschied zu Townes«, sagte er. »Ich könnte es mir schwerlich leisten, ein Jahr lang nichts zu schreiben. Und ich muß in Nashville wohnen. Ich muß da sein, wenn Produzenten anrufen. Viele meiner Sachen wären von Kollegen sonst nicht aufgenommen worden. Es gibt immer hier was zu ändern und dort was zu verbessern. Ich schreibe Songs, um davon zu leben. Nicht wie eine Maschine, obwohl ich Leute kenne, die auch das sehr gut können. Meine Aufgabe sehe ich darin, anderen Menschen Imagination zu verschaffen. Sie füllen, was ich schreibe, mit ihrer Bedeutung.«

»Siehst du jemand, der in Townes' Schuhen laufen könnte?«

»Niemand. Warum auch? Schreiben ist kein Vergleichssport.«

V

Am letzten Austin-Abend war St. Patricks Day. Überall in der 6th street blinkte Grün. Irische Folkbands lamentierten und erinnerten daran, daß Amerikaner Aus- *und* Einwanderer sind. So ist auch ihre Musik Kommen *und* Gehen. Sie intoniert eine Mystik des Alltags, die Deutschland nicht kennt.

Ich saß im »Babe's«, pichelte Margeritas und grübelte behaglich, warum mich, der ich mal Free-Jazz-Fan war, die so gebundene Folkmusik heute viel mehr berührt. Vielleicht, weil erst der Rahmen das Bild entgrenzt. Verharrt die Form, kann die Seele wandern, und umgekehrt. Ich liebe die zyklische Weltfrömmigkeit dieser Musik, ihren Sensus für die letzten Dinge, ihre Choralik, ihren Respekt vor Syntax, Vers und Reim, ihr heiteres Kommunikationstalent, ihren Willen, sich auch die digitale Erde untertan zu machen, statt selbst ein Clip zu werden und in postmodernen Klangcollagen zu verschwinden.

Ich habe immer eine Freiheit in Musik gesucht: die von den Begriffen. Musik war mein Wort von weither, kein deutsches demokratisches, und *Amerika* chiffrierte Gegenwelt – nicht besser, nur beständig fern. Theologie konnte mein Beruf nicht werden, weil sie, sprachmusikalisch oft aus Holz,

Wissenschaft zu sein begehrt. Sie betreibt die Definition einer Freude, die ich von Kind auf bewohnte – freilich allzu seßhaft. Ich studierte Theologie in einer festen Ostberliner Klinkerburg, dem Evangelischen Sprachenkonvikt, einem idealen Ort geistlicher Konzentration, die aber immer bei sich selber blieb. Einmal fragte ein englischer Besucher, der Sprachenkonvikt nicht recht zu übersetzen wußte: *Why are the languages in prison?*

Schon kurz nach Studienbeginn am Leipziger Theologischen Seminar eröffnete mir ein älterer Kommilitone, Dietmar Selunka, die Sinnlosigkeit des Sinnes über Sinn. Derlei Fragen seien weder zu klären noch zu verbieten; sie müßten sich erübrigen und verstummen inmitten des Lebens, das man lebt. Dann kündigte Selunka eine Darbietung an, in der alle Theologie zusammengefaßt sei. (Er war Repetent.) Ich dürfe aber nicht lachen. (Er war im Bademantel.) Er schlug die Bibel auf und sang mit schönem Tenor Psalm 131: *Herr, mein Herz ist nicht hoffärtig / und meine Augen sind nicht stolz / Ich gehe nicht um mit großen Dingen / die mir zu wunderbar sind / Fürwahr, meine Seele ist still und ruhig geworden / wie ein kleines Kind bei seiner Mutter / wie ein kleines Kind / so ist meine Seele in mir …*

Viele Theologen flüchten sich periodisch aus den Fragmenten eigener Klugkeit in den Schoß der Dichtung. Bergen soll sie, das Zerstrittene einen und nicht neuerlich aufeinander hetzen. Heimat soll sie nennen, nicht den meldepflichtigen Wohnsitz unserer Obliegenheiten. Wenn er schreibe, sagte Heiner Müller, sei er klüger, als wenn er denke. Das spricht von Dichtung, von Musik, wenngleich sehr schroffer.

Was das Buch der Lieder meiner Kirche betrifft, so enthält es keine schönere Apologie höherer Heimat als Jochen Kleppers Ermutigung: *Die Nacht ist vorgedrungen, der Tag ist nicht mehr fern / So sei nun Lob gesungen dem hellen Morgenstern / Auch wer zur Nacht geweinet / der stimme froh mit ein / Der Morgenstern bescheinet / auch deine Angst und Pein.*

Das ist 1938 geschrieben. Vier Jahre darauf entging Klepper den Nazis in den Tod. *Nobody heard his dying words / But that's the way it goes.*

Freiheit, sagte mein Dogmatik-Lehrer Wolf Krötke immer wieder, ist nur Freiheit als Zukunft eröffnendes Geschehen. Dieser Satz, wenngleich abermals eine Definition, wollte das Sein ins Werden transferieren, den Zustand in die Hoffnung menschlicher Existenz. Er muß sich auch anderen eingeprägt haben. Als ich zum ersten Mal den Bundestag betrat, stand gerade der Kommilitone Markus Meckel hinterm Rednerpult und sprach über das Verhältnis von Deutschen und Tschechen. Freiheit, rief er, ist Freiheit nur als Zukunft eröffnendes Geschehen! – Mich hat dieser Satz immer an die Grenzen des Definitorischen gemahnt, an die offene Erzählung des Lebens gegen die Ideologie.

Wir müssen das deutsche Brüten beenden. Tom hat sich an unseren Tisch im »Babe's« gesetzt, ein pensionierter Anwalt, nebst seinem jungen mexikanischen Weibe, mit dem ich nun tanzen darf. Es spielt der *Pavarotti of the Plains*, der schmerbäuchige Jodler Don Walser mit seinen Texas Playboys. Tom packt indessen die Familienphotos aus. Er besitzt auch Handschriften von Goebbels, Franck und Kaltenbrunner. Die Nürnberger Prozesse waren ungesetzlich, sagt Tom. Der amerikanische Soldat hat den deutschen Soldaten immer respektiert. Gefangene Japaner, die hat man weglaufen lassen, bis drei gezählt, und dann ...

»Gibt es für Country, für einen Songwriter objektiven Fortschritt?« fragte ich den Weisen Guy Clark. »Oder wächst man nur im eigenen Leben?«

»Das wäre doch ein großer Fortschritt.«

»Verliert man nicht auch mit den Jahren?«

»Nichts. Vielleicht Leidenschaft. Ich werde älter und weiser, ich schreibe besser.«

»Wie schreibst du?«

»Mit Abstand, einem Bleistift und einem großen Radiergummi. Mit einem Freund, wenn ich nicht weiterweiß.«

»Gehörst du einer vorigen Zeit?«

»Nein. Ich bin 55. Das Heute ist, was es ist. Nur Videos mag ich nicht, die killen Imagination.«

»Ich finde doch, daß man auch verliert«, sagte ich. »Ich weiß mehr als vor zehn Jahren, aber es freut mich nicht immer.«

»Das nennt man Leben«, griente der Weise Guy Clark.

»Sir! Wirklich?«

»Ja«, sagte er, »das ist ein Hammer, was?«

Anmerkung

1 Der Text von »Pancho & Lefty« entspricht dem Abdruck auf Townes Van Zandts LP »Live at The Old Quartier, Houston, Texas«, © Columbine Music, Inc./United Artists Music Co., Inc. / ASCAP, 1972.

Christofer Frey

Verfremdete »Botschaft«
Gedanken zu einem Gedicht von Ingeborg Bachmann

I. Die Herausforderung

In Ingeborg Bachmanns 1957 veröffentlichtem Lyrikband »Die gestundete Zeit« findet sich folgende ›Botschaft‹:

> Aus der leichenwarmen Vorhalle des Himmels tritt die Sonne.
> Es sind dort nicht die Unsterblichen,
> sondern die Gefallenen, vernehmen wir.
>
> Und Glanz kehrt sich nicht an Verwesung. Unsere Gottheit,
> die Geschichte, hat uns ein Grab bestellt,
> aus dem es keine Auferstehung gibt.

II. Hintergründe

Die Lyrikerin hatte im Wien der Nachkriegszeit mit einer Dissertation über Heidegger promoviert. Interpreten meinen, sie habe sich mit ihrer Arbeit auch vom Heidegger der 1933 gehaltenen Freiburger Rektoratsrede verabschiedet, die Shoa instinktiv berücksichtigt und Erinnerungen an die große Wiener Tradition des Positivismus belebt.[1] Nur das Letzte dürfte stimmen; es wird jedoch die Interpretation ihres eigenen Werks über die Eigenarten der Wiener Philosophie des frühen zwanzigsten Jahrhunderts hinausführen müssen: Was darf und kann denn überhaupt noch gesagt und geschrieben werden, wenn die Sprache nur noch Begriffe der Verifikation aufbietet und sie in das methodologische Korsett einer tautologischen Sprache der Mathematik und der Logik einbettet? Die Lyrikerin benutzt die Sprache in einer eindrücklichen Mischung von spröder Form und fesselnden Bildern: »Die große Fracht des Sommers ist verladen ...«,[2] sie wird in der Lyrik aufbewahrt.

Die am Anfang zitierte ›Botschaft‹ beweist, daß die Lyrikerin nicht zur

Antimetaphysikerin aus positivistischen Motiven wurde, sondern am Thema der *Geschichte* entlang in das Nichts der Verzweiflung abglitt. Obwohl sie am Seminar von Alois Dempf teilgenommen hatte,[3] war sie nicht mehr von einer positivierten Überwirklichkeit fasziniert, sondern vom Gedanken eines sinnvollen Ausgangs der Geschichte abgestoßen – einer Geschichte selbst als Metaphysik, die aufgrund eigener Ordnung einem Ziel zustrebt. Heidegger, der in ihrer Dissertation behandelt wurde, hatte diese Geschichte in der geschichtlichen Stunde des Führers kumulieren lassen, um sich dann von ihr in einer Art von Quietismus zu verabschieden, der zum Dritten Reich schwieg; nach dem Krieg hatten sich ihm alle diese Fragen in die umfassende These von einem Seinsgeschick aufgelöst, in dem die Metaphysik versank. Aber was sollte danach kommen?[4]

III. Das Unsagbare

Mit Heidegger, aber auch mit Adorno und Wittgenstein steht die Lyrikerin vor dem *Unsagbaren*, das über die bezeichnende, die definierende und eingrenzende Sprache hinausgeht. Von Adorno und Wittgenstein muß deshalb noch die Rede sein:

Die ›Botschaft‹ endet mit dem negativen Verweis auf die Auferstehung. Das nicht in Begriffen zu Identifizierende wird auch von Adorno mit dem Verweis auf die Auferstehung festgehalten:

»Die materialistische Sehnsucht, die Sache zu begreifen, will das Gegenteil: nur bilderlos wäre das volle Objekt zu denken. Solche Bilderlosigkeit konvergiert mit dem theologischen Bilderverbot. Der Materialismus säkularisierte es, indem er nicht gestattete, die Utopie positiv auszumalen; das ist der Gehalt seiner Negativität. Mit der Theologie kommt er dort überein, wo er am materialistischsten ist. Seine Sehnsucht wäre die Auferstehung des Fleisches; dem Idealismus, dem Reich des absoluten Geistes, ist sie ganz fremd.«[5] Statt dessen sei der Mensch an den Felsen der Vergangenheit festgeschmiedet.[6]

Diesen auch moralisch angestrengten Metaphern steht die Sprödigkeit Wittgensteins gegenüber. Bachmann läßt sich das *Bilderkonzept* des ›Tractatus‹ als Anfrage gefallen. Sie liest den – heute sicherlich anders verstandenen – ›Tractatus‹ noch als Dokument des Positivismus, der die Sache im logischen Bild abbildet[7] – eine Ansicht, die Adorno ein Greuel war. Aber sie bemerkt die große, immer noch an Themen der Metaphysik anknüpfende Frage, was über das Sagbare hinaus sei. So fasziniert sie das *›Mystische‹*, das Wittgenstein trotz dessen Unsagbarkeit und paradoxerweise doch zur Aussage bringt – als das Mystische, in dem sich etwas zeigt.[8] Aber was zeigt sich? Darüber zu sprechen scheint im ›Tractatus‹ verboten zu sein; die Lyrikerin leiht sich aber etwas von der Kraft der ihre eigenen Grenzen überschreitenden Sprache, um in Bildern ganz anderer Art zu sprechen und vielleicht auch zu schweigen:

»Die Bewegung, die hinter diesem Philosophieren steht, das nicht zur Lösung unserer Lebensprobleme beitragen kann, das in seiner Leidenschaft nach der ganzen Wahrheit nur die dürre, formelhafte, ›ewige‹ Wahrheit der Logik zu bieten hat ..., ist die gleiche, von der Baudelaire in seinem Gedicht ›*Le gouffre*‹ spricht. Wie Pascal bewegt sich Wittgenstein in und mit seinem Abgrund; von allen Grenzen strömt, was er nicht nennen darf, auf ihn ein und setzt ihn dem ›drame cardinal‹ aus. ›Ah, jamais sortir des nombres et des êtres!«[9] Bachmann hält Wittgensteins Satz ›Gott offenbart sich nicht in der Welt‹ (6.432) für einen der »bittersten«.[10]

IV. Eine negative Botschaft trifft eine bestimmte Geschichte

Was folgt daraus für die in der Nachkriegszeit in Österreich ausgesprochene ›Botschaft‹? Lyrische Bilder verweisen oft auf Zeitlosigkeit.[11] Hier wird jedoch die begrenzte österreichische Sicht erhellt – grell gezeichnet von den harten Konturen der schonungslosen Aufdeckung. Bachmann war offenbar tief in sie verwoben. Ihre Erinnerungen halten den Schrecken des Tages des Einmarsches der Nazitruppen in Klagenfurt fest.[12] Aber dieses Österreich hatte mit großer Mehrheit dem Anschluß an das Reich zugestimmt und nach dem Kriege seine eigene faschistische Vergangenheit nie bearbeitet; sie brach sich nur manchmal irruptiv eine Bahn in die politische Gesellschaft. Darum sind es nicht die Opfer von Mauthausen,[13] sondern die Gefallenen, die hier die Vorhalle des Himmels besetzten. Ein blinder Kult der Geopferten hätte diese zu Unsterblichen stilisiert – und, muß der Theologe in Erinnerung an die Kritik Günter Dehns[14] anfügen, ihr Verenden in den Schützengräben dem Opfer Jesu Christi gleichgestellt. Solch pseudosakraler Ton wird allerdings nicht mehr laut; zu fern scheint die zu angeblicher Versöhnung mißbrauchte Religion zu sein. Bachmann entmythisiert den Glanz der Sonne des Ruhms und wirft die Frage nach dem Sinn auf eine Erde ohne Verheißung zurück. Der Glanz wird zum Schein eines grellen Lichts, das die Realität unbarmherzig aufdecken will.[15] Sonne und Glanz, Unsterbliche und Gottheit korrespondieren über die beiden Strophen hinweg; beide Seiten enden im Widerspruch. Kein Sieg des Lebens deutet sich an, aber offenbar auch keine Todesverliebtheit, die das Leben persiflieren könnte. Darum deutet die ›Botschaft‹ auf eine Auseinandersetzung mit einer *Metaphysik der Geschichte* und zugleich mit einer Eschatologie, deren Schlußakkord sich aus dem Material der Geschichte aufbaute, hin.[16]

V. Vom Geschick der Metaphern

Kann es auf diesem Hintergrund noch *gelingende Metaphern* geben? Die Lyrik bedarf ihrer; oder will sie nun auch ihr eigenstes Material ad absurdum führen? Dann ginge sie wohl in eine Art von Dadaismus über. Das dargelegte Verständnis der ›Bilder‹ reicht nicht weit genug, obwohl es die Grundlage des Werks Bachmanns zu sein scheint. Wie fangen Metaphern das Unsagbare, das Mystische ein? Adorno befand, daß die ›Bilder‹ die Sache als unaufgebbares Gegenüber angreifen, deren Nichtidentität in die Identität des beherrschenden Geistes verschlingen.[17] Die Lyrikerin hingegen sucht Bilder, die sprechen, wenn die Begriffe versagen. Das schlechthin nicht in eine Identität Einzuflechtende ist der Tod. *Tod* wird ihr Thema, das sich vor allem im Spätwerk versammelt. Bilder reden und können nicht ›be-greifen‹ angesichts eines Todes, der nicht einmal mehr in pathetischer Haltung existentiell wird.[18] »In Rom habe ich in der Früh vom Protestantischen Friedhof zum Testaccio hinübergesehen und meinen Kummer dazugeworfen. Wer sich abmüht, die Erde aufzukratzen, findet den der andern darunter.«[19]

Der römische *protestantische* Friedhof nimmt die Fremden auf; Uwe Johnson hat eigens an ihn erinnert, als er eine ›Reise nach Klagenfurt‹, in die Geburtsstadt Bachmanns, unternahm, um dort Friedhöfe aufzusuchen.[20] Was er kaum wissen und auch Bachmann verdrängt haben konnte, war die mit Gewalt in der Gegenreformation beendete protestantische Geschichte Klagenfurts, die einen großen protestantischen Kirchenbau zum katholischen Dom werden ließ, aber die Grabmäler der protestantischen Familien darin beließ.

Aber was deutet die Metapher der Auferstehung an? Für Adorno wird sie zum unmöglichen Hinweis auf die bedrohte oder sogar vernichtete Unmittelbarkeit, die nicht von der Reflexion des Geistes verzehrt werden darf und zum Widerstand gegen die Vermittlung in allen ihren Spielarten ruft – erfolge sie nun durch Begriffe des herrschenden Geistes oder durch Übergriffe der Ökonomie; die Macht der Abstraktion im Geld wäre deren erschreckendstes Beispiel. Aber daß etwas nicht sein darf oder sein soll, wäre mit Wittgenstein bereits von einer Ebene jenseits des Ansprechbaren her zu begründen und deshalb nicht mehr philosophisch auszusagen. Wo liegt jene Utopie, auf die Adorno anspielt und die negativ, weil ausgemalt, und positiv, weil offenhaltend, über das Verhängnis hier und jetzt hinaus führen will?

Sie liegt im Nirgend der den negativen Ausgang der Geschichte markierenden »Vorhalle des Himmels«. Die Geschichtsmetaphysik hatte die Frage nach Sinn und Identität an ein Ende aller Geschichte projiziert, an dem auch das Rätsel des Todes seine Antwort finden sollte. Wird dieses Ende zum Ankerpunkt aller Metaphern, die sich mit der endlichen Geschichte vor allem des Todes hier und jetzt nicht genügen lassen? Dann hängen die Metaphern der Lyrikerin in der Luft, ja, sie entschweben in die Leere ohne allen Sinn.

> Und was bezeugt schon dein Herz?
> Zwischen gestern und morgen schwingt es,
> lautlos und fremd,
> und was es schlägt,
> ist schon Fall aus der Zeit.[21]

Zunächst scheinen die Metaphern jedoch nur zu beanspruchen, ihre Zeit zu erhellen – im grellen, tödlich deutlichen Licht der gescheiterten Geschichte. Was die Metaphysik nicht mehr sagen kann oder will, sagt die lyrische Metapher.

Die Frage nach gelingenden Metaphern führt an die Kernfrage der wankenden Moderne: Kann sich die Vernunft in solcher Geschichte selbst erhalten und fortführen? Adornos ›Dialektik der Aufklärung‹[22] oder seine ›Negative Dialektik‹[23] wollen zeigen, daß sich die abstrakte Vernunft selbst widerlege. Bachmanns Lyrik will offenbar auf den heillosen Nihilismus im Zusammenbruch aller Geschichtsperspektiven verweisen. Ihre Metaphern ›gelingen‹, wenn die Geschichte nicht gelingt.[24]

VI. Gibt es noch ›gelingende‹ Metaphern?

Was ist nun eine gelingende Metapher? Vielleicht sagt sie ihre Zeit so an, wie es die Analyse geschichtlicher Ereignisse allein nicht könnte. Dazu bedürfte sie einer Perspektive, die sich im ›Gelingen‹ selbst entfaltet und die sie doch ins Subjektive zurückfallen lassen könnte. Wie würde dann *dem Subjektiven Widerständiges* entgegengesetzt? Adorno wollte die Perspektive der Opfer einnehmen, aber er tat es mit dem Narzißmus des moralischen Anklägers, der über die Angeklagten hinweggeht. Bachmann wählte sich die Perspektive der Hoffnungslosen.[25] Vom ›Gelingen‹ kann in beiden Fällen nicht die Rede sein. Nun wird auch die Rede von einer ›gelingenden‹ Metapher zur metaphorischen Aussage; und eine Metapher, die sich selbst sichert, endet im Widerspruch.

Metaphern, muß nun hinzugefügt werden, gelingen nicht dank einer Perspektive, die ein unmittelbares Einverständnis sucht und sich eine eigene Gemeinde von sich überschneidenden Subjektivitäten sammelt, sondern dank ihres widerständigen Sachgehaltes.[26] Wenn nicht die Erinnerung an eine widerständige *Sache* wäre, würde die ›Auferstehung‹ auch den Nachreligiösen nicht mehr zur negativen oder so gar positiven Metapher.

Warum bietet sich überhaupt die ›*Auferstehung*‹ als Metapher an?[27] Adorno will die Leibhaftigkeit und damit ein angemessenes Verständnis der materialen Bindung alles Daseins bekräftigen, Bachmann will an den definitiv gewordenen Sinnverlust aller Geschichte erinnern; die Aufgabe jedoch, in der Geschichte eines Sinnverfalls das Leben zu führen, bleibt. Aber es könnte auf die bleibende Identität verzichten wollen.[28] Alle Abbrüche zeigen sich auf dem phantomhaften Hintergrund erwünschter Kontinuität.[29] Noch die Negation verbindet mit der alten Metaphysik. Daß Metaphern in dieser Situation sinnhaft werden, verdanken sie also der sich selbst zersetzenden Erinnerung.

›Wohin das alles?‹ Der Sinnfrage entflieht niemand durch den Verlust einer Antwort. Aber die Antwort kann nicht mehr durch die Negation im Sinne einer Apologie oder einer eristischen Situation erzwungen werden.[30] Bachmanns negative Wendung der Auferstehungsmetapher ist ganz ernst zu nehmen und darf nicht zum Spielmaterial pseudomoderner Christlichkeit werden. So wird ihre vermutlich ungewollte theologische Herausforderung zur Sprache kommen: Diese liegt dort, wo das ›Mystische‹ doch noch gerufen oder das ›Nicht-Identische‹ beschworen wird, obwohl die Sprache nicht an es heranreichen soll. Aber das die Sprache Übersteigende würde sich allzu schnell in die Scheinabgründe einer sich selbst thematisierenden Subjektivität verirren, wenn es nicht doch genau, wenn auch anders bestimmt werden könnte. Die christliche ›Erfahrung‹ des Auferstandenen, nicht des Abstraktums Auferstehung, wird demgegenüber zum Inbegriff der Erfahrung, die das von subjektiver Sprachkraft nicht aufzuhebende oder zu schaffende Andere in allen Sinnkonstruktionen festhalten kann, selbst wenn diese von einer Lyrik in der Sinnleere der Geschichte dekonstruiert werden. Es führt keine Sinnkontinuität von der real erfahrenen Geschichte hin zur gelingenden Metapher dessen, was diese Geschichte schlechthin nicht ist – zur Überwindung des Todes, der sonst immer das letzte Wort behält. Diesem ist ein schlechthin anderes letztes Wort entgegenzustellen:

O hätt ich nicht Todesfurcht!
Hätt ich das Wort ...[31]

Lyrik rührt an die Konstitution unserer so undurchschauten Wirklichkeit; sie tut das deutlicher mit der Kraft ihrer Negation als eine naive wissenschaftsgläubige Mischung von historischem Positivismus und Psychologie, die das Bekenntnis zum Auferstandenen in die Welt psychischer Fiktionen abschiebt und sich selbst die Religion einer selbstproduzierten Mystik zugesteht.[32]

Anmerkungen

Der Abdruck des Gedichtes erfolgt mit freundlicher Genehmigung des Piper Verlags, München. Es ist u.a. zu finden in dem Band: Ingeborg Bachmann, Werke, Bd. 1, München: Piper Verlag 1993, S. 49.

1 Vgl. u. a. Holger Gehle: Ingeborg Bachmann und Martin Heidegger. Eine Skizze, in: D. Göttsche und H. Ohl (Hg.): Ingeborg Bachmann – neue Beiträge zu ihrem Werk, Würzburg 1993, S. 241–252. – Vgl. ferner die Autorin selbst: Ludwig Wittgenstein – Zu einem Kapitel der jüngsten Philosophiegeschichte, in: Dies.: Gedichte, Erzählungen, Hörspiele, Essays, München 1964, S. 277–288.
2 Bachmann: Gedichte, S. 13.
3 Gehle, a. a. O., S. 245 (Bachmann hatte dort über Alfred Weber referiert).
4 Gehle, a. a. O., S. 248: »Im Versuch, den faschistischen Nihilismus mit Webers ›universeller‹ Erfahrung zu überwinden, wären wir - einmal mehr unmittelbar zu ihm - im Gegenteil nur tiefer von ihm ergriffen.«
5 Theodor W. Adorno: Negative Dialektik, Frankfurt a. M. 1966, S. 205.
6 A. a. O., S. 59.
7 Bachmann: Ludwig Wittgenstein, a. a. O., S. 285.
8 Ebd. – Bachmann erinnert an die letzten Worte Schlicks, die der ›unio mystica‹ gegolten hätten.
9 A. a. O., S. 286.
10 A. a. O., S. 287.
11 Dies.: Aus den Frankfurter Vorlesungen, in: Dies.: Gedichte, S. 309: »Zeitlos sind freilich nur die Bilder. Das Denken, der Zeit verhaftet, verfällt auch wieder der Zeit. Aber weil es verfällt, eben deshalb muß unser Denken neu sein, wenn es echt sein und etwas bewirken will.«
12 Vgl. Gerhard Botz: Historische Brüche und Kontinuitäten als Herausforderungen – Ingeborg Bachmann und post-katastrophische Geschichtsmentalitäten in Österreich, in: Ingeborg Bachmann – neue Beiträge zu ihrem Werk, S. 199–214.
13 Auf die Problematik einer besonderen österreichischen Opferthese verweist Botz, a. a. O., S. 212; es bleibt aber die Frage, ob sich Bachmann wirklich von dieser Art kollektiven Narzißmus befreit hat.
14 Kirche und Völkerversöhnung, hg. v. G. Dehn, Berlin 1931.
15 Ingeborg Bachmann: Die gestundete Zeit, München 1957: »Doch übers Gefälle des Vergänglichen / wölbt uns kein Traum.«
16 Ingeborg Bachmann: Das dreißigste Jahr, München 1961, handelt von der Nichtverbesserlichkeit der schlechtesten aller Welten.
17 Adorno: Negative Dialektik, S. 125, 199.
18 Saskia Schottelius: Das imaginäre Ich: Subjekt und Identität in Ingeborg Bachmanns Roman ›Malina‹ und Jacques Lacans Sprachtheorie, Frankfurt a. M. u. a. 1990, hat auf S. 94ff. die Todesbilder und -projekte Bachmanns zusammengestellt.
19 Ingeborg Bachmann: Was ich in Rom sah und hörte, in: Gedichte, a. a. O., S. 250.
20 Vgl. Ernst Ribbat: ›Wo die Toten sind‹. Uwe Johnsons Nekrolog auf Ingeborg Bachmann, in: D. Göttsche u. a. (Hg.), a. a. O., S. 13–24.
21 Bachmann: Die gestundete Zeit, S. 10.

22 Theodor W. Adorno / Max Horkheimer: Dialektik der Aufklärung, Frankfurt a. M. 1992 (Ges. Schriften, Bd.3).

23 Adorno: Negative Dialektik.

24 Deshalb verkehren sich die biblischen Erinnerungen in Bachmanns Werk auf merkwürdige Weise. Die Exodusgeschichte und ihre Fortsetzung werden im Romanfragment ›Franza‹ zur Wüstenläuterung auf einer negativ-mystischen Reise in das Innere: Sabine Grimkowski: Erzählfiguren und Erzählperspektive in *Der Fall Franza,* in: Ingeborg Bachmann – Neue Beiträge zu ihrem Werk, S. 95–104.

25 »Nur die Hoffnung kauert erblindet im Licht« (Gedichte, S. 19).

26 Vgl. Harald Weinrich: Semantik der Metapher, in: Folia Linguistica 1 (1967), S. 5ff. – Paul Ricoeur / Eberhard Jüngel: Metapher, München 1974.

27 Vgl. Bachmann: Gedichte, Lieder von einer Insel, S. 47: »Wenn du auferstehst, / wenn ich aufersteh, / ist kein Stein vor dem Tor, / liegt kein Boot auf dem Meer.« »Wenn du auferstehst, / wenn ich aufersteh, / hängt der Henker am Tor, / sinkt der Hammer ins Meer.«

28 Bachmann: Gedichte, Aus den Liedern auf der Flucht, S. 57: »Ich bin noch schuldig. Heb mich auf. / Ich bin nicht schuldig. Heb mich auf.« »Ich bin es nicht. / Ich bin's.«

29 A. a. O., S. 58: »Die Liebe hat einen Triumph und der Tod hat einen, / die Zeit und die Zeit danach. Wir haben keinen.«

30 Bachmann: Gedichte, Curriculum vitae: »O hätt ich nicht Todesfurcht! / Hätt ich das Wort ...« (S. 39). – Ferner: Aus den Liedern auf der Flucht: »Die Toten, an mich gepreßt, / schweigen in allen Zungen« (S. 53).

31 Bachmann: Gedichte, S. 39.

32 Gerd Lüdemann: Die Auferstehung Jesu, Stuttgart ^{2}1994.

Christian Gremmels

Günter Eich: »Der Anfang kühlerer Tage« Eine psychodramatische Annäherung

DER ANFANG KÜHLERER TAGE

Im Fenster wächst uns klein der Herbst entgegen,
man ist von Fluß und Sternen überschwemmt,
was eben Decke war und Licht, wird Regen
und fällt in uns verzückt und ungehemmt.

Der Mond wird hochgeschwemmt. Im weißen Stiere
und in den Fischen kehrt er ein.
Uns überkommen Wald und Gras und Tiere,
vergessne Wege münden in uns ein.

Uns trifft die Flut, wir sind uns so entschwunden,
daß alles fraglich wird und voll Gefahr.
Wo strömt es hin? Wenn uns das Boot gefunden,
was war dann Wirklichkeit, was Wind, was Haar?[1]

Einige Monate sind vergangen, seit die Einladung eintraf, zum Verhältnis von Poesie und Theologie einen Beitrag zu schreiben, und dies nicht in der Form allgemeiner Überlegungen, sondern anhand eines *bestimmten* Gedichts, Günter Eichs »Der Anfang kühlerer Tage«. Seither hat dieses Gedicht mich begleitet – ein Begleiter in sehr wechselnder Gestalt: zuweilen freundlich, einladend und zugewandt, so als sei das Gedicht bereit, auf Fragen zu antworten, Neugier zu befriedigen, ja vielleicht sogar auch willig, das Geheimnis seiner Botschaft sich entlocken zu lassen; in solchen Augenblicken schien mir, als rege sich in dem Gedicht selbst der Wunsch, von seinem Begleiter verstanden werden zu wollen. Dann wiederum gab es auch Tage, an denen der Weggefährte sich abweisend und stumm verhielt, unzugänglich für die Versuche, zu ihm Beziehung aufzunehmen. Manchmal auch waren wetterwendische, launenhafte Züge zu beobachten: An einem Tag schienen die Verse Entdeckungen zu bestätigen, die kurz darauf schon wieder als widerrufen oder widerlegt zu gelten hatten; dann stellte sich diesem Begleiter gegenüber Unwille ein, Verärgerung und Verstimmung breiteten sich aus, die angesichts von neu aufsteigender Verlockung sich dann auch wieder verloren. Neugier, die sich erneuerte; die auch noch anhält, wenngleich der nachstehende Bericht von einer Begegnung zugleich auch ein Abschied ist.

I

Uns wächst etwas entgegen – etwas überschwemmt uns – etwas fällt in uns – etwas überkommt uns – etwas mündet in uns ein: Nicht von einem aktiv handelnden, weltgestaltenden »wir« ist in den *ersten beiden Versen* dieses Gedichts die Rede, vielmehr das kollektive Subjekt dieser Zeilen ist ein »wir«, an dem gehandelt, dem etwas zugefügt wird. Ohne Gegenwehr und daher »ungehemmt« wird hingenommen, was passiert. Das Subjekt des Erleidens bleibt anonym; regungslos und emotionslos harrt es aus – und doch: *eines* ist dieses von Handlung, Bewegung und Gefühl verlassene Subjekt *nicht*: es ist nicht gänzlich ahnungslos; es verfügt nicht nur über gewisse Kenntnisse von Jahreszeiten (»Herbst«) und Sternbildern (»Stier«, »Fische«), im Bild der »vergessnen Wege« dämmert auch Erinnerung daran herauf, daß dieses Subjekt einst eine Geschichte hatte, eine Vergangenheit; mag im einzelnen die Kenntnis der »Wege« dieser Vergangenheit im Entschwinden begriffen sein, so weiß dieses Subjekt sich doch als ein solches, in dem vielerlei Wege versammelt sind. Sehr summarisch und auch ein wenig müde klingt der zweite Vers aus, wie ein letzter Gedanke, ehe der Schlaf kommt: »vergessne Wege münden in uns ein«.

Und dann – im Übergang zum *dritten Vers* – (so stelle ich mir vor) ein plötzliches Erwachen, aus bewegungsloser Starre erweckt, sich aufrichtend, morgenwach und erkenntnishell, entschieden und mit weithin tragender Stimme wird das Urteil verkündet: Uns trifft die Flut! Der *Urteilsverkündung* folgt eine *Urteilsbegründung*: Wir sind uns entschwunden!, an die sich Hinweise zu den *Urteilsfolgen* anschließen: Alles wird fraglich! Alles ist in Gefahr! Ein niederschmetterndes Urteil? Eine aussichtslose Situation? Widerspruch jedenfalls wird nicht eingelegt. Statt eine Urteilsrevision anzustreben, revidiert das Urteil die Situation, die – zu einer ganz anderen geworden – jetzt neu zu erkunden ist: Wo strömt es (uns?) hin? Wird es einen Ausweg geben? Wenn »ja«, dann wird, was gewesen ist, nicht mehr sein, was es gewesen zu sein schien. Was aber ist das Gewesene *dann* gewesen: »was war dann Wirklichkeit, was Wind, was Haar?«

II

»Uns trifft die Flut«: Angenommen, es handelt sich wirklich um ein Urteil, in wessen Namen wird es gesprochen? Wer tritt in der Rolle des Richters auf? Wird diesem kollektiven Wir-Subjekt, das dieses Gedicht regiert, das Urteil – von außen oder gar von oben – zugesprochen, oder urteilt es selbst über sich selbst? Kein Zweifel, daß in diesen Fragen sich der Theologe zu erkennen gibt, dessen professionelle Prägung ihn nötigt, diese Frage auf jeden Fall stellen zu müssen. Mit solchen Fragen nähern wir uns jenem Bereich, in dem Interpretationssysteme ihre Herrschaft anzumelden und durchzusetzen pflegen. Theologische Deutungstäter, die auch ein Gedicht als Opfer nicht verschmähen. Was aber stattdessen?

III

Einem Gedicht kann zurückgegeben werden, was es uns schenkt; es kann gewürdigt werden aus dem Zusammenhang der Bilder und Assoziationen, die es hervorruft. Denn ein Gedicht wirkt ja dadurch, daß es einen in subjektiven Lebensgeschichten eingeschlossenen *zweiten Lebenstext* anspricht; es macht vergessene Prägeformen erkennbar, deren Abdrücke uns noch immer zeichnen – und so geschieht es denn, daß bei dem Gedichtwort »Uns trifft die Flut« eine bestimmte Figur aus der Kulisse tritt; es ist die eines »Wächters«, hoch auf der Mauer stehend. Wach- und Weckrufe, die von ihm ausgehen, werden vernehmbar: »Wach auf, wach auf, 's ist hohe Zeit, [. . .] das wütend ungestüme Meer läuft an mit Macht und drängt uns sehr«; dann auch der Ruf (einschließlich der Vielfalt der Stimmen, die diese Botschaft mißbrauchten): »Wach auf, wach auf, du deutsches Land, du hast genug geschlafen.« Alarmstimmung und paulinisch inspirierter protestantischer Entscheidungsernst: Die Nacht ist vorbei, herbeigekommen ist der Tag. Und um auch das noch anzusprechen, was der Selbstzensur anheimzufallen hatte: Tiefe Zustimmung breitet sich aus. Ganz anders das Gedichtwort »Wir sind uns entschwunden«, bei dem sich umgehend Ablehnung einstellt: Eine poetologische Variante zivilisationskritischer Weltdiagnosen der Adenauerära: Hans Sedlmairs »Verlust der Mitte«, Hans Egon Holthusens Rede vom »unbehausten Menschen«. »Wir sind uns entschwunden«? Nichts ist unangenehmer, als ungefragt einem »wir« subsumiert zu werden, dem das »ich« nicht angehören will. Die *intensio lectoris* nimmt die *intensio auctoris* zur Kenntnis, aber sie widerspricht ihr auch, dankbar für den bewußt gewordenen Widerspruch, den das Gedicht ermöglicht hat.

IV

Beim Durchlesen des voranstehenden Abschnitts drängt sich als Einwand auf, daß die ausdrückliche Benennung lebensgeschichtlicher Assoziationen außerhalb der Bedingungen verläuft, die bei einer Interpretation im strengen Sinne zu beachten sind. Derartige Notate unterlaufen den Riegel, den eine Interpretation zur Abwehr subjektiver Beliebigkeit darstellt. Gültige Interpretationen steuern den Geltungsbereich des Gedichts, das sie auslegen; darin sind sie den Kommentarwerken zur Bibel vergleichbar, gegen deren Urteil niemand gern verstößt, der vor den Augen einer Kommunikationsgemeinschaft noch bestehen will; in ihrem Namen wird die Lesart ausgesprochen, die jetzt zu gelten hat. Die Evidenz, die exegetische Kompetenz auf dem fortgeschrittensten Stand wissenschaftlichen Bewußtseins für ihre Einsichten jeweils in Anspruch nimmt, gleicht in der Wirkung einem archaischen Bann. Interpretation, die immer auch eine Art der Fesselung ist, erfordert eine Hermeneutik, die lehrt, wie diese Fesseln anzubringen sind. Der Zauber endet erst, wenn die aktuell aufgerichtete Herrschaft der Interpretation auf die Dauer der Interpretationsgeschichte zurückbezogen wird; angesichts der *Historizität* aller überlieferungsgeschichtlich fortgeschriebener Erkenntnisse wird die *Subjektivität* lebensgeschichtlicher Einsichten den Vorwurf der Beliebigkeit gelassener ertragen.

V

Daß es sich bei Günter Eichs »Der Anfang kühlerer Tage« um eine Sintflutgeschichte handelt, liegt auf der Hand; unübersehbar ist auch die Tradition, in der dieses Gedicht durch Thematik und Ausdruck der Lyrik des deutschen Expressionismus verbunden ist; es genügt die berühmte, 1920 von Kurt Pinthus unter dem Titel »Menschheitsdämmerung« herausgegebene Sammlung zur Hand zu nehmen, um in Gedichten von Georg Heym (»Umbra vitae«) oder Jakob van Hoddis (»Weltende«) bis ins einzelne gehende Parallelen zu finden; so heißt es z. B. in Alfred Lichtensteins Gedicht »Die Schlacht bei Saarburg«: »Die Erde verschimmelt im Nebel. / Der Abend drückt wie Blei. / Rings reißt elektrisches Krachen / Und wimmernd bricht alles entzwei«. Eichs Untergangsgeschichte freilich vollzieht sich »lautlos«, nichts Krachendes, Wimmerndes oder Schrilles haftet ihr an; die von Wörtern wie »Fenster«, »Herbst«, »Decke« und »Licht« verbreitete Normalität und Vertrautheit ist so groß, daß das Eintreten der Erkenntnis hinausgezögert wird, der Erkenntnis daß das Gedicht die Beschreibung eines »*Machtwechsels*« enthält: Die Macht, mit der »wir« die Natur (Wald, Gras, Tiere) mit einem

Unterwerfungskrieg ohnegleichen überzogen haben, richtet sich nun gegen uns, »überkommt« uns. Der »Aufstand der Dinge« (Erhart Kästner) hat bereits stattgefunden. Aber auch eine zweite Erkenntnis, die einer »*Zeitunterbrechung*«, wird ausgesprochen: Unterbrochen, außer Kraft gesetzt wird der große Wiederholungszwang, in dem befangen wir wie selbstverständlich das Vergangene – durch Gegenwärtiges bestätigt – in die Zukunft fortschreiben, so daß auch morgen wieder möglich sein wird, was heute ist und gestern war. Dem »immer-weiter-so« wird das Ende bereitet: »was *eben* (noch) Decke war und Licht, wird Regen«. »Decke« und elektrisches »Licht« beschreiben jene sekundären Lebenssicherungssysteme, durch deren »plötzliches« Versagen Zivilisation in rohe Natur zurückverwandelt wird, in der der Mensch, dem nur das Werkzeug seiner Hände noch zur Verfügung steht, nicht überleben kann: *ἰδοὺ ποιῶ τὰ ἔσχατα ὡς τὰ πρῶτα* (Barnabasbrief 6,13).

VI

Von einem Gott ist in diesem Gedicht nicht die Rede; auch Menschen kommen – allenfalls versteckt in der Anonymität von »wir« und »man« – in ihm nicht vor; eine leere Welt, die geflutet wird. Auch die im Bild des »Bootes« angedeutete Hoffnung (»wenn uns das Boot gefunden«) verbleibt vage und unbestimmt: Die Rolle eines erzgescheiten Noah, der die Arche baut, bleibt unbesetzt.

Arche und Boot: Von E. Wiesel stammt der Hinweis, daß »im Hebräischen [...] *Tewah* sowohl Arche als auch Buchstabe (bedeutet). Um Noah vor der Sündflut zu retten, befahl Gott ihm, sich eine Sprache zu machen, die ihm als Obdach und Zuflucht dienen würde.« (E. Wiesel, Macht Gebete aus meinen Geschichten. Essays eines Betroffenen, 1986, S. 13) Das Gedicht bietet in seinem Schluß im Bild des »Bootes« eine Arche der Sprache an; wie ein Versprechen klingt, in dieser Sprache ungestellte Fragen stellen zu wollen, falls nach der Katastrophe dazu der Atem noch einmal gegeben sein wird. Da jedoch das reale Ende der Geschichte alle Versprechen hinfällig werden läßt, ist es das *vorweggenommene* Ende, das hier dazu aufruft, die Wirklichkeit nicht zu einer Wirklichkeit werden zu lassen, wie sie gewesen wäre, sollte die Katastrophe wirklich geworden sein.

VII

Günter Eich hat in seinen »Thesen zur Lyrik« (1968) sich gewünscht, Gedichte zu schreiben, »die meditiert, nicht interpretiert werden müssen.« (G. Eich, Ges. Werke, Bd. IV, Frankfurt am Main 1973, S. 412) Denkbar scheint mir am Ende dieser Überlegungen, daß es neben *Interpretation* und *Meditation* noch eine dritte Möglichkeit gibt, mit einem Gedicht umzugehen, das ist die Wahrnehmung eines Gedichts im psychodramatischen *Spiel*. Das Gedicht »Der Anfang kühlerer Tage« enthält in seinen ersten beiden Versen ein archetypisches Inventar an Bildern, die unmittelbar zur »Einrichtung« auf einer Psychodramabühne verwendet werden können. Der Umstand, daß in dem Gedicht *keine* Personen vorkommen, wird als Einladung so aufgenommen, daß *jede* Person sich in diese Szene hineinversetzen kann. Da hier nicht der Ort sein soll, ein Psychodrama zu Günter Eichs Gedicht im einzelnen darzustellen, begnüge ich mich mit einigen wenigen Hinweisen: Nach dem Verlesen der *ersten beiden* Gedichtverse wird dazu eingeladen, in diesem Haus das eigene Zimmer aufzusuchen. Der Protagonist bzw. die Protagonistin wird daraufhin angeleitet, sich in dieser Umgebung wahrzunehmen: der Blick aus dem Fenster bei herbstlicher Jahreszeit; außerhalb des Hauses der Fluß, der Wald, das Gras und die Tiere, der Mond und die Sterne des Himmels. Die ersten beiden Verse werden ein zweites Mal verlesen – und dann genügt die einfache Frage des Leiters bzw. der Leiterin: »Was ereignet sich jetzt?«, um die betreffende Person in den Stand versetzt zu haben, aus diesem Stand heraus umgehend die eigene Antwort zu geben, die dann in einer »Nachbesprechung« mit dem Wortlaut des dritten Gedichtverses verglichen werden kann. So kann, was ein Abgrund zu sein schien, als ein Übergang erkannt werden. Der Untergang, der unausweichlich schien, verwandelt sich zur Gestalt eines neuen Anfangs, der mit den *nun* möglich werdenden neuen Fragen eine veränderte Wirklichkeit erzeugt: lebenszugewandter als die, die war.

Anmerkung

1 Günter Eich: Der Anfang kühlerer Tage. Aus: Ders., Gesammelte Werke, Bd. 1, Frankfurt a.M.: Suhrkamp Verlag 1973. Der Abdruck erfolgt mit freundlicher Genehmigung des Suhrkamp Verlages, Frankfurt a.M.

Kjetil Hafstad

Kein hoher Himmel: Peter Huchels »Weihnachtslied«

WEIHNACHTSLIED

Jesu, was bist du lang ausgewesen,
o Jesu Christ!
Die sich den Pfennig im Schnee auflesen,
sie wissen nicht mehr, wo du bist.

Sie schreien, was hast du sie ganz vergessen,
sie schreien nach dir, o Jesu Christ!
Ach kann denn dein Blut, ach kann es ermessen,
was alles salzig und bitter ist?

Die Trän' der Welt, den Herbst von Müttern,
spürst du das noch, o Jesuskind?
Und wie sie alle im Hungerhemd zittern
und krippennack und elend sind!

Jesu, was bist du lang ausgeblieben
und liessest die Kindlein irgendstrassfern.
Die hätten die Hände gern warmgerieben
im Winter an deinem Stern.[1]

Ein Text nährt sich von anderen Texten und knüpft Verbindungen zu anderen Texten. Eine Erzählung lebt in einer Tradition von Erzählungen. Die dänische Alttestamentlerin Kirsten Nielsen hat nach der Erzählung gesucht, auf die Hiobs Buch aufbaut, und sie fand spannende Interpretationsperspektiven, als sie die Erzählung von Hiob im Licht der Erzählung von Esau und Jakob las. Die Geschichte dort handelt von einem Vater und zwei Söhnen und von der besonderen Beziehung des Vaters zum jüngsten Sohn, den er mit seiner jungen Lieblingsfrau bekommen hatte. Hier vernehmen wir die

Eifersucht des ältesten Sohnes, des Erben. Lesen wir Hiobs Buch als Erzählung von Gott und den zwei Söhnen, Satan und Hiob, so fällt neues Licht auf die Erzählung – und selbst für Satan gibt es Hoffnung![2]

Nun kann man behaupten, daß eine Erzählung faktisch auf eine oder mehrere Vorlagen aufbaut, z. B. kann man historisch behaupten, daß der Schöpfer des Hiobbuchs die Erzählung von Esau und Jakob vorliegen hatte und auf sie aufbaute. Solche Thesen lassen sich schwerlich als historisch wahrscheinlich beweisen. Weiter ist keinesfalls ausgemacht, daß historisch orientierte Thesen viel zu einem vertieften Verständnis des Textes, der interpretiert wird, beitragen. Von daher empfiehlt es sich wohl, Texte zusammenzustellen, die, historisch gesehen, interne Verbindungen haben *können*. Um aber die Bedeutungsweite eines Textes zu erfassen, wird man, mit mindestens gleicher Berechtigung, ungeachtet des Vorliegens einer kausalen Verbindung, Texte zusammenstellen, die einander gegenseitig beleuchten. Hier geht es dann darum, dazu beizutragen, dem Text, der interpretiert wird, Bedeutung zu vermitteln oder seinen Sinn zu reproduzieren.

Diese Form der Intertextualität kennzeichnet viele unserer wichtigsten Zusammenkünfte. Wenn wir einen Gottesdienst gestalten, gehen wir genau auf diese Art und Weise vor. Wir stellen Schriftabschnitte, Lieder und Gebete zu einer Ganzheit zusammen, wobei die Teile, die dergestalt zusammenkommen, zu ihrer gegenseitigen Auslegung beitragen. Dasselbe geschieht, wenn wir im Rahmen offizieller Feiern wichtiger Begebenheiten Lieder, Gedichte, Erzählungen und Reden vortragen. Es entsteht eine Intertextualität, die die Situation auslegt. Die Texte interpretieren die Situation und den Anlaß – und die Texte erhalten durch ihre dergestalte Anwendung selbst einen neuen Valeur. Weiter werfen sie, kraft des Dramas, das auf diese Weise in Szene gesetzt wird – sei die Auswahl nun geglückt oder nicht –, neues Licht aufeinander.

Peter Huchels »Weihnachtslied« lebt schon vom Titel her in der Spannung zu einer Erzählung, dem Weihnachtsevangelium, der Erzählung vom Kommen Jesu. Das Lied ist kein Evangelium, keine frohe Botschaft für die Welt. Das Lied ist ein Klagelied. Eines, das seinen Ausgangspunkt in der Erwartung hat, die dem Weihnachtsevangelium als Rahmen dient: der Erlöser soll kommen; doch die Erwartung wird mit einem vorwurfsvollen Ton verbunden: »was bist du lang ausgewesen«. Auch Fragmente des Weihnachtsevangeliums werden im »Weihachtslied« nacherzählt, wie z. B. der im Weihnachtsevangelium vermittelte Rahmen der Not, der Obdachlosigkeit, des Nahrungsmangels und der Unsicherheit. Wird das Weihnachtsevangelium dagegen in seinem ihm eingearbeiteten Rahmen nacherzählt, so wird es in die Heilsgeschichte eingeflochten. Dann wird diese Armut und dieses Elend an den Rand hinausgeschoben und unsere Augen werden mit all den Assoziationen gefüllt, die das Weihnachtsgeschehen durch seine Abbildung auf Altartafeln und im Kirchenschmuck erhält. Wir betrachten 2000 Jahre bildlicher und musikalischer Ausschmückung des Geschehens in Bethlehems Stall. Huchel nimmt uns auch dorthin mit, doch er läßt uns nur das Elend sehen, und, in dieser Perspektive, die Not der Gegenwart.

Aber siehe, das Evangelium hat im Norden Wurzeln geschlagen, in kalten und unwirtlichen Landen. Zur Not und Armut kommt die *Kälte*, die Kälte, die den Körper der Lebensfreude und des Überschußes beraubt. Hier sind nicht zuletzt Kinder unterwegs, solche, die »den Pfennig im Schnee auflesen«, begleitet von sorgenvollen, tränenschweren Mutteraugen, dem »Herbst von Müttern«, dort, wo Kinder und Jugendliche in unwirtlichen Stadtstraßen umherirren, »irgendstrassfern«. Das Gedicht lebt von den vernehmbaren Kontrasten: auf der einen Seite die Weihnachtsfeier in unseren Köpfen, voller Wärme und Licht, die Familiengemeinschaft, Weihnachtsfestzeit und das Jesuskind – auf der anderen Seite die Not.

Es gibt unzählige Erzählungen, die sich von diesem Kontrast nähren. Ich wähle eine, die die nordischen Länder mit der übrigen westlichen Welt verbindet: Hans Christian Andersens Abenteuer »Das Mädchen mit den Zündhölzern«. H. C. Andersen (1805–75) war ein Dichter des Kontrastes, doch seine Kontraste waren behutsam gewählt. Das arme Mädchen, das in der reichen, bürgerlichen Kleinstadt umherwandert, um Zündhölzer zu verkaufen, wird nicht am selben Weihnachtsabend, sondern in der Neujahrsnacht, dem Festabend vor dem neuen Jahr, aus den Häusern gejagt. Doch nach wie vor leuchten die Weihnachtsbäume, sie blinken in den warmen Stuben, in die sie hineinsehen kann, – von draußen – von eiskalten, schneebedeckten Straßen, in denen sie barfuß umherstreift und friert. Die Familie des Mädchens ist in Not und sie muß ein paar Groschen für den Lebensunterhalt verdienen. Heute ist schlechthin alles schiefgegangen: nicht eine Schachtel Zündhölzer hat sie verkaufen können und jetzt hat sie Angst davor, nach Hause zu gehen. Da gab's nur Prügel. Erschöpft setzt sie sich in eine Ecke draußen vor einem Bürgerhaus und gibt der Versuchung nach, ein Zündholz anzustecken, um sich, für einen Augenblick wenigstens, die Hände zu wärmen. Im Schimmer der Zündholzflamme erlebt sie Visionen, wie sie nur dem in den Sinn kommen, der gerade am Erfrieren ist. Die Wand in die Stube hinein wird durchsichtig, und sie sieht den Kachelofen mit seinen blanken, warmen Messingkugeln. – Dann verschwindet die Vision. Das Zündholz erlischt. Sie entzündet ein neues und sieht ein neues, farbenfrohes Bild, den Mittagstisch drinnen, mit einer dampfenden Gans auf dem Tisch, voller getrockneter Pflaumen und Äpfel. Ja, die Gans hüpft vom Teller und kommt zu ihr, Gabel und Messer im Rücken. Beim nächsten Zündholz sieht sie den

Weihnachtsbaum, sie streckt sich ihm entgegen und die Kerzen am Baum sammeln sich zu einer Sternschnuppe an der Himmelswölbung. Das ist ein Warnzeichen: jemand ist am Sterben. Und schließlich steckt sie ein Zündholz an und sieht den einzigen Menschen in der Welt, der ihr Liebe erzeigt hat, die Großmutter. Die Großmutter ist tot. Die Großmutter hatte gesagt, daß, wenn ein Stern vom Himmel fällt, eine Seele zu Gott geht. Und nun brennt das Mädchen ein Zündholz nach dem andern ab und sie sieht die Großmutter kommen und sie zu Gott hinaufheben, dorthin, wo es keine Kälte, keinen Hunger, keine Angst mehr gibt. Sie schaut ihren eigenen Tod. Am nächsten Morgen finden sie das kleine Mädchen erfroren, samt einer Handvoll abgebrannter Zündhölzer. »Sie wollte sich wärmen, sagte man. Niemand wußte um all das Schöne, das sie gesehen hatte, in welchem Glanz sie mit der alten Großmutter in die Neujahrsfreude eingegangen war.«

Ich glaube, jedes Volk hat solche Erzählungen, in denen die behütet und gesichert Lebenden ermahnt werden, sich umzusehen und derer, die aus der guten Gesellschaft gefallen sind, derer, die Not leiden, gewahr zu werden. Der norwegische Dichter Henrik Wergeland (1808–45) hat eine ähnliche Erzählung (1842) geschrieben von einem Juden, der in der Weihnachtsnacht in norwegischen Bergdörfern umherwanderte, widerwilligen Kunden seine Waren feilbot, abgewiesen wurde und in derselben Weihnachtsnacht starb. Die Geschichte war ein flammender Beitrag in der norwegischen Debatte über die Frage, ob Juden zu Anfang des 19. Jahrhunderts rechtmäßig Wohnrecht im Königreich Norwegen gewährt werden sollte, so daß sie nicht länger rastlos von Ort zu Ort ziehen mußten, ohne Möglichkeit, sich niederzulassen und ein ansässiges Gewerbe auszuüben. Wergelands Einsatz wurde mit Erfolg für die rechtlosen Juden gekrönt (durch die Änderung des Grundgesetzes 1851).

Am Weihnachtsabend alleine gelassen zu werden ist für die moderne, westliche Gesellschaft der Inbegriff des Unglücks. Wenn auch sonst nichts, so soll in dieser Nacht ein jeder wenigstens Menschen um sich herum haben. Wir feiern Mahlzeitgemeinschaft und zünden Kerzen an, gegen den nordischen Winter, gegen das Dunkel, das mitten im Winter auf unsere Lande sinkt und auf ihnen verweilt. Wir feiern Weihnachten im Aufstand gegen die Einsamkeit und Fragmentierung, die unsere Gesellschaft prägt. Mit solchen Kontrasterzählungen kommuniziert Huchels »Weihnachtslied«. Wo ist wohl die Einsamkeit größer als dann, wenn alle anderen zusammenfinden, in Wärme und Gemeinschaft Bande knüpfen? Deswegen ist dies auch eine bittere Nacht, wenn all das, was einmal war, nicht mehr ist. Diejenigen, die ihre Nächsten verloren haben, sind in der Weihnachtsnacht verwundbar, sie blicken zurück auf ein Leben in Gemeinschaft, aus der sie ausgeschlossen sind.

H. C. Andersen sieht eine leuchtende Rückseite der bitteren Not. Das

Unglück ist zur selben Zeit Offenbarung. Das Mädchen mit den Zündhölzern stirbt, doch mit roten Wangen. Die bezeugen kontrafaktisch eine andere Dimension ihres Todes. Sie hat trotz allem Gemeinschaft erfahren, im Jenseits, mit der Großmutter, mit Gott. Über die Kinder in Huchels Gedicht wölbt sich eine andere Art von Himmel. Aber auch hier gibt es Himmel, auch hier gibt es Quellen der Wärme, so gute wie Zündhölzer. Die Kinder »hätten die Hände gern warmgerieben im Winter an deinem Stern«. Hier fällt der Stern nicht von der Himmelswölbung und er zeugt nicht vom Tod. Der Stern leuchtet, als ob er über der Krippe in Bethlehem leuchten würde: er leuchtet so, daß sich die Notdürftigen gerne an ihm wärmen wollten.

Das Weihnachtsevangelium ist voller Wärme. Die Bilder sind schön. Noch so kleine Zeichen im Text sind ausreichend, um mit Worten wie »Weihnachtslied«, »Jesuskind«, »krippennack«, »Stern« an das Evangelium anzuknüpfen. So sind sie da, alle Kontrasterzählungen, die Evangelienerzählungen und all die Erzählungen, die auf sie aufbauen. Sie melden sich ungebeten mit der Wärme, der Hoffnung, der Freude, die dem Gedicht abgehen. Von diesen Kontrasten lebt das Gedicht.

Der Text des Gedichts leistet dennoch Widerstand gegen diese anderen Texte, von denen er sich nährt. Er alludiert mit der Anrede »O Jesu Christ« an das Kirchengesangbuch, doch bricht er die Verbindung schon durch die Abkürzung »o Jesu«. Ganz zu schweigen von den sprachlichen Neuschöpfungen, die zum Verwundern, zum Nachdenken anreizen: »Hungerhemd«, »krippennack«, »irgendstrassfern«. Solche Zeichen brechen mit den Allusionen an Kanaans Sprache und sie brechen gleichzeitig mit den Erwartungen an die Wortbedeutung in der Alltagssprache. Die Zeichen schaffen in ihrer Fremdheit eine neue Wachsamkeit, eine Wachsamkeit für endlose Sehnsucht, für Hunger, der den Menschen von innen her verzehrt, für schutzloses Ausgeliefertsein – im Licht des Jesuskindes in der Krippe gesehen – und für rastloses Umherwandern in Stadtstraßen, ganz weit weg und allein.

H. C. Andersen kann das Leiden, die Wehrlosigkeit, nicht aushalten, er dichtet aus christlicher Hoffnung ein warmes Gewand um das schutzlose Mädchen, dem sich keiner in der bürgerlichen Kleinstadt annehmen will. Aus Gottes Himmel kommt die Großmutter und holt ihre Enkelin in die himmlische Herrlichkeit heim. Zur selben Zeit werden die um den Gänsebraten Versammelten ermahnt, aus dem Fenster zu sehen, ob es dort nicht ein Mädchen mit Zündhölzern gäbe, das man einladen könnte. Die Ungerechtigkeit und Grausamkeit der Welt wird in einer zusammenhängenden Erzählung durch die erfüllte Hoffnung, die die Erzählung in sich birgt, ausgeglichen. Hinter der Festbeleuchtung, hinter strahlenden Weihnachtsbäumen gibt es ein größeres Licht und größeren Glanz. Wir sehen Gottes

Himmel, der von diesem Glanz redet. Dort warten in der ganzen Welt Großmütter darauf, uns notleidende Kinder heimzuholen.

Im Asphalt-Dschungel verliert diese Erzählung – so schön sie auch ist – an Glaubwürdigkeit. Mag die bürgerliche Kleinstadt zuweilen eines ihrer Kleinsten vergessen und verlieren, solche Verluste sind in der Großstadt System. Kinder und Jugendliche gehen zugrunde. Trotz großer Ambitionen in bezug auf sozialen Ausgleich und den Aufbau einer Wohlfahrtsgesellschaft durch groß angelegte sozialistische Experimente und die englischen und nordischen Wohlfahrtsstaaten ist unsere Welt nun zur Aufteilungsgesellschaft geworden, in der die Wohlhabenden sich sichern und viele durchs soziale Netz fallen. Kinder und Jugendliche werden vernachlässigt, sie leben ohne Unterstützung der Erwachsenen. Die heutige Gesellschaftsform bedroht viele Kinder und Jugendliche. Es ist nicht einfach, sich im Asphalt-Dschungel zur Blüte zu entfalten. Dort ist es oft kalt und einsam. Die Weihnachtsnacht wird zu einer Nacht in äußerster Dunkelheit, »was bist du lang ausgewesen, o Jesu Christ!«

Aber gerade in dieser Verknüpfung wird das Gedicht für die Theologie relevant. In einigen wenigen Zeilen bindet das »Weihnachtslied« zwei äußerst verschiedene Gruppen von Erzählungen zusammen, Erzählungen, die im theologischen und kirchlichen Diskurs, von einzelnen rhetorischen Identitätsbehauptungen abgesehen, durchgehend auseinanderfallen. Weihnachten und die Leidensperspektive des Ostergeschehens werden im »Weihnachtslied« in ein dichtes Gewebe zusammengefügt, und das ist neuschaffend.

Jesu Worte am Kreuz: »Mein Gott, mein Gott, warum hast du mich verlassen?« klingen in der Klage über die ausgebliebene Parusie nach: »O Jesu, was bist du lang ausgewesen, o Jesu Christ!« Der leidende Jesus, der nach seinem Vater und Beschützer ruft, und jene, die heute nach Jesus rufen, gehören im Text zusammen. Salzige Tränen in Gethsemane, bitterer Essig am Kreuz – kann denn dein Blut, kann es wirklich ermessen, erfassen »was alles salzig und bitter ist«? Kannst du noch »die Trän' der Welt« spüren? Um Jesu Kreuz herum sammelten sich die Frauen, der »Herbst von Müttern« – »die von ferne zuschauten«, wie es in der Evangelienerzählung lakonisch heißt. Die Tränen der Mütter, Jesu wegen, der Kinder wegen, die in einer grausamen Geschichte verloren gehen, rinnen ineinander.

Sie schrien Jesus entgegen: »Andern hat er geholfen und kann sich selber nicht helfen ... steige er nun vom Kreuz herab. Dann wollen wir an ihn glauben.« Nach wie vor ist das Geschrei nach Veränderung zu vernehmen, im Gedicht lautet es: »Sie schreien, was hast du sie ganz vergessen, sie schreien nach dir, o Jesu Christ!« Ob höhnend oder verzweifelnd, jene, die schreien, schreien nach etwas Manifestem, nach »was«. Deswegen der Vorwurf: »Was bist du ... ausgewesen«, »was hast du sie ... vergessen«. Das Gedicht verbleibt dort, in der Klage. Die Angst vor dem Vergessenwerden tönt durch.

Der die Klage vorbringt, weiß nicht mehr, wo Jesus ist, er leidet Hunger, ist nackt ausgeliefert und sieht Kinder in der Ferne verirrt. Es sind diese Bilder, die das Gedicht hervorruft.

Die dunklen Nächte gleiten zu einer Nacht zusammen: die Weihnachtsnacht, die einsame und verlassene Nacht in Gethsemane, die Finsternis, die sich auf das Kreuz auf Golgatha senkte – »dies ist eure Stunde und die Macht der Finsternis«. Der Ruf der Notleidenden nach Jesus vereint sich mit seinem Ruf nach seinem himmlischen Vater. Hast du uns vergessen? Du bist in der Bitterkeit des Lebens und in der Finsternis des Elends nirgends zu sehen. Der Text ist karg an Zeichen, die einen Lichtschein vermitteln könnten, wenn sich da nicht ein Lichtschimmer im »Pfennig im Schnee« spiegelt, und wenn da nicht die Hoffnung darauf, sich am Sternenlicht über der Winterlandschaft die Hände warmzureiben, mit der Finsternis bricht. Doch gerade eine solch spärliche Hoffnung kann den Glauben in der Welt verankern: den Glauben an Gottes anonymes Gegenwärtigsein im Leiden der Menschen.

Das Weihnachtsgedicht fügt sich ein in die große Tradition der Liederdichtung, die sich im Mysterium des Leidens tummelt und nicht durch diese Finsternis dringt, von Nicolaus Decius »Agnus Dei« bis zu Paul Gerhardts »O Haupt voll Blut und Wunden«. Der Glaube sagt: Gott im Tode! Doch der Glaube *sieht* nichts anderes als Tod und Finsternis. Nur die Hoffnung, die Erwartung dringt durch. Aber auch die Erwartung ist Anfechtung, tentatio: »was bist du lang ausgewesen, o Jesu Christ!«

Das Beunruhigende und Neue an diesem Gedicht ist nicht, das es sich so gesehen in die Tradition der Leidensmeditationen, die von jeher die Kirchengeschichte begleitet hat, einfügt. Gerade durch das Festhalten an und Meditieren über Jesu Leiden konnte die Theologie den *Glauben* als die einzige Verankerung der christlichen Hoffnung in der Welt festhalten. Wohl kann die Hoffnung Farbe und Licht am Leben finden – wenn es denn glückt –, an leuchtenden Lebenskräften wie Vertrauen und Barmherzigkeit, und da, wo die Gemeinschaft Wärme gibt und dadurch Liebe und Kompetenz entwickelt. Doch das Leben geht unausweichlich dem Tod, der Vernichtung und Auflösung der Gemeinschaft entgegen. Hier wartet die Prüfung. Hier gibt es Raum zu glauben – und zu nichts anderem. Das Neue und Beunruhigende ist, daß das Gedicht eine innere Verbindung zwischen dem Leiden an Ostern und dem Jesuskind in Bethlehems Krippe schafft.

Hier ist die Sprache neuschöpferisch und verknüpft die Erzählungen durch Allusionen und starke Bilder, die in Satzfragmenten zum Vorschein kommen. Das Kind in der Krippe ist mit dem Leiden der Kinder in der Welt vereint: »wie sie alle im Hungerhemd zittern und krippennack und elend sind!« Die Zusammenstellung ist lose, angedeutet, nicht postuliert: »spürst du das noch, o Jesuskind?« Das Gedicht redet im selben Atemzug zum Jesuskind und zum leidenden Jesus, nach dem der Glaube sich sehnt: »was bist du lang ausgeblieben und liessest die Kindlein irgendstrassfern«.

Nun ist dieses Gedicht kein Kreuzworträtsel, wo der Leser sich vorwärtsraten und alle Bedeutungsfragmente registrieren kann. Doch einige wichtige Fährten sind gelegt, die zu weiterer theologischer Arbeit anregen können, um die Erfahrungen von Kindern und Jugendlichen im Stadt-Dschungel mit den großen Erzählungen von Weihnachten und Ostern zu verknüpfen. Gerade weil die Fragmente des Gedichts mit so vielen Geschichten und Erzählungen aus unterschiedlichen Ländern und Gesellschaftssituationen im Gespräch sind – ich habe mit H. C. Andersen und H. Wergeland nur zwei angedeutet –, schaffen sie neue Bilder, neue Geschichten in den Lesern.

In der Literaturtheorie war eine solche Bedeutungsfülle gerne an die gebundene Form geknüpft. Der dänische Literaturtheoretiker Erik A. Nielsen arbeitet mit der Frage, wie man Form und Gefühl im Gedicht verknüpft hat. Er vertritt die Auffassung, daß, wenn das Gefühl besonders stark sei, auch der Anspruch an die *Form* strenger werde. Gefühle, die ohne Umschweife entfaltet und mitgeteilt würden, führten bei Lesern und Zuhörern zu Verlegenheit. Deshalb könne es sinnvoll sein, seiner Geliebten ein Sonett zu schreiben, seine Gefühle in die strenge und traditionelle Form, wie sie das Sonett kennzeichnet, einzubinden. Gerade in der Begegnung des Rhythmus der strengen Form und des Rhythmus des Gefühls, erhielten Gedichte Elastizität und Intensität, behauptet er.[3] Zuweilen kann dasselbe im Prosagedicht stattfinden. Wahrscheinlich setzt dies voraus, daß der gebundenen Form eine entsprechend minimalistische Form entspricht. Solche Verkürzungen können der Theologie eine große Bedeutungsweite vermitteln. Mit seinen Bruchstücken und fragmentarischen Wortspielen verknüpft Huchel die großen Ereignisse der Heilsgeschichte, die Inkarnation und den Heilstod. Dennoch wölbt sich kein hoher Himmel über dem Text. Seine Verbindung zu den großen Erzählungen des Christentums liegt im Leiden, der Sehnsucht, der Erfahrung des Verlassenseins.

Es ist eine Lebensaufgabe, die Runen der Leidenden zu zeichnen und zu durchdenken, wie der leidende Christus in ihren Leiden nahe ist. Leiden ist böse, es raubt Leben und Sinn. Es kann ein Übergriff sein, dem Leiden der Unterdrückten im Licht des Leidens Christi einen Sinn beizulegen. Dennoch ist es dem Glauben möglich, daran festzuhalten, daß Christus in ihren Leiden ist. Doch dies kann nicht postulierend, in Form einer Konstatierung, geschehen. Der einzig gangbare Weg scheint zu sein, diese Frage im Angesicht des Leidens selbst aufzuwerfen. – Und dann könnte sich die *Form* der Frage schon dem nähern: »was bist du lang ausgewesen, o Jesu Christ«. Dies ist die Perspektive des *Glaubens*, jenes Glaubens, der sich sogar die Hände warmreiben kann – an einem Stern.

Anmerkungen

1 Der Abdruck des Gedichtes erfolgt mit freundlicher Genehmigung des Piper Verlags, München. Es stammt aus dem Band: Peter Huchel, Die Sternenreuse, München: Piper Verlag, S. 35.

2 Kirsten Nielsen: Satan – den fortabte søn?, Frederiksberg 1991, S. 60ff.

3 Erik A. Nielsen: Den skjulte gudstjeneste, Kopenhagen 1987, S. 92.

Peter Heidrich

Johannes Bobrowski: »Klosterkirche«

Nowgorod 1943: KLOSTERKIRCHE

Dreieinigkeit! Es öffnen zu Dreien sich
die Bögen der Apsiden. Und vierfach schart
der Kuppeln Zahl, gleich den Aposteln,
sich um die Mitte, die kreuzbekrönte.

Vier Säulen ragen mächtig, als trügen sie
die schwere Last der Erd, und kein Bogen wölbt,
zu helfen, sich herüber; in ein
Kreuz sind gebunden die hohen Räume.

Leer sehn die Fensterhöhlen, leer bleibt die Tür,
geborsten ist das Dach, und es neigt der Turm
sich schon herüber, und es wäscht der
Regen zerbrochnes Gerät des Frommseins.[1]

Zweimal zwölf Lebensjahre hatte Johannes Bobrowski durchwandert, als ihm die Sprache überquoll zur Dichtung. Das widerfuhr ihm just an dem Ort, in jener Landschaft, dem sich unser Gedicht zuwendet: am Ilmensee, am Wolchow, in Nowgorod-»Neustadt« (zu der den Gelehrten die »Altstadt« fehlt). Seine Heimat hatte er schon als Land der Nachbarschaft erlebt – der »Nachgebur«, der »in der Nähe wohnt«, gehörte zu fremden Völkern. Als Bobrowski mit 26 Jahren unser Gedicht schreibt, ist das dritte Jahr des Krieges gegen Rußland angebrochen. Der Geschichte kundig, sieht der junge Mann sich einbezogen in wieder mißglückte Nachbarschaft. Er weiß, durch wen die Klosterkirche in Nowgorod zerstört wurde, er ist selbst Soldat. Dem Handel ist ein Ende gesetzt, der glaubenden Hingabe an Gott ist der Raum genommen. Ein Jahr später wird Ina Seidel vermitteln, daß Gedichte von Johannes Bobrowski in der Zeitschrift »Das innere Reich« gedruckt werden.

Unter der Überschrift »Nowgorod 1943« erscheinen vier Gedichte, unser Gedicht ist das dritte davon.

Tiefste Lieb und tiefstes Leid sind Eines: diese Botschaft lauscht der junge Dichter einem Steinkreuz ab. (1. Gedicht) Die zerstörte Nowgorod schweigt: in diesem Schweigen meint der Dichter Frieden zu vernehmen, doch er weiß nicht, ob er zu diesem Wort, zu diesem Namen greifen darf. (2. Gedicht) Türme blieben stehen und heben die Last der zerbrochnen Kuppeln aus dem Leid der Trümmer herauf – doch was sich gegen den Himmel abzeichnet, ist ein zertretenes Bild – dem Herzen Qual. Nun wendet sich der Blick der Klosterkirche zu.

Unvermittelt setzt das Gedicht damit ein, eine Zahl zu beschwören. Eigentlich sind es sogar zwei Zahlen: die Drei und die Eins. Die drei gleich großen Apsiden in der Ostwand können den jungen Dichter zu diesem Ausruf bewogen haben. Die Ostkirche selbst sieht in den drei Apsiden keinen Hinweis auf Gott. Oft begnügt sie sich damit, eine einzige Apsis zu bauen, manchmal fehlt die Apsis ganz. Auch die drei Türen der in unserer Klosterkirche durch Brand zerstörten Bilderwand sind kein Hinweis auf den dreieinen Gott. Einen solchen Hinweis sieht man in der dem Tempel von Jerusalem nachgestalteten Raumgliederung orthodoxer Kirchen für Priester, Getaufte, Ungetaufte.

Unser Gedicht lebt von der alten Spracherfahrung »Zahlen erzählen«. Den Zusammenhang Zählen – Erzählen kennt die hebräische Sprache auch. Unser Dichter sieht die drei Apsiden, und er ruft den ihm vertrauten Begriff »Dreieinigkeit« aus. Solcher Ausruf ist, wie in dem entsprechenden hebräischen Verbum *qara'*, zugleich ein Anrufen – zwischen Beten und Predigen wird da noch nicht geschieden. Das Gedicht sieht in der Verdreifachung der Apsis einen Vorgang, der gewissermaßen eine Einheit voraussetzt, die architektonisch nicht gegeben ist. Unwichtig, daß die südliche (rechte) Apsis zu einem Umkleideraum des Klerus gehört und die nördliche der Meßvorbereitung Raum gewährt: die Kirche ist ausgebrannt, keine Bilderwand fesselt den Blick. Von etwaigen Fresken blieben nur Brandspuren. Wer in die Öffnung der zerstörten Eingangspforte tritt, sieht den leeren Raum, sieht von innen die drei Apsiden, die sonst nur von außen dem Blick auffielen.

Indes, es kann einen anderen Zugang zum Ausruf am Anfang geben. Auf der Sophienseite in Nowgorod steht im Heilig-Geist-Kloster eine Dreieinigkeits-Kirche (Zerkow Troizy Duchowa monastyrja). 1557 wurde sie errichtet, in den fünfziger Jahren wurde sie sorgfältig restauriert. Sie hat nicht nur die drei Ostapsiden, sondern trägt auch fünf Kuppeln. Nur wenn die vier Säulen des Gedichts frei im Gottesdienstraum stehende Pfeiler bezeichnen sollten, ist diese Kirche nicht gemeint. Sind die Säulen jedoch ins Gemäuer gefügt und fallen nach der Zerstörung des Gewölbes besonders auf, dann könnte der

Name dieser Dreieinigkeitskirche den Ausruf veranlassen und damit die Zahl Drei in der Ostwand entdecken lassen. Paul Klees Wort, Kunst stelle nicht das Sichtbare dar, sie mache sichtbar, fände damit Bestätigung.

Das Gedicht verweilt nicht bei der Drei, es wendet sich sogleich der Vier zu. Das offenbar zerstörte Dach war durch fünf Kuppeln bestimmt. Sollte die mittlere sich erhalten haben? Der Dichter nennt sie »kreuzbekrönt«, das waren jedoch die vier anderen Kuppeln auch. Das Buch von Faensen und Iwanow, »Altrussische Baukunst«, Berlin 1971, bringt in seinem Lichtbilderteil kein Beispiel einer Kuppel ohne Kreuz darauf; das Bild der wiederhergestellten Dreieinigkeitskirche bildet da keine Ausnahme. Steht die Mittelkuppel also nicht wirklich vor dem Auge des Dichters – bei dem Grad der Zerstörung der Kirche nicht wahrscheinlich –, dann weist die Kreuzbekrönung der Mitte auf den Schnittpunkt zweier Linien, die im Bau der Kirche und in der Anordnung der vier Kuppeln ein Kreuz bilden. Kreuze auf Kuppeln beziehen sich auf das Martyrium Jesu: sie bilden den Titulus ab und die schräge Fußstütze (mit dem im Osten besonders verehrten Andreas und seinem Martyrium in Zusammenhang gebracht oder mit dem später in Turin aufbewahrten Grabtuch, auf dem ein angewinkeltes Bein verkürzt erscheint); dazu kommt das Mondzeichen des unterlegenen Islam gelegentlich zum Kreuz. Das Kreuz jedoch, das der Bau bildet, das die vier Kuppeln andeuten, hat keine Verbindung zum Marterinstrument der Römer. Dieses Kreuz hier ergibt sich aus der Vier, es gliedert den Raum, es gehört zur Erde.

Dennoch – die Vierzahl der Kuppeln wird mit den Aposteln verglichen, die sich um die Mitte scharen. Das Evangelium nennt keine Gruppe von vier Aposteln, die zu Jesus kommen, es kennt 70 oder 72 Jünger (Lk 10,1), zählt 12 oder 3. Der Dichter entdeckt die Vierzahl, als er nach oben schaut – wie Visionäre vor ihm. Ezechiel schaut in Babylon vier Gestalten, als er entrückt ist. Vier Sternbilder des Tierkreises, kreuzförmig angeordnet, verkörpern göttliche Kräfte. Alte Astrosophie tauschte den düsteren Skorpion gern in den nahen Adler; er steht dem Stier gegenüber im Kreis, der Löwe bildet mit dem Wassermann (dem Menschenantlitz) ein Linie, die im rechten Winkel zur eben genannten Linie steht. Ezechiel dürfte, was ihm visionär widerfuhr, auch plastisch in Babylon gesehen haben: Keruben hießen die Plastiken, die ein Menschenantlitz mit einem Löwenkörper verbanden, die Füße aber dem Stier entliehen, dazu Adlerflügel trugen. Aus den Keruben wurde der griechische Gryps, daraus unser Greif, der als Rostocker Wappen, nachdem das Stierbild dem Land als Wappen überlassen wurde, immer noch Adler und Löwe miteinander verbindet. Dieser Greif ist in Dantes Komödie das Christusbild, von ihm wird der Wagen der Kiche in der großen Bibelprozession des Purgatorio (XXIX) gezogen, um den Christusgreif herum bewegen sich die vier Lebewesen, bei denen Dante sich auf die Offenbarung des Johannes bezieht: das Weltenkreuz im Tierkreis trägt den Gottesthron. Da die Heilsbotschaft universal angenommen wurde, wurden die Sternbilder der vier Himmelswesen zu den Leitbildern der vier Evangelisten: dem Markuslöwen, den Venedig im Wappen trägt, dem Lukasstier, dem Matthäuswassermann und dem Johannesadler. Da sind die vier Apostel, die sich um die Mitte scharen, wie sie unser Gedicht sieht. Das Kreuz im Kreis bildet den Kosmos ab, die Schönheit und Ordnung. Die hohen Räume sind »gebunden«, sind heilsam gefügt. Der Raum der Kirche ist ein Kreuz, das von vier Säulen gebildet wird. Da das Deckengewölbe doch wohl zerstört ist, haben die Säulen nichts zu tragen, unterstützen einander auch nicht mehr durch Bögen. Warum scheinen die Säulen die Erde zu tragen? Ruhte auf ihnen nicht das Gewölbe, mit seiner Konstruktion der Kuppeln – also Abbild des Oben? Die Vierzahl beschwört den Konjunktiv herauf, denn »wie im Himmel«, so ordnet die Vier »auf Erden« den Raum. »Vier Elemente, innig gesellt, bilden das Leben, bauen die Welt«, schreibt Schiller. Die genannten Sternbilder haben jeweils ein Element, also auch die vier Apostel. Die Stätte des Menschen, die Stadt, ist so selbstverständlich durch die Vier geteilt, daß wir problemlos von mehr als vier »Stadtvierteln« sprechen, in denen wir »Quartier« nehmen. Die ägyptische Hieroglyphe für *n.t* = Stadt ist ein Kreis mit einem liegenden Kreuz darin. Über die altägyptische Stadt zog der dreieine Sonnengott seine Bahn, als Kind am Morgen, als Mann zu Mittag, als Greis am Abend. Das himmlische Jerusalem ist in der Johannesoffenbarung, selbstverständlich, ein Viereck. (Die Pjatinen [Stadtfünftel] Nowgorods sind historisch-geographisch bedingt.)

Altes Zählen, das ein Erzählen ist, rechnet nicht addierend. Es entfaltet vielmehr jeweils die Einheit. Wird die Eins gespalten, ist das Zwiespältige so schlimm, daß nicht einmal die Genesis am »zweiten« Tag der Schöpfung das Gute sieht und nennt. Im Gegensatz der Zwiefalt kann indes die ursprüngliche Einheit wieder spürbar und wirksam werden, dann ist die Drei da als Eins, die etwas durchgemacht hat. Solchem qualifizierendem Sinn von Drei und Eins geht das Ausrufen unseres Gedichts nicht nach, Fachleute aber rechnen damit, daß Bobrowski solches Denken vertraut war. Sie meinen, mit den beiden Ziffern der Zahl 34 habe er Ungesagtes verbunden. Vielleicht, wie es Juden wichtig ist, daß die Ziffer für 1, im Hebräischen der erste Konsonant, mit einem unaussprechbaren Konsonanten bezeichnet ist. Unser Gedicht wendet sich auch Unaussprechlichem zu.

Die Kirche ist leer, ihre Fenster sind leer, ihre Tür ist es auch, für das Regnen findet das Gedicht ein Wort der Läuterung: der Regen »wäscht«. Er tilgt Brandspuren, er wäscht Fresken fort. Die Ikonenwand mit ihren vielen Bildern der Heilsgeschichte ist verbrannt. Nichts erinnert mehr an die historischen Träger der letzten Offenbarung. Urgestein der Religion wird sichtbar. In den Zahlen Drei und Vier. Slawen kannten Triglaw (Dreikopf), den Gott mit drei Antlitzen – kannten ihn die Pruzzen auch? Der Dichter erlebt in manchen Gedichten die Gewaltsamkeit der Christianisierung nach – sah er sich als Soldat auch auf der Seite der Gewalttätigen? Wird die Mission zurückgenommen, abgewaschen vom Regen des Himmels? Was bliebe, ist ein Gerät des Frommseins, zerbrochen zwar, aber in den Grundlinien erkennbar, vielleicht brauchbar.

»Rat« ist in unserer Sprache etwas, das der Erhaltung des Lebens dient. Der Vorrat an Lebensmitteln, getrennt und gesäubert vom Unrat. Die Besorgung des Heims, damit man darin leben könne, hieß Heimrat, daraus wurde: Heirat. Auch die geistige Hilfe dient dem Leben, der Rat – vielleicht hilft er, das Rätsel zu erraten. Die Runen raunen vom Geheimnis des Lebens, diese Runen »lesend« zu raten, nannte das Englische mit unserer Wortwurzel to read. Die Runen der Drei und der Vier sind zu erraten. Treffen wir das Gesuchte, dann »gerät« es uns. Was uns dazu dient, heißt auch »Gerät«. Der Raum, der in ein Kreuz gebunden ist, das das Weltenkreuz des Kosmos ahmt, bindet uns Menschen, die wir uns hingeben, auch in dieses Heilsame. Sich anpassend Hingeben – das sagt Frommsein. Mag das Gerät der Klosterkirche zerbrochen sein – sie wird gewaschen und wird vielleicht auf einen neuen Versuch der Geschichte zugerüstet. Vielleicht wäscht der Regen das geborstene Gebäude auch fort, wie der Turm schon zu stürzen scheint: dann wird die Vier in das Viereck der vollendeten Stadt eingehen, und des dreifach gegliederten Tempels bedarf es nicht mehr (Offb 21,22).

Im Gedicht vor dem unseren zieht sich das Herz des Dichters zusammen. Im letzten Gedicht findet sich das Herz zurück. Darf das Schweigen der Zerstörung Frieden genannt werden? Vielleicht wird er im Abwaschen gegenwärtig.

Anmerkung

1 Johannes Bobrowski: Klosterkirche. Aus: Ders., Gesammelte Werke in 6 Bänden, Bd. 1, Berlin: Union Verlag 1987. Der Abdruck des Gedichtes erfolgt mit freundlicher Genehmigung der Deutschen Verlags-Anstalt, Stuttgart.

Jürgen Henkys

»Ja, ich sprech in den Wind«
Zu einem poetologischen Rondo von Johannes Bobrowski

I

Johannes Bobrowskis Gedicht »Ja, ich sprech in den Wind« ist überschriftslos. In den vom Dichter selbst für den Druck vorbereiteten Lyrikbänden[1] hat es keinen Platz gefunden. Bekannt geworden ist es zuerst durch die Auswahl von Nachlaßgedichten, die 1970 unter dem Titel »Im Windgesträuch« herauskam.[2] Dort lautet es:

Ja, ich sprech in den Wind.
Wirst du mich hören? Der Regen
kommt und die Nebel, der Schnee
kommt, ich sprech in den Wind.
Wirst du mich hören?

Der Vogel, den Streifen Glanz
auf der Schwinge, der aus dem Licht
kommt, verwirrt, den die Dämmrung
erwartet, Regen und Nebel
und Schnee, ich sprech in den Wind.
Wirst du mich hören?

Kraut, gelb, die Wölbung
der Lippen im Mittag
und die trocknen Gewässer
der Düfte, Nebel
kommen, die Regen, einst
Schnee, ich sprech in den Wind.

Wirst du mich hören? Der Regen
und hinter den letzten

Feuern der Schnee,
rauchig, ich seh den Vogel,
Reif auf der Schwinge,
über dem Eis
treibt er, ich sprech in den Wind –

In der Welt habt ihr Angst.

Das Gedicht ist in die Stücke des Nachlaßbandes nach seinem Entstehungsdatum, dem 14. Januar 1960, eingeordnet. Die umliegenden Gedichte sind zeitlicher Kontext. Auskunft über weitere Gedichte, die in diese Zeit gehören, geben die mit Daten versehenen Gedichtverzeichnisse in den beiden ersten Bänden der Gesammelten Werke.[3] Nimmt man nun zum Merkmal Entstehungszeit ein weiteres Kriterium hinzu, nämlich das der augenfälligen motivischen Verwandtschaft, so rücken insbesondere folgende Gedichte oder doch Teile aus ihnen in die nächste Nähe unseres Textes: Andenken an Hölderlin (Oktober 1959), Im Mühlenwind (22. Oktober 1959), Abend der Fischerdörfer (25. Oktober 1959), Wintergeschrei (3. November 1959), Gegenlicht (10. Dezember 1959), Landschaft mit Vögeln (7. Januar 1960), Wetterzeichen (29. Juni 1960).[4] Diese kleine Liste darf aber selbstverständlich nicht verdecken, daß auslegungsrelevante Beziehungen auch zu zahlreichen anderen Gedichten bestehen.

II

Wie erwähnt, Bobrowski selbst hatte sein Gedicht »Ja, ich sprech in den Wind« in keine seiner für den Druck bestimmten Sammlungen aufgenommen. Wo soll man den Grund für diese Zurückhaltung suchen? Für zahlreiche andere Nachlaßgedichte gilt, daß sie noch nicht den lyrischen Ton präsentierten, den Bobrowski mit einigen Texten Mitte der fünfziger Jahre schließlich erreicht hatte und den er dann als selbstkritischen Maßstab einsetzte. Doch fällt es mir schwer, diesen Gesichtspunkt für unseren Text als den entscheidenden anzuerkennen. Mehr spricht dafür, daß Bobrowski meinte, der Text sei noch unfertig. Damit ließe sich ein weiteres Urteil verknüpfen, nämlich daß dieses Gedicht im Sinne seines Autors noch zu persönlich sei: Das Konfessorische der immer wiederkehrenden Ich-Rede gehöre nicht vor das Forum der Kunstverständigen, also auch nicht die Anfechtung, die dem sprechenden Ich streitig machen will, daß es Gehör finden werde, und auch nicht das abschließende Bibelzitat.

Wie sehr Bobrowski andererseits daran lag, seinen Bekenntnistext nicht ganz und gar zu unterdrücken, ihn vielmehr als Konfession künstlerischer Existenz auf die Höhe allgemeinerer Geltung zu erheben, zeigt sich im Rückblick, wenn man sich an den Schluß des vier Jahre später erschienenen Romans »Levins Mühle. 34 Sätze über meinen Großvater«[5] erinnert. Dort wird als letzter Gegenspieler des bloßgestellten Großvaters der unverständliche und beunruhigende, der närrisch auftretende Kunstmaler Philippi eingeführt. Er ist neben dem fahrenden Sänger Weiszmantel die zweite Identifikationsfigur, die man dem Ich-Erzähler zuzuordnen hat. Diesen Maler sehen wir eines Sommerabends am See sitzen, draußen vor dem Städtchen Briesen. Er hat ein Papier vor sich, und schreibt darauf, statt zu zeichnen:

Kraut, gelb, Wölbung,
der Lippen im Mittag,
trockne Gewässer
die Düfte, Nebel und einst
der Schnee,
ich sprech in den Wind.

Das ist also, leicht gekürzt und verändert, die dritte Strophe des Nachlaßgedichts. Sie vertritt das Ganze, das die ersten Leser des Romans noch nicht kennen konnten. Und sie wird dort niedergeschrieben von einem Menschen, der sich mit untauglichen Mitteln zu Gehör bringt, aber deshalb doch nicht schweigen wird. Die florale Wölbung der Lippen des sommerlichen Landes bringt etwas hervor, was sich gegen den Wind nicht wehren kann. So werden die trocknen Gewässer der Düfte, die vom gelben Kraut umher ausgehen, zum Inbild künstlerischen Sprechens.[6]

Es gibt Hinweise darauf, daß Bobrowski die Zeit um die Jahreswende 1959/60 als Krise erlebte.[7] Längst hatten sich Gedichte genug angesammelt, die im Urteil des soeben zum Lektor am Ost-Berliner Union Verlag bestellten Autors einen ganzen Band füllen könnten. Auf die Veröffentlichung im eigenen Haus und überhaupt in der DDR durfte er damals noch nicht hoffen. Umso mehr blickte er in den Westen. Dort war das Echo auf Einzelstücke beträchtlich, ja überaus ermutigend.[8] Aber die Bemühungen, mit einem eigenen Band bei S. Fischer oder in der Eremiten-Presse bei V. O. Stomps herauszukommen, brachten keinen Erfolg. Schließlich setzte Bobrowski sich selbst ein Ultimatum: Der 31. Dezember 1960 sollte der letzte Termin sein. »Liegt bis dahin kein Band im Druck vor, will er resignieren«, teilt Eberhard Haufe aus einem Brief mit, den Bobrowski vom 29. Dezember an Ad den Besten geschrieben hat.[9] Am 30. Dezember meldet Ad den Besten aus Amsterdam, »daß sein Vorschlag an den Carl Hanser Verlag, einen Gedichtband Bobrowskis herauszubringen, vor einiger Zeit endgültig abgelehnt ist«.[10] So sieht der Jahresanfang 1960 den Dichter zweifelnd und hoffend, verzagt und entschlossen.

III

»Ja, ich sprech in den Wind.« Woraufhin dieses Ja? Geht ihm eine vage Befürchtung voraus, so daß das Ich mit einer Bestätigung einsetzt: ›In der Tat, das tu ich‹? Oder ist es eine kritische, eine verdächtigende Frage, der das Ich sich stellt und die es mit Nachdruck bejaht: ›Allerdings, so ist es‹? Jedenfalls unterstreicht die Affirmation am Gedichtanfang das Ungewöhnliche als das Gewollte, das Fragwürdige als das Erwählte. In den Wind sprechen – das Ich hat für diese Art des Redens keine Alternative. Es ist entschlossen, die unterstellte Vergeblichkeit solchen Wortes in Kauf zu nehmen, wenn – aber diese Grundbedingung läßt sich nur als banges, als persönlich adressiertes Fragen fassen: »Wirst du mich hören?«

Der Dichter hat also sein eigenes Tun zum Thema gemacht, das Sprechen mit Gedichten und durch sie. Er vergegenwärtigt sich die Vergeblichkeit und eben damit die Strittigkeit seines Tuns, um zunächst doch nach keiner anderen Legitimation zu greifen als der, die in diesem Tun selbst liegt. Er setzt nicht auf erwünschte Wirkung, er setzt auf den Vorgang. Er setzt auf das Ereignis solchen Sprechens. Indem er eben dies dichterisch zum Ausdruck bringt, legt er nicht nur Poesie vor. Er bietet einen poetologischen Text.

Nun könnte man es zwar dabei belassen, daß die Metapher »in den Wind sprechen« bildkräftig genug ist und keiner weiteren Beleuchtung bedarf. Allerdings heißt es in der Erzählung »Der Mahner« von jenem stillen Litauer, daß er fortgehen könne, »dorthin, wo er benötigt wird, um seinen Spruch aufzusagen. Hier oben sagt er ihn vielleicht bloß in den Wind. Aber er sagt ihn doch hin über die Autos, Wagen, Motorräder, Fahrräder, Straßenbahnen, Gemüsekarren, da unten führt die Hauptstraße vorbei, und das hat alles seine Ermahnung nötig, da unten.«[11]

Nach »Hier oben sagt er ihn vielleicht nur in den Wind« verstärkt der Autor die Aussage durch adversativen Einsatz: »Aber er sagt ihn doch [. . .].« Es kommt also mit dem Spruch des stillen Litauers ein Auftrag zu reden in den Blick, der über die unmittelbare Verständigung hinausgeht. Von hier aus zurück zum Gedicht. Seine Tonart und Anlage erlauben, noch einen Schritt weiter zu gehen: Die Wendung ›in den Wind sprechen‹ erinnert an die Bibel. Biblische Sprache ist nicht nur in der letzten Zeile da – »In der Welt habt ihr Angst« (Joh 16,33) –, sondern schon in der ersten. Inwiefern?

In 1. Kor 14 setzt sich Paulus mit den Geistesgaben auseinander, die im

Gottesdienst der korinthischen Gemeinde auffällig sind, vor allem mit der Glossolalie, der ekstatischen Rede in »Zungen«. Nicht das Phänomen selbst kritisiert Paulus – es ist wie die anderen Geistesgaben (»auslegen« und »weissagen«) von Gott. Seine Kritik gilt vielmehr dem Umgang mit der Zungenrede und dem Rang, dem man ihr beimißt. Denn im Gottesdienst kommt es ja auf Deutlichkeit an, auf Verständlichkeit, auf überführende Rede, die zur Bekehrung und Besserung hilft. Zungenrede muß also ›ausgelegt‹ und von ›Weissagung‹ begleitet werden, sonst nützt sie nichts. Um sein Anliegen zu klären, greift Paulus auf Vergleiche mit Musikinstrumenten zurück. »Und so die Posaune einen undeutlichen Ton gibt, wer wird sich zum Streit rüsten? Also auch ihr, wenn ihr mit Zungen redet, so ihr nicht eine deutliche Rede gebet, wie kann man wissen, was geredet ist? Denn ihr werdet *in den Wind* reden.«[12]

Poesie mit der Glossolalie zusammenzuschauen liegt nahe, besonders dann, wenn Lyrik sich der Forderung verweigert, schon beim ersten Lesen verwertbaren Sinn herzugeben. Beide reden sie »in den Wind«. Am 27. November 1995 schrieb Bobrowski an Peters Jokostra: »[. . .] Gedichte – eine läßliche Jugendsünde, denk ich manchmal. Immerhin weiß ich, daß es anders ist. Aber eine nutzlose, private Sache bleibt es eben doch. Wirkungslos.«[13] In einem Vortrag über moderne Lyrik am 26. April 1960 wird er auch darlegen, daß »christliche Dichtung« im kreativen Gedichtverständnis unmöglich sei.[14] Was von Predigt zu erwarten ist, kann Dichtung heute nicht mehr leisten wollen. Und natürlich auch das nicht, was ihr ideologische Agitation nahelegen will. »Ja, ich sprech in den Wind« – meine Sache ist in der Tat gerade das, was Paulus (aus theologischen Gründen) ins zweite Glied rückt und was die Vertreter jeglicher politischen Programmatik (aus Machtgründen) mit Mißtrauen erfüllen muß.

Aber wäre es nicht ein sehr merkwürdiger Weg, den der Dichter mit einer so versteckten biblischen Anspielung eingeschlagen hätte? Ein Umweg? Wer könnte ihn mitgehen? Der Vorwurf der Mystifikation, der gewollten Unverständlichkeit, hätte damit aufs neue Nahrung erhalten. Doch diesen Vorwurf nimmt Bobrowski auf sich, solange er nur an der Seite derer ist, die er sich aus der Literaturgeschichte zu Leitbildern erkoren hat – und das ist allen anderen voraus Johann Georg Hamann, in seiner und Bobrowskis Heimatstadt Königsberg der Antipode Kants. Über das gesamte lyrische und erzählerische Werk Bobrowskis verstreut finden sich Huldigungen an Hamann. Einige sind entsprechend betitelt. Allermeist aber sind es ungekennzeichnete Zitate und Anspielungen, die auf die Werke und Briefe des »Magus in Norden« verweisen. Bezeichnend, daß Bobrowski, als er kaum ein dreiviertel Jahr beim Union-Verlag tätig war, eine durch Martin Seils zu besorgende Hamann-Auswahl anregte, um sie dann selbst zu lektorieren.[15]

»Reden ist übersetzen – aus einer Engelsprache in eine Menschensprache«, liest man in Hamanns »Aesthetica in nuce«.[16] Angespielt ist dabei auf 1. Kor 13,1, darüber hinaus auch auf den gesamten Kontext. Und in einem Brief an den Freund Johann Gotthelf Lindner geht Hamann auf die eigene Schreibart mit einer Passage ein, die 1. Kor 14, insbesondere die Verse 23–25, zum Hintergrund hat:

»[...] Meine Briefe sind vielleicht schwer, weil ich elliptisch wie ein Griech, und allegorisch wie ein Morgenländer schreibe. Ungelehrigkeit, die keine Anwendung von meinen Figuren machen und keinen Fleiß im analysiren auf sich deuten will, ist eben so eine schlechte Exegesis als Leichtfertigkeit, wodurch der Sinn meiner Einfälle nur noch mehr vereitelt wird. Der comische Dichter mag immer lachen, so geht seine satyrische Nase nicht den Zuhörer an; sondern zu dem sagt er: Ich arbeite bei meinem Lachen. Warum lachst du aber? Du selbst bist der Mann der Fabel, die meiner Nase *Tropfen* und *Runzel* giebt.
Ein Lay und Ungläubiger kann meine Schreibart nicht anders als für *Unsinn* erklären, weil ich mit mancherley Zungen mich ausdrücke, und die Sprache der Sophisten, der Wortspieler, der Creter und Araber, der Weißen und Mohren und Creolen rede, Critick, Mythologie, rebus und Grundsätze durch einander schwatze, und bald *κατ ανθρωπον* bald *κατ εξοχην* argumentire.
Der Begrif, den ich von der Gabe der Sprachen hier gebe ist vielleicht so neu, als der Begrif, den Paulus vom Weissagen giebt, daß nämlich selbiges in der *parrhesie* und *εξουσια* also zu strafen und zu richten bestünde, daß das Verborgene des Herzens offenbar würde und der Laye auf sein Angesicht fiele, Gott anbetete und bekennete, daß Gott wahrhaftig in uns sey.«[17]

In Seils' Hamann-Ausgabe ist aus dem Brief vom 18. August 1759 nur dieser Auszug aufgenommen, und er füllt als selbständige Einheit eine ganze Seite. Das unterstreicht nur die Bedeutung, die der Herausgeber (und der betreuende Lektor) diesem Abschnitt beigemessen hat. Hamann unterstellt, Paulus habe dem Begriff »weissagen« eine neue, höhere Bedeutung gegeben. Dem vergleichbar habe er, Hamann, die Gabe der Zungenrede neu bewertet. Seine Schreibart stellt Menschen vor die Entscheidung, entweder ›Lächerlich!‹ zu sagen oder sich als betroffen zu bekennen – und im letzteren Fall hätte sie mit dem überführenden Weissagen des Paulus doch einiges gemeinsam.[18]

»[...] ich sprech in den Wind. Wirst du mich hören?« Diese nutzlose Rede ist doch aufs Gehörtwerden angelegt. Aber ob sie gehört werden wird, ist eben die Frage. Drängend ist die Frage, ängstlich. Als Anrede formuliert spricht sie ein Du an. Das Gedicht läßt m.E. keine klare Entscheidung darüber zu, ob hier das Du eines hörenden Menschen oder das Du Gottes gesucht wird. Das Futurum spricht vielleicht eher für einen menschlichen Adressaten, den künftigen Leser. Fünfmal »ich sprech in den Wind«, aber nur viermal »Wirst du mich hören?«. Dort, wo man die Frage zum fünften Mal erwarten muß, endet die Strophe mit einem Gedankenstrich, und nach der Zäsur mit der Leerzeile steht nur noch dieser Satz: »In der Welt habt ihr Angst.«

Soll man den Satz ergänzen? Wissende Leser kommen nicht umhin, es zu tun: »Aber seid getrost, ich habe die Welt überwunden.« So der johanneische Jesus. Verbirgt sich also doch Er im angeredeten Du, und die Frage wäre ein Gebet? Allerdings gibt es hier eben *keinen* Gedankenstrich, der aufmerksam zu machen hätte auf das, was noch folgen könnte. Der Satz ist in sich geschlossen, eine nicht weiter kommentierte Deutung der vorausgehenden Ich-Rede. Wieder bietet sich Hamann als Hilfe an. Im Brief an Herder vom 3. Juni 1881 beschreibt er sich als einen,

> »der bei dem größten Hang zum *arbeyten* und *genüßen* weder eins noch das andere kann, als hin und her taumeln, wie Noah in seiner Arche. Diese Angst in der Welt ist eben der einzige Beweis unserer Heterogenität. Denn fehlte uns nichts; so würden wir es nicht beßer machen als die Heiden und Transcendentalphilosophen die von Gott nichts wißen, in seine Mutter, die liebe Natur, sich wie die Narren vergaffen, und kein Heimweh uns anwandeln. Diese inpertinente Unruhe, diese heil. Hypochondrie ist vielleicht das Feuer, womit wir Opfertiere gesaltzen und vor der Fäulnis des laufenden Seculi bewahrt werden müßen.«[19]

Auch dieser Briefauszug (hier um die erste Hälfte gekürzt) wird in der von Bobrowski betreuten Hamann-Ausgabe als eigene Einheit präsentiert. Seils weist in einer Anmerkung darauf hin, daß der Satz über die »Angst in der Welt«, die der einzige Beweis unseres Woandersher-Stammens[20] sei, von Kierkegaard in dessen Abhandlung »Der Begriff der Angst« verwendet worden ist. So sichert schon die philosophische Nachwirkung dieser Aussage bleibende Aufmerksamkeit. Zweifellos hat Bobrowski mit seinem durch den Hamann-Brief vermittelten Bibelzitat das Leiden am dichterischen Werk angezeigt und zugleich gedeutet. Und sollte es Leser dieses Textes geben, so hätten die Wissenden unter ihnen einen Wink, wie er seine Lage verstanden wissen will: Die ängstigende Ungewißheit um das Gehörfinden des dichterischen Wortes zeigt an, daß ein Mensch, daß auch ein Dichter, nicht aus Eigenem lebt. In seiner Angst meldet sich die Erinnerung an seine Herkunft, auf die er verwiesen bleibt. Und eben von dorther gibt es, aller Vergeblichkeitserfahrung zum Trotz, Hoffnung für sein dem Winde ausgeliefertes Wort.

IV

Erst jetzt, da es um die weiteren Motive des Gedichtes geht, ein Blick auf die Anlage des Ganzen. Um einen musikalischen Vergleich zu wählen: Das Gedicht ist ein Rondo. Das häufig wiederkehrende Hauptthema »[...] ich sprech in den Wind. Wirst du mich hören?« wechselt mit Zwischensätzen ab. Aber auch diese Zwischensätze variieren ein sie verbindendes Thema: Es kommen Regen, Nebel, Schnee. In allen vier Strophen wird diese Reihenfolge beibehalten, auch wenn sich die Elemente innerhalb des Zeilenfalls dauernd verschieben. Nur am Schluß fehlen die Nebel, dafür nach dem Schnee das Eis. Angesprochen sind bezeichnende Wetter eines Jahreslaufs. Mit ihnen hat es »der Vogel« zu tun, aber nur in den Strophen 2 und 4. Der Vogel ist das dritte Thema des Rondos. Er kommt »aus dem Licht«. Am Ende treibt er »über dem Eis«. So hat der Vogel eine Geschichte. Sie hebt sich deutlich von der kreisenden Bewegung ab, die mit Regen, Nebel und Schnee durch das Gedicht läuft. Dieser Vorrang will bei der Interpretation berücksichtigt sein.

Der Vogel erscheint in den Gedichten Bobrowskis nicht nur als Landschaftsrequisit. »Vogel« ist vielfältig eingesetztes Zeichen, ein polyvalentes Schlüsselwort, im Urteil von Stefan Kaszynski »bestimmt das wesentlichste unter den Schlüsselwörtern Bobrowskis«.[21] Einige Zitate, nur aus den eingangs angeführten zeitlichen Kontexten ausgewählt, mögen das unterstreichen: »Leicht ist der Vogel den Lüften, / noch seine Angst / hält ihn im Licht« (Andenken an Hölderlin); »Schnee, er stäubt nicht, / wenn ihn dein Flügel streift, / Vogel, Strauchvogel, aber / ein wenig Blut / dein Herz / mitten im Eis, dein Ruf / eine Rauchspur über / der Sandbank« (Wintergeschrei); »Vogelherz, leicht, befiederter / Stein auf dem Wind. / In die Nebel fallend. / Gras und Erde / nehmen dich an [...] // Aber / wer erträgt mich / den Mann mit geschlossenen Augen / [...] / der in den Regen / atmet die andere Zeit, / die nicht mehr kommt, die andre, / ungesagt, wie Wolken, / ein Vogel, mit offenen Schwingen, / zornig, gegen den Himmel, / ein Gegenlicht, wild« (Gegenlicht); »Stimme, Regen, ein Vogel – / flieg, Regenstimme, ein blauer / Vogel – vom Donner der Berge / schallend fliegt er, mein Herz / steht in der Wolke« (Wetterzeichen[22]).

Immer ist der Vogel bei Bobrowski die dem Himmel wie der Erde verbundene Kreatur. In den zitierten Zusammenhängen aber figuriert er als Inbild für das Herz des sprechenden Ich. Im vorliegenden Gedicht deutet sich außerdem eine Unheilsgeschichte des Ich an. Es verändert sich die Umgebung des Vogels, aber es verändert sich auch er selbst: Er kommt aus dem Licht, »den Streifen Glanz auf der Schwinge«. Doch die Zeit geht ihm hin mit den Wettern des Jahres, bis er kaum noch aus eigenem Entschluß fliegen kann, sondern, »Reif auf der Schwinge«, über dem Eis treibt. Es fällt schwer, hier nicht an Bobrowskis Befürchtung für den eigenen literarischen Weg zu denken.

Wie ist nun innerhalb einer solchen Geschichte die dritte Strophe zu verstehen? Wenn der Vogel in diesen zunächst mittäglich-sommerlichen Versen fehlt, muß das nicht besagen, daß das Motiv zwischenein belanglos geworden wäre. Wofür das Bild des Vogels steht, könnte hier auf andere Weise präsent sein. Daß Bobrowski die Strophe in den Roman »Levins Mühle« übernommen und dort in einen Zusammenhang eingestellt hat, der die künstlerische Existenz betrifft, haben wir schon erwähnt. Jetzt geben uns die Verse Anlaß, neben Hamann auch noch eine andere literarische Rückbindung des Gedichts aufzusuchen. Die Spur führt zu Paul Celan. Daß Bobrowski seit 1954 an dessen Werk, so weit er es nur erhalten konnte, intensiv Anteil nahm und daß er in den Jahren 1959/60 vorübergehend sogar Gruß- und Briefkontakt mit Celan hatte, ist gut dokumentiert.[23] Begleitet wurde dieser Kontakt von kritischer Auseinandersetzung mit Celans Werk. Dessen relativ frühes Gedicht »Nächtlich geschürzt« mußte wegen der Zeilen »Ein Wort – du weißt: / eine Leiche« Bobrowskis Widerspruch erregen.[24] Einige Jahre später wird Bobrowski mit seinem Gedicht »Wiedererweckung« antworten.[25] Die ersten beiden Zeilen des genannten Celan-Gedichts sind es nun aber auch, die schon als Hintergrund für den Anfang der dritten Strophe von »Ja, ich sprech in den Wind« Beachtung verdienen. Sie haben diesem Anfang zu seiner besonderen Kontur verholfen. Eine ausdrückliche Entgegnung Bobrowskis an Celan liegt hier allerdings noch nicht vor, nur die Aufnahme eines Motivs und dessen gegensinnige Gestaltung. Celan begann:

> Nächtlich geschürzt
> die Lippen der Blumen,
> gekreuzt und verschränkt
> die Schäfte der Fichten,
> ergraut das Moos, erschüttert der Stein,
> erwacht zum unendlichen Fluge
> die Dohlen über dem Gletscher:
> [...][26]

Bobrowski dagegen sagt nicht »die Blumen«, sondern er nennt das unansehnlichere gelbe »Kraut«. Nicht »nächtlich« bestimmt ist, was er wahrnimmt, sondern er sieht es »im Mittag«. Die »Lippen der Blumen« ließ Celan »geschürzt« sein. Das ist ein gewählter Ausdruck der Literatursprache, und man rechnet nicht damit, daß sich solche Lippen im nächsten Augenblick öffnen werden. Bobrowski stellt den Lesern sinnlicher »die Wölbung der Lippen« vors Auge, und daß gewölbte Lippen dabei sind, sich aufzutun, liegt ebenso nahe wie daß geschürzte sich schweigend verschließen. Die kreatürlichen, pflanzlichen »Lippen« verbinden beide Texte. Aber der Drang und die Bestimmung, etwas zu verlauten statt zu verschweigen, hebt Bobrowskis Metapher von der Metapher Celans ab. Freilich – auch diese Rede, hier als »die trockenen Gewässer der Düfte« gefaßt, ist »in den Wind« gesprochen. Und Bobrowskis »Vogel [...] über dem Eis« könnte mit Celans »Dohlen über dem Gletscher« zusammenstimmen – wenn nicht mit dem »Ja« des Anfangs und dem »In der Welt habt ihr Angst« des Endes eine Gewißheit aufgerufen wäre, die auch gegen die Wettererfahrungen des Jahres noch bleibt.

V

Bobrowskis Gedicht »Ja, ich sprech in den Wind« gehört in den Zusammenhang seiner poetologischen Selbstverständigungen. Aber er hat sein Gedicht gewiß nicht im Blick darauf geschrieben, daß es einst von germanistisch interessierten Theologen oder von theologisch versierten Germanisten analysiert und unter den Beiträgen zum Problemfeld ›Poesie und Glaube‹ verbucht würde. Er hat es doch wohl vor allem geschrieben, damit es eben ein Gedicht sei: ein Rondo aus Wörtern und Sätzen, Versen und Strophen; ein sprachlich-musikalisches Gebilde eigenen Rechtes; ein persönlich durchlittener Weg zu sprachlicher Schönheit als menschlicher Wahrheit. Würde Analyse sich darüber hinwegsetzen, hätte sie ihren Gegenstand verlassen. Nur unter der Vorausetzung des unverrechenbaren Eigenwertes, den auch dieser poetische Versuch für sich beanspruchen darf, ist so etwas wie ein theologischer Nachsatz möglich.

»Zungenrede« kann nach Paulus die »Weissagung« nicht überbieten und nicht ersetzen. Also, ließe sich folgern, tritt Literatur nicht in die Aufgabe der Verkündigung ein, und auf den Abstand zwischen Predigt und Dichtung muß sorgfältig geachtet werden. Aber diese Folgerung ist schlüssig nur unter der Voraussetzung einer unhistorischen Deduktion, daß nämlich die Zungenrede zu allen Zeiten und in allen Situationen der gleichen Bewertung unterliegt, die Paulus einst angesichts der korinthischen Zustände anwandte. Hamann allerdings hatte – gerade um des paulinischen Anliegens willen – die »Gabe der Sprachen« für die eigene Autorschaft neu gedeutet.[27] Gegen den allgegenwärtigen Rationalismus seines Zeitalters riskierte er auf dem Feld freier Schriftstellerei eine Autorschaft eigener und höchst anstößiger Art, um der Bezeugung der Wahrheit willen.

Was den Dichtenden an Mißverstehen und Abwehr, Gleichgültigkeit und Vergessen widerfährt, erinnert die Predigenden – hoffentlich – daran, daß das gerade ihnen besonders aufgetragene Wort unter einem vergleichbaren Vorbehalt steht: Es hat seine Geltung nicht aus definierbaren Zwecken, es ist auf Bewahrheitung anderer Art angewiesen. »Wirst du mich hören?« ist ein kreatürlicher und ein geistlicher Seufzer. So wird verkündigende Rede die Nachbarschaft der Dichtung nicht ängstlich meiden, sondern sich durch sie zur Aufrichtigkeit im Menschlichen anspornen lassen, in gegebener Lage auch zur Solidarität im Politischen. Denn die Freiheit des Wortes nur um der Chancengleichheit des öffentlichen Wirkens willen einzufordern ist zu wenig. Es gibt die Bedrohung des freien Wortes auch an einer anderen Front, wenn ihm nämlich der Weg zum Publikum versperrt werden soll, gerade weil es *nicht* wirkt. Weil es den vorgeblichen Wirkungsauftrag der Literatur *nicht* zu übernehmen gewillt ist. Weil es statt auf ideologische Zielvorgaben *»nur auf Hoffnung«*[28] setzt. Angesichts einer solchen Lage kam es in der DDR, vereinzelt schon in den sechziger Jahren und danach immer häufiger, zu überraschenden Begegnungen zwischen Literatur und Kirche, zwischen Menschen der Dichtung und Menschen der Predigt. Wechselseitig erkannten sie sich an ihrem »Ja, ich sprech in den Wind«. Die Erinnerung an diese Nähe sollte auch in der seit 1990 gänzlich gewandelten Situation nicht verblassen.

Anmerkungen

1 Johannes Bobrowski: Sarmatische Zeit, Stuttgart 1961 (Berlin-Ost 1961); ders.: Schattenland Ströme, Stuttgart 1962 (Berlin-Ost 1963); ders.: Wetterzeichen, Berlin-Ost 1966 (Berlin-West 1967).

2 Johannes Bobrowski: Im Windgesträuch. Gedichte aus dem Nachlaß. Ausgewählt und herausgegeben von Eberhard Haufe, Berlin-Ost 1970. Der Abdruck des Gedichtes im vorliegenden Band erfolgt mit freundlicher Genehmigung der Deutschen Verlags-Anstalt, Stuttgart.

3 Johannes Bobrowski: Gesammelte Werke in sechs Bänden. Erster Band: Die Gedichte. Zweiter Band: Gedichte aus dem Nachlaß. Beide Bände sind 1987 in Berlin-Ost von Eberhard Haufe herausgegeben worden.

4 Ein späteres Gedicht (23. November 1960), aufgenommen in den zweiten Lyrikband »Schattenland Ströme«, trägt ebenfalls die Überschrift »Wetterzeichen«, die schließlich auch zum Titel des dritten Lyrikbandes wurde.

5 Der Roman erfuhr einen Vorabdruck in der Frankfurter Allgemeinen Zeitung (August/September 1964). Die Buchausgabe erschien 1964 in Berlin-Ost und Frankfurt a. M.

6 Zu dieser Strophe vgl. auch das am 8. Dezember 1959 entstandene Gedicht »Trauer um Jahnn« (in »Samartische Zeit«): »[...] aber die Stimme, eine / Stimme, zerrißner / Lippe nah, dem verharschten Blut, / Atem von Blättern, Wölbung, / Raschellaut, hörbar [...]«

7 Vgl. u. a. Bernd Leistner: Johannes Bobrowski. Studien und Interpretationen, Berlin-Ost 1981, S. 9ff.

8 Vgl. vor allem Ad den Besten: Deutsche Lyrik auf der anderen Seite, in: Eckart 28 (1959), S. 224–263. Die Fülle der literarischen Kontakte des Jahres 1959 nach Westdeutschland hin dokumentiert auch Eberhard Haufe: Bobrowski-Chronik, Würzburg 1994, S. 43ff.

9 Bobrowski-Chronik, a. a. O., S. 49.

10 Ebd.

11 Johannes Bobrowski: Der Mahner. Erzählungen, Berlin-Ost 1967, S. 9.

12 1. Kor 14,8f in der Fassung der Lutherbibel vor der letzten Revision.

13 Zitiert aus: Johannes Bobrowski oder Landschaft mit Leuten. Eine Ausstellung des Literaturarchivs im Schiller-Nationalmuseum Marbach am Neckar (= Marbacher Kataloge 46), Ausstellung und Katalog Reinhard Tgahrt in Zusammenarbeit mit Ute Doster, Marbach 1993, S. 14. Dieses 800-Seiten-Werk zitiere ich im Folgenden als »Marbacher Katalog«.

14 Bobrowski-Chronik, a. a. O., S. 52. Vgl. Gesammelte Werke IV, a. a. O., S. 439ff.

15 Johann Georg Hamann: Entkleidung und Verklärung. Eine Auswahl aus Schriften und Briefen des »Magus in Norden«, hg. von Martin Seils, Berlin-Ost 1963. – Die Literatur über Bobrowski hat den Hamann-Beziehungen mehrfach nachgeforscht. Einen guten Einblick vermittelt der Marbacher Katalog, a. a. O., S. 379–410.

16 Entkleidung und Verklärung, a. a. O., S. 320.

17 Ebd., S. 313. Auf S. 314 auch einige erklärende Anmerkungen.

18 Zur Deutung der »Autorschaft« Hamanns insgesamt: Martin Seils: Wirklichkeit und Wort bei Johann Georg Hamann, Berlin-Ost, S. 25f.

19 Ebd., S. 575. Zu Feuer, Salz und Opfer vgl. Mk 9,49.

20 Vgl. das Nachwort (ebd., S. 517).

21 Stefan H. Kaszynski: Das Erlebnis der Landschaft bei Bobrowski, in: Johannes Bobrowski. Selbstzeugnisse und neue Beiträge über sein Werk (Redaktion: Gerhard Rostin in Zusammenarbeit mit Eberhard Haufe und Bernd Leistner), Berlin-Ost 1975, S. 144. Vgl. auch Bernd Leistner, S. 17.

22 Gemeint ist das ältere Gedicht dieses Titels, vgl. Gesammelte Werke II, a. a. O., S. 338.

23 Vgl. Marbacher Katalog, a. a. O., S. 422ff.

24 Bobrowski-Chronik, a. a. O., S. 44 (Brief an Peter Jokostra vom 4. März 1959).

25 Ebd., S. 83. Zu »Wiedererweckung« und der Beziehung dieses Gedichtes zu Hes 37 vgl. auch Peter Sänger: Totenfeld und Wiedererweckung, in: Zeitschrift für Gottesdienst und Predigt 1960, H. 5.

26 Paul Celan: Gesammelte Werke I, Frankfurt a. M. 1986, S. 125.

27 Vgl. den oben wiedergegebenen Auszug aus dem Brief vom 18. August 1759.

28 Johannes Bobrowski: Benannte Schuld – gebannte Schuld? Vortrag in der Evangelischen Akademie Berlin-Brandenburg, in: Gesammelte Werke IV, a. a. O., S. 448.

Wolfgang Huber

Wisława Szymborska: »Das Ende eines Jahrhunderts«

I

Der Lyrik von Wisława Szymborska bin ich erst spät begegnet. Dabei beginnt die unvergleichliche Rolle dieser polnischen Lyrikerin für die Dichtung in ihrem Vaterland und darüber hinaus schon im Jahr 1945. »Ich suche das Wort« heißt das erste von ihr veröffentlichte Gedicht. Unermüdlich und mit schier unfaßbarem Erfindungsreichtum ist sie auf der Suche geblieben. Ihre Gedichte sind Meditationstexte; unmittelbar und offenkundig religiöse Bezüge sind dabei spärlich. Auf Wisława Szymborska ist es gemünzt, wenn Elisabeth Borchers sagt: »Ein gutes Gedicht im besten Sinn ist wie ein Mittagsläuten. Man nimmt, bildlich, versteht sich, den Hut vom Kopf und wacht auf mitten in der Wachheit.« Die Gedichte der Szymborska können zumindest zu der inneren Stille helfen, ohne die wir das Mittagsläuten überhaupt nicht mehr hören.

Das allererste ihrer Gedichte, das mir zum Bewußtsein kam, trägt den Titel »Das Ende eines Jahrhunderts«.

Es hatte besser sein sollen als die vergangenen,
unser 20. Jahrhundert.
Ihm bleibt keine Zeit, das zu beweisen,
gezählt sind die Jahre,
es schwankt der Schritt,
der Atem geht kurz.

Zu viel ist geschehen,
was nicht hat geschehen sollen,
und was hat kommen sollen,
kam leider nicht.

Es ging auf den Frühling zu, hieß es,
und, unter andrem, aufs Glück.

Die Angst hatte Berge und Täler verlassen sollen.
Die Wahrheit hat schneller am Ziel
sein sollen als alle Lügen.

Einige Unglücksfälle
sollten nicht mehr geschehen,
zum Beispiel Krieg,
Hunger und so.

Die Wehrlosigkeit der Wehrlosen,
das Vertrauen und so weiter
sollten Achtung genießen.

Wer an der Welt seine Freude hat haben wollen,
steht vor der Aufgabe,
die nicht zu erfüllen ist.

Die Dummheit ist gar nicht zum Lachen,
die Klugheit ist gar nicht lustig.
Die Hoffnung ist nicht mehr das kleine Mädchen,
et cetera, cetera, leider.

Gott sollte endlich glauben dürfen
an einen Menschen, der gut ist und stark,
aber der Gute und Starke
sind immer noch zweierlei Menschen.

Wie leben? — fragte im Brief
mich jemand, den ich dasselbe
hab' fragen wollen.

Weiter und so wie immer,
wie oben zu sehen, es gibt keine Fragen,
die dringlicher wären als die naiven.[1]

II

Im Jahr 1986 wurde das »Ende eines Jahrhunderts« veröffentlicht. Der Trubel des »fin de siècle« stand noch aus. Noch wurden keine Programme für die Sylvesternacht zur Jahreswende 1999 / 2000 ausgeheckt. Noch fragten sich nur wenige, ob das neue Jahrtausend wirklich am 1. Januar 2000 oder bei korrekter Berechnung nicht erst am 1. Januar 2001 beginne. Noch blickte man, selbst wenn man weitsichtig war, eher aufs Ende des Jahrhunderts als auf das Ende des Jahrtausends. Und da ist ja genug, was zu bilanzieren ist — darunter zu vieles, »was nicht hat geschehen sollen«.

Der Widerspruch zwischen der Verheißung, unter der das 20. Jahrhundert begann, und den Schrecken, die es brachte, ist das Thema des Gedichts. Die Fortschrittseuphorie, unter der es stand, wird in denkbar schlichter Form vergegenwärtigt: »Es hatte besser sein sollen als die vergangenen, / unser 20. Jahrhundert.« Wenn allein auf die Fortschritte der wissenschaftlichen Erkenntnisse und der technischen Möglichkeiten geblickt wird, lassen sich für die Überlegenheit dieses Jahrhunderts über alle seine Vorgänger sogar starke Argumente vorbringen. Von der Relativitätstheorie bis zur Molekularbiologie, von der Motorisierung bis zur Computerisierung reicht die Spannweite wissenschaftlicher und technischer Innovationen. Doch das genügt nicht, um eine Überlegenheit zu beweisen, auf die das Wort »besser« paßt. »Zu viel ist geschehen, / was nicht hat geschehen sollen, / und was hat kommen sollen, / kam leider nicht.«

Ich bewundere die Leichtigkeit der Sprache, in der Wisława Szymborska eine Bilanz des 20. Jahrhunderts zieht, die nichts beschönigt und den Leser doch nicht in Depression versinken läßt. Eine Ironie, die das Unerträgliche sagbar macht, schwingt mit. »Einige Unglücksfälle / sollten nicht mehr geschehen, / zum Beispiel Krieg, / Hunger und so.« Das ironische »und so« verharmlost die Qualen derer nicht, die nach wie vor unter Krieg und Hunger zu leiden haben. Aber der leise Hauch von Ironie nimmt der Bilanz des Jahrhunderts doch das Niederdrückende, das ja nur in Resignation und Apathie würde führen können. Das Ende des Jahrhunderts ist nicht das Ende der Zeit.

Unerfüllbar ist die Aufgabe dessen, der an der Welt seine Freude haben will. Das große Versprechen, das sich an die Proklamation allgemeiner Menschenrechte knüpfte, das Versprechen nämlich, daß die Freiheit von Furcht und die Freiheit von Not zugleich erreichbar seien, blieb unerfüllt. Enttäuscht wurde erst recht die Erwartung, daß mit der Vervielfachung der Kommunikationsmöglichkeiten die Wahrheit den Wettlauf gegen die Lüge gewinnt. Doch diese Bilanz mündet nicht in Hoffnungslosigkeit. Daß die Hoffnung fahren lassen soll, wer auf das 20. Jahrhundert zurückblickt, wird nicht gesagt. Aber erwachsen muß die Hoffnung werden, »leider«. Sie kann sich nicht mehr als kleines Mädchen gerieren. Sie muß offenbar zu unterscheiden lernen. Doch auf welche Unterscheidung kommt es an?

III

Das Erstaunlichste an diesem Gedicht ist für mich die theologische Wendung, in die es mündet. Ich erinnere mich noch genau an mein erstes Hören. Auf diese Wendung war ich durch nichts gefaßt. Sie arbeitet mit einer kühnen Umkehrung vertrauter Denkformen. Diese Umkehrung wird schon darin angebahnt und angekündigt, daß vom *Glauben Gottes* die Rede ist. »Gott sollte endlich glauben dürfen / an einen Menschen, der gut ist und stark.« Nicht nach dem Glauben des Menschen wird gefragt, sondern nach dem Glauben Gottes. Nicht ob der Mensch den Gott findet, auf den er angewiesen ist, sondern ob Gott den Menschen findet, den er braucht, ist die entscheidende Frage. Nicht ob Gott dem Menschen gnädig ist, sondern ob der Mensch so Gott entspricht, daß Gott »an ihn glauben« kann, steht auf dem Spiel. Die Enttäuschung Gottes ist die entscheidende Enttäuschung des 20. Jahrhunderts.

Die von Wisława Szymborska gewählte Umkehrung ist keineswegs einfach vermessen. Sie führt in ihrer Weise durchaus auf einen Kern der biblischen Botschaft zu. Es ist nicht verkehrt, diese Frage auf dem Hintergrund der Rechtfertigungsbotschaft zu entschlüsseln, wie sie in grundlegender Weise von Paulus im 3. Kapitel des Römerbriefs entfaltet wird. Der Zusammenhang erschließt sich freilich nur, wenn wir gewohnte Deutungsschemata hinter uns lassen. Diese Deutungsschemata sind vor allem durch ein Stereotyp geprägt, das sich mit der Wiederentdeckung der paulinischen Rechtfertigungslehre durch Martin Luther verbindet.

Martin Luther habe, so sagt dieses Stereotyp, die Rechtfertigungsbotschaft des Paulus als Antwort auf eine Frage verstanden, die auf dem Hintergrund von Luthers mönchischer Erfahrung zugespitzt immer wieder auf die Formel gebracht wird: »Wie bekomme ich einen gnädigen Gott?« Das Bemühen des Menschen, von sich aus Zugang zur Gnade Gottes zu gewinnen, bildet die dunkle Folie, auf deren Hintergrund der befreiende Charakter der Einsicht zu verstehen ist, daß die Gerechtigkeit, die vor Gott gilt, Gottes eigene, dem Menschen zuerkannte Gerechtigkeit ist.

Der Rechtfertigungsbotschaft des Paulus entspricht es jedoch eher, wenn wir sie auf die Frage beziehen: »Wie bekommt Gott einen ihm entsprechenden, der Anerkennung würdigen Menschen?« Er bekommt ihn durch das stellvertretende Leiden und Sterben des Jesus von Nazareth. Denn im Tod

Jesu vollzieht sich die Befreiung von der Selbstrechtfertigung, vom Vergleichen, vom Gesetz der Vermessenheit.

In ihm eröffnet sich zugleich der Zugang zu der Gabe der Gerechtigkeit Gottes. Damit ist eine Anerkennung gemeint, die man sich nicht verdient, sondern zum Geschenk erhält. »Sie werden ohne Verdienst gerecht aus seiner Gnade« (Röm 3,24). »So halten wir nun dafür, daß der Mensch gerecht wird ohne des Gesetzes Werke, allein durch den Glauben« (Röm 3,28). »Der Gerechte wird aus Glauben leben« (Röm 1,17). In immer neuen Wendungen schärft Paulus diesen einen Gedanken ein. Die verbreitete Auffassung, diese zentrale Aussage sei den modernen Menschen unverständlich, teile ich nicht. Auch den Hinweis in Wisława Szymborskas Gedicht kann man als Indiz dafür werten, daß die Frage nach dem Menschen, der Anerkennung vor Gott finden, an den Gott also »glauben« kann, eine durchaus gegenwärtige Frage ist. Die Antwort des Paulus auf diese Frage verweist auf eine Anerkennung, die nicht nach Leistungen gestaffelt ist, sondern allen Menschen in gleicher Weise zukommt. Eine Anerkennung kommt in den Blick, die sagt: Du bist von Gott geliebt, auch wenn etwas schief läuft. Nicht nur dann bist du etwas wert, wenn du gut dastehst. Sondern auch dann behältst du deine Würde, wenn du deiner Verantwortung nicht gerecht geworden bist. Du bleibst nicht alle Tage festgelegt auf das, was dir in der Vergangenheit mißlungen ist.

Voraussetzungslose Anerkennung als Gottes gnädiges Geschenk ist der einzige Weg, auf dem Gott »an den Menschen glauben« kann; denn nur so kommt er zu dem ihm entsprechenden, der Anerkennung würdigen Menschen. Dieser grundlegende Gedanke der Rechtfertigungsbotschaft ist einem modernen Menschen genauso wenig unzugänglich wie die ethischen Folgen, die sich daraus ergeben. Die wichtigste Folge ist, daß wir die menschliche Person von ihren Taten unterscheiden können. Zwar sind wir alle für unsere Taten verantwortlich; aber niemand ist ein für allemal auf die Taten seiner Vergangenheit festgelegt. Das bewirkt die Gerechtigkeit Gottes, die uns allen gilt, unabhängig von unseren Taten.

Diese Einsicht verdanken wir dem Glauben an die unverdient geschenkte Anerkennung des Menschen durch Gott. Ohne diese Unterscheidung zwischen der Person und ihren Taten ist ein humaner Umgang zwischen Menschen schlechterdings unmöglich. Erziehung, Partnerschaft, Freundschaft, Arbeitskollegialität, staatliches Strafrecht: Alles beruht auf dieser Unterscheidung und auf der Möglichkeit des Neuanfangs, die sich aus ihr ergibt.

Wie kommt Gott zu dem ihm entsprechenden, der Anerkennung würdigen Menschen? Die einzige Antwort, die der Glaube auf diese Frage weiß, besteht darin, daß Gott selbst Mensch wird. Von dieser Antwort sieht Szymborska ab. Mit scheinbarer Selbstverständlichkeit setzt sie voraus, wie ein Mensch aussehen müßte, der Gott entspricht und an den Gott infolgedessen auch zu glauben vermöchte. Gut müßte er sein und stark. Güte und Macht müßten sich in ihm verbinden — so wie in Gott Allmacht und Güte nicht auseinandertreten, sondern unlöslich miteinander verbunden sind.

Doch diese Einheit vom Menschen zu erwarten, erweist sich als der eigentliche Irrtum. »Der Gute und (der) Starke sind immer noch zweierlei Menschen.« Die Ergänzung drängt sich auf: Nur in Gott treten Macht und Güte nicht auseinander, sondern bilden eine Einheit. Wird diese Einheit nicht wahrgenommen, behält die Ratlosigkeit über den Menschen das letzte Wort. Die Frage »Wie leben?« können sich die Ratlosen nur wechselseitig vorhalten. Die Antwort »Weiter und so wie immer« klingt alternativlos; zugleich ist sie am Ende gerade dieses Jahrhunderts unvertretbar. Doch solange sich der Mensch der Einheit von Macht und Liebe verschließt, die in Gott — und nur in ihm — gegeben ist, wird sich eine andere Antwort nicht finden.

IV

Aber sind solche Bilanzen am Ende eines Jahrhunderts, am Ende gar eines Jahrtausends überhaupt angebracht? Die Weltzeit, in der wir leben, ist nicht einfach eine linear verlaufende Zeit. Aber die Zäsuren, die in ihr wahrgenommen werden, sind oft willkürlich gesetzt. Epochenschnitte, deren sich die Menschen ganz sicher zu sein meinen, erweisen sich im nachhinein als trügerisch. Zeitenwenden werden im Rückblick erkennbar, die im Geschichtsverlauf selbst den Menschen eher verborgen blieben. Insofern ist es gut, solche Zäsuren nicht zu überschätzen. Relativiert sind sie allemal durch das endzeitliche Geschehen, das sich mitten in dieser Geschichtszeit ereignet hat: die Auferstehung Jesu Christi. Jedenfalls gemessen an ihr sind auch »tausend Jahre« vor Gott wie »der Tag, der gestern vergangen ist, und wie eine Nachtwache« (Ps 90,4).

Doch diese Egalisierung der Geschichtszeit im Licht des eschatologischen Geschehens hebt Zeitdifferenzen, die Menschen erfahren, Ungleichzeitigkeiten, in denen sie ihr Leben führen, Zeitbrüche, denen sie sich ausgesetzt sehen, nicht auf. Deshalb werden Wendepunkte der individuellen Biographie, aber ebenso auch Wendepunkte der kollektiven Biographie zu Gleichnissen dafür, was es mit unserer Lebenszeit wie mit unserer Geschichtszeit angesichts der »Fülle der Zeiten« überhaupt auf sich hat.

Deshalb ist auch das »Ende eines Jahrhunderts« und mit ihm das »Ende des Jahrtausends« eine Zäsur, der auch Christen sich stellen müssen und an deren Verstehen auch die Kirche sich beteiligen sollte. Dabei ist es die Aufgabe der

Kirche, zu einer Hoffnung beizutragen, die erwachsen ist, und zu einer Form des Lebens zu ermutigen, die mehr enthält als ein »weiter und so wie immer«. Ihre wichtigste Aufgabe ist es allemal, den Gott zu verkündigen, der selbst die Einheit von Macht und Güte ist.

Anmerkung

1 Aus: Wisława Szymborska, Hundert Freuden, Suhrkamp Verlag, Frankfurt a.M. 1996, S. 35f. (abgedruckt auch in: Wisława Szymborska, Die Gedichte, Frankfurt a.M.: Suhrkamp Verlag 1997). Der Abdruck des Gedichts erfolgt mit freundlicher Genehmigung des Suhrkamp Verlags, Frankfurt a.M.

Klaus-Peter Jörns

»DIKTAION ANTRON« (Diktäische Höhle) – Wahrnehmung Gottes in theologischer Poesie

I. Wahrnehmung Gottes in theologischer Poesie

In dem, was Menschen von Göttern[1] in Bild- oder Wortgestalt überliefert haben, und auch in dem, was sie heute von ihnen zu sagen wissen, sind sie selbst immer schon mit enthalten.[2] Nicht nur Exegese hat Voraussetzungen, die in der eigenen Geschichte liegen, sondern Verstehen überhaupt. Dabei spielt es prinzipiell keine Rolle, ob solche Überlieferungen oder heutigen Äußerungen von Nichttheologen oder Theologen stammen. Denn sie alle nehmen sich selbst mit wahr, wenn sie Götter als die ihnen Begegnenden wahrnehmen oder von ihnen mit persönlichem Interesse reden. Verstehen ist ein Beziehungsgeschehen und schließt sich wandelndes Selbstverstehen ein.

Einen Zug dieses Phänomens hat wohl niemand frühzeitiger und geistreicher beobachtet als *Xenophanes* von Kolophon (geb. um 570 v.Chr.). Darum ist es sinnvoll, bei ihm anzuknüpfen. Er schreibt zu den Wechselwirkungen zwischen dem unterschiedlichen Aussehen der Menschen[3] und der Wahrnehmungsgestalt der Götter, daß »die Äthiopier ihre Götter plattnasig und schwarz, die Thraker blauäugig und rötlich« sehen,[4] und weitet seine ironisierende religionskritische Beobachtung sogar noch über den menschlichen Rahmen hinaus aus: »Doch wenn Ochsen und Löwen Hände hätten oder vielmehr malen könnten mit ihren Händen und Kunstwerke herstellen wie die Menschen, dann würden Pferde pferdeähnlich, Ochsen ochsenähnlich der Götter Gestalten malen und solche Körper bilden, wie jeder selbst gestaltet ist«.[5] Nach Ansicht mancher Altphilologen hat Xenophanes die von ihm beobachteten Anthropomorphismen als Argument benutzt, um zu geißeln, daß Menschen sich Götter ›nach ihrem Bild schaffen‹, um es biblisch auszudrücken.[6]

Dabei scheint es[7] nun so zu sein, daß Xenophanes im Blick auf jene kritisierte Gottesbildherstellung nur die Menschen als Subjekte sieht und den Begegnungscharakter ausblendet. Er erkennt nicht an, daß die von ihm kritisierten Göttinnen- und Göttergestalten des Mythos wirkliche *Wahrnehmungsgestalten* sind, in denen sich Wahrgenommene *und* Wahrnehmende zu einer je neuen und eigenen Gestalt verbinden[8]. Sind die erzählten und besungenen, in Stein gemeißelten oder gemalten Göttinnen- und Göttergestalten aber Wahrnehmungsgestalten, dann sind an ihrem Entstehungsprozeß immer schon die Wahrgenommenen und die sie einst Wahrnehmenden jeweils als Subjekt und Objekt zugleich beteiligt gewesen. Verdeutlichen läßt sich das Gemeinte leicht, wenn wir bedenken, wie unterschiedlich etwa Homer auf der einen Seite und Sophokles oder andere Tragiker auf der anderen Seite mit dem Laios-Iokaste-Ödipus-Stoff[9] und anderen mythischen Stoffen umgegangen sind, in denen es ja immer auch um die Wahrnehmung göttlicher Präsenz im Leben geht. Doch auch die Geschichte des als Christus geglaubten Jesus von Nazareth kennen wir ja nicht anders als in den deutlich voneinander abweichenden Wahrnehmungsgestalten der Evangelien.[10] In ihrem Zentrum erscheint jeweils ein Jesus Christus, in dem seine aus unterschiedlichen kulturell-religiösen Herkünften kommenden Gläubigen mit anschaubar geworden sind. Typisch dafür sind die verwendeten »christologischen Hoheitstitel« bzw. doxologischen Prädikate.

Damit aber nicht genug: Wie jeder in der Exegese Ausgebildete weiß, setzt sich dieser Prozeß der Gestaltwahrnehmung dann in der Geschichte der Tradition als Geschichte der Interpretation fort – ein Faktum, von dem die Religions- und Theologiegeschichte, und nicht zuletzt die Predigtgeschichte, vieltausendfach Zeugnis geben. Allerdings setzt in dieser Phase der exegetisch-texthomiletischen Hermeneutik schon niemand mehr darauf, jedenfalls nicht öffentlich, daß er selbst aus eigener Erfahrung stammende Wahrnehmungsgestalten Gottes als theologisch *glaub-würdig* gestalten darf. Das hängt nicht zuletzt damit zusammen, daß die kanonisierten, in verschriftlichte Gestalt geronnenen Gotteserfahrungen auch in dem Sinn – und zwar zum Schutz gegen Häresie – kanonisiert worden sind, daß nach Abschluß des Kanons erlebte Gotteserfahrungen prinzipiell keine Offenbarungsqualität mehr haben.

Bei Xenophanes scheint ein anderer, nämlich aufklärerischer Impuls verdeckt zu haben, was auch er im übrigen von den Göttern weiß: daß es eine Bewegung von ihnen auf die Menschen zu gegeben hat und auch in geschichtlicher Zeit noch gibt; für sie verwendet er im berühmten Fragment 31[11] die Wendung »den Menschen [Sterblichen] etwas enthüllen«[12]. In dieser Bewegung sind Subjekt und Objekt klar unterscheidbar. Andererseits zeigt das überlieferte Werk des Xenophanes – den ich nun auch für die folgenden, nicht mehr allein auf ihn bezogenen Gedanken als Anknüpfungspunkt benutze – auch noch die andere, gewissermaßen die *Gegen*bewegung, in der Subjekt und Objekt wechseln. Denn Xenophanes ist, wie *Jap Mansfeld* in seinem Kommentar unterstreicht,[13] wohl gerade deshalb zur poetischen Form zurückgekehrt, weil seine Dichtung »vom Göttlichen handelt und damit tatsächlich der poetischen Form zugehört«. In der Poesie aber ist der Mensch Subjekt und der bzw. das Besungene Objekt poetischer Tätigkeit. Übertragen wir aber nun die Einsicht, daß Gottesbilder[14] wie alle Poesie im *von Weizsäcker*'schen Sinne Wahrnehmungsgestalten sind, auf die eben besprochenen beiden Bewegungen, dann verdanken sich Gottesbilder auch jeweils ihnen *beiden*. Sie repräsentieren sowohl Intersubjektivität als auch – und komplementär damit verbunden – Interobjektivität. Überall aber, wo es dann zur Begegnung mit in Schrift- oder Bildgestalt überlieferten göttlichen Wahrnehmungsgestalten kommt, tritt noch ein zusätzliches Bewegungspaar zu dem anderen hinzu: In ihm sind die Bewegung, in der sich ein Betrachter einem Gottesbild zuwendet, und die andere, die von diesem auf jenen ausgeht, miteinander verbunden.[15]

In beiden Wahrnehmungsprozessen, an denen die sich Begegnenden beide als Subjekt und Objekt beteiligt sind, kommen neue, bislang nicht dagewesene Wahrnehmungsgestalten göttlicher Wirklichkeit zustande. Und ohne diesen Wahrnehmungsprozeß, in dem sich Wahrnehmen und (Aufeinander-zu-)Bewegen verbinden,[16] gäbe es keine verstehende und im eigenen Tun – wie zum Beispiel dem Lobpreis oder der Theologie – beantwortbare Wahrnehmung göttlicher Wirklichkeit inmitten der jeweiligen menschlich-kulturellen Realität. Das jeweils Neue einer neuen Wahrnehmungsgestalt Gottes ist verständlich prädizierbar und kommunikabel nur, weil es durch Anknüpfung an Bekanntes und zugleich Abgrenzung von Bekanntem definiert bzw. konturiert werden kann. Die vielfältigen Mittel poetischer Gestaltung wie Bildworte, Gleichnisse, aber auch mythische und mystische Topoi wie Jungfrauengeburt, Himmelsreise, Höllenfahrt etc., und selbst Anlehnungen an weltliche Hofstaatszenarien haben darin ihren Platz und werden von Psalmdichtern, Propheten, Evangelisten und Visionären verwendet. Sie sprechen unter den Bedingungen zeitgenössischer Kommunikabilität von Verstehen als Begegnung. Neue Wahrnehmungsgestalten Gottes sind Schwellenphänomene, in die Altes noch hineinreicht und das Neue schon – und zwar dominant – enthalten ist. Auch so gilt, abgewandelt: »Zukunft braucht Herkunft«[17]. Aber allein Herkunft zu haben, heißt noch nicht, Zukunft zu haben.

Auch das ist ein uraltes Phänomen, das zu vergegenwärtigen gleichwohl wichtig ist, und zwar vor allem, wenn es darum geht, den mehr als garstigen Graben zwischen den Religionen und ihren jeweiligen Gottesvorstellungen nicht zu verwischen, sondern theologisch zu überbrücken, um dem Glauben an Gottes uneingeschränkte Gottheit mehr Respekt als bisher zu erweisen[18] und dadurch auch dem Frieden auf der Erde zu dienen. Dabei ist es gleichgültig, ob dieser Graben auf diachroner oder synchroner Achse jeweils Religionen und Gottesvorstellungen trennt, und auch, ob er das noch innerhalb[19] oder schon außerhalb der eigenen heiligen Schriften tut. Denn es zeigt sich dabei, in der von Schwelle zu Schwelle weitergehenden Religionsgeschichte, daß nur eine gegenüber dem jeweiligen Kanon – modern gesprochen – *virtuelle* Phantasie bzw. Poesie in der Lage ist, vorhandene Schwellen zu überschreiten, um die Achtung vor der religiösen Vielfalt und zugleich die Freude an ihr auszudrücken. Nur diese Poesie vermag zu respektieren, daß diese unterschiedlichen Wahrnehmungsgestalten Gottes göttliche Wirklichkeit bezeugen – auch wenn uns die dabei zustande gekommenen Gottesbilder aufgrund bestimmter theologischer Prämissen (und ethischer Implikationen) nicht akzeptabel erscheinen.

EXKURS: Theologische Poesie und Virtual Reality

Mit dem Begriff »virtuell« ist ein Stichwort genannt, das noch in eine andere Richtung weist: Unter den sich durch die digitale, vierte industrielle Revolution[20] völlig wandelnden Lebensbedingungen der Gegenwart ereignet sich in den »Reisen« durch virtuelle Welten, wenn auch mithilfe maschinell generierter »Realität«, strukturell ein gleich verlaufender Wahrnehmungsprozeß wie der, den ich skizziert habe. Denn auch im Hineingehen in die *Virtual Reality* bilden sich Wahrnehmungen, die aus der Begegnung mit einer anderen Realität stammen und insofern zu Wahrnehmungsgestalten im oben beschriebenen Sinn geworden sind. Allerdings ist sofort hinzuzufügen, daß die sich in jenen »Reisen« begegnenden Größen nicht beziehungslos gegenübertreten, sondern aufeinander bezogen bleiben. Denn in der neuen »Realität« sind ja sowohl die Software-Vorgaben der Programmierer als auch die »Reisenden« in ihrer Weltwirklichkeit bzw. bisherigen Vorstellungswelt mit enthalten, und in der (kommunikablen) Wahrnehmung des Gesehenen gestalten die Computerspiel-Reisenden die Wahrnehmungsgestalt der virtuellen Realität mit. Doch der Unterschied zu den Wahrnehmungsgestalten Gottes ist noch deutlicher, wenn man bedenkt: Was an dem Gesehenen »neu« ist und als solches »begegnet«, ist Produkt uns unendlich erscheinender Kombinationsmöglichkeiten *bekannter* Elemente. Was da begegnet, *wirkt* also zwar als Gegenüber, geht aber nicht von einem (personalen) Subjekt aus. Beim Zustandekommen von Wahrnehmungsgestalten aus der Begegnung mit einer *Virtual Reality* fehlt also gerade das genannte Phänomen der Intersubjektivität und -objektivität.

Nun hat sich *Hans Weder* in einem für (nicht nur evangelische) Theologie erstaunlichen Artikel mit der *Virtual Reality* befaßt und damit wissenschaftlich Neuland betreten.[21] Nach Weder konfrontiert uns das »Konzept der virtuellen Realität ... mit Möglichkeiten, die sich in keiner Weise aus der realen Wirklichkeit extrapolieren lassen müssen.«[22] Es sei der große Vorzug des Virtuellen, »daß man Welten entstehen lassen kann, die sich in keiner Weise einem Trend der Realität verdanken. Wir begegnen hier einer Möglichkeit, die ihre je eigene Wirklichkeit hat.« Mit den Begriffen »Möglichkeit« und »eigene Wirklichkeit« hat Weder die Stichwörter eingebracht, an die er als Neutestamentler anknüpft: »In ganz ähnlicher Weise spricht man in der Theologie vom Reich Gottes als dem Reich des Möglichen, das in keiner Weise durch das Wirkliche beherrscht wird.« Und weiter: »Wir haben es sowohl bei der virtuellen Realität als auch beim Reich Gottes mit einer Art von Möglichem zu tun, das nicht durch das Wirkliche definiert ist, sondern das gleichsam sein eigenes Wesen hat«, ja, »seine eigene Gestalt«. Angesichts der so konstruierten Diastase zur Wirklichkeit drängt sich dann aber doch für Weder die Frage danach auf, »welches Verhältnis das Mögliche zum Wirklichen« habe. Die Brücke findet er nicht über den lateinischen Begriff hinter »Realität«, der »den Aspekt des Vorliegens und Zur-Verfügung-Stehens« betone, sondern über »das Modell, das wir ... in der Reich-Gottes-Verkündigung Jesu antreffen«, sowie über den griechischen Begriff für Wirklichkeit«, *enérgeia*, der »den Aspekt der Wirkung«[23] herausstellt. So betrachtet sei dann Wirklichkeit »die Summe alles Wirkenden, alles auf den Menschen Wirkenden.«[24] Die Wirkkraft aber des als Fiktion in den Gleichnissen Jesu erscheinenden Reiches Gottes ziele als Sprache darauf, »daß das Mögliche meine Wirklichkeit enteignet, indem jene Sprache den Menschen dem Banne der Wirklichkeit entreißt. Das Mögliche enteignet die Wirklichkeit, die – als meine Wirklichkeit – mich in Besitz genommen hat. Die Wirklichkeit muß ihre Gefangenen herausgeben.« In diesem Sinne geht es darum, »daß das fiktionale Reich, das Reich des Möglichen, in der Wirklichkeit zum Zuge kommt.« Oder so: »Die wahre Zeit des Reiches Gottes, die Zeit der Liebe, steht für jene große Möglichkeit des gelingenden Lebens. Und die Gleichnisse sind eine Sprache, welche an der Vergegenwärtigung dieser Zukunft arbeitet«.[25] Im Konzept der durch Maschinen generierten[26] *Virtual Reality* und dem Aussteigen in sie hinein sieht Weder dagegen eine Gefahr in neuer Gestalt wiederkehren, wie sie die Apokalyptik mit ihrer Abwendung von der wirklichen Welt und dem wirklichen Leben über das Christentum gebracht habe: die Weltflucht. Kriterium für eine »Unterscheidung von sinnvollem und sinnlosem Aussteigen« sei deshalb die Frage an die (jeweilige) virtuelle Welt, »ob sie der Zuwendung zur realen Wirklichkeit diene oder ob sie bloß den Sog der Weltflucht verstärke.«[27]

Weders Aufsatz hat das große Verdienst, eine Debatte zu eröffnen und gerade dieses Kriterium in sie eingebracht und dabei auch die apokalyptische Weltabwendung nicht geschont, sondern theologische Kritik an dieser bis in die Bibel reichenden Denkform geübt zu haben. Doch so sehr ich ihm zustimme, daß die Gleichnisverkündigung Jesu das Reich Gottes als »eigene Gestalt« vor Augen führt, so wenig überzeugt mich die offenbar dogmatisch begründete These von der Nichtdefinierbarkeit des Neuen vom Alten her.[28] Dabei zeigen doch sowohl die Verbindung der Verkündigung Jesu mit seinem Handeln (vgl. exemplarisch herausgearbeitet Lk 15) als auch die im Geiste Jesu mögliche Nachfolge, daß diese »eigene Gestalt« des Reiches der Liebe Gottes – jedenfalls nach Joh 13 – nicht nur durch Jesus selbst als neue »Beispiel«-Gestalt (*hypódeigma*) gelingenden Lebens in der »realen Wirklichkeit« gelebt worden ist, sondern auch, daß sie von den Jüngern ›für jedermann erkennbar‹ (Joh 13,35) gelebt werden kann und soll. Für Christen ist die hier gemeinte Liebe die ergriffene Möglichkeit gelingenden Lebens, die als Folge des Ergriffenseins durch das Beispiel Jesu die eigene Existenz einbezieht und so eine lebendige Wahrnehmungsgestalt der Liebe Gottes in der Weltwirklichkeit wird.[29] Wichtig ist mir, daß sich auch in dieser Wahrnehmungsgestalt Intersubjektivität und Interobjektivität verbinden, insofern sich das Ergriffensein von der in den Gleichnissen Jesu wie in seinem Beispiel wahrgenommenen göttlichen Liebe und das Ergreifen der Nachfolge in der eigenen Existenz verbinden. Daran ändert die Einsicht nichts, daß das Christsein als Existenz kein unstörbarer Gleichgewichtszustand ist, sondern Fragment bleibt.[30] Man muß sich dann nur mit Johannes darauf verständigen, daß die Wahrheit, um die es im Leben geht – zumal wenn sie Auferstehung von den Toten einschließt –, nur im Ineinander von Weg, Wahrheit, Auferstehung und Leben zu finden und also an keinem Zeitpunkt des realen Lebens »ganz«,[31] uneingeschränkt, zu haben ist.

Virtuelle Realität, sagt Weder, komme dadurch zustande, daß die reale Wirklichkeit Energie abgebe, »während die virtuelle Realität sowohl für ihre Erschaffung als auch für ihr Bestehen solche aufnimmt«. Und er erwägt in einem kühnen Gedanken, »ob man nicht auch die reale Wirklichkeit als eine solche denken müßte, die dank eines Energieflusses beziehungsweise einer fundamentalen Information aus einer ihr zugrunde liegenden Wirklichkeit existiert und leben kann, als eine, für die in einer anderen Wirklichkeit Arbeit geleistet werden muß, damit sie Bestand haben kann.«[32] Gerade dieser ansprechende Gedanke zeigt mir mit der darin aufscheinenden komplementären Wechselbewegung, daß sich göttliche und menschliche »Welt«, bzw. »Reich« Gottes und »Reich« der Menschen, *nicht wirklich* voneinander trennen lassen, sondern daß auch die theologisch so schnell und gern behauptete Unabhängigkeit jener »Welt« von dieser bzw. jenes »Reiches« von diesem zwar aufgrund begrifflicher Distinktionen möglich ist. Aber sinnvoll ist solche These im Grunde doch nur für den, der die Welt *nicht* als Gottes Schöpfung und Gott und Menschen *nicht* als auf einander bezogene

Gegenüber glaubt. Da Theologen aber doch gerade dieses tun, ist jene These theologisch nicht sinnvoll. Denn theologisch ist Gott nicht ohne (Menschen-) Welt und (Menschen-)Welt nicht ohne Gott denkbar. Die gegenteilige Behauptung ist eine Variante der Weltflucht, so steil sie auch daherkommen mag. Das gilt genauso für die Rede von der Liebe (Gottes). Liebe ist um des Lebens – und noch viel mehr um alles Leidens – willen für uns Geschöpfe kein *donum superadditum*, sondern elementare Notwendigkeit; Lebensrecht schließt Recht auf Liebe ein. –

Darum ist es notwendig und sinnvoll zugleich, das Gegenüber und Aufeinander-bezogen-Sein von Gott und Menschen auch mit den Mitteln religiöser Phantasie[33] bis in virtuelle Welten hinein in theologischer Poesie zu durchdenken und zu durchleben, um den Glauben an die Einheit Gottes zu stärken. Die Mythen der Völker, aber auch die Bibel und andere heilige Schriften sind voll von Beispielen dafür, wieviel Ermutigung von dieser theologischen Poesie ausgehen kann – inmitten all des Grauens, das Menschen sich und anderen seit je gerade wegen der Glaubensunterschiede angetan haben. Als Schutz gegen gefährlichen Wildwuchs müssen dabei weder Träume noch religiöse Phantasie diskreditiert werden; mit diesen Mitteln sind auch in der Bibel die Grenzen von Raum und Zeit genauso wie von traditionellen theologischen Schemata transzendiert worden. Eine solche virtuelle Welt des Glaubens ist für mich eine, in der die Raum-, Zeit- und dogmatischen Grenzen durchbrochen werden, die zwischen sowohl auf diachroner als auch auf synchroner Achse von einander entfernten Religionen verlaufen. *Friedrich Hölderlins* Poesie hat ein großes Beispiel dafür gegeben.

Freilich muß es auch für solche theologische Poesie Grenzkriterien geben. Doch werden sie formuliert, gelten sie dann natürlich auch gegenüber den »eigenen« Überlieferungen in Bibel und Kirche. Für mich hängen solche Kriterien mit folgenden Bedingungen zusammen: In theologischer Poesie virtuell Erzeugtes muß sich mit Jesus Christus als der biblisch bezeugten und von uns Christen geglaubten Wahrnehmungsgestalt Gottes verbinden lassen und darf dem Auftrag nicht im Wege stehen, daß wir selbst mit unserer Sprache und unseren Gottesbildern eine erkennbare Wahrnehmungsgestalt Gottes sein können und sollen (Mt 5,3–9; vgl. Joh 13,1–35); diese aber ist substantiell daran erkennbar, daß sie das Schema einer Welt sprengt (Röm 12,1f), in der nur Partialinteressen verfolgt werden und darum unbedingte Liebe verweigert wird; schließlich: Virtuelle Poesie muß mitteilbar sein (vgl. 1. Kor 14,1ff) und, biblisch gesprochen, der Erbauung (*oikodomée*) dienen, also: lebensdienlich sein. Was die maschinell erzeugte virtuelle Realität angeht, bleibt festzuhalten, daß damit verbundene »Visionen« und Erlebnisse *kategorial* etwas anderes sind als sich ereignende Wahrnehmungen Gottes; jenen fehlt die intersubjektive Begegnung. Einleuchtend ist nur die *strukturelle* Gleichheit des Wahrnehmungs*geschehens*.

Positiv gewendet aber gilt: »So dürfen also dort, wo die Wahrheit auftritt, die Geschichten – die Mythen – nicht aufhören, denn gerade dort müssen sie ganz im Gegenteil allererst anfangen: das Wissen ist nicht das Grab, sondern das Startloch der Mythologie. Denn wir brauchen zwar die ›besprochene‹, aber wir leben in der ›erzählten Welt‹.[34] Drum eben gilt: *Es geht nicht ohne Mythen*: narrare necesse est.«[35]

II. Begegnung mit der Kindheitsgeschichte des Zeus

Sicher ist, so lese ich,[36] daß der Name *Zeus* indogermanischer Abstammung ist und von vielen indogermanischen Völkern für den höchsten Gott verwendet wird. Das leuchtet vom Genitiv *Dios* unmittelbar ein: denn da steckt die Wurzel *div-* dahinter, die »leuchten« heißt und bis ins Lateinische (*dies*) und Althochdeutsche (*Zio*) zu finden ist. Gott ist Licht – im Mediterranen unmittelbar evident repräsentiert vom glänzenden, heiteren Himmel; alle lebensdienlichen (Sonne, Regen, Sternenzelt) wie lebensbedrohlichen (Blitz und Donner als »Un«-Wetter) atmosphärischen Erscheinungen faßt er zusammen, sie prägen seine Wahrnehmungsgestalt und besonders seine unverwechselbaren Attribute. Licht ist Offenbarungsform und Offenbarer in einem. Und auch wenn Landschaftsnamen mit Zeus verbunden werden (z. B. *Z. lykaíos*), ist der Name selbst schon Wahrnehmungsgestalt des unablösbaren Gegenübers von Himmel und Erde.

Daß Gott Ursprung und Quelle des menschlichen, irdischen Lebens ist, dafür weiß man in patriarchaler Gesellschaft seit ältester Zeit auch im indogermanischen Bereich noch einen anderen Beinamen des höchsten Gottes: *Vater*.[37] Doch die schrecklich gerechte *patria potestas*, im Lateinunterricht am unvergeßlichen Beispiel gelernt, ist es nicht allein, nicht einmal zuerst, die *Zeus Vater* (nachklingend in lat. *Iuppiter*) kennzeichnet. Die Allgewalt ist die Schutzmacht des *pater familias*, freilich gebraucht auch zur Demonstration des Vorrechts, und dann können alle Grenzen zu anderen schnell mißachtet werden – ein Phänomen, das uns beim semitischen Jahwe in vielen Erzählungen auch begegnet.

Mit dem Schutzgott Zeus wird alles verbunden, was wegen seiner Vergänglichkeit und Unbeständigkeit als schutzbedürftig erlebt worden ist. Die Liste seiner Beinamen liest sich wie eine Zusammenschau der auch uns geläufigen doxologischen Gottesprädikate und sagt, daß die Wahrnehmung Gottes das schutzbedürftige Leben der Gläubigen in seiner konkreten Vielfalt damals wie heute – *mutatis mutandis* – einschließt: Z. *herkeíos*: Beschützer von Haus und Hof.; Z. *ktéesios*: Beschützer des Besitzes, Z. *polieús:* der Städte; Z. *eleuthérios:* der Freiheit; Z. *phratríos:* eines (fürstlichen) Geschlechts; aber auch Z. *xénios:* der Fremdlinge, des Gastrechts; und Z. *meilíchios*: der gnädig Gestimmte, Entsühnende. In dem Heilands-Namen Z. *sotér* drückt sich die allgemeine religiöse Erwartung aus, daß das gefährdete Leben bewahrt und in der Krise gerettet wird. Daran hat sich bis heute nichts geändert, wo zu Gott gebetet wird.

Die Ferne des Himmelsgottes hat es wohl mit sich gebracht, daß jeweils lokal vertraute Elemente in »nähere« Wahrnehmungsgestalten des Gottes einflossen und kultisch verehrt wurden, mit dem himmlischen Zeus dann in komplizierten Verwandtschaftsgebilden verbunden, oft variiert und notwendigerweise widersprüchlich, jedenfalls von außen betrachtet. Das homerisch-ritterliche Ordnungssystem ist nur eines davon, spiegelt, wie der ferne Himmelsgott in lebensnäheren Teil-Wahrnehmungsgestalten auf die Bedürfnisse der Menschen eingeht. Und immer wieder bricht die Sehnsucht der Menschen sich poetisch Bahn, wenigstens über die eine oder andere aus dem eigenen sterblichen Geschlecht unmittelbar und nicht nur kultisch verwandt zu sein mit diesem Vater; die Freude des Gottes an der unsterblichen Lust kommt dieser Sehnsucht entgegen und gibt der eigenen Hochzeit göttlichen Glanz.[38] *Hieros gamos* und Inkarnation, lebensnah; das läßt sich fast in jeder Biographie festlich begehen. Berechtigte theologische Kritik muß beachten, daß es immer noch zu des Menschen Würde, Glück und Bürde gehört, an der Schöpfung von neuem Leben mitwirken zu können.

Doch ganz auf die Seite der Menschen ist Zeus nie getreten; das tut erst *Asklepios*, der erste therapeutische Gott, dessen Wurzeln vielleicht aus dem Orient kommen. Er bedeutet eine kategoriale Wende in der Wahrnehmung Gottes, qualitativ dem früheren Wechsel von der Titanen- zur Zeus-Herrschaft vergleichbar. Weil er als Heilgott auch Tote auferweckt, wird er von Zeus getötet, der die Grenze zwischen Göttern und Menschen aufrechterhalten haben will.[39] Doch Asklepios aufersteht trotzdem oder gerade deshalb zum neuen Heilgott der (Mittelmeer-)Welt. Kirchenväter bekämpfen ihn später als ernsten Konkurrenten für den Heiland Christus, der uneingeschränkt *sotér* und Heilgott sein soll. Trotzdem wird sich unter dem Attribut des Asklepios, dem Aeskulapstab, die Heilkunst aus dem christlichen Kult lösen und verselbständigen. Die Folge davon ist: *Christus medicus* wird zum reinen Titel, zu dem keine kultische Praxis gehört wie in den Heiligtümern des Asklepios.

Der indogermanische Himmelsgott, aus der Verbindung von Kronos (daher »der Kronide«) und Rhea hervorgegangen, hat noch eine ganz andere Seite, und auch diese kommt vom Osten, vom Aufgang der Sonne, nach

Griechenland, nachdem sie bereits jahrhundertelang auf Kreta »Zwischenstation« gemacht hatte. Es ist seine Kindheitsgeschichte. In ihr ist er selbst der Gefährdete und Bewahrte: In einer Höhle im Dikti-Gebirge soll Rhea ihn vor seinem Vater nach der Geburt versteckt haben. Denn Kronos hatte aus Angst vor der Weissagung, sein eigener Sohn werde ihn dereinst entmachten, die vor Zeus geborenen Geschwister verschlungen. Zeus wächst in der Höhle heran, von kretischen Nymphen versorgt, darunter der in eine Ziege verwandelten Amaltheia. Unverkennbar wirksam ist in allem das Leben bewahrende weibliche Element. Selber handlungsfähig geworden, befreit Zeus seine Geschwister, indem er dem Vater als Mundschenk ein Brechmittel verabreicht, und wird zum Anführer der neuen Göttergeneration.

In der Geschichte, in der er, als Stier verwandelt, später Europa aus ihrer Heimat Phönizien nach Kreta entführte, erzählt der Mythos sein Wissen über die Verbindung orientalischer und europäischer Kultur im Schmelztiegel Kreta, wo die minoische Kultur bereits die Wiege bereithielt und Ausgangspunkt einer eigenen Mythologie und friedlichen Religion wird. Auch die Erzählungen von seiner Jugendliebe zu Hera bleiben mit der ägäischen Inselwelt verbunden.[40] Sekundär, als Import erst, kommt dann vieles mit den dorischen Eroberern Kretas nach Mykene in den indogermanischen Kulturraum hinein. Der Olympier entwickelt sich dort, bleibt Idee einer nie erreichten panhellenischen Einheit. Die Geschichte der Poleis aber im wirklichen Griechenland wird mit dem Mythos vom trojanischen Krieg prototypisch vorgebildet, bleibt »Welt als Tragödie«.[41] Erst im auferstandenen Christus kann dann Byzanz Himmels- und Osterlicht bündeln, alte und neue Gesichter vom fernen und nahen Gott.

Kostas sagt:
Einen Moment, ich hole die Lampen,
und steigt, gelassen, ein Herr,
auf dem Esel voraus auf den Berg.
Wir folgen – wer sind wir –,
er spricht mit dem Esel
über den Weg bis nach oben.

Dann geht er mit uns
Stufe für Stufe
in die Geschichte hinab
vom Gotteskind Zeus
in der Höhle.

Geboren, nicht geschaffen,
vom Vater verfolgt,
und getränkt mit der Milch
von Nymphen und Ziegen
wächst er heran
in Gaias eisigem Schoß –

bis er mit List die Geschwister befreit
und den Himmel erobert,
den Heras Glut ihm auf Samos
in dreimal hundert Jahren der Liebe
festlich bereitet.

Wir sehen nach oben, nach uns,
vom Grunde des Mythos hinauf
nach dem Baum am Ende der Stufen:
Sonne und Eishauch
haben in ihm sich vermählt,
und wir finden, als Kostas die Lampen gelöscht,
sein Grün in unsere Haare gewoben.

Über die Berge weht Licht,
Licht, in dem
die eine Geschichte
und alle
sich brechen.

DIKTAION ANTRON (Diktäische Höhle)

Kreta, 1996

Anmerkungen

1 Die grammatisch männliche Form enthält, wenn es um die Bezeichnung von Kollektiven geht, im folgenden durchgehend die weibliche mit.

2 Ich knüpfe an meine wenigen Bemerkungen zur *Wahrnehmungsgestalt* des von uns Wahrgenommen an, in: *K.-P. Jörns*: Die neuen Gesichter Gottes. Was die Menschen heute wirklich glauben, München 1997, S. 229ff. Zum theoretischen Hintergrund der Gestaltwahrnehmung verweise ich auf *V. v. Weizsäcker*: Gesammelte Schriften 4. Der Gestaltkreis. Theorie der Einheit von Wahrnehmen und Bewegen, Frankfurt a. M. 1997.

3 Früher hätte man von den jeweiligen »Rassemerkmalen« der Menschen gesprochen.

4 *Xenophanes*. Die Fragmente, hg., übers. u. erkl. v. *E. Heitsch*, München 1983, S. 45: Fragment 16.

5 A.a.O., S. 45: Fragment 15.

6 Vgl. dazu *J. Mansfeld*: Die Vorsokratiker. Griechisch / Deutsch. Auswahl der Fragmente, Übersetzung und Erläuterungen von J. M., Stuttgart 1987, S. 205: Xenophanes habe die Gottesvorstellungen von Homer und Hesiod scharf zurückgewiesen, obwohl seine Dichtung »etwa der eines Hesiod oder den Götter-Hymnen vergleichbar« sei, »insofern sie vom Göttlichen handelt«. Aber des Xenophanes' Dichtung sei im Unterschied zu diesen »doch ganz vom aufklärerischen Geiste der ionischen Naturphilosophie durchdrungen.«

7 Ich drücke mich bewußt vorsichtig aus, weil die Überlieferung der Fragmente in vielen Punkten keine endgültigen Aussagen zuläßt; vgl. z. B. *J. Mansfeld*, a. a. O., S. 205, Anm. 10, zur Deutung des wichtigen Fragments Nr. 31, bei dessen Übersetzung er die folgenreiche Alternative offenläßt: »Die Götter haben den Menschen durchaus nicht gleich am Anfang alles enthüllt, / sondern im Lauf der Zeit suchen und finden sie [die Menschen bzw. die Götter] Besseres hinzu« (a. a. O., S. 223).

8 Das Gesagte gilt natürlich nicht für die Herstellung von Kopien in der Plastik.

9 Vgl. dazu etwa (wenn auch in der These anfechtbar) *W. Christlieb*: Der entzauberte Ödipus. Ursprünge und Wandlungen eines Mythos, München 1979.

10 Dabei stellen die vier kanonischen Evangelien ja nur eine Auswahl aus der tatsächlich existierenden Zahl von Evangelien dar. Man muß nur das Thomas-Evangelium neben die anderen legen, um zu begreifen, wie groß die Unterschiede sind.

11 Vgl. Anm. 7.

12 *hypodeíknymi*.

13 A. a. O., S. 205.

14 Ich fasse den Begriff hier und im folgenden ganz allgemein und nicht mehr allein auf Malerei oder Plastik bezogen, sondern Gottesvorstellungen wie -darstellungen einschließend.

15 Ich kann hierzu vergleichen, was Paulus Röm 10,17 anspricht, indem er sagt, Glaube komme aus dem Hören auf das, was gesagt wird, weil schon ein anderer vorher auf das Wort Christi gehört und es mir bezeugt hat; *akoé* meint beide Bewegungen, nennt Vorder- und Rückseite dieses Geschehens, das Luther im Sagen und Hören der Predigt (so seine Übersetzung von *akoé*) verdichtet fand, die für ihn bekanntlich allein die *viva vox evangelii* war.

16 Vgl. dazu noch einmal den Untertitel des zitierten Buches von *V. v. Weizsäcker*: »Theorie der Einheit von Wahrnehmen und Bewegen«.

17 *O. Marquard*: Ende des Schicksals?, in: *ders.*: Abschied vom Prinzipiellen, Stuttgart 1981, S. 67–90, hier S. 78.

18 Dazu zähle ich zum Beispiel das Bemühen, die immer mehr ins Vergessen geratenden griechischen Wurzeln unserer Kultur und unseres Glaubens ins Auge zu fassen, und zwar auch durch das Ernstnehmen des in die Vorschriftlichkeit zurückreichenden Mythos. Vgl. dazu auch meinen Aufsatz: Ecce homo: Der Ödipus des Sophokles, in: *K.-P. Jörns*: Der Lebensbezug des Gottesdienstes. Studien zu seinem kirchlichen und kulturellen Kontext, München 1988, S. 192–210.

19 *R. Albertz* hat gezeigt, daß es sinnvoll und nötig zugleich war, eine »Religionsgeschichte Israels in alttestamentlicher Zeit« zu schreiben (Erster und zweiter Teilband, Göttingen 1992), und ich denke, dasselbe müßte *mutatis mutandis* auch für das Neue Testament und die ihm folgenden Kirchentümer und ihre Theologien geschehen.

20 Ich verwende den Begriff »vierte industrielle Revolution« im Anschluß an *Günther Anders'* Unterscheidung *dreier* industrieller Revolutionen, deren letzte er unter anderem durch die »Maschinenexpansion« und die damit verbundene Vernetzung vieler einzelner (Teil-)Maschinen zu Großmaschinen gekennzeichnet fand: Die Antiquiertheit des Menschen. Band II. Über die Zerstörung des Lebens im Zeitalter der dritten industriellen Revolution, München ^{2}1981 (= 1980), S. 117–127. *Anders* hat aber (1969 geschrieben) noch nicht vorhersehen können, daß die digitale Revolution eine Revolution *sui generis* sein würde, die qualitativ ungefähr jenem Übergang von der Mündlichkeit zur Schriftlichkeit der Überlieferung in der Antike entspricht (so der Altphilologe *Wolfgang Rösler*, Berlin, in einem Vortrag im März 1998).

21 *H. Weder*: Virtual Reality. Ein theologischer Versuch aus neutestamentlichem Blickwinkel, in: EvTh 57/1997, S. 537–548.

22 Der Satz provoziert in mir die Nachfrage: aber sie lassen sich *prinzipiell* extrapolieren?

23 Alle Zitate *H. Weder*: Virtual Reality, a. a. O., S. 542.

24 A.a.O., S. 543.

25 A.a.O., S. 544.

26 Leider faßt *Weder*, offenbar beeindruckt durch das technisch Realisierte, das Virtuelle selbst nicht prinzipiell genug, weil er dem maschinell Generierten kategorial eine Sonderrolle zuweist.

27 A.a.O., S. 547.

28 Immerhin definiert das Neue Testament ja die im Glauben wahrgenommene Bedeutung Jesu prädizierend durch die alten Topoi »Christus«, »Davids Sohn« oder auch »Sohn Gottes«.

29 Vgl. auch die Worte Jesu von den Jüngern Jesu als Licht und Salz der Welt Mt 5,13–16.

30 Vgl. dazu *H. Luther*: Religion und Alltag. Bausteine zu einer Praktischen Theologie des Subjekts, Stuttgart 1992, S. 160ff.

31 Ich frage, ob »Ganzheit«, weil sich damit tendenziell stets Geschlossenheit verbindet, überhaupt, also auch unter eschatologischem Aspekt, eine dem Leben angemessene Denkkategorie ist.

32 *H. Weder*: Virtual Reality, a. a. O., S. 548. Erst hier ist auch bei *Weder* das Ineinander von Intersubjektivität und Interobjektivität erkennbar (der Begriff »Wirklichkeit« wird doppelt verwendet).

33 Diese kommt bei *Weder* nicht gut weg, unterliegt bei ihm vielmehr dem prinzipiellen Verdacht, den Menschen in die Irre zu führen, vgl. a.a.O., S. 538.

34 *H. Weinrich*: Tempus. Besprochene und erzählte Welt, Stuttgart/Berlin/Köln/ Mainz [2]1971. – Da Theologie wie jede Wissenschaft zur »besprochenen Welt« gehört, birgt, streng genommen, das Diktum von der »theologischen Existenz« immer die Gefahr einer bedenklichen Distanz zum Leben in sich, wenn und insofern darin die »erzählte Welt« nicht vorkommt.

35 *O. Marquard*: Lob des Polytheismus, a. a. O. (vgl. Anm. 17), S. 91–116, hier: S. 95. Und nach wie vor wichtig für die Erkenntnis, daß wissenschaftliche und mythische Weltsicht ihrer je eigenen Rationalität folgen und darum, wohl verstanden, einander ergänzen: *K. Hübner*: Die Wahrheit des Mythos, München 1985.

36 *K. Schauenburg*: Art. Zeus, in: Lexikon der Alten Welt, Augsburg 1995 (= Zürich und München 1965), Bd. III, Sp. 3333–3335; *D. Wachsmuth*: Art. Zeus, in: Der Kleine Pauly. Lexikon der Antike, München 1979 (= 1975), Bd. 5, Sp. 1516–1525. Ich beziehe mich auf diese Artikel und verzichte im folgenden auf detaillierte Nachweise.

37 Interessant ist lat. *diei et lucis pater = Diespiter = Iuppiter*.

38 Hinreißend und ernst zugleich dazu *R. Calasso*: Die Hochzeit von Kadmos und Harmonia. Aus dem Italienischen von *M. Kahn*, Frankfurt a. M. 1993.

39 Dabei ist zu beachten, daß Zeus selbst in der Titanomachie als Revolutionär die bis dahin dominante Titanen-Göttergeneration abgelöst hat. Die kretische Kindheitsgeschichte variiert das Thema friedlich. – Biblisch spiegelt das Verbot, vom Baum des Lebens in der Mitte des Paradiesgartens zu essen, dasselbe Motiv, die Grenze zwischen Gott und Menschen zu wahren.

40 Quellen: *Homer*, Ilias, XIV, S. 296; *Kallimachos*, Aitia, II, fr. S. 48 (Pfeiffer), und dazu *R. Calasso*, a. a. O., S. 29f.

41 Vgl. den Titel der beiden, die griechischen Tragödien interpretierenden Bände von *S. Melchinger*: Die Welt als Tragödie, München 1979/1980.

Manfred Josuttis

Poiesis und Genesis
Zu dem Gedicht »Ein Wort« von Gottfried Benn

EIN WORT

Ein Wort, ein Satz –: aus Chiffren steigen
erkanntes Leben, jäher Sinn,
die Sonne steht, die Sphären schweigen
und alles ballt sich zu ihm hin.

Ein Wort – ein Glanz, ein Flug, ein Feuer,
ein Flammenwurf, ein Sternenstrich –
und wieder Dunkel, ungeheuer,
im leeren Raum um Welt und Ich.[1]

I

Benns Gedicht thematisiert und realisiert das Ereignis von Sprache. Was es spricht, das geschieht. »Wo aber kommt die Sprache selber als Sprache zu Wort?«, fragt M. Heidegger in seinem Vortrag über »Das Wesen der Sprache«. Am Ende seiner Erwägungen zu Stefan Georges Gedicht »Das Wort« zitiert er, mit ausdrücklicher Erwähnung der »kennzeichnenden und vermutlich bewußten Änderung des Titels«,[2] auch Benns Poem. Die Verbindung zwischen beiden dichterischen Spracherfahrungen halten die Sätze fest: »Der Schlußvers ›Kein ding sei wo das wort gebricht.‹ deutet in das Verhältnis von Wort und Ding, dergestalt, daß das Wort selbst das Verhältnis ist, insofern es jeglich Ding ins Sein hält und darin behält. Ohne das also verhaltende Wort sinkt das Ganze der Dinge, die ›Welt‹, ins Dunkel weg, samt dem ›Ich‹, das, was ihm an Wunder und Traum begegnet, an den Saum seines Landes zur Quelle der Namen trägt«.[3] Das Wesen der Sprache scheint auf in der Sprache des Wesens.

Die Struktur von Benns Textwelt ist freilich noch radikaler. Nicht das Verhältnis von Sprache und Ding, von Ich und Welt stellt sich dar, sondern das momentane Ereignis von Sinn in einem Lebensraum, der leer genannt wird. Und was in der Sprache zu Wort kommt, das kommt im Akt des Lesens nicht einfach an, sondern entzieht sich alsbald, löst sich auch wieder auf, mit Hilfe von Sprache.

Das Gedicht vollzieht eine Doppelbewegung, an deren Beginn jeweils »Ein Wort« auftaucht. Der erste Bogen beschreibt einen Entstehungsprozeß. Ein Wort generiert einen Satz. Die rätselhaften Zeichen, die sich dabei manifestieren, verändern das Leben, in dem sie entstehen. Was ist, wird erkannt. Das Sein gewinnt Sinn. Das ist ein Augenblick reiner Gegenwart von weltumspannender Kraft. Alle Bewegung hört auf, alle Geräusche verstummen, bis in den Kosmos hinein. Alles wird aufgesogen, alles konzentriert sich im Akt der Artikulation dieser Worte. Für den, der das Gedicht liest, existiert kein Vorher, kein Nachher, kein Ich, keine Welt. Er befindet sich im erkannten Leben, ihn erleuchtet »jäher Sinn«. Das Gedicht vergegenwärtigt das, was es sagt, und verändert für den Leser die Welt.

Es bleibt nicht dabei. »Ein Wort«, das am Anfang steht, findet in sich selbst die Erfüllung. Auch der Höhepunkt der Bewegung umfaßt nicht mehr als »Ein Wort«. Was zu sich selber gefunden, was in sich selber aufgeglüht hat, muß in einer zweiten Bewegung auch wieder vergehen. Für einen Augenblick hatten die Chiffren erhellende Kraft gewonnen. Breit ist die Mixtur von Licht- und Bewegungsmetaphern. Aber dann wird »wieder« Wirklichkeit, was offenkundig schon vorher gewesen ist, was aber erst jetzt, nach dem aufleuchtenden Wort, benannt werden kann: das Dunkel, die Leere, die Unbehaustheit. Wenn das Gedicht verklingt, ist der Leser im Weltraum wieder allein.

Benn verwendet auch hier die Stilmittel der Reduktion.[4] Das Gedicht enthält siebzehn Substantive, aber nur vier Verben. Gerade durch diesen Verzicht gewinnen die Verse eine intensive Motorik. Dem dienen auch Doppelpunkt und Gedankenstriche, die durch Andeutungen Impulse auslösen. Durch vier Adjektive wird der Inhalt jenes Geschehens charakterisiert, das sich im Ablauf der Verse einstellt. »Jäh« wird »erkannt«, und dann ist es wieder »ungeheuer« und »leer«. In dieser Begriffsmontage ist Sprache »Haus des Seins« allenfalls dergestalt, daß man aus einer genichteten Welt im Wort Asyl suchen kann. In einem leeren Raum gibt es momentan erfüllte Zeit. Aber das Gedicht selbst verhindert illusionslos das Träumen, indem es seine eigene Wirkung begrenzt und das lesende Ich in die unwirtliche Welt zurückführt.

Am Anfang war »Ein Wort«, zurück bleibt am Ende »Ich«. Benn hat an anderer Stelle breit expliziert, was alles die Situation in der leeren Welt durchflutet: »Nun steht es da, dies Ich, Träger alles erlebten Inhaltes, allem erlebbaren Inhalt präformiert. Anfang und Ende, Echo und Rauchfang seiner selbst, Bewußtsein bis in alle Falten, Apriori experimentell evakuiert, Kosmos, Pfauenrad diskursiver Eskapaden, Gott durch keinen Nieswurz zu Geräusch lanciert; – Bewußtsein, fladenhaft, Affekte Zerebrismen; Bewußtsein bis zur Lichtscheu, Sexus inhärent; Bewußtsein, Fels mit des Königs Inschrift, krank von der Syntax mythischem Du, letzter großer Buchstabe: persisch, susisch, eleamitisch, drohend Gewalt unterworfenen Ebenen: Erbe und Ende und Achämenide.«[5]

II

Daß in Benns Gedicht religiöse Motive anklingen, liegt auf der Hand. Wie in der modernen Lyrik überhaupt hat es sich freilich vom traditionellen Dienst an der religiösen Aussage emanzipiert. »Hier sind die Kräfte der poetischen Redepotenzierung zur Vermittlung einer existentiellen Emphase eingesetzt, die durchaus mit der durch eine Religion determinierten verwandt ist, die jedoch deren dogmatischen Schutzmantel, deren heilsame Reduktion der unendlichen Komplexität nicht mehr genießt, sich folglich solcher Komplexität ausgesetzt zeigt und eben dieses Ausgesetztsein zu ihrem Anlaß und Thema macht«.[6] Die religiöse Motivik erscheint in einem nachreligiösen Welthorizont.

Umstritten ist, auf welche Traditionen Benn in diesen Versen zurückgreift. E. M. Lüders hat auf dessen Faszination durch die griechische Ästhetik verwiesen, »Benn sieht im Griechentum das ›Primäre‹, einen Vorgang geistiger Urzeugung, der für Augenblicke Schönheit, Form, Wahrheit, erfülltes, sinnvolles Leben hervorbringt, der aber jeweils auf sich selber angewiesen ist und gleichsam außerhalb der geschichtlichen Zeit besteht«.[7] Elemente dieser Einstellung findet sie auch in unserem Gedicht: »Die erste Strophe erinnert an Nietzsches Vorstellung vom Apollinischen, dem Erscheinen und Ruhen der Form über dem Abgrund des Chaos und des Elementaren. In der zweiten Strophe aber wird das Statische aufgelöst, indem der Glanz, der die schönen Gestalten des apollinischen Traums umgibt, in eine Reihe gesetzt ist mit dynamischen und bewegten Vorstellungen«.[8] Benn selbst bekennt sich nachdrücklich zur Faszination, aber auch zur permanenten Auseinandersetzung mit dem »Problem des südlichen Worts«.[9]

Es wird keine theologische Repatriierungsmaßnahme sein, wenn man demgegenüber darauf insistiert, daß die Bezüge zur biblischen Überlieferung in unserem Gedicht mindestens ebenso deutlich erkennbar sind. Zunächst ist dabei auf das Vokabular der Epiphanie zu verweisen. »Glanz«, »Feuer«, »Flammen« – das sind Elemente, die im Alten Testament zur Manifestation des Kabod Jahwes und im Neuen Testament in die Pfingstgeschichte gehören.

Aber selbstverständlich sind derartige Phänomene nicht auf die biblische Tradition beschränkt. Während der Hinweis auf das Verstummen der Sphärenmusik eindeutig in den hellenistischen Kulturkreis verweist, ist das Motiv vom Sonnenstillstand wiederum im Alten Testament zu Hause (Jos 10,12, Hab 3,11).

Besonders ausgeprägt sind die Verbindungslinien zur Bibel natürlich im Umfeld von »Wort«. »Ein Wort« steht am Anfang, und man wird annehmen dürfen, daß Benn die Nähe zum Johannesprolog durchaus bewußt war. »Ein Wort« bildet auch den Kernpunkt der Epiphanie. In der dunklen Welt ereignet sich Offenbarung. Und auch hier ist der Bezug zur neutestamentlichen Christologie so offenkundig, daß man nicht nur von einer assoziativen Verknüpfung, sondern von einer strukturellen Analogie reden muß. Den Unterschied markiert allein der unbestimmte Artikel, der also weniger, wie Heidegger gemeint hat, der Abgrenzung gegen George, sondern mehr der Distanzierung gegenüber dem Evangelium dient. Womit die religiöse Tradition exklusiv eine Person definiert, das wird hier auf das poetische Geschehen von Sprache bezogen.

Im Wort geschieht, was es sagt. Im Gedicht ereignet sich Sinn. Poiesis wird zur Genesis.[10] Was am Anfang der Schöpfung geschah, realisiert sich modifiziert in einer Welt, die sich nicht mehr als Schöpfung versteht. In dem dunklen, leeren, ungeheuren Raum, der das Ich umgibt, blitzt jäh und sekundenlang Einsicht auf, wenn dieses »Ein Wort, ein Satz« laut wird. Eine Dichtung spricht –, und es wird Licht.

Mit dem »Wort« beginnt auch in der Bibel eine Doppelbewegung. Es steht am Anfang der Schöpfungsgeschichte, aber auch am Anfang des Erlösungsgeschehens. Diese kosmische Weite wird im Gedicht durch den Verweis auf Sonne und Sterne, auf Welt und Sphären reproduziert. Aber was sich in der poetischen Gegenwart aufschließt, hat keine zeitliche Dauer. Die Schöpfung des Dichters verzichtet darauf, für sich selbst Ewigkeit zu reklamieren. Sie versteht sich als Funken, der im Augenblick aufglüht, der aber Welt und Ich nicht permanent zu erleuchten und zu erwärmen vermag.

III

Was ist ein Gedicht? Welche Wirklichkeit manifestiert sich im »Sternenstrich« eines sprachlich gestalteten Zeitraums? Welche Wahrheit kondensiert sich durch die schöpferische Ballungskraft des nachreligiösen Poeten?

Benn selbst hat, auf dem Hintergrund pastoraler Vorfahren, in seinem Werk einen »Fanatismus zur Transzendenz« wahrgenommen. »Aber ich sehe diese Transzendenz ins Artistische gewendet, als Philosophie, als Metaphysik der Kunst. Ich sehe die Kunst die Religion dem Range nach verdrängen. Innerhalb des allgemeinen europäischen Nihilismus, innerhalb des Nihilismus aller Werte, erblicke ich keine andere Transzendenz als die Transzendenz der schöpferischen Lust.«[11] Was ursprünglich in der Religion beheimatet war und nun in der Kunst gesucht wird, ist die eigentümliche Erfahrung von lustvoller Trance, die in der Überwindung der Bewußtheit besteht. »Und da ich nie Personen sehe, sondern immer nur das Ich, und nie Geschehnisse, sondern immer nur das Dasein, da ich keine Kunst kenne und keinen Glauben, keine Wissenschaft und keine Mythe, sondern immer nur die Bewußtheit, ewig sinnlos, ewig qualbestürmt –, so ist es im Grunde diese, gegen die ich mich wehre, mit der südlichen Zermalmung, und sie, die ich abzuleiten trachte in ligurische Komplexe bis zur Überhöhung oder bis zum Verlöschen im Außersich des Rausches oder des Vergehens.«[12]

Das Modell der Ablösung der Religion durch die Kunst gehört zu den konstitutiven Voraussetzungen für die absolute Poesie, wie sie sich im 19. Jahrhundert entwickelt hat. »Die unbedingte Autonomie der Kunst hat zur Folge, daß der schöpferische Vorgang eine überragende Bedeutung gewinnt. Auf den Trümmern der religiösen, philosophischen, moralischen Werte errichtet der Künstler die einzige ihm noch verbleibende Gewißheit: sein eigenes gestalterisches Vermögen«.[13] R. M. Rilke hat diese Haltung an der Gestalt Baudelaires rühmend repräsentiert:

Der Dichter einzig hat die Welt geeinigt,
die weit in jedem auseinanderfällt.
Das Schöne hat er unerhört bescheinigt,
doch da er selbst noch feiert, was ihn peinigt,
hat er unendlich den Ruin gereinigt:
Und auch noch das Vernichtende wird Welt.[14]

Das absolute Gedicht, von dem auch Benn spricht,[15] bestimmt den Prozeß, in dem es zur Welt kommt, und der immer aus einer Mischung von Intuition und Reflexion, von Erleuchtung und Überprüfung besteht. »Irgend etwas in Ihnen schleudert ein paar Verse heraus oder tastet sich mit ein paar Versen hervor, irgend etwas anderes in Ihnen nimmt diese Verse sofort in die Hand, legt sie in einer Art Beobachtungsapparat, ein Mikroskop, prüft sie, färbt sie, sucht nach pathologischen Stellen. Ist das erste vielleicht naiv, ist das zweite ganz etwas anderes: raffiniert und skeptisch. Ist das erste vielleicht subjektiv, bringt das zweite die objektive Welt heran, es ist das formale, das geistige Prinzip«.[16] Am Ende der poetischen Arbeit stellt sich für den Schriftsteller freilich »das Rätselhafte« heraus: »das Gedicht ist schon fertig, ehe es begonnen hat, er weiß nur seinen Text noch nicht. Das Gedicht kann gar nicht anders lauten, als es eben lautet, wenn es fertig ist. Sie wissen ganz genau, wann es fertig ist, das kann natürlich lange dauern, wochenlang, jahrelang, aber bevor es nicht fertig ist, geben Sie es nicht aus der Hand.«[17] Der schöpferische Prozeß wird, wenn er vollkommen gelingt, als Widerfahrnis von Empfängnis und Entdeckung erlebt. Im absoluten Gedicht kommt etwas zur Sprache, was Ich und Bewußtsein ergreift und als Mittel zur verbalen Inkarnation gewinnt.

Der Dichter wird bei Benn, wie P. Böckmann es ausgedrückt hat, zum »Medium der Worte«.[18] »So scheint sich im Wechselbezug von Verlorenheit des Ich und sprachlicher Selbstbehauptung noch einmal eine Möglichkeit der Lyrik anzubieten, die freilich alle Unschuld verloren hat und auch die lyrische Form nur widerwillig anerkennt. Das Figurenspiel der Worte enthüllt im überraschenden Montieren der auseinanderliegenden Vorstellungen ein Faszinosum, das sich noch einmal als Mysterium verstehen möchte: Wachheit, Skepsis und Nähe zur Begriffssprache führen doch an ein Inkommensurables heran, an das, was zwischen den Worten als ein Überraschendes aufleuchtet«.[19]

Läßt sich eine solche Trance-Erfahrung von Transzendenz auch für den Rezeptionsprozeß konstatieren? Benn hat die seiner Meinung nach sehr deutsche Frage: »Soll die Dichtung das Leben bessern?«, heftig verneint und sich dabei auch gegen den Verdacht des Nihilismus gewehrt. »Die Dichtung bessert nicht, aber sie tut etwas viel Entscheidenderes: sie verändert. Sie hat keine geschichtlichen Ansatzkräfte, wenn sie reine Kunst ist, keine therapeutischen und pädagogischen Ansatzkräfte, sie wirkt anders: Sie hebt die Zeit und die Geschichte auf, ihre Wirkung geht auf die Gene, die Erbmasse, die Substanz – ein langer innerer Weg. Das Wesen der Dichtung ist unendliche Zurückhaltung, zertrümmernd ihr Kern, aber schmal ihre Peripherie, sie berührt nicht viel, das aber glühend. Alle Dinge wenden sich um, alle Begriffe und Kategorien verändern ihren Charakter in dem Augenblick, wo sie unter Kunst betrachtet werden, wo sie sie stellt, wo sie sich ihr stellen. Sie bringt ins Strömen, wo es verhärtet und stumpf und müde war, in ein Strömen, das verwirrt und nicht zu verstehen ist, das aber an Wüste gewordene Ufer Keime streut, Keime des Glücks und Keime der Trauer, das Wesen der Dichtung ist Vollendung und Faszination.«[20]

Auch durch ästhetische Erfahrung soll also gelingen, was für die Wirkung von Religion konstitutiv ist: Sie verändert den Menschen. Poesie läßt sich nicht einfach als Kulturgut konsumieren, sie enthält immer auch kreative Potenzen. Was geschieht, wenn aus dem Chaos der Chiffren Einsicht und Sinn aufblitzen? Was passiert mit den Menschen, die sekundenlang vom »Flammenwurf« erfaßt, vom »Sternenstrich« angerührt werden?

Auch H. Schmitz geht in seinen phänomenologischen Untersuchungen zur

Sprache der Dichtung von der Genese des poetischen Werkes aus: »Sie beginnt dann bei einer den Dichter ergreifenden oder ihm wenigstens vorschwebenden Atmosphäre, von der nicht ganz klar ist, ob sie schon von Anfang an in einer Situation fundiert ist oder diese erst gebiert.«[21] Aber eben darin zeigt sich für ihn auch die besondere Fähigkeit der Poesie. Sie vermag das Unsagbare einer Situation in Worte zu fassen, genau und behutsam zugleich, ohne dem sich Entbergenden durch begriffliche Fixierung Gewalt anzutun: »Situationen sind als chaotisch-mannigfaltige Ganzheiten an sich unsagbar; die Rede hebt Sachverhalte, Programme, Probleme heraus und übersetzt jene damit ganz oder teilweise in individuelle, zahlfähige Gefüge. Dichterische Rede, die in solcher partiellen Individuation die Situation schonend durchschimmern läßt, bleibt damit näher am Ganzheitlichen, Unsagbaren als das von der Autorität des Daseins geleitete prosaische Sprechen.«[22] Beim Lesen löst das Gedicht deshalb ein Schweben zwischen primitiver und entfalteter Gegenwart aus. Die Grenzen zwischen Hier, Jetzt, Dieses und Ich, die die entfaltete Gegenwart charakterisieren, verschwimmen. Aber die Ergriffenheit, die sich einstellt, bleibt in der Balance spielerischer Identifizierung und führt nicht zu einer Überwältigung durch das Sprachgeschehen, wie sie sich bei den atmosphärischen Mächten der Angst, der Trauer oder des Heiligen ausbreiten kann.

Der jähe Sinn, der im Lautwerden eines Wortes aufblitzt, übersteigt die Leerheit der Welt und die Einsamkeit des Ichs während des Lesens. Die Dichtung als sprachliche Gestalt von Ekstase vermittelt Augenblicke der Weltfremdheit,[23] durch die Abgestorbenes vivifiziert wird. »Sie bringt ins Strömen, wo es verhärtet und stumpf und müde war, in ein Strömen, das verwirrt und nicht zu verstehen ist, das aber an Wüste gewordene Ufer Keime streut, Keime des Glücks und Keime der Trauer, das Wesen der Dichtung ist Vollendung und Faszination.«

IV

Am Anfang des Gedichts steht »Ein Wort«. Dieses Wort hat der Dichter gesetzt. Alles, was sich in seinem Text ballt, verdankt sich seiner kreativen Montage. In der absoluten Poesie versteht sich der Dichter als Garant der Einheit von Welt, als Sinnproduzent, als profaner Beschwörer identitätsverändernder Transzendenz, aber auch als Sprachrohr einer transsubjektiven Erfahrung, als Medium einer Ergriffenheit, als Werkzeug einer Berufung. Wie kann Theologie dieses Phänomen integrieren? An welche Stelle ihres denkerischen Systems soll sie den Dichter plazieren? Welche Kraft soll sie in seinem Wirken am Werk sehen?

Für eine Theorie des neuzeitlichen Christentums liefert gerade die moderne Poesie zahllose Belege. Mögen sich die Künstler selbst noch so eindeutig als nachreligiös definieren, sie werden damit das religiöse Erbe nicht los. Was man in Benns Gedicht beobachten kann, gilt auch für viele andere Fälle: Wortwahl und Erfahrungsstrukturen, Weltsicht und Daseinsfragen sind von einem Assoziationshintergrund bestimmt, dessen biblische Fundierung unübersehbar durchschimmert. Deshalb bildet die Kenntnis der biblischen Überlieferung immer noch eine wichtige Voraussetzung für das Studium der Literaturwissenschaften. Ob man diese offensichtlichen Sedimente der kirchlichen Tradition in den alltäglichen Lebensformen und den kulturellen Manifestationen als »Christentum der Gesellschaft oder der Öffentlichkeit« begrifflich zusammenfaßt,[24] vielleicht auch theologisch aufwerten und kirchlich okkupieren soll, ist eine andere Frage. Daß einer nicht mehr »das Wort«, sondern »Ein Wort« mit seinem Werk evoziert, das will in seiner Eigenständigkeit durchaus respektiert werden.

Benns Gedicht enthält freilich nicht nur Motive aus der griechischen bzw. jüdisch-christlichen Vergangenheit. In seiner internen Struktur treten auch erstaunliche Analogien zu zeitgenössischen Theologien ans Licht. Schon die sprachliche Rekonstruktion mußte ein Vokabular bemühen, dessen theologische Färbung deutlich zu spüren war. Hier thematisiert und realisiert sich ein Sprachgeschehen. Hier blitzt in der Dunkelheit und Leere des Daseins ein Sinnlicht auf, ohne daß es inhaltlich näher bestimmt wird. Und für den Augenblick des sprachlichen Aktes gerät der Leser/die Hörerin in eine Wirklichkeit jenseits der Welt.

»Erkanntes Leben« im Offenbarungsverständnis der Existenztheologie ist bei R. Bultmann so zusammengefaßt: »Was im Neuen Testament unter Offenbarung verstanden ist, kann nur deutlich werden, wenn beide Reihen von Aussagen festgehalten und aufeinander bezogen werden: 1. offenbart ist das Leben, ist Christus, 2. offenbart ist das Wort der Verkündigung und der Glaube. –

Die erste Reihe macht deutlich: Offenbarung ist nicht Aufklärung, Wissensmitteilung, sondern ein Geschehen; die zweite Reihe macht ebenso deutlich: das Offenbarungsgeschehen ist nicht ein außerhalb unser sich vollziehender kosmischer Vorgang, von dem das Wort nur die Mitteilung brächte (so daß es nichts anderes als ein Mythos wäre). Die Offenbarung muß also ein uns unmittelbar betreffendes, an uns selbst sich vollziehendes Geschehen sein, und das Wort, das Faktum des Verkündigtwerdens, gehört selbst zu ihr. Die Predigt ist selbst Offenbarung und redet nicht nur von ihr, so daß sie einen Inhalt vermittelte, den man verstehen oder zu dem man sich wissend verhalten kann, um damit die Offenbarung zu ›haben‹.«[25]

Wenn im Sprachgeschehen Offenbarung aufblitzt, dann ereignet sich in einer dunklen gottfernen Welt Glaube.[26] Es ist offensichtlich, daß der Dichter und der Exeget an einem zeitgenössischen Weltbild partizipieren, in dessen Rahmen sich das Ereignis von Wahrheit immer nur existenzbezogen und punktuell einstellen kann. Bultmann selbst hat in seinen Predigten viele Gedichte zitiert. Die Begründung für dieses Verfahren sah er wahrscheinlich in der Gemeinsamkeit formaler Existenzstrukturen, die im Verkündigungsakt durch das Offenbarungsgeschehen materiell gefüllt werden müssen und können.

Enthält das Gedicht auch jenseits seines homiletisch-rituellen Kontextes eine theologisch relevante Wahrheit? H. E. Bahr hat die Bedeutung Benns gerade in der realistischen Wiedergabe von Traditionsabbruch und Werteverfall gesehen. »Daß er – die Desillusionierung und Entmythisierung der geschichtlichen Lage des Menschen unablässig vorantrieb, bringt ihn in eine Solidarität mit dem evangelischen Christen. Seine Redlichkeit im Zugeben dessen was ist, hat auch für den Christen intra muros ecclesiae Vorbild-Bedeutung.«[27]

Aber was geschieht, wenn in einem Gedicht, das die Leere der Welt und die Verlorenheit des Ich uneingeschränkt konstatiert, trotz allem auf einmal »jäher Sinn« aufblitzt? Wie ist dieser Augenblick, der sich unvermeidlich beim Lesen der Verse erschließt, theologisch zu qualifizieren? Was zeigt sich? Was leuchtet hier auf? Was wird in der intensiven Begegnung mit dem sprachlichen Kunstwerk ästhetisch, aber vielleicht auch religiös erfahren?

Die tiefsinnigste und umfassendste Antwort auf dieses elementare Problem hat K. Barth mit seiner Lichterlehre gegeben. Wenn es zutrifft, was das Bekenntnis der Christen behauptet, daß Jesus Christus Herr ist über Kirche und Welt, dann läßt sich die Erleuchtungskraft der göttlichen Offenbarung nicht auf den kirchlichen Raum beschränken. »Daß Jesus Christus das eine Wort Gottes ist, heißt nicht, daß es nicht – in der Bibel, in der Kirche und in der Welt – auch andere, in ihrer Weise auch bemerkenswerte Worte – andere, in ihrer Weise auch helle Lichter – andere, in ihrer Weise auch reale Offenbarungen gebe. Da sind ja eben die Propheten des Alten und die Apostel des Neuen Testamentes. Da gibt es ja gewiß auch eine Prophetie und einen Apostolat der Kirche. Aber warum sollte es nicht auch weltliche Propheten und Apostel aller Art und aller Größenordnungen geben können? Indem die Bibel das eine Wort Gottes bezeugt, und wenn und sofern die Kirche dieses Zeugnis der Bibel aufnimmt und weitergibt, werden wahrhaftig gewichtige menschliche Worte gesprochen, werden im menschlichen Raum ganz bestimmt leuchtende Lichter aufgesteckt, kommt es zu allerhand großen und kleinen Offenbarungen.«[28]

Barth lehnt es grundsätzlich ab, einen Kanon solcher weltlichen Erleuchtungen aufzustellen. Und ein geistliches Urteil darüber, ob eine menschliche

Äußerung der Wahrheit der göttlichen Offenbarung wirklich entspricht, wird auch nur im Konfliktfall der Bekenntnissituation nötig und möglich sein. Generell läßt sich im Rahmen dieser Lichterlehre theologisch nur festhalten: Auch die poetische Schöpfung kann nicht nur an dem humanen Vermögen, geschöpfliche Wirklichkeit zu erfassen, sondern auch an der Möglichkeit partizipieren, Offenbarungsträger göttlicher Wahrheit zu sein.

Jedes Wort, das gesprochen wird, verweist auf das Wort, das am Anfang war.[29] Manchmal kann »Ein Wort« im Leben auch die Einsicht aufsteigen lassen, daß »im leeren Raum« mehr ist als »Welt und Ich«. Die Atomkatastrophe droht. Alexander hat sein Haus angezündet und wird im Sanitätswagen abtransportiert. Im letzten Bild des Films von A. Tarkowskij liegt das Jungchen wie in der Anfangsszene unter einem verdorrten Baum und kann zum ersten Mal sprechen: »Am Anfang war das Wort. Warum, Papa?«[30]

Anmerkungen

1 Das Gedicht wurde dem Band entnommen: Gottfried Benn, Statische Gedichte, © 1948, 1983 by Arche Verlag AG, Raabe + Vitali, Zürich.
2 M. Heidegger: Unterwegs zur Sprache, Gesamtausgabe I/12, Frankfurt a. M. 1985, S. 167.
3 Ebd., S. 166.
4 Vgl. E. Lohner: Passion und Intellekt. Die Lyrik Gottfried Benns, Neuwied 1961, S. 69ff.
5 G. Benn: Das moderne Ich, Gesammelte Werke 3, Wiesbaden 1968, S. 581.
6 H. R. Picard: Dichtung und Religion. Die Kunst der Poesie im Dienst der religiösen Rede, Konstanz 1984, S. 173.
7 E. M. Lüders: Das lyrische Ich und das gezeichnete Ich – zur späten Lyrik G. Benns, in: Wirkendes Wort 15, 1965, S. 376.
8 Ebd., S. 377.
9 G. Benn: Schöpferische Konfession, Gesammelte Werke 7, Wiesbaden 1968, S. 1644.
10 Am prägnantesten hat Benn diese Einsicht 1950 in einem Brief an D. Wellershoff formuliert: »das Wort ist die Selbstbegegnung der Schöpfung und ihre Selbstbewegung«; zitiert nach C. M. A. Zimmermann: Gottfried Benn. Sein Werk in der Dimension von »Wort« und »Gestaltung«, Philos. Diss. Bonn 1987, S. 49.
11 G. Benn: Fanatismus zur Transzendenz, Gesammelte Werke 7, Wiesbaden 1968, S. 1691.
12 G. Benn: Schöpferische Konfession, ebd., S. 1645.
13 W. Günther, Über die absolute Poesie. Zur geistigen Struktur neuerer Dichtung, in: R. Grimm (Hg.), Zur Lyrik-Diskussion, Wege der Forschung CXI, Darmstadt 1966, 30.
14 Zitiert nach W. Günther, a. a. O., S. 15.

15 Vgl. z. B. G. Benn: Probleme der Lyrik, Gesammelte Werke 4, Wiesbaden 1968, S. 1091.
16 Ebd., S. 1071.
17 Ebd., S. 1070.
18 P. Böckmann: Die Sageweisen der modernen Lyrik, in: R. Grimm (Hg.), Zur Lyrik-Diskussion, a. a. O., S. 99.
19 Ebd., S. 100.
20 G. Benn: Soll die Dichtung das Leben bessern? Gesammelte Werke 4, Wiesbaden 1968, S. 1157.
21 H. Schmitz: Das Göttliche und der Raum. System der Philosophie III/4, Bonn 1977, S. 537.
22 Ebd., S. 539.
23 »Wo sind wir, wenn wir Musik hören?«, fragt P. Sloterdijk: Weltfremdheit, Frankfurt 1993, S. 294ff.
24 D. Rössler: Grundriß der Praktischen Theologie, Berlin 1986, S. 81.
25 R. Bultmann: Der Begriff der Offenbarung im Neuen Testament, Glaube und Verstehen III, Tübingen 1960, S. 21f.
26 Vgl. G. M. Martin: Vom Unglauben zum Glauben. Zur Theologie der Entscheidung bei Rudolf Bultmann, ThSt 118, Zürich 1976, S. 36ff.
27 H.-E. Bahr: Theologische Untersuchung der Kunst – Poiesis, München/Hamburg 1965, S. 153.
28 K. Barth: Die Kirchliche Dogmatik IV/3, Zollikon 1959, S. 107.
29 Nach Abschluß meines Manuskripts erschien die Studie meines Göttinger Kollegen J. Ringleben: Gottfried Benn: Ein Wort, in: W. Barner (Hg.), Querlektüren. Weltliteratur zwischen den Disziplinen, Göttingen 1997, S. 247ff.
30 Zitiert nach K. Kreimeier, in: Andrej Tarkowskij, Reihe Film 39, München 1987, S. 172.

Ingo Klaer

Die Himmels-Insel in der Weltall-Hölle
Gedanken zu Fritz Usingers Gedicht »Der Höllen-Himmel«

DER HÖLLEN-HIMMEL

Dieser Himmel ist kein Himmel.
Dieser Himmel ist die Hölle,
Die Weltall-Hölle aus
Feuer und Eis,
Aus dem Feuer des Irrsinns
Und dem Eis der Erstarrung.
Die Hölle ist riesengross,
Das All erfüllend,
Die grosse Schöpfungs-Werkstatt
Gottes, darin er
Seine glühenden Sterne schmiedet,
Jenes nicht endende
Höllen-Werk, das er
Ins Leere hinauswirft,
Damit etwas sei, irgendetwas,
Und damit Raum entstehe
Um die rollenden Goldkugeln
Und Zeit zwischen ihren
Begegnungen und Abschieden.
Dieser Himmel ist die Hölle,
Die Feuer-Eis-Hölle, darin das
Lebende verbrennt oder erfriert.
Die Sterne wollen keine Kinder,
Keine Menschen-Kinder,
Keine Blumen-Kinder,
Keine Stern-Kinder.
Sie wollen allein sein, für sich sein
Mit der Wut
Der Vergeblichkeit, den eigenen
Höllen-Gluten, aus denen
Die Feuersträhnen herabträufend
Und emporjagend welten-weit
In den Raum züngeln,
Die Höllen-Hitzen
An den nachtschwarzen
Raum verschenkend, der
Nie erwärmt wird, nie
Erleuchtet wird, denn
Vergeblich ist das tosende
Gewalt-Werk, daraus
Nichts vollendet wird.
Der unendliche Glut-Ofen
Heizt nicht, das unendliche
Lampen-Meer erleuchtet nicht.
Die Hölle ist das All,
Der alles verschlingende
Feuer-Ofen, der
Von Ewigkeit zu Ewigkeit
Aus sich selber brennt,
Und darin
Die Teufel auf- und absteigen,
Verhütend mit
Bestialischen Martern,
Dass Lebendiges entstehe.
Gott bedarf ihrer,
Dass Welt werde,
Dass Feuer werde,
Dass Materia werde,

Aus der er sich, seltsam,
In Jahr-Milliarden
Eine Erdkugel ausspart,
Einen winzigen Himmel,
Das zu wirken, was seinem
Traume einschwebt: ein kleines
Planeten-Glück, darin es ihm
  gelingt,
Das Feuer zu bändigen und
Zu bergen unter einer
Erd-Haut, auf der es
Zu grünen beginnt, zu blühen,
Die einzigen Weltall-Blumen,
Von einer Fern-Sonne
Mit milden Küssen
Emporgehoben, in
Stern-Form-Farben
Und mit dem
Unwahrscheinlichsten
Duft-Dank emporblickend
In die funkelnde Fern-Hölle,
Die hier, nur hier
Nicht tötet, sondern
Lebendiges weckt, Zahlloses,
Karawanen der Beglückung,
Quellen und Sprudel der Schönheit,
Kaskaden des Worts, die
Davon rauschend erzählen,
Dass dem allzu gewaltigen
Gott hier eine winzige
Himmels-Insel gelungen sei,
Ein kleiner Paradies-Garten,
Der atmend auf- und abblüht,
Mit dem Menschen-Wort, das
Die Himmel-Hölle benennt
Und aufblickend dem
Unsichtbaren, dem
Gott-Geheimnis dankt
Mit Himmels-Gedanken, mit
Hymnen und Halleluja,
Mit Dom-Orgel-Donner,
Fernhin tönend
Ein Schöpfer-Lob:
Sanctus Dominus,
Dem Höllen-Halter,
Dem Feuer-Fürsten,
Dem Kälte-König,
Dem Zauberer unsichtbar,
Der das Sichtbare zaubert,
Dieses Tröpfchen
Planeten-Glück
In einer Welt, die sich selber
Zu Tode brennt, davon die
Gift-Schwaden blitz-strahlend
Den Un-Raum durcheilen,
Suchend, wo sie etwas
Lebendiges fänden, das sie
Morden könnten.
Den kleinen Planeten-Garten
Erde haben sie vielleicht
Übersehen, sodass wir noch
Da sind und, an dem
Hölzernen Gartenzaun
Die Arme auflegend,
Hinaufschauen in das
Blau-silberne
Lichterspiel, das grauenvolle,
Tödliche, wir in der kargen
Geborgenheit unserer
Verkrusteten Glut-Flocke,
Die auch im Innersten
Mit Hölle gefüllt ist,
Donnernder, Länder
  erschütternder,
Und die manchmal mit Ur-Gewalt
Das Geformte durchbricht und ihre
Triefenden Feuer-Zungen aus
Schwarzen Vulkan-Abgründen
Heraufschickt, dass sie,
Sich schwer wälzend über
  Weinberge,
Häuser und Kirchen

Hinabkriechen, wo das
Meer aufschreit vor Schrecken
Über den unerwarteten Gast, den
Niemand gewollt hatte und der
Verkündet: Immer bin ich da,
Immer, offen, verborgen,
Vernichtend und schaffend,
Was beides dasselbe ist, denn
Dieser Himmel ist kein Himmel,
Dieser Himmel ist die Hölle.

I

Der 1977 erschienene Gedichtband »Gesänge jenseits des Glücks«, zu dem das Gedicht »Der Höllen-Himmel« gehört, bestätigt, was Fritz Usinger (1895–1982) anläßlich seines vorangehenden Bandes »Himmlische Heimkehr« von 1976 in einem Brief an den Verleger ausgesprochen hat, daß nämlich das Generalthema seiner Dichtung »die Einbeziehung der kosmischen Unendlichkeit in die menschliche Existenz ist, da wir das, was wir Wirklichkeit zu nennen gewohnt sind, heute nicht mehr ohne diese Einbeziehung des ausserirdischen Raumes denken und formulieren können.« Daß das heute nicht mehr möglich ist, liegt freilich nicht an den inzwischen realisierten Möglichkeiten der Raumfahrt, die zwar den Makrokosmos in das öffentliche Bewußtsein gebracht, aber zugleich doch einer falschen Vertrautheit mit dem aus Milliarden von Galaxien bestehenden Universum Vorschub geleistet haben. Die schon von Giordano Bruno (De l'infinito universo et Mondi, 1584) vorbereitete neuzeitliche Vorstellung von einem Universum, in dem es eine Vielzahl von »Welten«, von Sonnensystemen und Galaxien, gibt und in dessen ungeheuer großen, grenzenlosen Raum die Erde nur noch wie ein unbedeutender winziger Punkt erscheint, stellt das von der Antike und dann vom Christentum geprägte Verständnis von Welt, Mensch und damit auch Gott in Frage. Lange Zeit ist das verdrängt oder verharmlost worden, zumal die Menschheit genug mit sich selber zu tun hatte. Mag die Welt der fernen Galaxien uns kalt lassen und für unser Vorstellungsvermögen kaum faßbar sein, so wird sich doch auf einem gewissen intellektuellen Niveau beim ernsthaften Bedenken auch eine emotionale Betroffenheit einstellen, in der das Verhältnis unserer menschlichen Erd-Existenz zu dem ungeheuren Makrokosmos zum Gegenstand einer unabweisbaren existentiellen Frage wird.

Das gilt vor allem auch für die christliche Theologie, deren Schöpfungslehre damit angefragt ist und die mit ihrem Reden von Gott, Mensch und Welt darauf empfindlich reagieren müßte. Mag man da für den Glauben und die Glaubenslehre »die Unabhängigkeit von jeder Kosmologie« postulieren, wie das Ernst Troeltsch und viele andere getan haben, so sah derselbe Troeltsch doch andererseits, daß der »gegenüber Altertum, Bibel und Mittelalter total veränderte Naturbegriff ... natürlich auch in der Glaubenslehre zu seiner Wirkung kommen« müsse und daß es dazu einer »religiösen Naturdeutung« bedarf.[1] »Je unermeßlicher im Raum dieses Weltganze sich ausbreitet, um so erschütternder empfinden wir die Kleinheit nicht nur unseres Daseins, sondern der organischen Belebung unserer Erde überhaupt! Um so nötiger aber brauchen wir den religiösen Begriff, der uns glauben lehrt: Alles dieses ist der Ausdruck Gottes! Es fällt nichts aus seiner Hand, auch das Fernste ist in seinem Willen begründet. So allein überwinden wir die niederwerfende Wirkung dieser Bilder.«[2]

Wenn im Vergleich mit der neuzeitlichen Vorstellung vom Makrokosmos das biblische Weltbild, wie es z. B., bereits an das ptolemäische angenähert, der erste Holzschnitt der Luther-Bibel von 1534 als Illustration zu 1. Mose 1 vor Augen führt, das Produkt einer »idyllischen Denkweise«[3] zu sein scheint, so war doch zu ihrer Zeit auch die Darstellung von Gottes Schöpfungswerk in 1. Mose 1 gegen die »niederwerfende Wirkung« konzipiert, die damals auf die Menschen von der Überordnung der Gestirne und der Übermacht des Wassers ausging. Deren Unterstellung unter Gott als den Schöpfer brachte diesen Menschen die Überwindung der Weltangst und sogar die Ermächtigung zu eigener Weltgestaltung.

Kann die Theologie heute noch oder heute wieder Entsprechendes zuwege bringen? Dazu müßte sie freilich, anders als das die naturwissenschaftliche Kosmologie vermag, eine Sprache finden, die in menschlicher Betroffenheit und Offenheit von der ungeheuren Größe und erschreckenden Fremdheit des Makrokosmos zu reden vermöchte. In dieser Hinsicht kann wie die Nachbarschaft von Denken und Dichten so auch die von Theologie und Poesie hilfreich werden, kann sogar der dichterische Ausdruck der theologischen Reflexion vorangehen und sie auf den Weg bringen, wie das auch gerade in der biblischen Überlieferung oft der Fall gewesen ist.

II

Dichterische Äußerungen zur Vorstellung eines grenzenlosen Universums mit unzähligen Sonnensystemen gibt es seit dem 17./18. Jahrhundert; sie reichen von Milton (im 8. Gesang von »The Paradise Lost«), Brockes (z. B. »Die Bewegung der Sternen«), Klopstock (besonders eindringlich »Die Welten«) u. a. bis hin zu dem von Usinger früh bewunderten und oft gewürdigten Alfred Mombert im 20. Jahrhundert (vgl. DaI, S. 281–294)[4]. Im Vergleich mit ihnen fällt bei Fritz Usinger der konsequente Realismus auf, mit dem er diesen Makrokosmos gerade in seiner unmenschlichen Größe und Fremdheit als Herausforderung und als Infragestellung der herkömmlichen anthropozentrischen Einstellung empfunden hat.

Gerade darum aber schien ihm zunächst Dichtung, an Wort und Gestalt gebunden, an ihre Grenze zu kommen. Was vermochte das Wort noch zu sagen angesichts dieses ungeheuren, unsagbaren Makrokosmos? »Verführend ist das Unendliche und / Nimmt dir dein Herz hinweg. Bei / Dem Worte sollst du bleiben. Das ist dein / Leben und deine Wahrheit, denn / Zugemessen ist es dir, für deine / Zunge gemacht ... «, heißt es in »Der Weg« in dem 1947 erschienenen Band »Das Glück (W III, S. 116). Im nächsten Gedichtband »Niemandsgesang«, ein Jahrzehnt später, wird gesagt: »Die Himmel wollen das Wort nicht« (W III, S. 128), und: »Ich sage nur noch die Unwichtigkeit des Sagens« (W III, S. 133). Wenn seine Dichtung sich in den folgenden Gedichtbänden doch immer wieder auf jenen ungeheuren Makrokosmos – »die Himmel« – bezieht, so ist dieser dichterischen Thematisierung die Reflexion vorangegangen, die in seinen Essays mehrfach ihren Niederschlag gefunden hat, beginnend schon mit den Bänden »Geist und Gestalt« von 1939 (^{2}1941, erw.) und »Medusa« von 1940 (auch in W IV).

»Unsere metaphysische Position ... hat sich völlig verändert« und dies durch »die Entdeckung der Unendlichkeit«, heißt es da (GuG S. 189f = DaI S. 161f). »Die Vertrautheit zwischen Natur und Mensch löst sich auf. Das an Masse und Kraft Ungeheuerliche der Natur tritt in einen immer stärkeren Gegensatz zu der Kleinheit, Unterworfenheit und Verlorenheit des Menschen« (DaI S. 170). Das bedeutet »das Ende des Anthropomorphismus« (GuG S. 194 = DaI S. 165). Und das führt nach Usingers Meinung auch zu »einer völligen Wandlung der Gottesvorstellung. Gott ist aus einem Gott der Erlösung ein Gott der Schöpfung geworden, aus einem Gott der Seelen ein Gott des unendlichen Weltalls« (ebd., vgl. auch in »Medusa«, S. 7f = W IV, S. 43). »Gott ist wieder in seine völlige Unergründlichkeit zurückgetreten, und an der Stelle seines früheren Wohnens ließ er eine unendliche Natur zurück, deren Unabsehbarkeit der Blick des Menschen vergeblich abtastet« (GuG S. 194 = DaI S. 166). Das aber würde eine Veränderung oder zumindestens eine Relativierung des auf die Erlösung der Menschheit konzentrierten Christentums bedeuten.

Daß Usinger sich in Essays und Dichtungen dem neuzeitlichen Bild des Makrokosmos stellt und wie er das tut, beruht in seiner klassischen Einstellung, entsprechend dem Begriff der Klassik, den er bestimmt als »Anerkennung der Wirklichkeit und ihrer Gestaltwelt ... Klassik ist der künstlerische Wille, der Welt nicht auszuweichen, sondern mit der Welt fertig zu werden. In jeder Klassik steckt darum auch ein Stück Realismus« (W VI, S. 163). Gegen die Tendenz der Romantik, die sich »darum bemüht, die Welt nur noch als geist- und schauerdurchhauchtes Traumland zu erleben«, (GuG

S. 70 = W IV, S. 20) und dadurch unwahrhaftig zu werden droht, stellt die Klassik »das unübertretbare Verbot, die Welt zu verschönen« (ebd.). Darum »singt ... der klassische Mund von einer schweren, in lebenslangem Kampf errungenen Bändigung und Ordnung der Wirklichkeit.« (GuG S. 94 = W IV, S. 26).

Zu dieser klassischen Haltung gehört es auch, daß in Usingers Dichtung im allgemeinen Klarheit und Ordnung walten und das Änigmatische, das bei anderen ja oft nur aus einer Verknappung herrührt, gemieden wird. So bleibt hier kaum etwas erst noch zu entschlüsseln. Usinger ist sich dabei der dichterischen Problematik dieser Ordnung und Klarheit wohl bewußt, die, wie er einmal sagt, darin besteht, »daß diese Ordnung außerhalb meiner Person, durch den ganzen Weltraum hin, nicht zu erkennen ist, daß sie nicht das Ganze zu umfassen scheint.« (W II, S. 203). Dem zu entsprechen, was durch die Ordnung der Dichtung eben nicht zu bewältigen ist, erscheint nun aber die hymnische Form vieler Dichtungen Usingers, für die auch das Gedicht »Der Höllen-Himmel« ein Beispiel ist, besonders geeignet, denn: »Das hymnische Gedicht hat seine besondere Natur daher, daß das chaotische Element des Lebens unter der Haut des Gedichts und in den verschieden starken metrischen Stößen noch deutlich spürbar ist« (W II, S. 129).

III

In dem Gedichtband »Himmlische Heimkehr« hatte Usinger deutlich werden lassen, daß die dichterische Imagination, die in das All vorzudringen versucht, dabei nirgendwo an ein Ende, an ein Ziel, gelangen kann; gerade das Grenzenlose ist für sie die »unüberschreitbarste aller Grenzen« (HH S. 10f). Für den menschlichen Geist bleibt da »keine andere Möglichkeit als die Rückkehr zur Erde« (so in dem schon zitierten Brief an den Verleger). Diese »Heimkehr – für Usinger ganz konkret in die »Oberhessische Heimat« (HH S. 36) – bewahrt aber die Erinnerung an jenen grenzenlosen kosmischen Raum. Der »wesentliche geistige Vorgang« sei, so heißt es in einer Notiz: »wenn man die Gestirne gefunden hat, zurückkehren zur Erde und ihr das Gestirnige, das Siderische einformen, das Oben und Unten verbinden« (W II, S. 187).

Auch das Gedicht »Der Höllen-Himmel« ist in diesem Sinne zu verstehen. Hier spricht der Dichter vom Makrokosmos als der »Weltall-Hölle« (Z. 1–54), um aus ihr und doch ihrer eingedenk bleibend zu der darin »ausgesparten« Erde zurückzukehren (Z. 55ff) – von oben nach unten. Mit dieser Rückkehr wird zugleich eine Umkehrung vollzogen. Waren die – christlichen – Chiffren für Oben und Unten Himmel und Erde oder auch Himmel und

Hölle, so wird nun der Himmel nicht mehr oben, sondern unten zu suchen sein, und das, was sich über der Erde wölbt und sie umgibt, erweist sich nicht mehr als Himmel, sondern als Hölle. In der großen Terzinen-Dichtung »Huldigung für Dante« (HH S. 75 – 88) wird Dantes großartigem Weltbild die für uns heute unausweichliche Umkehrung gegenübergestellt: »Die Hölle über uns, die welten-grosse, / Der Himmel irgendwo hinabgefallen, / Nicht mehr zu sehen in dem Urnacht-Schosse« (HH S. 79). Gleich der erste Satz des Gedichtes »Der Höllen-Himmel« ist Ausdruck dieser Umkehrung: »Dieser Himmel ist kein Himmel.« Und dieses Paradox wird in der 2. Zeile noch gesteigert: »Dieser Himmel ist die Hölle.«

Nun hat freilich das Wort »Himmel« seit alters Anlaß zu Bedeutungsunterscheidungen gegeben. Schon im biblischen Wortgebrauch können die dann mit »Himmel« übersetzten Wörter – hebräisch *šamajim*, griechisch *ouranos* – wenigstens zwei oder drei Bedeutungen haben. »Himmel« meint 1. einen Gott und seinen Engeln vorbehaltenen (oberen) Bereich und 2. das die Erde über- bzw. umwölbende Firmament mit den Sternen (so 1. Mose 1,8) oder auch, von dieser 2. Bedeutung abgeleitet, 3. den Bereich zwischen diesem Firmament und der Erde (so wird z. B. 1. Mose 1,26 u. ö. von den »Vögeln des Himmels« gesprochen). Einen Überblick über die seit der Alten Kirche unternommenen Bedeutungsunterscheidungen bietet z. B. Thomas von Aquino, S.th. I,64,4 c. So wie z. B. Alexander von Humboldt in den astronomischen Passagen seines »Kosmos« (1845–1859) von »Himmelsräumen« und »Himmelsbegebenheiten« sprach, wird bis heute im Deutschen »Himmel« umgangssprachlich für den Bereich der sog. »Himmelskörper« – Sonne, Mond und Sterne – gebraucht. Demgegenüber bemüht sich die kirchliche Verkündigung, deutlich zu machen, daß dieser Himmel, mit dem sich die Kosmologie befaßt, nicht die spirituelle Sphäre Gottes ist, die vom Lobpreis der Engel erfüllt ist, von der Segen und Frieden ausgehen kann, in die der erhöhte Christus aufgenommen worden ist und zu der Menschen aufblickend im Gebet (»Vater unser im Himmel«) sich hinwenden.

Usingers Gedicht begnügt sich aber nicht damit, zwei Bedeutungen des Wortes »Himmel« zu unterscheiden und dem Sternenhimmel sein Himmel-Sein im Sinne der religiösen Chiffre abzusprechen. Darüber hinaus wird für diesen Sternenhimmel, den Makrokosmos, nun sogar die konträre Chiffre »Hölle« gebraucht, mit der sich nach unserer Tradition die Vorstellungen von Qual und Verdammnis, Tod und Teufel verbinden: »Dieser Himmel ist die Hölle / Die Weltall-Hölle aus / Feuer und Eis ...« Die hier beginnende dichterische Beschreibung kommt nicht umhin, vertraute Ausdrücke zu gebrauchen, die eigentlich auf unsere irdisch-menschliche Umwelt bezogen sind: Feuer, Eis, Irrsinn, Erstarrung usw. (Das ist natürlich keine wissenschaftliche, gefühlsneutrale Beschreibung; eine solche würde nicht von

»Feuer«, sondern von Kernfusionen reden und über die Oberflächentemperatur der Sterne, die von ca. 3000 bis 30000 Grad reicht, rein quantitative Angaben machen usw.). Die dichterische Rede ist dagegen eine evozierende Rede, die aus einer bestimmten menschlichen Betroffenheit heraus gesprochen wird und eine solche auch wieder erzeugen kann. Gleichwohl dient dieses sehr menschliche Reden hier dazu, gerade das Unmenschliche der Weltall-Hölle zu verdeutlichen, in der ein Mensch nicht bestehen könnte. Es wäre für ihn die »Hölle«.

Die Hölle ist dieses Weltall vom Menschen aus gesehen aber auch insofern, als die Frage nach dem Sinn dieses riesigen Kosmos hier auf ein Sinnfremdes zu stoßen scheint, dem der Himmel fehlt, der es Sinn gebend und bewahrend umschließen könnte.

IV

Der Wandel unserer Vorstellung vom Makrokosmos führt bei Usinger zu einem Wandel auch der Gottesvorstellung, nicht aber zu einem Verzicht auf das Reden von Gott. Das Unmenschliche des Kosmos ist wie ein Verweis darauf, daß er eben nicht für den Menschen, sondern nur für Gott da ist und daß dieser Gott größer und abgründiger ist, als daß sein Werk in der Erlösung des Menschen aufgehen könnte.

Auch das Gedicht »Der Höllen-Himmel« redet von Gott: in den zwei Sätzen Z. 7–19 und Z. 55–115. Aber nicht nur dadurch unterscheiden sich diese Sätze von den jeweils vorangehenden, sondern auch formal durch den gesteigerten Umfang, was besonders an dem über 61 Zeilen gehenden Satz Z. 55–115 auffällt, und inhaltlich durch Zweckbestimmungen, die in den finalen Teilsätzen Z. 15–19, 56–58 und 63ff ausgesprochen werden. Hier findet ein Zusammenhang zwischen Gottesgedanken und Teleologie seine Bestätigung, den Rudolf Otto einmal so ausgesprochen hat: »Ist die Welt von Gott und Gottes, so ist sie selber und das was in ihr ist um Zwecke willen da und auf Ziele hin angelegt.«[5] Wer angesichts des ungeheuren, unermeßlichen und so ganz und gar unmenschlichen, sich gegen alle anthropomorphe Vorstellungsweise sperrenden Universums von Gott redet und es zu ihm ins Verhältnis setzt, der unterstellt es damit auch der Sinnfrage, die immer nach einem Wozu fragt – so wie umgekehrt die Sinnfrage für das Universum zu stellen, einschließt, Gott als den unversale Zwecke setzenden und verfolgenden Geist anzunehmen. Es genügt dann, auch in der Dichtung, nicht mehr das deskriptive Reden allein, es kommt ein teleologisches hinzu.

So folgt auf den deskriptiven Satz Z. 2–6 über die »Weltall-Hölle aus Feuer und Eis« der Satz Z. 7–19, der von ihr als der »grossen Schöpfungs-Werkstatt

/ Gottes« und von einem Telos der Sternenerschaffung, seines »Höllen-Werkes«, spricht: »*Damit* etwas sei, irgendetwas, / Und *damit* Raum entstehe / ... / Und Zeit ...«. Warum aber überhaupt etwas und auch nicht nur irgendetwas, sondern ein in Raum und Zeit auseinander gelegtes Etwas, diese alte Frage bleibt hier noch offen.

Statt die Teleologie noch weiterzuführen, geben die fünf folgenden Sätze Z. 20–54 noch eine weitere Beschreibung dieser Weltall-Hölle. Die Sternenwelt aus Feuer und Eis duldet kein Leben, will keine Kinder, die Sterne wollen allein sein, und was sie ausstrahlen, die Höllen-Hitzen, die Energie, die sie in den Weltraum abgeben, ist nutzlos, »heizt nicht« und »erleuchtet nicht«, denn im leeren Raum hat es nichts, das erhitzt und zum Leuchten gebracht wird. Licht leuchtet nur, wenn es auf etwas trifft, das dann selber aufleuchten kann. Als der »alles verschlingende Feuer-Ofen« ist die Weltall-Hölle, für sich selber genommen, sinnlos. All ihre Energie ist »Wut der Vergeblichkeit«. »Vergeblich ist das tosende / Gewalt-Werk, daraus / Nichts vollendet wird« (Z. 39–41). Auch darum verdient dieses Weltall die wertende Bezeichnung »Hölle«, und darum sind seine Energien »Teufel«, die sinnvolles Sein, Leben, zu verhüten und zu zerstören suchen. Wie kann das also Gottes »Schöpfungs-Werkstatt« (Z. 9) sein?

Auf den deskriptiven Abschnitt Z. 20–54, der die Weltall-Hölle vergeblich, also sinnlos erscheinen ließ, folgt nun, wie in einem großen Aufschwung, der lange, vielgliedrige Satz Z. 55–115, der sogleich wieder Gott nennt und schon mit der ersten Zeile die Sinnerwartung wieder aufweckt: »Gott bedarf ihrer«. Und wozu, das sagen zunächst die sich anschließenden drei kurzen finalen »Dass«-Satzteile: Welt, Feuer, Materia sollen werden, also eine Raum-Zeit-Welt mit Energie und Masse (beide bekanntlich ineinander wandelbar und umrechenbar: $E = m \times c^2$). Doch ist das noch nicht das letzte Wozu, sondern in dieser Welt wird es Gott dann schließlich möglich, »Das zu wirken, was seinem / Traume einschwebt: ein kleines / Planeten-Glück ...« (Z. 63–65). Daß Gott es darauf abgesehen haben könnte, läßt sich an der Weltall-Hölle nicht erkennen – es ist, menschlich gesprochen, ein nur im Unterbewußtsein gehegter, zunächst nicht geäußerter Wunsch, zudem ein Wunsch, dessen Erfüllung diese lebensfeindliche Weltall-Hölle von sich her gar nicht günstig ist, also ein kaum erfüllbarer Wunschtraum.

Um das kleine »Planeten-Glück« zu wirken, muß darum im Sternenweltraum die Erdkugel »ausgespart« werden; die Möglichkeit dazu ergibt sich daraus, daß die Sterne soviel Raum zwischen sich lassen, so unmenschlich »allein sein, für sich sein« wollen (Z. 27), was nun einen Sinn erhält und zur Chance für die ausgesparte Erde wird, diesen Planeten, der da im gehörigen Abstand um die Sonne kreist. Das Feuer, die Atomenergie, »zu bändigen«, ist das nächste, und man muß eingedenk sein, was das heißt: Beschränkung der

Temperatur auf der Erdoberfläche, in dem kleinen Bereich, in dem organisches Leben möglich ist, durch einen optimalen Abstand der Erde von der Sonne, aus deren Kernfusionsprozessen (Umwandlung von Wasserstoff in Helium) der Erde die nötige Energie zugeführt wird, und noch andere Faktoren wie die Abwehr der für das Leben schädlichen kosmischen Strahlung durch einen Strahlenschutzgürtel; dazu auch noch die Abschirmung der Erdoberfläche von den Kernspaltungsprozessen im Erdinnern, indem es »gelingt, / Das Feuer ... / Zu bergen unter einer / Erd-Haut« (Z. 66–68). Auf ihr beginnt dann die »Materia« zu grünen und zu blühen (Z. 69).

Es ist zwar nur ein »Tröpfchen / Planeten-Glück« (Z. 107f), wie Usinger wohl in Anspielung auf Klopstocks Ode »Die Frühlingsfeier« (1759) sagt, wo im »Ozean der Welten« die Erde nur wie der »Tropfen am Eimer« ist. Aber mochte die zuvor geschilderte Weltall-Hölle als sein »Höllen-Werk« (Z. 65) von »dem allzu gewaltigen / Gott« (Z. 86f) zeugen, so ist dieser Gott doch nun erst im Blick auf dieses »Tröpfchen« als der zu preisen, der das Feuer dieser Hölle zu bändigen vermag und sie – als »Fern-Hölle« (Z. 78) – dazu gebraucht, daß sie »hier, nur hier / Nicht tötet, sondern / Lebendiges weckt, Zahlloses, / Karawanen der Beglückung, / Quellen und Sprudel der Schönheit, / Kaskaden des Worts ... « (Z. 79–84). In einem solchen Lobpreis Gottes, wie er in diesem überschwenglich langen Satz Z. 55–115 zum Ausdruck kommt, gelangt die teleologische Frage nach dem Sinn an ihr Ziel.

V

Fand sich in dem sogenannten Himmel kein Himmel, sondern die Hölle, so entdeckt der aus der Weltall-Hölle Heimkehrende nun »unten« auf der Erde das wahrhaft Himmlische, so vieles zeugt hier davon, daß »Gott hier eine winzige / Himmels-Insel gelungen sei, / Ein kleiner Paradies-Garten« (Z. 87–89). In welchem Sinne aber kann die Erde eine »Himmels-Insel« genannt werden – was hier ja nicht meint, daß sie eine Insel in dem fälschlich sogenannten Himmel des Makrokosmos ist, sondern was sie als ein Stück echten Himmels qualifizieren soll?

Zur Erläuterung kann eine Notiz Usingers herangezogen werden, enthalten in dem Band »Rose und Lotos«, erschienen 1977, in demselben Jahr wie unser Gedicht: »Der Himmel ist eine Sublimierung der Hölle. Zuerst ist immer die Hölle. Aus ihr wächst unter unendlichen Mühen und ewigen Rückschlägen der Himmel. Aber immer wieder züngelt die Hölle empor, geophysikalisch in den Vulkanen, psychisch in den Verbrechern und Irren. Eine durchschnittliche Landschaft ist, gegenüber der vorzeitlichen Feuerhölle, schon ein Himmel« (W II, S. 225).

Usinger ist sich sehr wohl dessen bewußt, daß so vieles auf der Erde sehr irdisch und manches gar höllisch anmuten kann und daß Menschen die Existenz sich, wie man sagt, zur Hölle machen. Dennoch nähren sich die Vorstellungen von dem, was gegenüber solcher »Hölle« wahrhaft »Himmel« zu nennen wäre, aus den Begegnungen mit dem, was auf der Erde vollendet und heil, schön und herrlich ist, so wie jeder blühende und fruchttragende Garten etwas von dem, was »Paradies« heißt, anschaulich werden läßt. Freilich erleben wir auch, wie anfällig, zerstörbar und bedroht all das ist. Den »Himmel auf Erden« gibt es anscheinend nur als »eine Sublimierung der Hölle«, wie Usinger sagt, unter Mühen und Schwierigkeiten, aber dann eben doch oft wie ein Wunder begegnend, wie eine Insel emportauchend oder ausgespart, wie der Planet Erde in der Weltall-Hölle. Von ihr herkommend und im Vergleich mit ihr kann – trotz allem, was man dem aus der Erderfahrung entgegenhalten könnte – die Erde ein Paradiesgarten und eine »Himmels-Insel« genannt werden.

Das Himmlische der Himmels-Insel Erde begegnet in Usingers Gedicht vor allem in zweierlei, in den Blumen (Z. 69ff) und im »Menschen-Wort« (Z.91ff). Die Blumen verdienen zuerst genannt zu werden, denn in ihnen begegnet das Wunder der Vollkommenheit am reinsten.

Von der Bewunderung der Blumen, vor allem der Rose, geben Usingers Gedichte immer wieder Zeugnis. »Aus der Armut solch ein Strom / Von Unirdischheit«, heißt es in dem Band »Das Wort« von einer Blume (W I, S. 23). Die Erde wird der »Blumen-Stern« genannt (so das Gedicht in HH, S. 110), in ihren Blumen ist, wie auch noch die Seraphim anerkennen müssen, »von Gotteswürdigem / Ein Reines gelungen ... / Wohltätig emporhauchend / Den Atem wie von Engeln, / Tausendfältige Herrlichkeit, / Demütig-still, der Worte / Ganz unbedürftig, wie / Das Vollkommene / Der Worte nicht bedarf« (ebd.). Auch wenn in dem Gedicht »Rosen-Tod« angesichts verwelkter Rosen gefragt wird: »Wie kann / Vollkommenes so vergänglich sein?«, so ist die Rose doch »Jenes Lebendige, vor dem / Selbst ein Gott gestehen müsste: / ›Dies winzige Wesen / Wiegt alle Mühen / Meiner Weltschöpfung auf ...‹« (GjdG, S. 33f). Erblickte Dante beim Aufstieg im Paradiso (30./31. Gesang) die Himmelsrose als »die ins Geheimnis Gottes heimgeholte Schöpfung« (Guardini), so ist für Usinger hier auf Erden die Rose das »Inbild« Gottes, das er uns schenkt, »Daß sein wir denken« (W V, S. 103).

Im Zusammenhang des Gedichts »Der Höllen-Himmel« ist an den Blumen besonders bedeutsam, daß sich in ihnen die Bändigung des Höllen-Feuers so ganz angstlos ereignet. Obwohl doch die Sonne zu den Sternen gehört, die von sich aus »Keine Blumen-Kinder, / Keine Stern-Kinder« wollen (Z. 25f), werden auf der Erd-Haut die Blumen »Von einer Fern-Sonne / Mit milden

Küssen / Emporgehoben, in / Stern-Form-Farben« (Z. 71–74). In einem anderen Gedicht heißt es: »die kleinen / Blumen-Sterne scheuen den / Feuer-Glanz nicht, sondern / Trinken ihn begierig«, und »So leben / Unwissend sie aus der Hölle« (GuA, S. 79), die so dem Leben dient. Überwindung der Hölle ereignet sich in den Blumen gerade in ihrer Hinwendung zur Sonne. Die Sterne im Weltraum, so hieß es, »wollen allein sein« (Z. 27), beziehungslos, durch unermeßliche Räume voneinander geschieden, in höllischer Einsamkeit; das All ist, wie Usinger einmal notiert, »eine riesige Versammlung von Einsamkeiten« (W II, S. 145). Die Blumen aber, »mit dem / Unwahrscheinlichsten / Duft-Dank emporblickend / In die funkelnde Fern-Hölle« (Z. 75–78), treten in Beziehung, in ihrem Sich-öffnen, in ihrem Emporblicken ereignet sich Liebe, die Beziehungen schafft, wie auch der Dank Liebe ist (vgl. W II, S. 170: »Liebe ist Dank.«). So wird mit den Blumen schon die Erde »der selige Planet, / ... der aus Kraft, die ihn verleibt, / Das Liebe-Wort ins Weltall schreibt« (HH, S. 21). So sind es zuerst die Blumen, die davon »erzählen, / Dass dem allzu gewaltigen / Gott hier eine winzige / Himmels-Insel gelungen sei« (Z. 85–88). Von der Rose, »Der die Farbe der Morgenröte gelingt, / Obwohl sie aus nachtschwarzem Dorne dringt«, heißt es in einem anderen Gedicht, daß man in ihr »das Halleluja mit Augen sehn« kann und »Daß sie mit rosigem Munde singt, / Schöner als Palestrinas Messen« – »Als sei hier das wahre Himmelstor« (W V, S. 112f).

Den Blumen, die in die Fern-Hölle mit Duft-Dank emporblicken, entspricht bei den Menschen das Wort, »das / Die Himmel-Hölle benennt / Und aufblickend dem / Unsichtbaren, dem / Gott-Geheimnis dankt / Mit Himmels-Gedanken, mit / Hymnen und Halleluja ...« (Z. 91–97). Im Unterschied zu dem früher aufgetauchten Zweifel, ob das Wort angesichts des unermeßlichen Makrokosmos noch etwas zu sagen vermöchte, wird ihm hier nun die Fähigkeit zuerkannt, die Weltall-Hölle zu »benennen«. Die Vollmacht, die nach 1. Mose 2,19f der Mensch zum Benennen anderer Geschöpfe, dort der Tiere, von Gott erhalten hat, erstreckt sich hier nun auch auf den so menschenfernen und -fremden Makrokosmos. Zu benennen und – zumal beflügelt von der dichterischen Imagination – benennend noch zum Fernsten zu gelangen, ist eine Fähigkeit des Geistes, »die Gabe, / Schneller zu sein als das Licht, das schnellste / Welt-Wesen, das er mit Riesenflügeln überflügelt, ein / Engel der Heimholung, auch des / Weitesten« (HH, S. 11). Benennend und heimholend will der Geist »das Bekannte und Unbekannte / Zusammendenken«, »Dass Welt werde als Einheit des Getrennten« (ebd.). Was in dem unermeßlichen All auseinanderstrebt in höllische Einsamkeit, wird von der Erde, dieser winzigen Himmels-Insel, aus im Wort zusammengedacht, hier, wo der Geist »Geboren ward / Zu seinem ewigen Werke: / Einheit zu schaffen, lebendige, aus der / Zahllosigkeit der / Nicht-Zählbarkeiten« (HH, S. 11f).

Der Makrokosmos und die Erde, das kleine Planetenglück, werden zusammengedacht in der Weise, daß bewundernd und dankbar anerkannt wird, daß das Höllische des Weltalls hier auf der Erde gebändigt ist und mit seiner sonst tötenden Energie der Erweckung des Lebens dient. So geschieht auf Erden das Himmlische, daß das Menschen-Wort »aufblickend dem Unsichtbaren, dem / Gott-Geheimnis dankt« und dem Schöpfer Lobpreis sagt und singt als »Dem Höllen-Halter, / Dem Feuer-Fürsten, / Dem Kälte-König«, der also der Herr ist über die Hölle und sie bändigen kann (Z. 93–95) und dann aus ihr »das Sichtbare zaubert« (Z. 106), Formen und Gestalten. Und so ertönt dann auf der Erd-Haut das himmlische »Sanctus Dominus« (Z. 101), das in den Messen etwa Bachs oder Bruckners angestimmt wird und dem Lobpreis der Cherubim Jes 6,3 entspricht.

Usingers Rede vom »Himmel« bedürfte gewiß weiteren Bedenkens. Er weiß wohl auch um einen »Überhimmel der Unendlichkeit« (HH, S. 53), der als ewige Ausstrahlung des göttlichen Lichtes aller Schöpfung sonst voraus ist. Dieser Himmel ist wie ein geistiger Ort, ein »Geister-Himmel« (HH, S. 52, 56, 59) und als ein solcher »birgt er alles, was im Geiste lebt, / Seit Ewigkeit, seit ersten Wortes Schall« (HH, S. 59). Auch das, was die Erde zur »Himmels-Insel« macht, ist darin aufbewahrt. Es ist uns Menschen sogar »auferlegt ... / In den Überhimmel der Unendlichkeit / Unsere Himmel einzubauen, / Die Menschen-Himmel, darin unsere / Geister leben sollen« (HH, S. 52f). Menschliches Wort, denkend-dichtend, wird so gewürdigt, an der Gestaltung und Erfüllung des Himmels beteiligt und damit gerettet zu werden (vgl. HH, S. 56–58 und 59f).

VI

Nach den bewundernden Worten über die Himmels-Insel Erde wird am Ende des langen Satzes Z. 56–115 noch einmal an das Höllische, Lebensfeindliche der Weltall-Hölle erinnert. Nach der Heimkehr zur Erde soll es nicht mehr vergessen werden. Auch der nun noch folgende Satz Z. 116–147 endet mit dem Hinweis auf die Hölle und ihre bedrohliche Gegenwart. Könnte das Gedicht nicht bereits mit Z. 115 enden? Was gibt es nun noch zu sagen? Das, was in dem letzten Abschnitt des Gedichts, in diesem Satz Z. 116–147, über das vorher schon Gesagte hinaus zur Sprache kommt, deutet sich darin an, daß jetzt auf einmal ein »wir« spricht (Z. 118 und 125). Der aus dem Weltall heimkehrende Dichter reiht sich hier ein in das Wir der Menschen, die gewöhnlich den Höllen-Himmel ohne Bewußtsein von seinem höllischen Wesen betrachten, die »an dem / Hölzernen Gartenzaun / Die Arme auflegend, / Hinaufschauen in das / Blau-silberne / Lichterspiel« (Z. 120–124), so als ob es nur ein schön anzusehendes Spiel sei und als ob man da hinübersehen könne wie in Nachbars Garten, obwohl dieses Lichterspiel doch die Weltall-Hölle ist, grauenvoll und tödlich.

Sprach der Satz Z. 55–115 von der Erde als wunderbarem »Paradies-Garten« und »Planeten-Glück«, so spricht der letzte Satz des Gedichts von der menschlichen Existenz »in der kargen / Geborgenheit unserer / Verkrusteten Glut-Flocke« (Z. 125–127). Karg ist sie nicht nur im Sinne von »spärlich, klein«, sondern auch, der ursprünglichen Wortbedeutung entsprechend, »sorgenvoll« (vgl. das verwandte englische »care«).

Das Höllische, das beim Hinaufschaun in die Weltallsferne so leicht vergessen werden kann, begegnet den Erdbewohnern bedrohlich nahe im Vulkanismus ihrer Erde, die eben selber auch zu dieser Weltall-Hölle gehört als eine »verkrustete Glut-Flocke«, unter deren Haut die »Hölle« (Z. 129) aus dem Innern hervorbrechen kann, unerwartet und erschreckend.

Und doch heißt es: »Vernichtend *und* schaffend, / Was beides dasselbe ist« (Z. 144f). Auch diese Hölle im Erdinneren bedroht das Leben auf der Erdoberfläche nicht nur, sondern dient der Schaffung und Erhaltung seiner Lebensbedingungen. Ohne den Wärmezustrom aus den Kernspaltungsprozessen im Erdinneren hätte sich trotz der Sonneneinstrahlung die Erdoberfläche unter 0° C abgekühlt, und: »Ohne Vulkanismus und Gebirgsbildung durch Hebung ganzer Kontinente hätte Verwitterung und Abtragung schon längst zu einer Nivellierung und damit Überflutung aller Kontinente geführt.«[6]

VII

Planeten-Glück und karge, bedrohte Geborgenheit: beide Aspekte der Erde, dieser Himmels-Insel in der Weltall-Hölle, gehören zusammen. Das Glück erwächst erst aus der Bändigung der Hölle. Und: »Nur was bedroht ist, hat die tiefen Gefühle der Geborgenheit« (W II, S. 172). Auch wenn Usingers Gedicht im ersten Drittel (Z. 1–54) das Höllische des Weltalls eindringlich aussagt, dann wieder in Z. 109–115 und noch einmal am Ende in Z. 128–147 darauf zurückkommt und mit einer Wiederholung der zwei Anfangszeilen schließt – »Dieser Himmel ist kein Himmel. / Dieser Himmel ist die Hölle« –, so tritt doch in der Mitte beglückend das Wunder der Erde hervor, ja erst so, umlagert von der »Hölle«, kann es uns bewußt werden, was wir an der Erde haben: ein Planeten-Glück, einen Paradies-Garten, eine wenn auch »winzige Himmels-Insel«. Das müßte eigentlich jeden Erdbewohner glücklich und dankbar machen, aber auch demütig und bereit, das Seine zur Bewahrung dieses Paradieses und seiner »kargen Geborgenheit« zu tun. Wenn das kleine Planeten-Glück Erde sich der Bändigung der Hölle durch Gott verdankt, der sich hier einen Traum verwirklicht hat, dann bleibt dem Menschen mit dem Dank auch, darauf zu achten, daß er nicht seinerseits das Höllische entfesselt und ihm Zugang verschafft. Jedenfalls müßte er dessen eingedenk bleiben, daß das Glück dieses Planeten Erde errungen ist durch die Bändigung der »Hölle«, von der es umgeben bleibt und deren Energie, die sonst tödlich wirkt, hier vom Leben genutzt werden kann.

Diese Sicht ist verwandt mit jenen alten Schöpfungsmythen, die der Erschaffung der Welt mit Himmel und Erde einen chaotischen, sinnlos-gestaltlosen Zustand vorausgehen lassen und damit zugleich eine bleibende potentielle Bedrohung der vertrauten geordneten und lebensfreundlichen Welt andeuten. Anders als in Usingers Gedicht, das vom Wissen um die Atomenergie geprägt ist und darum von »Feuer« und »Gift-Schwaden« spricht, ist es in den Mythen des Alten Orients das Wasser, das als ein grenzenloser Urozean am Anfang da ist und aus dessen Bändigung und Eingrenzung die Welt hervorgeht. Das klingt auch noch in der biblischen Schöpfungserzählung 1. Mose 1 nach. Das, was in diesem priesterschriftlichen Text dargestellt wird, ist – von unserem heutigen Weltbild aus geurteilt – eigentlich nur die Erschaffung der Erdenwelt mitsamt ihren Rahmenbedingungen. Potentiell bedroht ist sie vom Wasser. Von seiner Erschaffung ist keine Rede, es ist vor Beginn der Erschaffung der Erdenwelt einfach da; das, was einmal die Erde werden wird, ist zuerst völlig von ihm bedeckt (1. Mose 1,2). Erde im eigentlichen Sinne entsteht erst nach Abdämmung und Begrenzung des Wassers mit dem Erscheinen des Trockenen, das 1. Mose 1,10 von Gott »Erde« genannt wird. Das gebändigte Wasser wird zum Lebenselement für Pflanzen und Tiere. Aber auch nach der Errichtung des sich schalenförmig über der Erdenwelt wölbenden Firmaments (»Himmel« genannt) und dem Hervortreten der trockenen Erdoberfläche bleibt das Wasser, das sich nun oberhalb des Firmaments und in der Tiefe der Erde befindet, potentiell gefährlich. Aktualisiert wird diese die Erdenwelt doppelt bedrohende Gefahr in der Sintflut, als »alle Quellen der großen Tiefe aufbrachen und die Fenster des Himmels (d. h. des Firmaments) sich öffneten« (1. Mose 7,11 P). Da ist es mit der Geborgenheit der Erdenwelt und ihrer Lebewesen vorbei, jedenfalls eine Zeit lang. Wie zerstörerisch Wasserfluten sein können, ist uns immer noch deutlich genug. Aber in unserem Weltbild spielt die kosmische Rolle, die 1. Mose 1 dem Wasser zuweist, die Kernenergie, die aus Kernfusionen – in der Sonne – oder aus Kernspaltungen – im Erdinneren – freigesetzt wird. Ohne diese natürlichen »Kernkraftwerke« gäbe es das hochentwickelte Erdenleben nicht, aber ihm dienlich sind sie nur unter der Bedingung, daß die Erdoberfläche zugleich durch den vom Magnetfeld der Erde abhängigen Strahlenschutzgürtel und durch die Lufthülle (mit der Ozonschicht) vor den schädlichen Einstrahlungen geschützt ist, die, so könnte man sagen, jene

Funktion erfüllen, die in 1. Mose 1 das Firmament hat, das die darüber befindlichen Wassermassen von der Erde abhalten soll. So sind also die von der kosmischen »Hölle« drohenden Gefahren gebannt, aber sie gehören weiterhin zur Umgebung der lebensfreundlichen Erdoberfläche; nur weil sie weiterexistieren, weil sie sogar zuerst da waren, als Vorbedingungen geschaffen, können sie, gebändigt, dem Planetenglück Erde dienen.

Auf das neuzeitliche Bild vom Makrokosmos eingestellt, beginnt das Gedicht Usingers mit der desillusionierenden Feststellung: »Dieser Himmel ist die Hölle.« In seiner Mitte aber erhebt es sich zu einem »Schöpfer-Lob« (Z. 100), das Gott als dem »Höllen-Halter« (Z. 102) gilt. Zeuge dessen, daß er dieses sein »Höllen-Werk« (Z. 13) zu bändigen und dienstbar zu machen vermag, ist das Planeten-Glück auf der Erdoberfläche: die Himmels-Insel in der Weltall-Hölle. Hat sich damit die christliche Vorstellung von Gottes Schöpfung und von Gott selbst gewandelt?

Usinger sagt einmal, im Antlitz der Schöpfung sei, wie in dem der Medusa, »vereint ... Schönheit, die einen in Träume stürzt, mit dem Entsetzlichen, vor dem jedes Begreifen versagt und das stärkste Herz schwach wird« (Medusa, S. 8 = W IV, S. 43). Auch wenn christliche Verkündigung das Entsetzliche in der Schöpfung oft verharmlost oder übersehen – oder gar der Sünde als Folge angelastet – hat, so weiß doch die Bibel sehr wohl von diesem Doppelaspekt und von dem Übermächtigen der Schöpfung, das dem Menschen, der ihm zu nahe kommt, tödlich werden kann; man lese die Kapitel 38–41 des Hiobbuches, in denen diese Schöpfung auch zum Zeugen für die menschlich unfaßbare Schöpfermacht Gottes wird. Die naturwissenschaftliche Kosmologie der Neuzeit hat das wieder stärker ins Bewußtsein gebracht.

Hat damit, wie Usinger betont hat, »Gott sich in unserer Weltzeit verändert«, ist er uns ein fernerer Gott geworden? Müssen wir in Anerkennung der unmenschlichen Unermeßlichkeit seiner Schöpfung mit Usinger sagen: »Aus einem Meister der Erlösung ist er wieder ein Meister der Erschaffung geworden wie in seinen frühen Tagen«? (ebd.). So wie in dem Gedicht »Der Höllen-Himmel« Gott sich die Weltall-Hölle als seine »grosse Schöpfungs-Werkstatt« (Z. 9) erschafft und die Kräfte dieser Hölle bändigt, um auf der Erde seinen Traum vom Paradies-Garten Wirklichkeit werden zu lassen, ist er schon beides: Schöpfer und Erlöser. Denn die Schöpfung schließt hier die Überwindung des Höllischen ein, durch die einerseits der von Gott zum »Paradies-Garten« bestimmten Erde Rettung und Schutz zuteil werden und andererseits das gebändigte Höllische in den Dienst dieser Erde gestellt wird. Gewiß steht in der christlichen Verkündigung die Rettung des Menschen im Mittelpunkt: seine Erlösung aus der Macht der Sünde, aus der Herrschaft dämonisch gewordener Mächte und aus der Verfallenheit an den

Tod. Was da Erlösung heißt, kann aber seinem Grundzug nach in dem kosmischen Schöpferwirken Gottes, so wie es in Usingers Gedicht gesehen wird, wiedererkannt werden. Weil diese Entsprechung zwischen der schon zur Schöpfung gehörenden Erd-Erlösung und jener für den christlichen Glauben zentralen Menschen-Erlösung besteht, konnte Usinger ein zur Erlösungsthematik gehörendes Vokabular – »Hölle«, »Teufel«, »Vergeblichkeit«, »Tod«, »Bändigung«, »Erweckung« – in den Dienst eines die Schöpfung thematisierenden Gedichts stellen. An dieser Entsprechung erweist sich dann aber die Identität Gottes. Mag uns mit der neuzeitlichen Vorstellung vom Weltall heute Gottes »ewige Macht und Gottheit« (Röm 1,20) neu erahnbar werden, so muß das doch nicht einen Abschied von dem christlichen Bekenntnis zu Gott bedeuten. An Usingers Gedicht »Der Höllen-Himmel« kann vielmehr einsichtig werden: Schon als »ein Meister der Erschaffung« war Gott auch ein »Meister der Erlösung«.

Für die zitierten Werke Fritz Usingers werden folgende Abkürzungen verwendet:

W I–VI	=	Werke. Friedberger Ausgabe. Hg. v. Siegfried Hagen, Waldkirch 1984–1988
GuG	=	Geist und Gestalt (Essays), Dessau ([1]1939) 2. erw. Aufl. 1941
Medusa	=	Medusa. Aufsätze zu Bildern, Dessau 1940
DaI	=	Dichtung als Information. Von der Morphologie zur Kosmologie (Die Mainzer Reihe 23), Mainz 1970
HH	=	Himmlische Heimkehr. Gedichte, Lahnstein (1976)
GjdG	=	Gesänge jenseits des Glücks, Merzhausen 1977; Lizenzausgabe Edition Arnshaugk, München 1993
GuA	=	Grund und Abgrund, Merzhausen 1978; Lizenzausgabe Edition Arnshaugk, München 1993

Anmerkungen

Der Abdruck des Gedichts erfolgt mit freundlicher Genehmigung der UHU-Presse Lieselotte Heizmann, Merzhausen.

1 Ernst Troeltsch: Glaubenslehre. Nach Heidelberger Vorlesungen aus den Jahren 1911 und 1912, München 1925, S. 243 u. 241.
2 Ebd., S. 250.
3 Ebd., S. 248.
4 Zitate aus Fritz Usingers Werken werden im fortlaufenden Text in Klammern nachgewiesen. Vgl. die Liste der zitierten Werke oben.
5 Rudolf Otto: Naturalistische und religiöse Weltansicht, Tübingen [2]1909, S. 59.
6 W. Holzmüller: Unsere Umwelt – ihre Entwicklung und Erhaltung, Leipzig [4]1987, S. 52.

Bertold Klappert

Der ökumenische Weg des Petrus
Zur biblischen Sensopera »Petrus« von Henning Frederichs

Wer war Petrus eigentlich? Wer ist Petrus eigentlich? Wer wird Petrus einmal sein?

In den vergangenen Wochen haben sich mehrere Gemeinden und die Öffentlichkeit mit der Gestalt des Petrus in Vorträgen, Lichtbildabenden, Gemäldeausstellungen und Gottesdiensten beschäftigt. Diese Erinnerung an Petrus und diese Vergegenwärtigung des Petrus sollen heute morgen und heute nachmittag (2. November 1997) mit der Aufführung der biblischen Sensopera »PETRUS« zum vorläufigen Abschluß gebracht werden.
Die Petrusgestalt ist ja keine vergangene Gestalt, wie auch Abraham und Sara keine vergangenen Gestalten sind (Mk 12,26). Petrus ist vielmehr eine höchst lebendige und gegenwärtige, ja, sogar eine Gestalt, die Zukunft hat. Aber wie verstehen wir Petrus? Wem gehört Petrus? Welche *Bilder* haben wir uns im Laufe der Geschichte von Petrus gemacht? Und verändert der Petrus, wie ihn uns die Bibel zeigt, wie wir von ihm in der Schriftlesung gehört haben, ändert dieser Petrus alle Bilder, die wir uns von ihm gemacht haben?

I. Petrusbilder in der Kirchengeschichte

Ich skizziere zunächst einige Bilder, die wir uns im Laufe der Kirchengeschichte von Petrus in Kirche und Theologie gemacht haben.

Der katholische Petrus

Der katholische Petrus ist der Petrus des Petersdomes in Rom. Man muß einmal in diesem Petersdom gestanden haben, um zu sehen und zu verstehen. Da ist mit übergroßen Lettern unterhalb der gewaltigen Kuppel zu lesen: »DU BIST PETRUS UND AUF DIESEN FELSEN WILL ICH MEINE KIRCHE BAUEN«.

Wir haben als Protestanten von dieser katholischen Tradition auch zu lernen. Ich verweise nur auf die Reihenfolge »Peter und Paul«. Diesen Doppelnamen in dieser Reihenfolge tragen viele Kirchen in Rom und anderswo. Petrus kommt vor Paulus und nicht, wie es bei uns Protestanten heißt: Paulus kommt vor Petrus. Oder gar: Paulus steht gegen Petrus. Nein, die katholische Reihenfolge stimmt: Petrus und Paulus. Sie muß uns Protestanten zu denken geben.

Aber stimmt die Übersetzung an der imposanten Kuppel des Petersdomes: DU *BIST* PETRUS? Das klingt so statisch. UND AUF DIESEN FELSEN WILL ICH MEINE *KIRCHE* BAUEN. Ist »Kirche« nicht zu eng, wäre »Gemeinde« nicht richtiger? »Auf diesen Felsen werde ich *meine Gemeinde* bauen«. Warum wäre diese Übersetzung eventuell zutreffender?

Der lutherische Petrus

Im Unterschied zum katholischen Petrusbild entdeckt *Martin Luther* in der großen Stunde der Reformation, an die wir vor wenigen Tagen erinnert wurden, in seinem reformatorischen Durchbruch im Jahre 1518 den Apostel Paulus wieder. Luther versteht dabei Petrus von Paulus her als den *Petrus der Vergebung*. Luther rühmt den Petrus, der sich ganz in der zugesprochenen Verheißung der Vergebung festmacht und darin die letztgültige Fundierung für sein Leben erfährt. Luther rühmt einen Petrus, der in sich nichts als Sünde und Versagen und der in dem ihm zugesprochenen Worte der VERGEBUNG alles hat, der dadurch endlich Fundament und Boden unter seine Füße bekommt.

Das Textbuch zur »Biblischen Sensopera« von Henning Fredericks hat gut daran getan, diesen Petrus, den Luther wiederentdeckt hat, diesen, von Paulus her gelesenen Petrus gleich am Anfang zu Gehör zu bringen. Was sagt Luther über Petrus? »Der höchste Apostel Petrus fällt schändlicher, als die anderen Apostel; wenn ich Petrus abmalen könnte, wollte ich überall, auf jedes Haar auf seinem Haupte schreiben: Vergebung der Sünden. Weil er ein Beispiel ist dieses Artikels von der Vergebung der Sünden.«

Für Luther, den Luther der Reformation, war die Wiederentdeckung des Zuspruchs der Sündenvergebung, die Gewißheit unserer voraussetzungslosen Annahme durch Gott, so wichtig an Petrus, daß er meinte, der berühmte Spruch Jesu an Petrus gelte nicht Petrus als Person, wie es die katholische Tradition sagt, sondern gelte eigentlich und präzis nur diesem *Zuspruch* der Vergebung im Evangelium und diesem dem Zuspruch antwortenden *Glauben* des Petrus. Luther hörte also Jesus zu Petrus sagen: DU BIST PETRUS insofern, als ich auf dieses Evanglium der Sündenvergebung und auf einen Glauben, der sich darin festmacht, meine Gemeinde bauen will und gründen werde.

»Ein *feste* Burg ist unser Gott ...«, so klingt es nun in diesem Sinn mit Recht von der Schloßkirche in Wittenberg. Denn wer von der Vergebung lebt, wer von der Annahme durch Gott lebt, der lebt *gegründet*, der lebt *petrinisch*, der lebt wie Petrus. Dieser Petrus, der sich seiner Schuldgeschichte und Schuld im Augenblick, als er sich in Rom auf dem Weg zum Martyrium befindet, erinnert, wird in der Sensopera durch die Memoria, durch die Erinnerung – von einer Sopranistin gesungen – zur Darstellung gebracht: Es ist der Petrus des anklagenden und erinnernden Gewissens. Dieser Petrus ist uns heute – wie viele meinen – auch psychologisch nahe: dieser in sich gespaltene, zerbrochene, haltlose und sich am Ende selber verfluchende, ja, sein eigenes Leben wegwerfende Petrus, der dann wieder durch die Begegnung mit dem auferweckten Jesus Boden und Fundament unter seine Füße bekommt. Dieser Petrus ist uns scheinbar sehr nahe.

Und doch, darf man Petrus so und nur so, wie die lutherische Reformation es tat, von Paulus her lesen?

Hat die katholische Tradition nicht doch darin recht, daß der Zuspruch Jesu: »Du – der Felsen, der Kepha« der Person des Petrus als dem ersten unter den Zwölfen gilt? Du Petrus, nicht nur dein Glaube?

Hat nicht auch *Dietrich Bonhoeffer* vor einer solchen Einengung der Petrusgestalt auf den Zuspruch der Vergebung der Sünden gewarnt: »Gnade und Nachfolge gehören für das Leben des Petrus unauflöslich zusammen«? Er, Petrus, hatte die teure Gnade empfangen. Und gegenüber einem lutherisch verengten Petrus der »billigen Gnade« formulierte Bonhoeffer 1935 in seinem Buch »Die Nachfolge« den berühmten Petrussatz: »Nur der Glaubende ist gehorsam.« Aber auch umgekehrt: »Nur der Gehorsame glaubt.«

Der reformierte Petrus

Es gibt noch ein anderes Petrusbild in der Reformation, das man auch im unierten Rheinland und in den unierten Gemeinden der Rheinischen Kirche wenig kennt. Es ist das Petrusbild, wie es *Johannes Calvin* wiederentdeckt hat und das er seiner Gemeinde in der Kathedrale in Genf, die auch Saint Pierre, St. Petrus heißt, gemalt und verkündet hat. Es ist der *widererstehende Petrus* der vor den Behörden bekennt: »Man muß Gott mehr gehorchen als den Menschen.« Der reformierte Petrus ist der – wie die Hugenotten und die hugenottischen Asylbewerber in Brandenburg – aus seinem Volk und Vaterland vertriebene Petrus.

»... der nehme *sein* Kreuz auf sich«, sagt Jesus. Gemeint ist ein Petrus, der den Gehorsam gegen Gott über allen von Menschen, Behörden und Staaten geforderten Gehorsam stellt. Dieser widererstehende, vor Kirche und Staat bekennende Petrus erscheint denn auch auf den letzten der mehr als tausend Seiten umfassenden Institutio Johannes Calvins. Mit Blick auf ihn sagt Calvin dort, »daß wir lieber alles Erdenkliche erleiden, als von der Nachfolge und dem Gehorsam Gott gegenüber weichen und so bezeugen: ›Ehre allein sei Gott‹«.

Dieses calvinistische Petrusbild, das damals bei den verfolgten Hugenotten gelebt und erlitten wurde, ist im 20. Jahrhundert wiederentdeckt worden. Es ergänzt das wichtige lutherische Bild von dem Petrus der Sündenvergebung und der Liebe, und stellt auch eine Anfrage an das auf Rom zentrierte katholische Petrusbild dar. Die Anfrage Calvins lautet: Petrus ist zwar von Jerusalem nach Rom vertrieben und in Rom zum Märtyrer geworden. Aber damit ist ja nicht aufgehoben, daß Petrus als der Repräsentant der Zwölf eigentlich nach Jerusalem gehört. Petrus ist und bleibt der erste unter den Zwölfen, die alle das Zwölfstämmevolk Israel repräsentieren und von daher ursprünglich und bleibend nach Jerusalem gehören.

Nicht nur der Petrus von Rom – das auch –, nicht nur der Petrus von Wittenberg oder Genf – das auch –, sondern der Petrus aus Jerusalem und von Jerusalem aus, das ist der eigentliche Petrus, zu dem Jesus sagte: Du – Petrus. Du – der Fels! Auf diesen will ich und werde ich meine Gemeinde bauen. Die Tatsache der Vertreibung des Petrus aus Jerusalem rechtfertigt noch nicht dessen Vereinnahmung durch die Weltkirche Roms und durch die Weltstadt Rom.

Der orthodoxe Petrus

Es gibt – das möchte ich nur andeuten – noch jenseits dieser römischen und evangelischen Wiederentdeckung und Vereinnahmung des Petrus eine *orthodoxe Tradition* der Kirche des Ostens, der orthodoxen Kirche, die im Blick auf die Stellung des Petrus in ihrem Kanon eine gewaltige Herausforderung an die westlichen Kirchen darstellt.

Wenn wir unsere Bibeln aufschlagen, dann erscheinen Petrus, Jakobus und Johannes ganz am Ende unseres neutestamentlichen Kanons: nach allen Paulusbriefen fast ganz am Schluß. In der orthodoxen (und syrischen) Tradition des Kanons erscheint demgegenüber nach den Evangelien und der Apostelgeschichte ein erster Teil: Petrus, Jakobus und Johannes. Dann erst folgen die Paulusbriefe.

Wir fragen: Ist die Reihenfolge im orthodoxen Kanon etwa im Recht? Paulus sagt doch selber in 1. Kor 15: So wie sie, d. h. Petrus und die Zwölf, verkündigen, so verkündigen auch wir, d. h. Paulus und seine Mitarbeiter.

Es gibt – das kann ich nur noch eben andeuten – auch ein dialektisch-*idealistisches* (F. Chr. Baur), ein neuprotestantisch-*individualistisches* (A. von Harnack) und neuerdings auch ein *tiefenpsychologisches* (G. Lüdemann) Petrusbild. Und deshalb frage ich noch einmal: Wem gehört Petrus? Wie verstehen wir Petrus heute? Welches Bild machen wir uns von Petrus?

Der jüdische Petrus

Es gibt – das kann ich *nicht* nur eben andeuten – noch ein Petrusbild, das durch das katholische und protestantische Petrusbild und die darin dokumentierte Verengung der Petrusgestalt mitveranlaßt ist.

Weil Christinnen und Christen, weil Kirche und Theologie im Laufe der Kirchengeschichte die petrinische Hoffnung, die im Messiasbekenntnis des Petrus mitgesetzte messianische Hoffnung auf das Kommen des Reiches Gottes und seiner Gerechtigkeit immer wieder verleugnet haben, weil sie in ihrer Geschichte die Versöhnung im Kreuz Christi groß und die Hoffnung auf die messianische Erlösung klein gemacht haben, hat das Judentum das Christusbekenntnis der Kirche weitgehend als Bekenntnis einer erlösten Seele in einer unerlösten Welt verstanden, verstehen und erleiden müssen. So konnte das Judentum die grundlegende neutestamentliche Verbindung zwischen dem Messiasbekenntnis des Petrus einerseits und der messianischen Hoffnung auf einen erneuerten Himmel und eine erneuerte Erde, in denen Gerechtigkeit wohnt (Jes 65,17ff; 2. Petr 3,13 Offb 21,1.17) andererseits, im Christentum nicht erkennen und mußte daher auch das petrinische Messiasbekenntnis mißverstehen, weil es in der Christentumsgeschichte mißverständlich bekannt und dann auch gelebt und praktiziert wurde.

M. Buber hat auf diesem kirchengeschichtlichen Hintergrund das petrinische Messiasbekenntnis schon 1926 nur als ein Bekenntnis ohne messianische Hoffnung verstehen können und deshalb mißverstehen müssen: »Meinem Glauben nach ist in Cäsarea Philippi ein aufrichtiges aber unwahres Wort gesprochen worden, und es ist durch die Wiederholung in den Jahrtausenden nicht wahrer geworden ... Meinem Glauben nach ist der Messias nicht in einem bestimmten Augenblick der Geschichte erschienen ... Meinem Glauben nach ist die Erlösung (!) der Welt nicht vor neunzehn Jahrhunderten geschehen, sondern wir leben noch immer in der unerlösten Welt und harren der Erlösung ... Israel ist die Menschengemeinschaft, die diese rein messianische Erwartung trägt, so vielfältig ihr das Judentum auch untreu geworden ist; Israel ist es noch heute und bis ans Ende, und um seines Anteils am Werk des Endes willen muß ihm der unabgeschwächte, unabgelenkte Glaube an das Kommen des Reiches ... gewahrt werden. Unserem, Israels Glauben nach ist die Erlösung der Welt eins mit der Vollendung der Schöpfung« (Brief M. Bubers vom 26. Juli 1926 an den Völkerversöhnungsbund in Hamburg).

Obwohl *Leo Baeck* die kritischen Anfragen M. Bubers an ein unmessianisches Christentum teilte, konnte er nicht nur im Jahre 1938 den neutestamentlichen Bericht über das Messiasbekenntnis des Petrus zum ältesten »Evangelium als Urkunde der jüdischen Glaubensgeschichte« zählen, sondern konnte er auch – anders als Buber – in seinem letzten Vortrag aus dem Jahre 1956 von der den Juden und Christen gemeinsamen messianischen Hoffnung sprechen: Das Judentum und Christentum Verbindende »ist die [messianische] Hoffnung; in der Kirche nicht immer offiziell anerkannt, aber doch immer lebendig geworden, lebt die Hoffnung auf die Wiederkehr des Messias, so daß nur das eine Wörtchen *wieder* den Unterschied [zwischen Judentum und Christentum] bildet. Die Hoffnung auf die kommende Zeit ist in der Kirche auch lebendig« (Vortrag in Brüssel am 22. April 1956).

Wie werden wir mit diesem *jüdischen* Petrusbild umgehen? Wie werden wir auf die darin kritisch gestellten Fragen an die Geschichte des Christentums, an Kirche und Theologie eingehen? Werden wir uns durch diese Anfragen herausfordern und in Frage stellen lassen? Werden wir in diesen Anfragen »Elend und Heimsuchung der Theologie« (H. J. Iwand) erkennen? Werden *wir* das messianische Petrusbekenntnis *heute* mit dem »christlichen Bekenntnis zu Jesus, dem Juden« (Fr.-W. Marquardt), beantworten? Werden wir *Bubers negatives Petrusbild* als eine Anfrage an uns verstehen? Und werden wir *Baecks positives Petrusbild* als Hinweis für uns zu würdigen wissen?

Werden wir uns dadurch in Frage stellen, daß Bubers *negativ-kritisches* Petrusbild aus dem Jahre 1926 angesichts der Leidensgeschichte des Judentums gerade im Raum des Christentums und der christlichen Kirche, angesichts der Mitverantwortung und Schuld der Christenheit an der Schoah *nach* der Schoah eher noch kräftiger und schwärzer gezeichnet werden müßte?

Und werden wir uns erst recht dadurch herausfordern lassen, daß Baecks *positiv-wegweisendes* Petrusbild *vor* Auschwitz im Jahre der sogenannten Reichskristallnacht und erst recht *nach* Auschwitz und Theresienstadt aus dem Jahre 1956 noch heller und leuchtender gezeichnet werden müßte, um so erst recht eine Anfrage an die Einseitigkeit unserer Petrusbilder werden zu können?

II. Der biblisch-ökumenische Petrus

Wir sagen jetzt, und damit wenden wir uns dem Neuen Testament (Mk 8,27–34; Mt 16,13–24) zu: Der biblische Petrus bestätigt, aber überbietet auch die Bilder, die wir uns von ihm gemacht haben und machen. Der biblische Petrus ist weiter und umfassender als unsere Petrusbilder.

Aber wer ist der biblische Petrus? Wer ist der Petrus der Geschichte vom Messiasbekenntnis in Cäsarea Philippi?

Jesus hält sich mit den Zwölfen an der damaligen Nordgrenze des Zwölfstämmevolkes Israel auf. In Cäsarea Philippi, am Quellort des Jordanflusses. Jesus hat mit seiner Verkündigung und seinem Heilen das Gebiet des

Zwölfstämmevolkes durchmessen und das Schilfmeerwunder in der Rettung des Petrus und der zwölf Jünger aus den Fluten (Mk 4,35–41) und auch das Mannawunder aus der Wüste in der Speisung der Fünftausend (Mk 6,30–44) wiederholt.

DU – der verheißene Messias Israels

Jesus fragt die Jünger nach der Meinung der Leute und also auch danach, ob sich die Jünger der Meinung der Leute anschließen. Nichts Geringes wäre das in der Tat, was die Leute sagen: Du seist der wiedererweckte *Johannes der Täufer*, der Tora und Propheten zusammenfaßt und bündelt und als der Vorläufer des Messias Israels kommt! Sie sagen, Du seist *Elia*, der für die Geltung des ersten Gebotes gekämpft und die Nordgrenze Israels in Richtung auf Tyros und Sidon – wie auch Jesus in seiner Begegnung mit der syrophönizischen Frau (Mk 7,24–30) – überschritten hatte. Und sie sagen, Du seist *Jeremia*, der die Gerichtsworte gegen den Tempel in Jerusalem gesprochen hatte. Auch das wäre etwas sehr Großes. Schließlich sagt Jesus: Was sagt denn ihr, wer ich sei? Worauf wollt ihr euch denn in eurem Glauben gründen? Petrus, der Sprecher der Zwölf, sagt es so: »Du – der Messias, der Sohn des lebendigen Gottes«.

Leider engen wir auch hier in unseren Bibel-Übersetzungen ein. Wir übersetzen statisch: Du *bist* der Messias.

Aber das Aramäische, in dem hier ursprünglich gesprochen und überliefert wird, kennt eine solche Festlegung nicht. Es eröffnet vielmehr einen Weg und eine Hoffnung: Du – der verheißene Messias deines ganzen Volkes Israel, auf dem Weg und im Werden. An Stelle von statischen »Seins-«Aussagen: »Du bist«, handelt es sich hier um dynamische Wegaussagen nach vorne.

Hier spätestens wird sich Petrus erinnert haben, wie auch das ihm und den Zwölfen zu Beginn seiner Geschichte mit Jesus widerfahrene Berufungswort einen Weg meinte. Nicht »du *bist* Menschenfischer« hatte Jesus gesagt, sondern – ich übersetze wörtlich –: »Ich will machen, daß du Menschenfischer *werden* wirst« (Mk 1,17). Alles ist hier bei Petrus auf ein Kommendes, auf ein Zukünftiges, auf ein Werden hin angelegt. Hier, im Zusammenhang des Messiasbekenntnisses des Petrus, verstehen wir jetzt auch, wie das anfängliche Berufungswort an Petrus zum Menschenfischer gemeint war. Es war nicht allgemein gemeint, sondern sehr konkret. Jesus bezog sich nämlich auf eine Verheißung aus Jeremia 16, in der es heißt: »Siehe, ich sende aus viele Fischer, spricht Gott der Herr, die sollen sie (das ganze zerstreute Israel) fischen« und das heißt sammeln.

Das stimmt mit dem Jesuswort aus Mt 10 aus Anlaß der Aussendung der Jünger zusammen: »Geht nicht auf den Weg der Völker, sondern nur zu den verlorenen Schafen des Hauses Israel«. Mit anderen Worten, diese Berufung des Petrus und der Zwölf zielt auf die Wiederaufrichtung und Sammlung des ganzen Volkes Israel.

Das Messiasbekenntnis des Petrus »Du – der Messias« sieht Jesus auf einem Weg. »Du – dieser verheißene Messias des Gottes Israels.« Weil dieses Bekenntnis des Petrus etwas vorwegnimmt, was man noch nicht sehen kann, weil es erst verheißen ist und bis heute noch nicht eingelöst ist, die messianische Sammlung des ganzen Volkes Israel, deshalb sagt Jesus zu Petrus: Das hat dir nicht Fleisch und Blut, das hat dir nicht eigene Vernunft noch Kraft, das hat dir nicht die empirische Erfahrung, sondern mein Vater im Himmel, von oben her, offenbart und enthüllt.

So also lautet das Petrusbekenntnis: *Du, der verheißene Messias Israels, der Sohn des lebendigen Gottes.*

DU – der KEPHA / Fels

Jesus antwortet auf das Petrusbekenntnis: Das sagst du zu mir, das sage ich zu dir. – Was sagt Jesus zu Petrus? »Du, Simon Bar Jona – Kepha«, d. h. Fels.

Damit kommt es nach der anfänglichen Berufung zum Menschenfischer zur Neuberufung des Simon Bar Jona. Simon bekommt einen neuen Namen. Du – Kepha, der Fels. Das spielt zunächst auf den *Felsenstein* auf dem Zionsberg an. Wir reden ja bis heute – und viele haben ihn in Jerusalem gesehen – von dem *Felsendom*. Das deutet sodann auf die Verheißung von Jes 28: »Siehe, ich lege in Zion einen *Felsstein*, einen bewährten, einen grundlegenden Fundamentenstein. Wer *auf ihm* glaubt, wird nicht weichen!« Oder: »Wer sich darauf festmacht, flieht nicht.«

Die Bedeutung dieses zweiten Berufungswortes an Petrus, das das erste Berufungswort vom Menschenfischer konkretisiert, können wir erst heute voll erfassen: Vor wenigen Jahren, im Dezember 1990, ist nämlich in der Umgebung Jerusalems von Archäologen das Grab der Familie des Hochpriesters Kajaphas entdeckt worden. Zur Überraschung aller fand man zwölf Ossuarien, darunter das Ossuarium des Hochpriesters Kajaphas. Alles war noch unberührt, nichts von Räuberhand zerstört. Dann war die Überraschung noch größer: Auf der Hinterwand des am wunderbarsten mit Rosetten verzierten Ossuars stand der Name des Hochpriesters von Jerusalem in Aramäisch: KEPHA.

Damit gewinnt das Jesuswort an Petrus erst seine eigentliche, antithetische Bedeutung: »Kepha Du – nicht dieser in Jerusalem, der Fels, der Kepha.« Die Bedeutung des Wortes an Petrus wird noch größer, wenn man weiß, daß Kajaphas so lange regiert hat, wie Pontius Pilatus Prokurator war. Und Kajaphas mußte abdanken, als Pilatus aus der Macht und Gnade Roms fiel.

Du, Kephas, der Fels: Verstehen wir jetzt, was Jesus meint? Nicht dieser

Hohepriester von Roms Gnaden, der im Bündnis mit Rom steht und fällt, sondern Du, der Kephas.

Du, Kephas, der Fels: Verstehen wir jetzt, in welche Perspektiven Petrus durch Jesus gestellt wird? Perspektiven der Verheißung für die Erneuerung ganz Israels!

Du, Kephas, der Fels: Verstehen wir jetzt, wie tief Petrus schon in Caesarea Philippi fällt, als er Jesus von dem Messiasweg des Leidens und des Kreuzes in bester Absicht abbringen will? Und Jesus muß ihm sagen: Weiche von mir, du Satan! Denn du redest jetzt nicht mehr aus der Perspektive und Hoffnung Gottes, sondern nur noch aus der Prospektive der Menschen. Kephas, der Felsenmann, den die Unterwelt und die Chaosmächte nicht mehr überwinden sollen, an dessen Felsen die Mächte der Hölle und des Todes sich totlaufen sollen, wird selbst zum Einlaßtor der »Sünde und des Nichtigen« (Wolf Krötke), des Teufels und des Todes: »Hebe Dich weg von mir, Du Satan!«

Du, Kephas, der Fels: Verstehen wir jetzt, wie tief Petrus fällt, als er, der Kephas, im Haus des Hochpriesters Kephas, den wir Kajaphas nennen, Jesus verleugnet? *Kephas verleugnet Jesus ausgerechnet im Palast des Kephas*. Welch ein Kontrast!

Wer mag das alles berichtet haben? Haben das dem Petrus feindliche Jerusalemer Kreise, so haben viele gemeint, überliefert und über Petrus erzählt, um ihn schlecht zu machen? Um ihn um seine Stellung in Jerusalem zu bringen? – Es gibt nur eine Erklärung für die schonungslose Darstellung des Petrus und sie lautet: *Die Petrus-Überlieferungen des Neuen Testamentes sind Bruchstücke einer großen Konfession.*

Die Sensopera von Henning Frederichs spricht und erzählt und singt von den Konfessionen des Petrus im Anschluß an die Konfessionen und Soliloquien Augustins. Sie wird damit auch der Urüberlieferung des Petrus gerecht.

Wer hat das Satanswort an Petrus überliefert? Wer hat die Szene der Verleugnung im Hochpriesterpalast des Kajaphas durch Kephas so schonungslos weitererzählt? Kein anderer als Petrus, kein anderer als Kephas selber.

Der Kontrast zwischen dem Hochpriester Kajaphas und Kephas – Petrus, das Gegenüber dieser beiden mit dem Namen Kepha ist aber damit noch nicht zu Ende erzählt, sondern findet eine überraschende Nachgeschichte, die eine ökumenische Kirchengeschichte eröffnet: Nach der Apostelgeschichte Kap. 5 steht Kephas-Petrus erneut im Palast des Kephas – Kajaphas, diesmal aber selber vor Gericht und bekennt sich zu Jesus, dem verheißenen Messias seines Volkes Israel, in dem er den denkwürdigen Satz spricht, den Calvin auf der letzten Seite seiner Institutio zitiert: »Man muß Gott mehr gehorchen als den Menschen!«

Auf diesen Felsen – meine Gemeinde

In Jesu Antwort an Petrus in Caesarea Philippi erläutert Jesus, was mit »Du – der Kephas« eigentlich gemeint ist. Nämlich, auf diesen Kephas-Felsen will ich meine Gemeinde bauen. »Meine Gemeinde«, sagt Jesus und nicht »meine Kirche«, wie wir in katholischer und protestantischer Tradition übersetzt haben und oft noch weiterhin übersetzen.

Die zu sammelnde Gemeinde Jesu ist zunächst, das können wir jetzt verstehen, eine messianische Erneuerungsbewegung und Sammlungsbewegung zugunsten des ganzen Zwölfstämmevolkes Israel. Deshalb die *zwölf* Jünger, deshalb Petrus als der Sprecher der Zwölf. »Du – der verheißene Messias«, und »auf diesen Felsen werde ich meine *Gemeinde* bauen«: das paßt zusammen, das entspricht sich. Denn der verheißene Messias Israels kann nicht ohne sein Zwölfstämmevolk Israel sein. Nicht nur damals nicht, sondern auch heute nicht und in alle zukünftige Weltzeit nicht. Dafür steht Petrus. Das haben wir in unserer einengenden Übersetzung »auf diesen Felsen will ich meine *Kirche* bauen« übersehen und ausgelöscht. Hier ist die Bibel weiter als unser Petrusbild. Da durchbricht der wirkliche biblische Kephas-Petrus alle unsere Petrusbilder.

Aber bei dieser Aufgabe, Fels für das Zwölfstämmevolk zu sein, darf Petrus nicht stehen bleiben. Denn Petrus steht in der Nachfolge des Messias Jesus und ist also ein Mensch auf dem Weg im Lernen. Nachdem nämlich Petrus die Prüfung vor Kajaphas bestanden hat – »man muß Gott mehr gehorchen als den Menschen« –, kommt er in der Nachfolge des Messias zu einem weiteren Lernschritt: Petrus öffnet sich auch für die *Menschen aus den Völkern*, also auch für uns. Er muß dies erst durch die Vision eines mit »unreinen Tieren« gefüllten Tuches lernen. Diese Tiere zu essen ängstigt ihn. Er weigert sich. Er muß lernen, daß in der Begegnung mit den Menschen aus den Völkern die jüdischen Reinheitsgesetze zwar nicht generell aufgehoben sind, aber für *diese* ökumenische Begegnung eingeschränkt werden können. Die Apostelgeschichte erzählt im Kap. 10 von diesem großartigen ökumenischen Durchbruch.

Petrus ergreift gegenüber jüdischen Hardlinern, die die jüdischen Reinheitsgebote und die Beschneidung auch für die Heidenchristen verbindlich machen wollen, nach Apostelgeschichte Kap. 15 auf dem Apostelkonzil als erster das Wort und verteidigt die »beschneidungsfreie« (und nicht wie man immer wieder fälschlich sagt: die »gesetzesfreie«) Mission und Sendung des Paulus zu den Völkern. Man hat aus der *paulinischen* Perspektive mit Recht formuliert: »Paulus hat Petrus nicht exkommuniziert« (E. Jüngel). Aber es gilt aus der *petrinischen* Perspektive mit noch größerem Recht auch das Umgekehrte: Petrus hat Paulus nicht exkommuniziert. Ja noch mehr:

Petrus hat Paulus den ökumenischen Weg zu den Völkern geebnet (Apg 15,7–12).

Petrus muß zwar danach, durch die Kajaphasleute vertrieben, Jerusalem verlassen. Aber was er damals hinzugelernt hat, hat er niemals mehr verleugnet. Dieser Petrus hat nämlich etwas gelernt: Die Gemeinde des verheißenen Messias Israels ist umfassender als die Sammlung des ganzen Volkes Israel. Die Gemeinde Jesu umfaßt auch die ökumenische Gemeinde aus allen Völkern. Was Petrus hier gelernt hat, unter großen Mühen erst lernen mußte, das hat die Christenheit, die sich auf Petrus berief, 1900 Jahre vergessen. Das wurde erst im Kirchenkampf des 20. Jahrhunderts wiedererkannt. Ich meine das echt petrinische Bekenntnis Karl Barths aus dem Jahre 1942, das lautete: Wer sich zu Jesus bekennt, dem verheißenen Messias Israels, dem Sohn des lebendigen Gottes, der bekennt sich zu der *einen* Gemeinde Gottes aus Israel und Kirche. Auf diesen Felsen will ich *meine,* will ich *diese Gemeinde* bauen. Nicht nur die Kirche, sondern die eine Gemeinde aus Israel und Kirche.

Was Petrus – Kephas damals gelernt hat, das steht vielen in Kirche und Theologie noch bevor! Ich meine die echt petrinische Erkenntnis, die Barth als Lerngewinn aus dem Kirchenkampf im Jahre 1953 im kritischen Rückblick auf die Kirchengeschichte formuliert hat: »Das Wort wurde – nicht ›Fleisch‹, Mensch ... in irgendeiner Allgemeinheit, sondern *jüdisches* Fleisch. Die ganze kirchliche Inkarnations- und Versöhnungslehre wurde abstrakt, billig und bedeutungslos in dem Maß, als man das für eine beiläufige und zufällige Bestimmung zu halten begann« (KD IV 1, S. 181f).

Ich meine das echt petrinische Fazit Barths, das das Petrusbekenntnis zum verheißenen Messias Israels nun endlich auch dogmatisch ernst nimmt: »Das an die Welt gerichtete christliche Kerygma mit diesem Kern seiner Aussage über den israelitischen Menschen bedeutet nicht mehr und nicht weniger als die Einbeziehung der *Welt* in den Bereich des Handelns Gottes mit dem Volk *Israel.* Es redet keinesfalls allgemein von der Existenz eines für Viele ..., sondern konkret davon, daß Jesus, der gekommene Messias *Israels,* der in die Welt gekommene Heiland der *Welt* ist« (a. a. O., S. 182).

Deshalb ist Petrus keine Gestalt der Vergangenheit. Deshalb ist Jesu Wort an ihn »Du bist, du wirst Petrus – Kephas sein« noch immer nicht erfüllt. Du wirst erst Petrus sein, wenn die eine Gemeinde aus Israel und Kirche vollendet ist, sich wechselseitg erkannt hat und gemeinsam den Gott Israels, den Vater Jesu Christi, preisen und loben wird: »Freut euch, ihr Völker, *mit* Seinem Volk« (Röm 15,10).

Der nehme sein Kreuz auf sich

Petrus hat sich, so haben wir zuletzt gehört, den Menschen aus der Völkerwelt geöffnet. »Der nehme sein Kreuz auf sich«, sagt Jesus zu Petrus. Diese ökumenische Brückenfunktion zwischen Israel und den Völkern hat Petrus – Kephas mit der Vertreibung durch Kajaphas aus Jerusalem und schließlich mit der Kreuzigung durch die Schergen des Nero mit seinem Leben bezahlen müssen.

Petrus hat in der Nachfolge Christi das Martyrium in Rom erlitten und *sein* Kreuz, nicht das Kreuz Christi, auf sich genommen. Das war sein Weg und dann sein Kreuzesweg: die Brücke zu bilden zwischen Israel und den Völkern, zwischen Israel und der Kirche aus allen Völkern. Deshalb ist das historisch wohl authentische Märtyrerdenkmal unter dem Petersdom in Rom so überaus beeindruckend. Noch mehr beeindruckend der Obelisk vor dem Petersdom, der ursprünglich im Zirkus Maximus des Nero stand, wo Petrus nach der Überlieferung gekreuzigt wurde. Petrus hat also das Gebot »Man muß Gott mehr gehorchen als den Menschen« nicht nur gegenüber der hochpriesterlich-sadduzäischen Tempelkirche in Jerusalem, sondern auch gegenüber dem römischen Unrechts- und Gewaltstaat eines Nero durchgehalten.

Der Märtyrer der Rheinischen Kirche, Paul Schneider, hat dieses Martyrium im Jahre 1939 ebenfalls erlitten, als er sich in Buchenwald weigerte, seine Mütze vor der Hitlerfahne abzuziehen, weil er sagte, er könne eine Verbrecherfahne nicht grüßen.

Wir sagen oft: »Die Märtyrer sind gescheitert.« Ist Petrus mit seiner Vision von dem Miteinander zwischen Israel und den Völkern gescheitert? Wir reden gerne vom Ende des Petrus. Aber das Ende des Petrus war noch nicht sein Ziel. Man kann einem Leben gewaltsam ein Ende bereiten, wie Nero dem Petrus, wie die Nazi-Schergen Paul Schneider und Dietrich Bonhoeffer. Aber damit hat die rohe Gewalt nicht ihr Ziel erreicht. Denn Petrus ist noch nicht am Ziel. Deshalb waren die letzten Worte Dietrich Bonheoffers, als er den Galgen betrat: »Das ist das Ende – für mich der Beginn des Lebens!«

Petrinischer Glaube – Glauben auf

Auch Petrus ist mit seiner Berufung, mit seiner Sendung, mit seinem Auftrag noch nicht ans Ziel gekommen. Worin besteht dieses Ziel? Es besteht in der einen ökumenischen Gemeinde aus der ganzen Völkerwelt. Worin besteht dieses Ziel weiter? Es meint die Brücke der Versöhnung zwischen Israel und der weltweiten Ökumene aus allen Völkern. Worin besteht dieses Ziel schließlich? Es intendiert einen ganz bestimmten Glauben:

einen gegründeten Glauben, einen Glauben auf ... Wir sagen oft: »wir glauben an ... «, »wir glauben, dass ... «. Der Petrus-Glaube ist aber zugleich und wesentlich ein Glaube auf ... (griechisch: *pisteuein epi*; Röm 9,33; 10,11; 1. Tim 1,16). »Wer Dir vertrauet, hat wohl gebauet« (EKG 398,1) – und zwar auf Felsen (*epi petran*; Mt 7,24). In diesem Sinn heißt es im Hebräerbrief Kap. 11 grundlegend: Es ist der Glaube ein Festgegründetsein im Erhofften und ein Überzeugtwordensein von dem, was man noch nicht sieht.

Die Sensopera erzählt und singt die Erinnerungen, die sich dem Petrus auf dem Weg zu seinem Martyrium aufgedrängt haben. Sie tut das in der Gestalt der Memoria, der Erinnerung, die die Stimme des Gewissens in Petrus verkörpert und vergegenständlicht. Und sie tut das eindrucksvoll und eindrücklich. Der Petrus der Sensopera von Henning Frederichs ist der von Martin Luther wiederentdeckte Petrus, der Petrus der im Evangelium zugesprochenen Vergebung und der aus der Vergebung stammenden übergroßen Liebe. Deshalb endet die Sensopera mit einem Petrus-Satz aus 1. Petr 4: »Denn die Liebe, denn ein Herz voll Liebe deckt auch der Sünden Menge.«

Ich träume davon, daß eines Tages ein Künstler oder eine Künstlerin neben diese wunderbare *Sensopera* von Henning Frederichs eine *Utopiaopera* mit den zwar von den Mächtigen abgebrochenen, aber deshalb nicht überholten messianischen Visionen und ökumenischen Hoffnungen des Petrus stellt: eine Utopiaopera der unabgegoltenen Hoffnungen, die dem Petrus im Augenblick des Martyriums im Zirkus Maximus gekommen sein müssen. Eine dieser Utopien als Bestandteil des messianischen Glaubens und Hoffens hat die Petrustradition bewahrt. Sie wurde erst jüngst ergänzend in die Grundordnung unserer Rheinischen Kirche eingezeichnet: »Wir glauben die bleibende Erwählung des jüdischen Volkes. Mit Israel hoffen wir auf einen neuen Himmel und eine neue Erde.« Diese utopische Hoffnung wird Petrus im Augenblick seines Martyriums am Kreuz geschaut haben. Es heißt in 2. Petr 3: Wir warten nach der Verheißung Gottes auf einen neuen Himmel und eine neue Erde, in denen Gerechtigkeit wohnt.

Deshalb schließe ich, indem ich das großartige Lutherwort vom Anfang der Sensopera, das Henning Frederichs musikalisch so einfühlsam thematisiert hat, zugleich abwandele und in messianisch-ökumenischer Perspektive wie folgt ergänze: Wenn ich den Petrus abmalen könnte, würde ich auf ein jedes Haar auf seinem Haupt schreiben: Beharrung und Hoffnung. Weil er ein Beispiel der einen Gemeinde aus Israel und der ökumenischen Kirche aus allen Völkern geworden ist, damit unser Glaube ein festgegründeter, ein »Glaube auf ... « sei.

»Erneuerst täglich Deinen Bund, in Jesu Christi Namen. – Wir stehn auf keinem anderen Grund als auf dem Deinen. Amen« (R. A. Schröder).

Literatur

L. Baeck: Das Evangelium als Urkunde der jüdischen Glaubensgeschichte (1938): In: ders., Paulus, die Pharisäer und das Neue Testament, 1961, S. 99–196.

ders.: Judentum, Christentum und Islam, 1956 (unveröffentlicht).

ders.: Dieses Volk. Jüdische Existenz (1955/1957). In: Werkausgabe Leo Baeck, Bd. II, hg. von A. H. Friedlander und B. Klappert, 1996.

Karl Barth: Aufbrechen – Umkehren – Bekennen. In: Letzte Zeugnisse (1969), S. 61–71: Kirchliche Dogmatik KD II/2. S. 215ff., 1942, IV/1 S. 181f, 1953.

F. Chr. Baur: Die Christuspartei der korinthischen Gemeinde, der Gegensatz des paulinischen und petrinischen Christentums, Tübinger Zeitschrift für Theologie, 1831.

M. Beintker: Vom Bekenntniswechsel Johann Sigismunds bis zum Edikt von Potsdam. In: Beiträge zur Berliner Kirchengeschichte. Hg. von G. Wirth, 1987, S. 44–62, S. 54ff.

O. Betz: Felsenmann und Felsengemeinde. Eine Parallele zu Mt 16,17–19 in den Qumranpsalmen (1957). In: Jesus der Messias Israels 1987, S. 99ff.

The Bible Society Jerusalem (Hg.): The New Testament. Peshitta Aramaic Text with a Hebrew Translation, 1986 (unter Mitarbeit von O. Betz und O. Michel; darin die Kanonfolge entsprechend der syrisch-aramäischen Tradition, der auch der russischorthodoxe Kanon folgt; auch die erstmals 1875 erschienene Übersetzung von Carl Weizäcker läßt das Corpus Paulinum erst nach den Jakobus-, Petrus- und Johannesbriefen folgen).

D. Bonhoeffer: Nachfolge (1935–1937), 1937.

N. Brox: Der erste Petrusbrief, EKK zum NT, Bd. XXI, 1979 (darin: Der Paulinismus des 1. Petrusbriefes, S. 47–51).

E. Busch: Unter dem Bogen des einen Bundes. Karl Barth und die Juden 1933–1945, 1996.

O. Cullmann: Petrus. Jünger – Apostel – Märtyrer, 1952

ders.: Art. petra und Petros. In: ThWb, Bd. VI, 1959, S. 94ff, 99ff.

D. Flusser: Caiaphas in the New Testament. In: ATIQOT, Jerusalem 1992, S. 81–87.

ders.: ... To bury Caiaphas, not to praise him. In: Jerusalem Perspektive Bd. IV, Nr. 4 u. 5, 1991, S. 23–28.

H. Frederichs: PETRUS. Biblische Sensopera nach dem Lese-Drama PETRUS – PECCATOR – PERAMANS. In: ders., Drei Oratorien: Petrus, Passionserzählung der Maria Magdalena, Hiob, Textbücher und Erläuterungen, 1996.

A. von Harnack: Der Spruch über Petrus als den Felsen der Kirche, SAB 32, 1918, S. 637–654.

H.J. Iwand: Meditation zu 2. Petr 3,3–13. In: ders., Predigtmeditationen, Bd. I, ^{2}1964, S. 522–527.

J. Jeremias: Art. lithos. In: ThWB V, S. 272ff, 1942.

ders.: Art. pyle. In: ThWB VI, S. 920ff, 1952.

ders.: Die Abendmahlsworte Jesu, ^{3}1960, S. 86.

E. Jüngel: Wertlose Wahrheit. Theologische Erörterungen, Bd. III, 1990, S. 14.

B. Klappert: Versöhnung und Befreiung. Versuche, Karl Barth kontextuell zu verstehen, BBST 14, 1994.

W. Krötke: Sünde und Nichtiges bei Karl Barth, NBST 3, ²1983.

ders.: Gott und Mensch als »Partner«. Zur Bedeutung einer zentralen Kategorie in Karl Barths Kirchlicher Dogmatik. In: H. Köckert/W. Krötke (Hg.), Theologie als Christologie, 1988, S. 106–120.

G. Lüdemann: Die Auferstehung Jesu, 1994, S. 112ff, 124ff.

M. Luther. In: Henri Clavier, Petros kai petra. Neutestamentliche Studien für R. Bultmann, 1954, S. 94–103.

Fr.-W. Marquardt: Das christliche Bekenntnis zu Jesus, dem Juden. Eine Christologie, Bd. II, S. 25–32.

R. Mayer: Du bist der Fels. Großpriester und Messias in den Auseinandersetzungen mit Rom: In: ders., Zeit ist's. Zur Erneuerung des Christseins durch Israel-Erfahrung, 1996, S. 88–96.

A. Meinhold/R. Lux: Gottesvolk. Beiträge zu einem Thema Biblischer Theologie, 1991.

O. Michel: Art. naos. In: ThWB IV, 1942, S. 884ff.

ders.: Das Bekenntnis zur Messianität Jesu. In: E. Lubahn, Heilsgeschichtliche Theologie und Verkündigung, 1958, S. 133ff.

K.H. Schelkle: Die Petrusbriefe. Der Judasbrief, HThK XIII/2, 1988. Kommentar zum Neuen Testament, 1961.

H. Schneider (Hg.): Paul Schneider – Der Prediger von Buchenwald, 1981, S. 194.

W. Schrage: Die Christen und der Staat im Neuen Testament, 1971, S. 63ff.

P. Stuhlmacher: Zur Interpretation von Röm 11,25–32. In: FS von Rad zum 70. Geburtstag: Probleme biblischer Theologie, 1971, S. 55ff.

ders.: Schriftenauslegung auf dem Wege zu einer biblischen Theologie, 1975, S. 12ff (zu F. Chr. Baur).

Dietrich Korsch

Erich Arendt: »Sela«

SELA

Wortweißes Licht.
Ein Lidspalt.

Gesichtlos
die Verwehung der Zeit,
ergrauende
Nacht, der

Inselring, mein
Fels,
vom Feuergriff der Winde
erbaut,
gedächtnisversunken.

Aus dem Reglos, oben, wie
staub –
abgefallen, das
raumgroße Starren.

Es wuchsen Rinde,
ein ...

Muschelhohl ist ... und

am Grundsand die
einäugige
Stunde.

Meere, sie werden
kommen – erstliche Dimension
ans Horizontne
gebannt, das
Schwanken – Meer, letztes,
es wird
nicht kommen.

Schwarz, die
totgeredeten Hügel
ab – Vorwegnahme –
brennt
zu Isaaks Schrift
der Lorbeer.

Hautunter dir,
tausendjährig
durstwunder Leib
eines Ölbaums,
der
Schmerz.

Was das hebräische Wort Sela heißt, weiß heute niemand mehr. Es ist ein Rätsel. Am Ende von Psalmversen findet es sich, ein Hinweis für die Singenden scheint es zu sein oder eine Anweisung für die Musikanten. Man hätte dazugehören müssen, um den Sinn zu verstehen, teilnehmen müssen am Gesang Israels. »Tonartwechsel« könnte es bedeuten, mutmaßen die Exegeten, oder »da capo«, vielleicht auch »im höhern, im emphatischen Ton«. Im Rhythmus der Halbverse der hebräischen Poesie, so scheint es jedenfalls, markiert Sela ein Innehalten besonderer Art, anders noch als die schwebende Mitte zwischen den beiden Gliedern des Parallelismus membrorum, ein Innehalten und Fortfahren auf andere Weise.

In einen eigentümlichen Zwischenzustand versetzt Erich Arendts Gedicht, das mit diesem Pausenzeichen, dieser unbekannten Aufforderung zum Weitersingen überschrieben ist. Und rätselhaft wie sein Titel tritt es dem Leser entgegen. Versetzt auch ihn in einen eigentümlichen Zwischen-Zustand, durch die vielen übercodierten Bilder und die bald suchenden, bald fließenden Gefühle, die sie hervorrufen. Ein Ort scheint gemeint – der doch keinen Ort hat auf einer Landkarte noch irgendeine Festigkeit im Gemüt vermittelt. Ein Atoll, Rinde, Muscheln, Sand und Meer, Lorbeer und Ölbaum: in die mediterrane Welt sieht man sich versetzt, von der man weiß, daß Arendt sie liebte und suchte. Aber keinen sicheren Stand vermag sie zu gewähren. Sie schwankt selbst zwischen Licht und Lid, Land und Meer, Feuer und Wasser, Erstem und Letztem. Nimmt, was sie gibt, läßt selbst im Zwischen hängen.

Wenn schon kein fixer Ort, dann wenigstens ein bestimmter Punkt in der Zeit? Auch hier fällt es schwer, sich auf eine Zeitlage festzulegen. Arendts ausgeprägter Nominalstil – verbflüchtig, möchte man sagen – versetzt in strukturelle Starre. Zustand ist ausgedrückt. Daß da etwas wuchs, geschah in der Vergangenheit. Daß etwas kommen wird, gehört in die Zukunft. Und das Brennen erfüllt die Gegenwart. Alles aber endet wieder, so scheint es, in tausendjährigem Verharren. So stellt das Gedicht auch in seiner Zeitform ins Zwischen: mit Bezügen zu Vergangenheit und Zukunft und Gegenwart, aber alles ineinandergefügt in Härte und Unentrinnbarkeit.

Immerhin, ja insbesondere: der Zwischenzustand könnte auch das Ganze enthalten. So daß darüber hinaus gar nichts zu sagen, gar nichts zu sehen wäre. Daß sich alles In-Zwischen abspielte. Und daß es darauf ankäme, an diesem Un-Ort, in dieser Un-Zeit zu leben. »Wortweißes Licht. Ein Lidspalt.« Licht und Lid – der Gleichklang der Töne läßt gewahren, daß da noch etwas zu sehen ist, im Weißen des Lichts das erschließende Wort; etwas zu sagen ist, im Wort, das Licht leuchten läßt. Mehr als einen Lidspalt weit freilich läßt sich das Auge nicht öffnen. Es würde zu hell – und es wäre nichts mehr zu sehen, kein Wort mehr, nur noch Weißes. Mittendrin also das Auge einen Spalt weit auftun – das verspricht Erkenntnis.

Erich Arendt ist ein weithin Unbekannter in der deutschen Dichtung dieses Jahrhunderts. Seine spätexpressionistischen Anfänge der frühen zwanziger Jahre haben ihn, mit volkspädagogischem Impuls, an den linken Rand der Literaturszene geführt. Die Emigration schon im Frühjahr 1933 hat ihn und seine Frau Katja, jüdischer Abstammung, ruhelos gemacht, ortlos bleiben lassen über viele Jahre. Ascona, Mallorca, Barcelona, spanischer Bürgerkrieg, Paris, ein Lager bei Bordeaux, schließlich Kolumbien von 1941–1950: das waren die Stationen. Dann zurück nach Deutschland, in die DDR, wo er, zwar als kämpferischer Antifaschist und später als Nationalpreisträger 3. Klasse privilegiert, doch auch randständig blieb, präsent stärker durch sein übersetzerisches Werk, vor allem der Schriften und Gedichte Pablo Nerudas, als durch seine Gedichte, die in ihrer Rätselhaftigkeit und Hermetik, in ihrer Ortlosigkeit und Verdichtung gerade nicht populär waren, wohl auch nicht sein wollten. »Arendt war von Beginn an Außenseiter«, urteilt Gerhard Wolf, ein enger Freund.

»Wortweißes Licht. Ein Lidspalt.« Durchs Wort scheint das Licht. Aber Vorsicht vor seiner Helle! Das Auge bedeckt gehalten: Was ist dann zu sehen?

Zu sehen? Erst einmal: gar nichts. »Gesichtlos« ist, was folgt. Verwehende Zeit, die die Farben des Tages überzogen hat mit Gräue und Dämmerung. Dann aber doch, fast unerwartet, ein schemenhaftes Bild; die Nacht führt schon hinüber mit dem Artikel »der«: ein Atoll taucht auf, aus dem Wasser emporgehoben, im Gedächtnis schien es schon versunken zu sein. Kein bequemer Platz, sich zurückzulehnen und die Füße auszustrecken, ein Atoll. Fels vielleicht, aber doch einer mit offener Mitte, ohne die Sicherheit, die ein Bergmassiv, aus dem Meer ragend, bieten könnte. Inselring, mehr nicht.

Und über diesem Atoll ein regloser Himmel. Droben zwar, aber nicht offen. Wenn etwas herabfällt, dann ist es Staub wie von Asche. Wenn der Blick sich nach oben richtet, wird er starr. Der schmale Inselring, vom Wasser umgeben, unter dem toten Himmel: kein eindrucksvolles Bild von Kraft und Stärke und Sicherheit. Eine anfällige Lage vielmehr, ins Dämmerungsgrau getaucht, staubüberzogen und starr. Das ist es, was bleibt. Das ist alles, was zu haben ist. Ja, zu haben ist das alles eigentlich gar nicht. Sich dort aufzuhalten, hat sich keiner ausgesucht. Und doch, so scheint es, gibt es dazu keine Alternative.

Anders muß es gewesen sein, vordem. Da war etwas gewachsen: Bäume vielleicht. Rinde jedenfalls, und nur sie ist noch übrig. Das, was sie umhüllte, ist nicht mehr da, abgebrochen wie die Verszeile, untergegangen wie ... In der Muschelhöhle: War da einmal eine Perle? Oder was? Vergangen, vorüber, verschwunden. Der Blick in die Vergangenheit ist verstellt, einäugig die Zeit geworden, kann nicht mehr gleicherweise nach vorn und hinten, nach rechts und links sehen. Sand, der mag noch geblieben sein. Zermahlene Muscheln. Fließender Sand am Grunde – auch nicht gerade ein festes Fundament.

Wohin ist die Vergangenheit? Nur Fragmente sind noch zu erkennen. Und fort ist alles, was bleiben, was Bestand gewähren, was Sicherheit vermitteln könnte.

Statt dessen: das Meer, ja: die Meere. Aus ihnen ist einmal alles geworden, aus ihnen hat einmal die ganze Insel aufgeragt, die jetzt nur noch als Atoll da ist. Dem Chaos der Urflut war abgetrotzt, was existierte. Meere – ganz am Anfang von allem, was ist. Gebändigt wurden die Chaosfluten zu Anbeginn. Doch niemals stillgestellt. Das Kommen und Gehen des Wassers, Sturm und Wellen, Flut und Ebbe, sie bleiben das Merkmal des Meeres. Dies Schwanken ist es, was immer wieder kommt, immer wieder kommen wird. Kommen und Gehen, Überschwemmen und Trockenfallen, Hin und Her. Die mythische Urflut – sie hat auch schon früh die Vermutung genährt, das Ende sei wie der Anfang. Wie alles dem Meer entstiegen sei, so breche das Wasser wieder über das Land hinein, sintflutartig. Löse alles auf, wasche alles weg, mache alles gleich. Das letzte Meer, das Ende von allem, das mythische Weltende. Vielleicht mag man es herbeisehnen angesichts dessen, daß nichts bleibt. Man mag auf es warten, wo nichts Bestand hat, das Gewachsene und Gewordene abgebrochen und untergegangen ist. Wenn denn Ende, dann bitte ganz! Doch das ist auch eine falsche Fährte: »Meer, letztes, es wird nicht kommen.« Keine Flucht in die Apokalyptik! Kein Weltende als Ausgleich fürs Weltelend! Vielmehr Kommen und Gehen, Ebbe und Flut, das »und« und das »Zwischen«. Kein archaischer Bestand, keine utopische Sicherheit. Alles derartige ist verwehrt.

Verlorene Vergangenheit, verschlossene Zukunft: Was ist die Signatur der Gegenwart? Es brennt. Der Lorbeer brennt. Der mediterrane Gewürzstrauch mit den harten Blättern, wie er einen Abhang des Atolls zu bedecken scheint. Und der Inbegriff der Siegerkränze, wie sie Unvergänglichkeit ausdrücken sollen. Der ewige Sieg, ein peinlicher Irrtum. Was ist hier vorweggenommen? Wofür steht der brennende Lorbeer? Vorweggenommen: Es soll dann doch aus dieser Gegenwart etwas Zukünftiges erschlossen sein. Das Lodern des Lorbeers jetzt, es ist ein Anzeichen für das Scheitern aller zukünftig beanspruchten Ewigkeit von Siegen. Der Lorbeer brennt – und nicht Isaaks Schrift. Isaaks Schrift bleibt. Die Schrift, die von Isaaks Opferung erzählt. Von der Opferung, die dann – das Messer lag schon am Hals – nicht stattfand. Ein Vorgang, der zeichenhaften, ja zeichensetzenden Charakter hat. Nicht Isaak brennt, sondern der Lorbeer – jedenfalls am Ende, jedenfalls im Ergebnis. Die Opferung Isaaks in der Moderne, das grausigste Zeugnis angemaßter Menschenewigkeit und Gottesimitation, sie hat ja, anders als in der Bibel, stattgefunden. Unvergeßlich bleibt sie. Aber doch auch mit dem

Ende, daß schließlich, nein: sogleich, der Lorbeer verbrennt. Er kann gegen die Macht des vernichtenden Feuers nicht bestehen. So stark die Anmaßung, selbst alles in den großen Weltenbrand zu ziehen, auch war.

Inmitten der Lorbeersträucher steht der Ölbaum. Steht noch. Das Feuer der Opfer ist ihm unter die Haut gekrochen. Rinde ist nicht mehr da, die schützen könnte. Wund ist er, und auf Dauer ist er durstig. Aber er steht. Nicht das Reich, er ist tausendjährig. Tausendjährig aber im Schmerz. Nicht im Wachsen und Blühen, nicht im Reifen und Fruchtbringen. Das Mal des Feuers kennzeichnet ihn auf Dauer. Tausend Jahre Schmerz. Endlos? Nein, »denn tausend Jahre sind vor dir wie der Tag, der gestern vergangen ist, und wie eine Nachtwache« (Ps 90,4). Sela.

Nein, Sela steht dort nicht, im 90. Psalm. Sela, so schreibt Erich Arendt über sein Gedicht. Sela, das ist seine rätselhafte Aufforderung an uns Leser, eine Zäsur zu machen, uns in dieses eigentümliche Zwischen einweisen zu lassen, jenseits einer Vergangenheit, die keinen Bestand mehr gewährt, aber auch diesseits der Apokalypse, die nicht kommt. Auszuharren in der Gegenwart, in der Isaaks Ölbaum und Isaaks Schrift nicht verbrannt sind, wo aber aller Siegeslorbeer in Asche gelegt ist. Ausharren in einer Gegenwart, die tausendjährig, von Geschlecht zu Geschlecht, durch Schmerz gezeichnet ist, jenes rätselhafte Empfinden, für das kein Ort anzugeben ist und das sich doch so völlig gegenwärtig erweist. In ihm aushalten – wie macht man das?

Vielleicht, ja am wahrscheinlichsten gerade so, daß man sich an die rätselhafte Anweisung hält: Sela – »da capo«, »Tonartwechsel«, »in einem höheren Ton«. Das Wiederholen, das ohne Variation nicht ist, aber auch ein neues Thema nicht kennt, ist die Weise, im Zwischen zu leben. »Zwischen den Zeiten«, eine Lage, die man sich nicht aussucht, die wir uns nicht ausgesucht haben. Zwischen den Zeiten von Vergangenheit und Zukunft, von der zwiegestaltigen Gegenwart bestimmt. Zwischen den Zeiten, in denen, trotz allem und für alles, gesungen werden kann und soll. Gesungen zu dem, dessen Name nicht genannt wird. Der aber gerade im Zwischenraum, im Innehalten, im Tonartwechsel, seine alles erfüllende, alles durchdringende Gegenwart spüren läßt. Sela.

Literatur

Erich Arendt: Sela. In: Erich Arendt: Feuerhalm. Gedichte, Leipzig 1973, S. 20f.
Erich Arendt: Gedichte. Auswahl und Nachwort von Gerhard Wolf, Leipzig 1976.
Erich Arendt: Memento und Bild. Gedichte, Leipzig 1976.

Über Erich Arendt:

Gregor Laschen u. Manfred Schlösser: Der zerstückte Traum. Für Erich Arendt zum 75. Geburtstag, Berlin 1978.

Heinz Ludwig Arnold (Hg.): Erich Arendt. Text und Kritik, Heft 82/83, München 1984.

Wolfgang Emmerich u. Jan Gielkens: Erich Arendt. In: Kritisches Lexikon zur deutschsprachigen Gegenwartsliteratur, Bd. 1, 1989, Biographie und Werkbericht s.v. S. 1–32, ausführliche Bibliographie s.v. S. A-O.

Henrik Röder (Hg.): Vagant, der ich bin. Erich Arendt zum 90. Geburtstag. Texte und Beiträge zu seinem Werk, Berlin 1993.

Ernstpeter Maurer

»Sprich auch du«
Bemerkungen zu einem Gedicht von Paul Celan

SPRICH AUCH DU

Sprich auch du,
sprich als letzter,
sag deinen Spruch.

Sprich –
Doch scheide das Nein nicht vom Ja.
Gib deinem Spruch auch den Sinn:
gib ihm den Schatten.

Gib ihm Schatten genug,
gib ihm so viel,
als du um dich verteilt weißt zwischen
Mittnacht und Mittag und Mittnacht.

Blicke umher:
sieh, wie's lebendig wird rings –
Beim Tode! Lebendig!
Wahr spricht, wer Schatten spricht.

Nun aber schrumpft der Ort, wo du stehst:
Wohin jetzt, Schattenentblößter, wohin?
Steige. Taste empor.
Dünner wirst du, unkenntlicher, feiner!
Feiner: ein Faden,

an dem er herabwill, der Stern:
um unten zu schwimmen, unten,
wo er sich schimmern sieht: in der Dünung
wandernder Worte.[1]

Es erscheint fragwürdig, eine gleichsam theologiefreie Interpretation des Gedichts zu erarbeiten, um daraufhin die theologischen Dimensionen zu erkunden, als sei das Gedicht zu »ergänzen« durch eine theologische »Vertiefung«. Es wird sich vielmehr zeigen, daß dieses Gedicht – wie vermutlich jeder andere poetische Text – sich der festlegenden Deutung verweigert, allerdings auf höchst präzise Weise. Schon diese Einsicht verbietet die viel zu schlichte Frage nach »dem« Verhältnis außerbiblischer, insbesondere dichterischer Texte zum biblischen Zeugnis und seiner theologischen Klärung durch begriffliches Reden. Und eben indem sich das Gedicht dem auslegenden Zugriff verweigert, vertieft es sich selbst, als bewege es sich immer schon auf theologische Fragen zu. Mag sein, daß auch das theologische Reden immer schon auf Dichtung zielt. Auf verdichtete Sprache zielt es allemal. Daher wird die Auslegung an drei Stellen den Rahmen der Dichtung Celans überschreiten und nach möglichen Begegnungen mit dem Reden von Gott Ausschau halten. Es versteht sich von selbst, daß dabei nur Andeutungen möglich sind.

I. »Wahr spricht, wer Schatten spricht«

Die Anweisung zur poetischen Rede – »sprich auch du« – läßt zunächst an ein definitives, letztes Wort, einen feststellenden Spruch denken. Dieser Gedanke wird aber sogleich durchkreuzt: Das lyrische Du soll sich der Unterscheidung von Nein und Ja verweigern. »Sag deinen Spruch« – das zielt nicht auf Eindeutigkeit. Es geht aber auch nicht um ein unentschiedenes Schwanken, denn der Spruch soll prägnant sein, er soll seinen »Sinn« haben. Mit diesem Wort meint Celan zumeist die »Richtung«. Statt einer eindeutigen Bedeutung gibt das Du seinem Spruch demnach eine bestimmte Ausrichtung und läßt ihn auf die Suche gehen. Das Wort »Sinn« meint ja zuweilen auch »Gespür«.

Ein nicht eindeutiger, dafür aber um so sensibler tastender Spruch kann die Tiefe, die Vieldeutigkeit und Vielschichtigkeit der Dinge reflektieren. Der Spruch wird solche Abgründigkeit nicht ausleuchten, sondern zunächst nur wahrnehmbar machen, wenn das lyrische Du ihm den Schatten gibt. Ohne die Schattierungen läßt die Tiefe sich nicht darstellen. Und die Schatten ergeben sich aus der Weigerung, zwischen Nein und Ja (vorgeblich) klar zu scheiden. Der Spruch erhält seinen Sinn, seine höchste Prägnanz, indem das Entscheidende verschattet bleibt, gerade nicht gesagt wird. Im Hinblick auf die übernächste Strophe wäre zu sagen: Der Spruch bleibt darin lebendig, daß hier nichts festgestellt, sondern prägnant verschwiegen wird. Schon die beiden ersten Strophen sind ein äußerst dichtes Gebilde, weil die auf den ersten Blick meta-poetische Anweisung zur paradox-prägnanten Sprechweise zugleich exemplifiziert wird durch die semantische Zumutung, Spruch, Sinn und Schatten zugleich auszusagen.

Den Schatten freilich gibt das angeredete Du dem Spruch in einer Weise, die nur als Selbsthingabe ans Gedicht zu umschreiben ist. Das Du soll seinen Schatten weggeben. Bis dahin könnte sich das lyrische Du durch die Schatten – die du »um dich verteilt weißt zwischen / Mittnacht und Mittag und Mittnacht« – seines Orts versichern. Schatten sind nicht nur Reflex eines beleuchteten Körpers, nicht nur Grenze des Auszuleuchtenden, im Schatten kann ich mich zugleich bergen. Wer seinen Schatten weggibt, durch den wandert das Licht. Aber die Anweisung reicht noch weiter: Genug Schatten – also: angemessene Tiefe – empfängt der Spruch erst, wo das Du allen Schatten hingibt. Es wäre somit nicht genug, nur Schatten auf den Spruch zu werfen. Das Du stünde dann zwischen Licht und Spruch. Das Gedicht zielt hingegen auf eine viel bedrohlichere Situation: Der »Schattenentblößte« bleibt nicht an seinem Ort, auch nicht ohne Schatten an einem nunmehr hell ausgeleuchteten Ort. Und so gerät die Topologie des Gedichts ins Schweben, denn der Ort des lyrischen Du schrumpft. Die Person hat ihre Tiefe ins Gedicht verlagert, *sie ist buchstäblich in ihrem Spruch verschwunden*. Der »Ort, wo du stehst«, wird vom Spruch aufgesogen. Die vorletzte Strophe sagt eine neue, dazu gegenläufige Bewegung an. Das lyrische Du, inzwischen ortlos, *verschwindet wieder aus dem Spruch*. Es wird zum Faden, der sich einem Stern entgegentastet. Dies ist eine präzise Beschreibung für den eingangs geforderten »Sinn« des Spruchs: die Richtung auf den Stern hin, der sich umgekehrt im Spruch schimmern sieht und sich mit ihm vereinigen will. In solcher Erfüllung liegt der »Sternsinn« des Spruchs.

Vorweggenommen wird die Erfüllung schon in der vierten Strophe: »sieh, wie's lebendig wird rings ... Wahr spricht, wer Schatten spricht«. Die Wahrheit ist so einfach, daß sie niemals einfach auszusprechen, sondern nur auszuleben ist. Das kann aber sprachlich nur nachvollzogen werden in schattenhaften Sprüchen. Nur wo Schatten sind, läßt sich Leben zur Darstellung bringen. Und wohl noch mehr: Das lyrische Du kann Leben nur sprachlich vollziehen, muß sich der Sprache ausliefern, um sein Leben der Sprache mitzuteilen und es – vielleicht! – darin zu erhalten. Das ist gewagt. Das lyrische Du wird dabei *dünner und unkenntlicher, aber auch feiner*. So ereignet sich Wahrheit: nicht als Übereinstimmung von Wort und Gegenstand, von sprachloser Wirklichkeit und wirkungsloser Sprache. Wahrheit ereignet sich, wo das lyrische Du in seinem Spruch aufgeht. Nur dann wird aus dem Spruch eine »Dünung / wandernder Worte«, eine vom Du her erregte und weitschwingende Wellenbewegung, die noch lange andauert. Nur in dieser Dünung schimmert der Stern.

An der gewagtesten Stelle – das lyrische Du verdünnt sich zum unkenntlichen, feinen Faden – kommt mir ein vergleichbar dichter Text von Martin Luther in den Sinn. Zunächst ist das nur eine Assoziation, vom Gedicht provoziert: »Ein Christenmensch lebt nicht in sich selbst, sondern in Christus und seinem Nächsten. In Christus durch den Glauben, im Nächsten durch die Liebe. Durch den Glauben fährt er über sich in Gott, aus Gott fährt er wieder unter sich durch die Liebe und bleibt doch immer in Gott und göttlicher Liebe« (WA 7,38). Die Seele ist auch hier zum Faden geworden, in einem zunächst schmerzvollen, ganz und gar sprachlich vollzogenen Prozeß. Sie hat in der Konfrontation mit dem göttlichen Spruch, dem Gesetz und seinem Urteil, ihren Ort verloren. Der Versuch, eine klare Identität zu gewinnen – als »Innen«, das durch kein äußeres Geschehen anzutasten ist –, führt sie in immer tiefere Zweideutigkeiten, überschattet ihre Existenz mehr und mehr. In solchem Selbstverlust wird die Seele zum tastenden Faden, der anderswo Hilfe sucht (vgl. WA 7,24), bis das Wort des Evangeliums nach der Person greift. Die Seele wird frei von ihren Versuchen, sich selbst zu bestimmen, sie kann die Schatten loslassen, die um sie verteilt sind – und sie kann die Schatten an ihre Sprache weitergeben.

Die Seele hat – nach Luthers Gedankengang – keinen anderen Ort als das Wort Gottes, wenn sie auch zunächst der Illusion einer unantastbaren Innerlichkeit verfallen ist. Wird das »Ich« seiner Schatten entblößt, so kann dieser Selbstverlust zum Gewinn werden, zur Befreiung, von der im Gedicht nicht die Rede ist. Kann die sprachliche Bewegung, wie Celan sie andeutet, in der nicht weniger dichterischen Sprache Luthers ihre Fortsetzung finden? Immerhin: Zweideutigkeiten sind bedrohlich für die Person, die um ihrer Identität willen nach Eindeutigkeit sucht. Sie wird aber tragischerweise darin nur Schatten um sich verteilen »zwischen Mittnacht und Mittag und Mittnacht«. Die Zumutung ans lyrische Du, wahr zu sprechen, ohne eindeutig zu reden, setzt demnach die Freiheit von der Angst um die eigene Identität voraus. Luthers Beschreibung der christlichen Freiheit wäre dann eine weitere Nuance und Schattierung der durchaus zweideutigen Verheißung, das Du werde zum Faden mit »Sternsinn« – und die präzise Prägnanz des vieldeutigen poetischen Redens wäre eine sehr konkrete Gestalt des Lebens aus der Gnade.

Das Gedicht und die theologische Argumentation beleuchten einander unabhängig von jeder Intention ihrer Autoren – die bei einem Gedicht durchaus eine fragwürdige Instanz bleibt und wohl auch in Luthers doxologischer Beschreibung der christlichen Existenz. Doch entsteht eine eigentümliche Interferenz, weil auch bei Luther die Person zum Faden wird, so daß es reizvoll sein mag, nicht nur die Fortsetzung des Gedichts im theologischen Text zu suchen, sondern auch umgekehrt die reformatorische Denkbewegung in der poetischen Sprachbewegung fortzusetzen, als werde die Antwort auf den Zuspruch des Evangeliums ausgesprochen mit den Worten Celans. Theologische und poetische Texte setzen dann einander wechselseitig fort.

II. »Nun aber schrumpft der Ort, wo du stehst«

Auf den ersten Blick ist das Gedicht eine metapoetische Anweisung, allerdings ereignet sich in der vorletzten Strophe eine Wende. Diese Wende zeichnet sich auf der rhythmisch-syntaktischen Ebene ab. In den letzten beiden Strophen übergreifen die Satzbögen zunehmend die Versgrenzen. Der bis zur vierten Strophe vorherrschende Daktylus wird häufiger gestaut, um sogleich wieder in Fluß zu geraten. »Wohin jetzt, Schattenentblößter, wohin?« – »Dünner wirst du, unkenntlicher, feiner« – »wo er sich schimmern sieht: in der Dünung«. Solche Verszeilen fügen sich keinem strengen rhythmischen Schema mehr ein, im Unterschied vor allem zur zweiten und vierten Strophe. Die Wende wird überdies durch ein »nun aber« markiert: Das Du hat sich an den Spruch weggegeben, nun aber tritt hervor, daß das Ich längst einen verschatteten Spruch zu sagen weiß, daß das Du sich demnach ans Ich weggegeben hat. So wird das lyrische Ich im Verlauf des Gedichts vom angesprochenen Du ununterscheidbar.

Das zeigt sich vor allem in zwei Blickrichtungen: Zum einen ist das Gedicht bereits jene Dünung wandernder Worte, die das angeredete Du aussprechen soll. Worte wandern durchs Gedicht:

Sprich ... sprich ... sag ... Spruch
Sprich ... Spruch ... Schatten
Schatten ... Mittnacht ... Mittnacht
lebendig ... lebendig ... Schatten
Wohin ... Schattenentblößter ... wohin ... feiner!
Feiner ... unten ... unten

Die auffällig wiederholten Worte werden neu beleuchtet und beleuchten einander, hin und her sich bewegend wie Wellen, ohne festen Bedeutungskern. In dieser Hinsicht exemplifiziert das Gedicht, zeigt das Ich, was dem lyrischen Du nahegelegt wird. Das Gedicht spricht nicht nur Schatten, es ist eine Dünung wandernder Worte.

Ein Wellenspiel von Worten, die ihre feste Bedeutung verloren haben, führt aber möglicherweise zum Sprachgewinn. In der Rede anläßlich der Verleihung des Büchner-Preises (1960) verweist Celan auf das »ganz feine, kaum bemerkte Mienenspiel«, auf die »Zuckungen« und die »Andeutungen«

(137). Die ganz feinen Nuancen in Gesichtsausdruck, Tonfall und Bewegung – entsprechen sie dem dünnen, gefährlich dünnen und dafür immer feineren Faden? Das feine Spiel der Gestalt, worauf es doch dem Gedicht ankommt, läßt sich niemals im unmittelbaren Zugriff formulieren, und eine sparsame Skizze mag es eher treffen als eine Fotografie. Sprachlich läßt es sich nur durch eine Wellenbewegung, eine Dünung wandernder Worte, nur vielfach schattiert nachzeichnen. Aber dann kann wirklich darin ein Stern schimmern. Dem Gedicht bleibt sogar noch die Hoffnung, der Stern möge eintauchen in die Worte. Auch der Schluß des Gedichts umschreibt damit die Wahrheit des Spruchs: Wo in wandernden Worten die feineren Nuancen abgeschattet werden, läßt sich der Reflex eines »ganz Anderen« – davon spricht Celan in der Büchner-Preisrede (142) – wahrnehmen. Einen solchen Reflex darf man allerdings nicht verwechseln mit einem Abbild. Das Gedicht »Wortaufschüttung« sagt das deutlich: »Abbild und Nachbild / kreuzen eitel zeithin« (106) – der Reflex des Sterns ist subtiler, setzt die Wellenbewegungen der Worte voraus. Aber gerade diese vielfach vermittelte Reflexion zielt auf eine Unmittelbarkeit der wahren Worte, die jede Abbildtheorie von Sprache hinter sich läßt, wenn der Stern unten schwimmt.

Zum andern: In der vorletzten Strophe wird beschrieben, wie das lyrische Du zum Faden wird und sich emportastet. Diese »Verdünnung« nimmt bereits in den beiden ersten Strophen Gestalt an, weil der Spruch schrittweise präzisiert wird durch zunehmend paradoxe Verschärfung. Es bleibt – darüber sollte die zu Beginn skizzierte Paraphrase nicht hinwegtäuschen – kein semantisches Kontinuum, nur der Faden, der sich von einem Wort zum andern ausspinnt oder ausgesponnen wird. Es bleibt nur die Bewegung, in der eine Welle zur Welle wird. So wäre demnach das lyrische Ich bereits jener ortlose Faden. Dann wäre noch mehr zu sagen: Die Wellenbewegung, die »Dünung wandernder Worte« umgreift wechselseitig Ich und Du, läßt das Ich längst schon aufgehen in jenem Spruch, zu dem das Du befreit wird. Dieses Geschehen schließt das Ich mit dem lyrischen Du zusammen, allerdings mit einer Phasenverschiebung, wie eine Welle eben. Es verschwindet je das eine im andern. So ereignet sich auch Wahrheit, die niemals eine »Übereinstimmung von Sprache und Sache« oder von »innen und außen« sein kann, wo es um ein Du und ein Ich geht. Und solche Wahrheit ist lebendig.

Wenn der Ort schrumpft, wo du stehst, dann verliere auch ich den festen Halt. Das Gedicht bleibt somit verschattet, der Verfügung der Interpreten entzogen, zugleich Ich und Du – auch: zugleich bedrohlich und tröstlich. Es bleibt unentscheidbar, ob das Gedicht das Leben aus der Gnade sprachlich ausdrückt oder die verzweifelte – letztlich monologische – Selbstauslieferung an den eigenen Spruch.

Solche Unverfügbarkeit rückt das Gedicht in die Nähe der Verkündigung. Es ist nicht in meiner Verfügung, wie die Predigt weiter wirkt, und das gilt auch schon für das biblische Zeugnis. An dieser Stelle wäre demnach das Gedicht exemplarisch für die Sprache des Glaubens. Schon deshalb wäre die Frage verfehlt, ob das biblische Zeugnis mit einem Gedicht übereinstimmen kann. Dann wäre für beides ein eindeutiger propositionaler Gehalt vorausgesetzt. Das biblische Offenbarungszeugnis kann aber nicht vorrangig auf der Ebene von Propositionen verstanden werden, weil eben auch Offenbarung im biblischen Sinne nicht die Mitteilung von Information ist. Der Begriff »Offenbarung« zielt auf das Geschehen der Gegenwart Gottes in Jesus Christus, und das biblische Offenbarungszeugnis vermittelt dieses Geschehen in sprachlicher Form, als sprachliche Kraft, die uns in Bewegung setzt und in Bewegung hält, unserem Leben einen »Sinn« mitteilt, in der gebrochenen Lesart des Celanschen Gedichts, als Gespür, als Ausrichtung, als vielfältig schimmernde Erfüllung. Diese sprachliche Bewegung greift allerdings nach scheinbar »profaner« Sprache, auch schon innerhalb des biblischen Zeugnisses.

Ich gehe noch einen Schritt weiter: Sind die dogmatischen Grundaussagen des christlichen Glaubens gar dem dichterischen Spruch näher als es zunächst scheint? Die klassischen Formeln – allen voran die von Chalcedon, aber auch Luthers »simul iustus simul peccator« – haben sich gegen die Eindeutigkeit entschieden, um desto präziser von Gott und von Gottes Begegnung mit den Menschen reden zu können. *So* haben sie auch ihren Sinn, setzen das christliche Reden von Gott immer wieder in Bewegung, in eine sprachliche, aber keineswegs nur wortreiche Bewegung, die nach außerbiblischen Texten, letzten Endes auch nach Gedichten greifen mag.

Das Gedicht – genauer: der Spruch – läßt sich niemals im strengen Sinne wiederholen, denn jedesmal ist ein Gegenüber dabei, und dieses Gegenüber bleibt in Bewegung. Die Bewegung kann daher auch niemals eine »Übersetzung« des »Gemeinten« sein – was wäre denn ein solch »eigentlich Gemeintes«? –, sondern in erster Linie stets nur ein *Fortsetzen*, Weitersprechen, Entgegnen. Das gilt auch für die Bewegung, in der das biblische Zeugnis in der Verkündigung auf das Geschehen der Offenbarung bezogen wird. Nur in einer »Dünung wandernder Worte« spiegelt sich – ubi et quando visum est Deo – das Geheimnis, es kann in die sprachliche Wellenbewegung eintauchen. Kommt dabei ein Gedicht zur Sprache, so werden nicht theologische Sachverhalte nachträglich illustriert, vielmehr werden Erfahrungen des Glaubens sprachlich und geradezu gegenständlich nach außen gebracht, um wieder das Innerste eines Gegenübers zu treffen und freizusetzen. Daß dieses »Innerste« dann zum Faden wird, während das Gedicht sich einer festlegenden Auslegung verweigert und immer tiefer wird – solch ein Vorgang sollte im theologischen Zusammenhang keine Überraschung sein.

Es darf nicht in den Hintergrund gedrängt werden, daß eine Dünung wandernder Worte keine Selbstverständlichkeit, vielmehr streng strukturiert ist. Wellenbewegungen sind keine chaotische Angelegenheit. Es ist keineswegs selbstverständlich, wenn paradoxe Wendungen an Prägnanz gewinnen und nicht einfach absurd bleiben. Noch weniger selbstverständlich ist es, daß sie ihre eigene Gestalt reflektieren. In unserem Zusammenhang ist der reflexive Zug paradigmatisch: Auf eigentümliche Weise vollzieht das Gedicht, was es ausspricht. Das kann zum Reflex des Glaubensgeheimnisses werden, das wohl nicht zufällig in paradoxen und reflexiven sprachlichen und gedanklichen Zumutungen formuliert wurde, in Formeln, die sich unserer letzten Verfügung gerade vermöge ihrer äußersten Präzision immer wieder entziehen.

III. »in der Dünung wandernder Worte«

Diese Dünung ist mehr als bloß wortreiches, aber unsachliches Gerede: Hier liegen Sprache und Wirklichkeit ineinander. Das ist in doppelter Hinsicht bedeutsam, denn der Spruch läßt zum einen die naive Verdoppelung der Dinge durch Worte hinter sich, die hier überboten und unterlaufen wird durch eine Verdinglichung der Worte. Darin steckt zum andern die Frage, wie ein lyrisches Ich oder Du anders zur Sprache kommen kann als in der Selbstauslieferung an die Sprache, die stets auch das Ich oder Du zum Gegenstand, zum Ding werden läßt, denn wo es um das »Innerste« geht, und sei dieses »Innerste« auch mit Luther als Illusion zu kritisieren, da ist schon die Ebene der Worte ein gegenständliches »Außen«. Zu beachten ist allerdings, daß die Selbstauslieferung niemals ohne Differenz sich ereignen wird: es gibt stets ein »hinein« und ein »wohin«. So kommt es zur Dünung, zur Wellenbewegung der Worte.

Der erste Aspekt, die Verkürzung des Abstandes zwischen Wort und Sache, ist für Celan charakteristisch. Damit ist natürlich auch eine Ebene im Blick, wo Natur und Kunst nebeneinanderstehen, wo die Natur personhafte Züge annimmt und die Sprache als natürliche Wirklichkeit behandelt wird. Von der Kunst im Dienste eines Anderen ist in der Ansprache zur Verleihung des Büchner-Preises die Rede: Die Kunst muß das Wagnis der Verfremdung auf sich nehmen, das Wagnis, zum Medusenhaupt oder zum Automaten, kurz: artifiziell zu werden, um das Natürliche präzise auszusprechen. Aber vielleicht gelingt es ihr dann, »zwischen Fremd und Fremd zu unterscheiden, vielleicht schrumpft [!] gerade hier das Medusenhaupt, vielleicht versagen gerade hier die Automaten – für diesen einmaligen kurzen Augenblick? Vielleicht wird hier, mit dem Ich – mit dem *hier* und *solcherart* freigesetzten befremdeten Ich, – vielleicht wird hier noch ein Anderes frei« (142).

So geht es bei der Verkürzung des Abstandes zwischen Wort und Ding nicht um eine naive Nivellierung, sondern um die entscheidende Differenz in der Richtung, im »Sinn«, um die »Dünung«, wo sich in der Kunst die Natur bricht – und auch umgekehrt die Kunst in der Natur.

Nun sind Worte und Dinge nicht dasselbe, aber es gibt das eine nicht ohne das andere. Wenn die Worte im Gedicht wie Gegenstände behandelt werden – etwa: »Wortaufschüttung, vulkanisch, / meerüberrauscht« (106), oder: »Gras, / auseinandergeschrieben« (74), oder auch: »in den / verflüssigten Namen / schnellen die Tümmler« (160) –, so kommt es in der für poetisches Reden charakteristischen Struktur der Metapher gleichsam zu einem Kurzschluß. Sprache wird nicht mehr mit naturwüchsiger Wirklichkeit verglichen, auch nicht mehr in einem »verkürzten Vergleich«, vielmehr begegnen Worte als Natur eigener Art, aber eigentümlich gerade innerhalb des Naturzusammenhanges. »Es ist eine Sprechweise, ... die ihr Gesprochensein immer wieder thematisiert, nicht um sich in einen selbstgeschaffenen Sprachkosmos zurückzuziehen, sondern vielmehr in der Absicht, den sprachlichen mit dem natürlichen Kosmos ausdrücklich zu verschwistern.« Dieser präzise Kommentar von Beda Allemann (160) muß wohl verschärft werden. Die zuvor zitierte Passage aus der Büchner-Preisrede macht bewußt, daß die Kunst stets bedroht bleibt, ins Artifizielle abzugleiten, und sich jederzeit in den selbstgeschaffenen Sprachkosmos zurückziehen, zum sterilen Automaten zurückbilden wird, wo die Begegnung mit einem Anderen ausbleibt. Sehen wir genauer zu, wie Worte zu natürlicher Wirklichkeit werden:

Celan verwendet immer wieder zusammengesetzte Substantive als Schlüsselwörter von Gedichten: »Fadensonnen«, »Lichtton«, »Urnenwesen«, »Zeitenschrunde«, »Atemkristall«, »Wortmond«. Eine erste Stufe der Verdinglichung von Worten zeichnet sich darin ab, daß solche sprachlichen Gebilde nicht mehr bezeichnen, obwohl sie durchaus eine semantische Struktur aufweisen. Es fällt jedenfalls schwer, sich unter einer Fadensonne etwas vorzustellen – und doch kann man sich der Faszination des Gedichtanfangs »Fadensonnen / über der grauschwarzen Ödnis« (105) kaum entziehen. Er erinnert von ferne an die Beschreibung eines surrealistischen Gemäldes. In der Tat: »Landschaft mit Urnenwesen« (114) – ein anderer Anfang – könnte der Titel eines solchen Bildes sein. Die semantischen Nuancen sind also sehr wohl erkennbar, sie setzen die Phantasie in Gang, blockieren aber zugleich den Bezug der Worte auf außersprachliche Gegenstände. Gebilde wie »Fadensonnen« erfüllen damit eine andere poetische Selbstanweisung Celans, das »Für-niemand-und-nichts-Stehn ... Mit allem, was darin Raum hat, / auch ohne / Sprache« (104). Dieser Vorgang geht über metaphorische Rede im herkömmlichen Sinne weit hinaus, denn hier soll ja kein Phänomen durch übertragenen Wortgebrauch – und sei es auch: treffender – beschrieben werden. Hier sind die Worte vielmehr in seltsamer Weise für sich. Indem sie für niemand und nichts mehr stehen, bilden sie einen Raum *jenseits* der Sprache, die demnach von den Worten wohl unterschieden werden muß.

Die Assoziation mit einem surrealistischen Gemälde trägt bei den »Fadensonnen« nicht weit: »Ein baum- / hoher Gedanke / greift sich den Lichtton« (105). Das ist sicher keine Beschreibung mehr für eine noch so gewagte Vision. Eher wird das Wort »Fadensonnen« charakterisiert: Es ist ein leuchtendes Wort, gerade wegen seiner von jeder Bedeutung frei spielenden semantischen Nuancen, und so wird es ergriffen als sonnenheller Lichtfaden, ausgedehnt zum Licht-Ton. Ergriffen wird es nur durch einen Gedanken, der den mentalen Beschränkungen der »Innenwelt« längst entwachsen und »baumhoch« geworden ist. Was ursprünglich der »Innenwelt« angehörte, ist insgesamt zur eigentümlichen »Welt« geworden, in der die dinglichen Worte ihren Ort einnehmen können. Diese Welt hat ihren Ort nicht mehr nur jenseits der Sprache: »... es sind / noch Lieder zu singen jenseits / der Menschen« (105).

Die Worte bleiben für sich, leuchten und klingen, wo sie befreit werden von der eitlen Bewegung der Entsprechung von Wort und Gegenstand, von Abbild und Nachbild. Diese Befreiung wird Ereignis, wo »du den Wortmond hinaus- / schleuderst, von dem her / das Wunder Ebbe geschieht / und der herz- / förmige Krater / nackt für die Anfänge zeugt« (106). Dann tritt die vulkanische Wortaufschüttung hervor, ein Naturereignis. Ein Naturereignis ist auch die Gravitationskraft des Wortmondes. In seinem Kraftfeld kommt es zu leuchtenden Konstellationen, zu »Fadensonnen« mit »Lichtton«. Das Gebilde »Wortmond« zeigt deutlich, welch ein weiter Weg zurückzulegen ist vom metaphorischen Wortgebrauch im üblichen Sinne zu den Worten jenseits der Sprache bei Celan: Es werden keine mehr oder weniger originellen Vergleiche herangezogen, um ein Phänomen zu beschreiben – umgekehrt wird die Wirklichkeit der Worte umschrieben durch abgründige Konfigurationen von Segmenten natürlicher und künstlicher Wirklichkeit. Auf eine »Landschaft mit Urnenwesen« stößt, wer »Gespräche / von Rauchmund zu Rauchmund« (114) führt. Mit solchen Konfigurationen sind wir wieder bei der »Dünung wandernder Worte« angelangt. Zur Dünung allerdings gehört eine – vielleicht sehr feine – Gegenbewegung:

In der »Zeitenschrunde« wartet »ein Atemkristall, / dein unumstößliches / Zeugnis«. Hier sind sprachliche Gebilde zum Raum geworden, zur symmetrischen, kristallinen Struktur, der Zeit entnommen. Die »Zeitenschrunde« – wieder eine leuchtende Konstellation! – wäre anzudeuten als feiner Riß in der Zeit, die schon spröde geworden ist, weil »das bunte Gerede« »weggebeizt« wurde vom »Strahlenwind deiner Sprache« (107). Als kristalline Struktur jedenfalls ist das Zeugnis schon jenseits der Sprache, und hier kommt es vielleicht zu jenem von Celan erwarteten Gegenwort. Wir haben verfolgt, wie die Worte immer mehr zur eigentümlichen, nur um sich selbst bekümmerten Wirklichkeit geworden und in den Bereich der Natur gerückt sind. Die Worte als natürliche Wirklichkeit behandeln – darin steckt immer das Wagnis, der Verfügung über die eigene Sprache abzusagen. Dann kann die eigene Sprache fremd werden, und doch können eben dadurch die Dinge zu reden beginnen. Dann bricht sich die Kunst in der Natur. Diese Perspektive hat das Gedicht bei Celan im »Sinn«, genauer: das ist der »Stern-Sinn« des Gedichts.

Das Wagnis der Verfremdung um der Begegnung mit dem Natürlichen willen – diese Bewegung, dieser »Sinn« des Gedichts vertieft sich noch, wo das Gegenüber von Ich und Du ins Spiel kommt. Die Dunkelheit – die Schatten! – der Dichtung spricht Celan selbst an und zeichnet sie als unverzichtbar aus: Es ist »die der Dichtung um einer Begegnung willen aus einer – vielleicht selbstentworfenen – Ferne oder Fremde zugeordnete Dunkelheit« (141). Das Gedicht muß zu solcher Dunkelheit kommen, denn vielleicht geht die Dichtung »mit einem selbstvergessenen Ich zu jenem Unheimlichen und Fremden, und setzt sich ... wieder frei?« Wer nämlich »Kunst vor Augen und im Sinn hat, ... der ist selbstvergessen. Kunst schafft Ich-Ferne. Kunst fordert hier in einer bestimmten Richtung eine bestimmte Distanz, einen bestimmten Weg« (139). So kommt es zur Freisetzung des selbstvergessenen, ich-fernen lyrischen Subjekts im Andern. Gerade wenn das Gedicht seinen Sinn hat – das heißt auch: ein Gespür für das Fremde, für das Gegenüber –, kommt ihm die Dunkelheit des Unverrechenbaren zu, muß es um der Begegnung willen in den Worten aufgehen, seinen eigenen Schatten hingeben, sich seiner Sphäre entkleiden (»Schattenentblößter«). Es gehört aber auch zu den Hoffnungen des Gedichts, »gerade auf diese Weise *in eines Anderen Sache* zu sprechen – wer weiß, vielleicht in eines *ganz Anderen* Sache« (142).

Das Gedicht hat seinen Sinn, es wird – wie jedes Kunstwerk – der eigenen Richtung folgen. Es gehört zur Souveränität des gestaltenden lyrischen Subjekts, dieser Richtung zu folgen. Dabei wird der Ort schrumpfen, »wo du stehst«, denn der Raum möglicher Bewegungen wird Schritt für Schritt eingeschränkt. Und eben darauf kommt es an: »geh mit der Kunst in deine allereigenste Enge. Und setze dich frei« (146). Im artifiziellen Gebilde kann die feine Nuance, die leichte Zuckung, das unkenntliche Mienenspiel eine »Atemwende« herbeiführen. So lautet der Titel einer Gedichtsammlung, so nennt Celan auch im Kontext der Büchner-Preisrede jenen entscheidenden Augenblick der Begegnung zwischen Ich und Du, wo sich in der Kunst die Natur bricht, im Künstlichen das Natürliche anschaulich wird.

Hier mag das Gedicht in eines ganz Anderen Sache sprechen, was vielleicht den gemeinsamen Nenner zwischen verdinglichtem Wort und versprachlichtem Ich anzeigt. Leben entspringt nur aus der radikalen Brechung – »Beim Tode! Lebendig!« – und setzt die gefährliche Entfremdung voraus. Das gilt sowohl für die Wende von der Natur zur Kunst als auch für die Wende von der Kunst zur Natur. Es ist gefährlich, zumindest eine bedrohliche Entfremdung, die Sprache auszuliefern an die Dinge, den auf den ersten Blick prinzipiellen Unterschied zwischen Geist und Natur einzuebnen in der Hoffnung, es mögen die Dinge zu sprechen beginnen. Nicht minder gefährlich ist es, sich selbst auszuliefern an die Sprache – und an eine bereits verdinglichte Sprache zumal! –, sich einer Sprache mitzuteilen, die ihr eigenes Leben hat und das »Innere« vielleicht vertilgen wird. Die Gefahr rückhaltloser Expressivität ist allemal die konventionelle Phrase oder der Manierismus. Dabei ist es nicht ausgeschlossen, daß auch das »Innere« zum Klischee oder zum Ornament wird und abstirbt. Und doch bleibt die Hoffnung auf eine Atemwende, wo das Du im Gegenüber zum Ich die äußere Gestalt lebendig macht, den Spruch in eine Wellenbewegung versetzt, zur Dünung wandernder Worte wandelt.

Vielleicht kommt an diesem Punkt erst die andere Dimension in den Blick, die Wende, in der die Dinge zu reden beginnen, wo die Kunst sich in der Natur bricht und die »Gegenstände« zur geschöpflichen Wirklichkeit werden. An dieser Stelle wäre zu erahnen, daß es keine »sprachlose« Wirklichkeit gibt. Hier führt der poetische Faden wieder zu biblischen Andeutungen: »die Sehnsucht des Geschaffenen wartet auf das Offenbarwerden der Kinder Gottes, denn der Nichtigkeit wurde das Geschaffene unterworfen, nicht freiwillig, sondern um dessen willen, der es ihr unterwarf; auf die Hoffnung hin, daß auch das Geschaffene selbst befreit werden wird von der Knechtschaft des Verderbens zur Freiheit der Herrlichkeit der Kinder Gottes. Denn wir wissen, daß alles Geschaffene insgeheim seufzt und sich schmerzlich ängstigt bis jetzt« (Röm 8,19–22). Diese seltsamen Sätze des Apostels deuten an, daß die geschaffene Natur insgesamt nicht etwa »geistlos« ist, denn auch wir seufzen, weil wir das Angeld des Geistes empfangen haben (vgl. v.23), und der Geist unterstützt unser Gebet mit unaussprechlichen Seufzern (vgl. v.26).

Die Andeutungen des Apostels zur seufzenden Kreatur sind schwer nachzuvollziehen. Wenigstens ansatzweise erahnen kann ihren Sinn nur, wer darauf verzichtet hat, den Geist der Natur entgegenzusetzen als den Bereich unseres »Innersten«, über den wir verfügen können, wer erfahren hat, daß es kein »Innerstes« gibt, das nicht aus dem Fremden, dem Äußeren her auf uns zukommt. Schon im biblischen Wortgebrauch durchwirkt Gottes Geist alles Lebendige (Ps 104,19f) und ergreift die menschliche Person als Kraft. Der Geist – auch der Geist des Menschen – ist nicht in erster Linie ein »Seelenvermögen«, auch nicht die Spitze solcher inneren Potenzen. Vielleicht ist es gerade die auf den ersten Blick unbeseelte Kreatur, die ganz fremde Welt der Dinge, die uns den Gedanken nahelegt, daß alles Geistreiche ganz und gar stofflich ist. Wo aber Geist und Stoff – oder auch: Geist und Leib – ungetrennt, wenngleich nicht ungefährdet ineinanderliegen, muß das Unbelebte nicht geistlos sein.

Das Gedicht vermittelt an dieser Stelle eine Ahnung, es schärft den »Sinn« für die seltsame Rede des Apostels. Dabei geht es nicht darum, die dunklen Sätze des Paulus durch womöglich noch dunklere Sprüche des Dichters zu erhellen. Vielmehr kann das Gedicht den theologischen Gedanken vertiefen und damit fortsetzen. So mag unsere sprachliche Sensibilität gesteigert, unsere Wahrnehmung der geschöpflichen Wirklichkeit verfeinert werden. Die geschöpfliche Wirklichkeit spricht das Gegenwort, gerade weil sie für niemand und nichts steht. Sie kann verweisen, ohne zu bedeuten. So kommt es darauf an, die Schatten, Abgründe, Nuancen und Konstellationen wahrzunehmen, in denen vieles Raum hat, auch und gerade ohne Sprache, wo die Lieder gesungen werden jenseits der Menschen. Solche Sensibilität für den Geist in der geschöpflichen Wirklichkeit kann dann auch ermutigen zu jenem Wagnis, das »Innerste« nach außen zu kehren. Das »Geheimnis der Begegnung« (144) setzt Sprache, setzt versprachlichtes und damit auch verdinglichtes Bewußtsein voraus. Dieses Wagnis nimmt das Gedicht auf sich und gewinnt dabei die Wellenbewegung von Bewußtsein und Sein, die Dünung von *Worten und Gegenworten*.

Eine solche Wellenbewegung ergreift vielleicht auch den Dialog zwischen theologischem und poetischem Reden. Von einer wechselweisen Fortsetzung war ja schon die Rede. Das Gedicht setzt die Bemühungen um die theologisch notwendige Unterscheidung zwischen (bloß) natürlicher und geschöpflicher Wirklichkeit auf seine Weise fort. Dabei ist es für die Theologie von Bedeutung, daß ein Gedicht ebensowenig unmittelbar »die« Wirklichkeit zur Sprache bringt oder gar abbildet wie theologisches Reden. Das tastende Reden von Gott wird daher nicht an entscheidender Stelle suspendiert, es bricht sich vielmehr in der prägnanten Vieldeutigkeit des Gedichts. Umgekehrt mag das Gedicht seine Fortsetzung, sein Gegenwort letztlich in der Doxologie finden. Es vermittelt eine Ahnung davon, was der Beter von Ps 139 mit dem göttlichen, dem »ganz anderen« Wissen im Sinn hat: »Herr, du erforschst mich und kennst mich ... du verstehst meine Gedanken von ferne. ... es ist kein Wort auf meiner Zunge, das du, Herr, nicht schon wüßtest« (v.1b.2b.4).

Wollen wir das Prädikat »Allwissenheit« gemäß der analogia fidei verstehen, so müssen wir uns von einer menschlichen Wunsch- und Wahnvorstellung lösen, die das menschliche Wissen als theoretische Durchdringung und praktische Beherrschung eines Gegenstandes via eminentiae zum Totalüberblick steigert. Sicher spricht der Beter in Ps 139 von einer unbegrenzten Erkenntnis Gottes. Wichtig ist aber, daß er diese Erkenntnis hautnah erfährt, daß sie ihm geradezu auf den Leib rückt. Noch wichtiger ist, daß diese Erfahrung zweideutig bleibt, ein faszinierendes Geheimnis und zugleich eine bedrohliche Angelegenheit. Und schließlich kommt es darauf an, daß der Beter im Gegenüber zu Gott frei wird zur Selbsterkenntnis, zu der wunderbaren Einsicht, daß er im Mutterschoß gewoben und in den Tiefen der Erde gebildet wurde.

Die göttliche Allwissenheit wäre demnach zu umreißen als eine Anrede, die das menschliche Gegenüber freisetzt, weil das Gegenüber sich in dieser Anrede zu erkennen vermag. In eine Formel gefaßt heißt das »Selbsterkenntnis im Anderen« – und als Wellenbewegung wird es zum poetischen Gebilde. Das Gedicht macht nicht etwa einen theologischen »Sachverhalt« anschaulich, eher schärft es im Licht des analogen Redens von Gott die Wahrnehmung der geschöpflichen Wirklichkeit. Im Licht des Redens von Gott werden die Schattierungen durch das Gedicht treffend verteilt: Umfangen von der göttlichen Erkenntnis kann ein lyrisches Du unkenntlicher, zum feinen Faden werden. Es kann sich der paradoxen Einsicht aussetzen: Ich bin Stoff, in der Tiefe der Erde gebildet wie ein Muster – und: ich bin Leben, eingewoben in die Folge der Generationen und ihre Geschichte, ihren Text. Je differenzierter diese Bewegung zwischen Ich und Text, zwischen Geist und Erde hin und her läuft, desto nuancierter werden die Schatten – denn *begreifen* läßt sich die Einsicht nicht –, desto intensiver wird die Wellenbewegung, desto leuchtender reflektiert sie die Anrede durch Gott.

Anmerkung

1 Das Gedicht ist zuerst erschienen in: *Paul Celan, Von Schwelle zu Schwelle, Stuttgart: Deutsche Verlags-Anstalt 1955*; es wird von Beda Allemann ausgelegt im Nachwort zu: Paul Celan, Ausgewählte Gedichte. Zwei Reden, Frankfurt a.M. 1968, S. 151–163. Der Band enthält auch Celans Dankrede anläßlich der Verleihung des Büchner-Preises im Jahre 1960 (S. 133–148). Seitenzahlen im Text beziehen sich auf diese Auswahl.
Der Abdruck des Gedichtes erfolgt mit freundlicher Genehmigung der Deutschen Verlags-Anstalt, Stuttgart.

Michael Meyer-Blanck

Leben im Rinnstein
Carl Zuckmayers »Lob der Spatzen«
Biblisch-theologische Bezüge in einem Gelegenheitsgedicht

Es scheint nicht gerade zeitgemäß zu sein, ein Gedicht von Carl Zuckmayer zu interpretieren. Zwar fand aus Anlaß seines 100. Geburtstages (am 27. Dezember 1996) eine sorgfältige Zuckmayer-Ausstellung des Deutschen Literaturarchivs im Schiller-Nationalmuseum in Marbach/Neckar statt, der S. Fischer-Verlag edierte aus eben diesem Anlaß eine neue Werkausgabe in 17 Einzelbänden[1] und die Deutsche Bundespost brachte gar eine Sonderbriefmarke heraus – aber dies alles scheint mehr ein datumsbedingtes Pflichtpensum zu sein. Ansonsten dürfte den common sense der Feuilletonist Tilman Krause im Berliner »TAGESSPIEGEL« gut auf den Punkt gebracht haben: »Zuckmayer? Das war doch der Schwarm unserer Großtanten [...] ›Ach, das war alles so menschlich. Und außerdem hatte der Gemüt.‹ Gemüt! Das hat uns in den siebziger Jahren wenig beeindruckt, und auch heute steht es nicht hoch im Kurs. Gemüt ist vorkritisch; Volksstücke, auch wenn sie wie der ›Hauptmann von Köpenick‹ als Militärsatire daherkommen, gelten unter deutschen Intellektuellen als obsolet. Man überläßt dergleichen den Juhnke-Fans. Wenn irgendein damaliger deutscher Erfolgsautor in den Orkus der Geschichte zu gehören scheint, dann ist es [...] Carl Zuckmayer [...].«[2]

Seit den siebziger Jahren setzte sich jene Einschätzung durch, die schon 1960 Theodor W. Adorno kritisch gegen Zuckmayers Weltsicht formuliert hatte: »Mir ist im deutschen Geistesleben weniges so widerwärtig wie diese offizielle Volkesstimme.«[3] Gemüt, naive Lebensfreude und gar Harmonie unterliegen alle Mal dem Ideologieverdacht des Intellektuellen – und Dichtung, die volkstümlich daherkommt, scheint in der deutschen Kulturöffentlichkeit erst recht obsolet zu sein. Optimistische Verse, welche nicht die Verfallenheit der Existenz heraufbeschwören und die so einfach sind, daß sie der Mensch aus dem Volk versteht, können angeblich nichts taugen. Deutschtiefdenkerisch interessiert eher die Angst des Torwarts beim Elfmeter denn das Vertrauen in die Unzerstörbarkeit des Menschseins.

Doch da gab es eben diese eine höchst prominente Ausnahme unter den Intellektuellen – Karl Barth. Der inzwischen in 10. Auflage (!) gedruckte Briefwechsel mit Zuckmayer[4] in den beiden letzten Lebensjahren Barths zeigt eine ganz andere Einschätzung. Barth schrieb in seinem ersten Brief (16. Mai 1967) an Zuckmayer: »Was ich Ihnen da schreibe, soll Ihnen nur andeuten, daß ich Ihnen dankbar bin und Sie aus der Ferne in Ihrer Menschlichkeit einfach gern habe.«[5] Barth las nun Zuckmayers Werke nicht mit dem Ideologie- und Harmonieverdacht, sondern er sah in den Gestalten – besonders in den Erzählungen – etwas von der alles übersteigenden Gnade aufscheinen. Barth benannte explizit den Unterschied zu den Gestalten bei Friedrich Dürrenmatt. Zuckmayer sei es gegeben, die menschliche Verkehrtheit in der nirgends versagenden Barmherzigkeit zu sehen: »Mephistopheles ist abwesend. Die Alle und Alles unaufdringlich, aber unübersehbar umgebende Güte Gottes regiert und charakterisiert bei Ihnen auch die trivialsten, bizarrsten, ja tollsten Szenen und Situationen.«[6] Darum, so fuhr Barth fort, sehe er in Zuckmayers Schriftstellerei ein geradezu »priesterliches« Amt.

In diesem Sinne soll auch im folgenden der Versuch gemacht werden, aus einem Zuckmayer-Gedicht eine ungewollte, mindestens eine nicht geplante theologische Stimme herauszuhören. Barth schrieb zwar auch an Zuckmayer, er habe zu dessen Gedichten bislang am wenigsten Zugang gefunden,[7] aber dennoch soll hier ein Gedicht aus dem Zyklus »Der Baum«[8] in der von Barth vorgezeichneten Linie interpretiert werden: Als Triumph der Güte über Mephistopheles, nicht als banale Harmonie, sondern als Zeugnis der Gnade in gnadenloser Zeit.

LOB DER SPATZEN

Grau mit viel Braun und wenig weißen Federn,
Das Männchen auf der Brust mit schwarzem Fleck.
Sie leben unter Palmen, Fichten, Zedern,
Und auch in jedem Straßendreck.

In Ingolstadt und in der City Boston,
Am Hoek von Holland und am Goldnen Horn
Ist überall der Spatz auf seinem Posten
Und fürchtet nicht des Schöpfers Zorn.

Inmitten schwarzer Dschungeln von Fabriken
Und totgeladner Drähte Kreuz und Quer
Sieht man die Spatzen flattern, nisten, brüten, mausern, picken,
als wenn die Welt ein Schutzpark wär!

Es stört sie nicht Lärm der Transmissionen
Und keineswegs das Tempo unsrer Zeit –
Sie leben (schnell und langsam) seit Äonen
Wo sie der Himmel hingeschneit.

Als Jesus über Gräser, Zweige, Blumen
Einritt, und alle Hosianna schrien,
Da pickt ein Spatz gemächlich gelbe Krumen
Aus dem noch warmen Mist der weißen Eselin.

Herr gib uns Kraft und Mut wie Deinen Spatzen,
Mach unser Leben ihrem Rinnstein gleich.
Dann mag wer will von edleren Tauben schwatzen,
Denn unser ist Dein gutes Erdenreich.

Das Gedicht ist in dem Zyklus »Der Baum« erstmals 1926 veröffentlicht worden, ein Jahr, nachdem Zuckmayer mit seinem Volksstück »Der fröhliche Weinberg« im Theater am Schiffbauerdamm in Berlin der Durchbruch geglückt war.[9] Das Stück markierte in der Theatergeschichte den Übergang vom Expressionismus – mit dem sich Zuckmayer selbst bis dahin länger erfolglos versucht hatte – zu einem Nebeneinander der Stile, das darum schlicht als »Theater der Weimarer Republik« zusammengefaßt wird. Das Publikum hatte an den Stücken der literarischen Avantgarde zunehmend weniger Interesse und ging stattdessen lieber in die Kinos[10] und Revuen. Bis zum »Fröhlichen Weinberg« erschien ein Theatererfolg eines zeitgenössischen Autors kaum mehr denkbar.

Zuckmayer war etwas gelungen, das jenseits der Alternative von Expressionismus und Unterhaltung stand, gewissermaßen das Volkstümliche für Intellektuelle. Sein Werk hat durchaus eine Botschaft: Eine Institutionen- und Zivilisationskritik, die das Bodenständige gegen das Förmliche, Verlogene und Militärische setzt. Mit dem Völkischen schwimmt Zuckmayer durchaus in einem (»jugendbewegten«) mainstream, er unterscheidet sich aber an zwei fundamentalen Punkten davon: Zum einen sind seine Gestalten nicht edel, sondern naturwüchsig und verletzen daher die Schamgrenze,[11] zum anderen werden gerade die Hoffnungsträger der Rechten demontiert – 1931 das Militär im »Hauptmann von Köpenick« und 1925 das moralisch integre Korpsstudententum. Im dritten Akt des »Fröhlichen Weinbergs« übernachtet der Student Knuzius sturzbetrunken auf einem Misthaufen. So schrieb denn auch der »Völkische Beobachter« nach der Münchener Premiere am 11. Februar 1926: »Das Ganze ist eine geist- und wirklose Schweinerei. Import aus Berlin. Was kann aus Berlin Gutes kommen? Dem ärgsten Judennest Europas. D. h., Karl Zuckmayer ist kein Berliner, sondern *Halbjude*. Daher der Hang zum Schweinigeln. ... Eine Frage an die Korpsstudenten Münchens: Laßt ihr euch die schamlose Verhöhnung der schlagenden Verbindungen durch den Halbjuden Zuckmayer gefallen?«[12]

Mit dem exakt gleichen abgedroschenen Vokabular schrieb der »Völkische Beobachter« dann auch 1931 über den »Hauptmann von Köpenick«, das Stück solle nur dazu dienen, »das deutsche Militär, Offiziere wie Unteroffiziere und Soldaten [...] *durch die Jauche seiner Gemeinheit zu ziehen*«,[13] und zusammenfassend hieß es: »Und just auf diesen Leitton stimmte der Halbjude *Carl Zuckmayer*, der sich mit seiner Schweinerei vom ›Fröhlichen Weinberg‹ ausgezeichnet in die Rinnstein-Literatur des demokratischen Systems einführte, sein ›Deutsches Märchen‹, wie der Untertitel zu seinem ›Hauptmann von Köpenick‹ heißt, ab.«[14]

Das Volkstümliche, aber nicht das Völkische, das Bodennahe, doch fern von jeglichem Blut- und Boden-Gedanken, das Individuell-Vitalistische, nicht das Politische (trotz des Spotts über das philisterhafte Bürgertum und den Militarismus) – dies sind die Grundmotive bei Zuckmayer. Vielen Intellektuellen war und ist das zu wenig Hochkultur,[15] vielen zu wenig »engagierte« Literatur.

Als wollte er die fünf Jahre später erfolgende Klassifizierung durch die Nazis als »Rinnstein-Literatur« vorwegnehmen und ins Positive wenden – so konzipiert Zuckmayer sein frühes Gelegenheitsgedicht »Lob der Spatzen« von 1926. Darin ist der später völkisch inkriminierte Rinnstein nicht nur Schauplatz und Zielpunkt des Ganzen, sondern er ist – Gebetsinhalt. War der Misthaufen im »Fröhlichen Weinberg« der rechte Ort für den volltrunkenen Studenten Knuzius, so ist der Mist einer Eselin hier der Nebenschauplatz beim Einzug in Jerusalem – gewissermaßen ein schöpfungstheologischer, keineswegs unbedeutender Nebenschauplatz zum heilsgeschichtlichen Drama, das mit dem Hosiannaschreien des wankelmütigen Volkes anhebt.

Die Struktur und die Botschaft des Gedichtes sind einfach. Sechs Strophen sind in schlichter Manier des Gelegenheitsreimes (Kreuzreim) im fünfhebigen Jambus gearbeitet. Interessanter ist jedoch schon der Strophenaufbau. Das Thema ist die Gegenwart, dieses umfaßt die Hälfte des Gedichtes, während Vergangenheit, Zukunft und zeitübergreifende Einleitung jeweils nur eine Strophe umfassen:

1. Spatzen »in jedem Straßendreck« (Einleitung)
2. Spatzen in allen Erdteilen (Gegenwart)
3. Spatzen trotz Fabriken und »todgeladner Drähte« (Gegenwart)
4. Spatzen trotz »Tempo unserer Zeit« (Gegenwart)
5. Ein Spatz bei Jesu Einzug nach Jerusalem (Vergangenheit)
6. Gebetsbitte um ein Leben im Rinnstein (Zukunft)

Theologisch könnte man den Befund so charakterisieren: Die wegen ihrer Technisierung bedrohliche Gegenwart soll durch Gottes Vergangenheit und durch die von Gott erbetene Zukunft neu, nämlich heilvoll qualifiziert werden. Wenn Karl Barth an Zuckmayer über dessen Dramen schrieb: »Mephistopheles ist abwesend«,[16] dann ließe sich hier analog formulieren: Trotz der Gefahren der Gegenwart ist Gott auch darin anwesend, und als Garant dieser heilvollen, gnadenbezogenen Sicht stehen die Spatzen, welche zeitübergreifend, ortsübergreifend und damit auch Augenzeugen bei Jesu Einzug in Jerusalem in der heilvollen Mitte der Zeit sind.

Mit der Esel*in*, die sich gut auf »schrien« reimt, folgt Zuckmayer der Matthäusfassung, Mt 21,1–9. Bei Mk und Lk ist nur von *einem* Esel die Rede, Mt bemüht sich um eine wörtliche Übersetzung von Sach 9,9: »Siehe, dein König kommt zu dir; gerecht und siegreich ist er, demütig, *auf dem Esel reitend, auf einem Eselinfüllen.*« In der hebräischen Bibel ist ein Tier in verdoppelnder Ausdrucksweise gemeint, erst die Septuaginta hat dies mißverstanden, das zweite *επι* durch ein *και* ersetzt und so zwei Tiere daraus gemacht.[17] Die Mt-Fassung mit der Eselin ist bekanntlich das alte Evangelium des 1. Advent, während am Palmsonntag die Johannesfassung mit dem Eselsfüllen als Evangelium gelesen wird. (Zuckmayer war Meßdiener gewesen und hatte seinen Katholizismus später »für einen der Glücksfälle meiner Jugend« gehalten.[18])

Ohne Zweifel handelt es sich bei dem Gedicht um keine hochreflektierte Theologie, vielmehr um eine Art Lobpreis des Lebens. Damit bewegt sich Zuckmayer in einem breiten lebensphilosphischen Denkhorizont, wie er von Schopenhauer und vor allem von Nietzsche her beeinflußt war.[19] Das Gedicht »Der Baum«, welches dem Zyklus von 1926 den Namen gab, ist ganz diesem Hintergrund verpflichtet.[20] Auf einem Theaterzettel zum »Fröhlichen Weinberg« von 1930 hatte es Zuckmayer schließlich sogar in der Form eines Credo formuliert:

»Nun gilt ein Leben lang das Lebendige.
Ich glaube: an die Natur und an den menschlichen Geist [. . .].
Ich glaube: an eine übergeordnete Macht, der wir dienen, wenn wir
unser eigenes Gesetz erfüllen.
Ich glaube: an die absolute Schöpferischkeit des Lebens [. . .]«[21]

Bevor wir uns dem theologischen Gehalt des Spatzengedichtes näher zuwenden, noch zwei Bemerkungen zur Zeitgebundenheit des Gedichtes. Der Eindruck eines damals konventionellen jugendbewegten Vitalismus ist wahrscheinlich doch etwas zu einfach. Denn weder eine romantisierende Zivilisationskritik noch eine kulturpessimistische Reinlichkeitsrhetorik hat bei Zuckmayer Platz. Gerade diese aber waren die Topoi, die von der völkischen Bewegung und den Nazis aufgegriffen wurden: Natürlichkeit *gegen* Technik, Lebendigkeit *gegen* Mechanik, »Geist gegen Materialismus, Reinheit gegen Schmutz«.[22]

Allenfalls ein technikkritischer Zug läßt sich aus dem Spatzengedicht herauslesen. Aber auch hier steht die Natur nicht gegen die Technik und Zivilisation. Es wird kein Rückzug aus der Moderne in die romantisierend verstandene Natur propagiert. Die als Orientierung für den Menschen beschriebenen Spatzen leben in der Moderne und Technik, nicht außerhalb von ihr oder gegen sie: auch im Straßendreck (Str. 1), auch in der City (Str. 2). Auch bedrohende Fabriken und Drähte füllen die Spatzen mit Leben – nicht kulturpessimistisch lamentierend über die Unwirtlichkeit der Gegenwart –, sie verhalten sich einfach »Als ob die Welt ein Schutzpark wär!« (Str. 3) Diese Sicht des In-der-Welt-Seins ist durchaus der johanneischen aus dem hohepriesterlichen Gebet Jesu vergleichbar: »Ich bitte dich nicht, daß du sie aus der Welt nimmst, sondern daß du sie bewahrst vor dem Bösen.« Kurz: die moderne Welt der technisierten Städte wird nicht schlechtgemacht, sondern als Lebensraum akzeptiert.[23]

Der zweite, noch wichtigere Punkt: Die jugendbewegte Reinlichkeitsrhetorik fehlt[24] – der wütende Protest des »Völkischen Beobachters« entzündete sich nicht umsonst an Zuckmayers Werken. Auch im Spatzengedicht werden Straßendreck (Str. 1), Mist (Str. 5) und Rinnstein (Str. 6) zu positiven Lebensorten. Denn das Unterscheiden von »edel« und »unedel« – wobei die Unterscheidung lebenswert/lebensunwert nicht mehr fern liegt – wird explizit zurückgewiesen (Str. 6), und dies mit gutem biblischen Grund. Die Erde ist gut, weil sie Gott und den Menschen gehört: »Denn unser ist Dein gutes Erdenreich« – so endet das Gedicht. Man kann dazu an Ps 24,1 denken: »Die Erde ist des Herrn und was darinnen ist, der Erdkreis und die darauf wohnen.«

Straßendreck, Mist, Rinnstein und Erdenreich werden nun bei Zuckmayer aber nicht nur akzeptiert, sie werden vielmehr zu Orten von Offenbarung. Denn diese Lebensorte der Spatzen werden auch dem Menschen zugewiesen. Um diese Lebensorte wird der Herr im Gebet angerufen, und die Mistperspektive ist es, aus welcher der Spatz die Passion Jesu miterlebt – und diese Perspektive wird dem Leser, der sich die Spatzen zum Vorbild nehmen soll, gleichfalls nahegelegt.

An mehreren Punkten sind in dem Gedicht bereits biblische Bezüge (oder sollte man vorsichtiger vermuten: biblische Tiefenwirkungen unbewußter Art) aufgetaucht. Vielleicht läßt sich aber auch sagen: *Zuckmayers traditionell-selbstverständliches Christentum bewahrt ihn vor dem Abgleiten seines lebensphilosophischen Denkens in einen ungebremsten Vitalismus, Animismus oder gar in völkische Blut- und Bodenromantik.* Nicht an den edlen, sondern an den alltäglichsten Vögeln scheint die Güte von Gottes Erdenreich auf. Straßendreck und Rinnstein als die Lebensorte der Spatzen offenbaren die alles durchwirkende Gnade. Nicht der höchste Vogel – wer denkt nicht an den Adler! – ist Vorbild des Menschseins, sonders der niedrigste. Nicht des Adlers Weg am Himmel (vgl. Spr. 30,19), sondern des Spatzen Leben im Rinnstein ist wunderbar.

Es ist demnach eine Art von *Erniedrigungsmotiv*, das hier zur Geltung kommt. Dieses wird allerdings nicht christologisch eingebunden, sondern anthropologisch gewendet. Auf jeden Fall aber kann gesagt werden: Es hat der »Völkische Beobachter« Zuckmayer mit dem Schmähwort der »Rinnstein-Literatur« in der Tat bestens verstanden: als einen klaren Widersprecher zur Ideologie des Herrenmenschentums.

Zuckmayers vom Erniedrigungsmotiv beeinflußte Anthropologie könnte ebenfalls eine Auswirkung biblischen Denkens sein. Man erinnere sich dazu nur an den klassischen erniedrigungschristologischen Text Phil 2,5–11 (»Er erniedrigte sich selbst und ward gehorsam bis zum Tode, ja zum Tode am Kreuz«, Phil 2,8).

Selbstverständlich läßt aber das Gedicht noch an einen anderen berühmten neutestamentlichen Text denken – an das Weisheitswort vom Sorgen in der Bergpredigt: »Seht die Vögel unter dem Himmel an: sie säen nicht, sie ernten nicht, sie sammeln nicht in die Scheunen; und euer himmlischer Vater ernährt sie doch« (Mt 6,26; Lk 12,24 ist von den Raben die Rede). Ist der Zielpunkt in der Bergpredigt die Warnung vor der Sorge[25] und der Aufruf, nach dem Reich Gottes zu trachten, so steht das Leben der Spatzen bei Zuckmayer für »Kraft und Mut« (Str. 6), die von Gott erbeten werden. Auch das Spatzengedicht hat durchaus einen weisheitlichen Charakter: eine positive Naturbetrachtung,[26] die vor Kulturpessimismus bewahren und Lebensmut eröffnen soll; bei Matthäus soll der Blick auf die Vögel den Blick auf das Reich Gottes freigeben, der durch die Sorge verstellt zu werden droht.

Ist dies wirklich eine »optimistische Naturbetrachtung«? Man wird für Mt 6,25ff wie für das Spatzengedicht – ohne sie auf eine Ebene stellen zu wollen – ein Ja und Nein formulieren können bzw. genau theologisch unterscheiden müssen. Nicht die Vögel begründen die Sorglosigkeit, sondern die Predigt dessen, der anhand der Naturbetrachtung die Güte Gottes Ereignis werden läßt. Nicht die Spatzen geben Lebensmut, sondern der Gott, dessen Güte aufblitzt, wenn er im Namen der mutigen Spatzen als Gott des Lebens in Anspruch genommen und bittend angerufen wird (die Gebetszeilen in Strophe 6). Mit Zuckmayer, wahrscheinlich aber über ihn hinausgehend, kann formuliert werden: Es ist nicht die optimistisch-religiöse Naturphilosophie, sondern es sind die Predigt Jesu und das Gebet an seinen himmlischen Vater, welche den Sorgenschleier von der Wirklichkeit nehmen.[27]

Unter literaturwissenschaftlichen Gesichtspunkten wird man dieses Gedicht wie Zuckmayers Lyrik insgesamt nicht unter die meisterhafte Poesie rechnen können. Noch einmal: Sprache, Reim, Lehre und Absicht sind einfach gestrickt und liegen offen zutage.[28] Aber muß es umgekehrt ein Schade sein, wenn ein Gedicht leicht verständlich ist?[29] Gerade angesichts der Tradierungskrise des christlichen Glaubens in der »ersten Welt« sollte ein Dreifaches nicht übersehen, sondern vielmehr im Hinblick auf eine gegenwärtige christliche Lyrik positiv festgehalten werden:

1. Zuckmayers Gedicht ist *volkstümlich und christlich* – und stellt damit eine Kombination dar, die gerade im evangelischen Christentum offensichtlich Mangelware ist.
2. Zuckmayers Gedicht ist *biblisch inspiriert*, und es zeigten sich gerade die impliziten Bezüge als diejenigen, die nicht unbedingt den Wortlaut, wohl aber den Geist der Heiligen Schrift in der Gegenwart lebendig halten.
3. Diese biblisch inspirierte (»Rinnstein«-) Lyrik ist ein geistiges *Widerstandspotential* gegen die Vergottung von Natur und (»Herren-«) Menschen, welche alle Mal in die Unmenschlichkeit umschlägt.

Das intellektuelle Naserümpfen über Zuckmayers angeblich lediglich fröhlich-optimistische Weltsicht ist mithin nicht nur um Karl Barths willen verfehlt. Denn wer vermöchte im Deutschland des Herbstes 1998 der schlichten, aber anrührenden Sentenz Zuckmayers widersprechen:

Die Seelen hungern,
die Herzen frieren,
die Geister dürsten.
Wir brauchen Brot und Wein.[30]

Anmerkungen

Der Abdruck des Gedichtes erfolgt mit freundlicher Genehmigung des S.Fischer Verlags, Frankfurt a.M. Es ist zu finden in dem Band: Carl Zuckmayer, Gedichte, © S.Fischer Verlag GmbH, Frankfurt a.M. 1977.

1 Von dem erstmals 1996 aus dem Nachlaß veröffentlichten »Vermonter Roman«, der von Zuckmayers Exil auf der Backwoods Farm im amerikanischen Staat Vermont erzählt, wurden nach Auskunft des Verlagslektors Knut Beck auf Anhieb 12 000 Exemplare verkauft. Vgl. dazu schon früher: Alice Herdan-Zuckmayer: Die Farm in den grünen Bergen, Frankfurt a. M. 1956.

2 Tilman Krause: Er wollte nicht rechten (zur Zuckmayer-Ausstellung des Marbacher Literaturarchivs), in: »Der Tagesspiegel« Nr. 15706 vom 6. August 1996, S. 19.

3 Zitat nach: Ulrich Ott / Friedrich Pfäfflin (Hg.): Carl Zuckmayer 1896–1977. »Ich wollte nur Theater machen«, Marbach/Neckar 1996 (Marbacher Katalog 49), S. 421. Vgl. ebd. Adornos Zuckmayer-Kritik im »Merkur« (14. Jg. 1960, Heft 2, S. 115): »Leibhaftige Unesco-Dichter schießen ins Kraut, die etwa dafür sich begeistern, daß auch inmitten der unmenschlichsten Situationen das Menschliche blühe, und im Namen einer Humanität, die keine ›controversial issues‹ anpackt, internationale Leitbilder von Verwaltungsgremien mit ihrem Herzblut auspinseln.«

4 Carl Zuckmayer/Karl Barth: Späte Freundschaft in Briefen, Zürich 1977 ([10]1995).

5 Ebd., S. 11. Barth schrieb an Zuckmayer, nachdem er dessen Buch »Als wär's ein Stück von mir« (1966) geschenkt bekommen und »in einem Zuge gelesen« hatte (ebd.).

6 Ebd., S. 17.

7 Ebd., S. 22, Brief vom 12. September 1967.

8 Der Baum. Erste Buchausgabe Berlin 1926 (Propyläen Verlag).

9 Im Mittelpunkt des Stückes steht der Weingutbesitzer Gunderloch, der gerade noch davor bewahrt wird, seine Tochter mit dem servilen Korpsstudenten und Mitgiftjäger Knuzius zu verheiraten. In Zuckmayers Heimatort Nackenheim gab es tatsächlich einen Winzer mit dem Namen Gunderloch – der zunächst sehr verärgert über den deftigen Stoff war. – Inzwischen zählt das Weingut Gunderloch übrigens zu den wenigen Spitzenklassebetrieben Rheinhessens, und Zuckmayers »Fröhlicher Weinberg« wird bisweilen in den Räumen des Weinguts gespielt.

10 So wurde etwa am 20. November 1925 der Film »Gräfin Mariza« am Kurfürstendamm uraufgeführt, am 16. November 1925 der Film »Varieté« mit Emil Jannings im UFA-Palast am Zoo, am 26. November 1925 »Halbseide« mit Hans Albers und am 25. Dezember »Abenteuer im Nachtexpress« mit Harry Piel. Außerdem lief im Dezember 1925 mit großem Erfolg der amerikanische Film »Goldrausch« mit Charlie Chaplin (am 20. Dezember 1925 wurde der Filmpalast »Capitol« in Berlin eröffnet). In diesem Kontext wurde am 22. Dezember der »Fröhliche Weinberg« uraufgeführt und lief dann 2½ Jahre, nachdem das Lustspiel zuvor von allen Berliner Bühnen abgelehnt worden war; am 23. Dezember 1925 brachte Heinz Hilpert das Stück in Frankfurt a. M. heraus. Zu den Daten vgl. Manfred Overesch/Friedrich Wilhelm Saal: Die Weimarer Republik. Eine Tageschronik der Politik, Wirtschaft, Kultur, Augsburg 1992, S. 267–270.

11 Die psychoanalytische Sicht unbewußter analer und genitaler Anteile stand als Reflexions- und damit als Distanzierungsmöglichkeit noch nicht allgemein zur Verfügung, wenngleich Sigmund Freud seine Lehre bereits 1923 mit der Schrift »Das Ich und das Es« im wesentlichen abgeschlossen hatte. Die Freud-Rezeption setzte in Deutschland in der Breite erst nach 1945 ein. Der Praktische Theologe Martin Schian schrieb in seinem äußerst erfolgreichen »Grundriß der Praktischen Theologie« (Gießen 1922): »[...] die Willkürlichkeiten und Phantastereien, die sich mit der Psychoanalytik verbinden, lehnen wir mit Entschiedenheit ab« (S. 290).

12 Zitiert nach U. Ott/F. Pfäfflin (s. o. Anm. 3), S. 97. – Zuckmayers Mutter war jüdischer Herkunft, jüdische Traditionen spielten in seinem Elternhaus jedoch keine Rolle.

13 Zitiert nach U. Ott/F. Pfäfflin, (s. o. Anm. 3) S. 197.

14 Ebd.

15 Bekanntlich hat Gerhard Schulze die gegenwärtigen alltagsästhetischen Schemata in Deutschland mit den drei Begriffen »Hochkulturschema«, »Trivialschema« und »Spannungsschema« kategorisiert (wobei das »Spannungsschema« erst in den sechziger Jahren allmählich als Hintergrund von Flexibilisierung und Individualisierung Bestandteil der Massenkultur geworden sei). Vgl. G. Schulze: Die Erlebnisgesellschaft. Kultursoziologie der Gegenwart. Frankfurt a. M., New York [2]1992, S. 142–157. – Gerade »Der fröhliche Weinberg« und »Der Hauptmann von Köpenick« lassen sich nur schwer unter dem »Hochkultur-« oder unter dem »Trivialschema« fassen. Damit könnte die widersprüchliche Rezeption zusammenhängen.

16 S. o. Anm. 6 (Briefwechsel, S. 17).

17 Anders liegt der Fall in 1. Mose 49,11 (»Er wird seinen Esel an den Weinstock binden und seiner Eselin Füllen an die edle Rebe«).

18 C. Zuckmayer: Als wär's ein Stück von mir. Horen der Freundschaft, Frankfurt a. M. 1986 [1966], S. 150. Weiter heißt es dort: »Gerade das Selbstverständliche dieser Zugehörigkeit zu einer Religionsgemeinschaft, deren Ritus in uralten Formen verwurzelt ist, zu einer Kirche, in der das Mysterium der Menschwerdung, das Wunder der Transfiguration in jeder Messe neu geschieht: aber das Kind läuft in die Kirche wie in den Bäckerladen, es ist nichts pietistisch Würdevolles oder Griesgrämiges dabei, hier riecht es nach warmen Brot, dort nach steinkühlem Weihrauch [...].«

19 In »Als wär's ein Stück von mir« (vgl. Anm. 18, S. 152) berichtet Zuckmayer, wie er mit 15 Jahren den »Zarathustra« entdeckte und »dem verführerischsten und genialsten ›Antichristen‹ unserer Zeitläufte mit Leib und Seele« verfiel.

20 Das Gedicht beschreibt das Werden und Vergehen eines Baumes, aus dessen Stumpf wiederum junge Bäume aufwachsen. Bevor man dies jedoch als eine Form von »natürlicher Theologie« vorschnell kritisiert, erinnere man sich, daß Jesaja für seine messianische Weissagung (Jes 11,1f) exakt das gleiche Vorstellungsmaterial verwendet. Dies liegt wohl schlicht daran, daß der Vorgang als solcher jedem aus eigener Anschauung bekannt ist, so daß die jesajanische Weissagung bis heute (durch das Lied »Es ist ein Ros' entsprungen«) volkstümlich geblieben ist und sogar teilweise im volkstümlichsten Weihnachtsbrauch, dem Tannenbaum weiterwirkt (wobei dieser deswegen problematisch ist, weil nicht das Geschehen *erneuerten Lebens*, sondern die *Dauerhaftigkeit von Leben* dargestellt ist). Ob man in Zuckmayers Gedicht »Der Baum« auch eine (vielleicht unbewußte) Weiterwirkung von Jes 11,1f vermuten darf?

21 Zitiert nach M. Meyer-Blanck: »Strahlend von Erden- und Himmelsliebe«. Carl Zuckmayer als Christ und Theologe, in: PTh 78/1989, S. 403–416, dort S. 404. In dem Aufsatz habe ich Zuckmayers Entwicklung nachzuzeichnen gesucht, wie sie sich vor allem aus der Auseinandersetzung mit Schuld und Vergebung nach 1945 ergab.

22 So Thomas Koebner, Rolf-Peter Janz und Frank Trommler in dem von ihnen herausgegebenen Band: »Mit uns zieht die neue Zeit«. Der Mythos Jugend, Frankfurt a. M. 1985, S. 11.

23 Ein Kritiker (der S. Fischer-Lektor Oskar Loerke) schrieb am 26. Juli 1926 über die Gedichte des Zyklus »Der Baum« das Folgende im Berliner-Börsen-Courier (zitiert nach U. Ott/F. Pfäfflin, s. o. Anm. 3, S. 134f): »[...] es fehlt ihnen das in Schwermut oder Freudigkeit Moralisierende, Liedhafte, das den spröden Stoff gegenwärtiger sozialer Zustände geschmeidig und eingängig machte. Aber sie werden willkommen sein, weil sie an der Welt Anteil nehmen, ohne auf sie einzureden und ohne sich dreinreden zu lassen. Zuckmayer stellt fest, was er von der Welt hat, nicht, was er gern von ihr haben möchte. Er will weder sie noch sich verbessern, solange das Bemerken des natürlichen Reichtums draußen ein Entdecken eines natürlichen Reichtums drinnen ist.«

24 Man denke nur an die vielzitierte Sentenz des Walter Flex: »Rein bleiben und reif werden – das ist die schönste und schwerste Lebenskunst« (W. Flex: Der Wanderer zwischen beiden Welten. Ein Kriegserlebnis, in: W. Flex, Gesammelte Werke in 2 Bänden, München o. J. [1925], Bd. 1, S. 96).

25 Erinnert sei daran, daß Karl Barth die Sorge als »Des Menschen Trägheit und Elend« (§ 65 der KD) beschrieben und dabei besonders den Arbeitsmenschen im Blick gehabt hat: »Seine Sorge wird zu seiner Ehre [...]. Trägheit? Der von seiner Sorge gejagte Arbeitsmensch scheint wirklich alles andere als ein träger Mensch zu sein. Es braucht kein weiteres Wort darüber verloren zu werden, wie wirksam die Verdeckung des menschlichen Versagens in seiner Form als Sorge gerade in dieser uns so naheliegenden Form ist« (KD IV, 2, S. 535).

26 Georg Strecker: Die Bergpredigt. Ein exegetischer Kommentar, Göttingen 1984, S. 142 schreibt zu Mt 6,26: »Hier spricht sich eine optimistische Naturbetrachtung aus, wie sie in stoischen und rabbinischen Texten Parallelen hat.«

27 Sehr eindrücklich hat Hans Weder über das Gleichnis Mk 4,26–29 formuliert: »In Wirklichkeit ist die Welt ein Gemenge von zerstörenden und schöpferischen Vorgängen, im Gleichnis wird sie zur Eindeutigkeit gebracht: Im Wachstum blitzt – inmitten des Gemenges – die Schöpfung auf. Und der schöpferische Vorgang wird zum Bild für das Gottesreich« (H. Weder: Metapher und Gleichnis. Bemerkungen zur Reichweite des Bildes in religiöser Sprache, in: ZThK 91/1994, S. 382–408, Zitat S. 405).

28 Semiotisch betrachtet liegen bei kunstvoller Poesie die Botschaften (Signifikate) nicht fest, sondern ungewohnte Signifikanten erzeugen ein interpretationsoffenes Signifikationsfeld, kurz: wenig, aber gekonnt gesetzte Worte (Signifikanten), viele mögliche Interpretationen. Das Gegenteil ist die Reklamebotschaft: Viele unterschiedliche Signifikanten für immer die gleiche, feststehende Botschaft (»Kaufe XY!«). Das Schlichte der Gedichte Zuckmayers liegt zweifellos auch darin, daß sie dieser Theorie zufolge wenig poetisch sind: Die Botschaft ist leicht erkennbar, und sie ist redundant formuliert.

29 So noch einmal Tilman Krause im Berliner »Tagesspiegel« in einem Zuckmayer-Artikel (Nr. 15.780 vom 20. Oktober 1996, S. 25): »Bei aller Intelligenz war er wohl eher ein Autor der einfachen Lehren – nebenbei gesagt eine löbliche Ausnahme in einem Land, das in literarischer Hinsicht so gern dem Hochgezüchteten huldigt.«

30 Zitiert nach T. Krause, ebd.

Michael Moxter

Ingeborg Bachmann: »Reigen«

»Glück? Bitt' Sie, Fräulein, Glück gibt's nicht.
Überhaupt gerade die Sachen,
von denen am meisten g'red't wird, gibt's nicht ...
z. B. Liebe. Das ist auch so was.«

Arthur Schnitzler, Reigen

I

Ingeborg Bachmann hat Schnitzlers Bild des Reigens auf eigene Weise nachgezeichnet. Die Metapher vom Tanz der Geschlechter, in dem es, wenn nicht jede mit jedem, so doch alle miteinander treiben, wird dabei abgewandelt, weil nur in freier Variation erprobt werden kann, was über ein Phänomen, z. B. Liebe, zu sagen ist. In direkter Anspielung nennt ihr Roman ›Malina‹ das Wien der Nachkriegszeit eine Stadt der universellen Prostitution, in der »der Reigen begonnen hat«: aus ihm »hervorgegangen muß man sich die Verhältnisse denken, die heute herrschen, warum Ödön Patacki etwa zuerst mit Franziska Ranner zu sehen war, dann Franziska Ranner aber mit Leo Jordan, warum Leo Jordan, der vorher mit Elvira verheiratet war, die dann dem jungen Marek geholfen hat, noch zweimal heiratete, warum der junge Marek dann Fanny Goldstein ruinierte, und sie wiederum ... Ich weiß das jetzt alles, auch warum Martin diese groteske Affäre mit der Elfi Nemec hatte, die später auch an den Leo Jordan geraten ist, und warum also jeder mit jedem zusammenhängt auf die absonderlichste Weise.«

Auch das Chaos der Affären bildet seine Ordnung aus. Die Verhältnisse schließen sich zu einem Kreis und erinnern so noch immer an den Zusammenschluß, in dem ein Anfang wieder erreicht wird, wie absonderlich entstellt die Gestalt des Reigens auch gegenüber verwandten Uraltbildern der Liebe erscheinen mag. Denn auch abgesehen von der antiken Idee, daß in dieser ein ursprünglich Getrenntes sich wiederfindet, gehört *Kettenbildung* zu den traditionellen Metaphern für ihren Zusammenhalt, gewissermaßen für den Synechismus der Liebe. In diesem Sinne sprach Alexander Pope von einer »great chain of being«, die Gott und Mensch, Engel und Tiere zu einem einzigen Ganzen verbinde:

> Look around our World; behold the chain of Love
> Combining all below and all above.[1]

Schnitzlers Reigen stellte eine Parodie auf diesen Weg dar, den die Liebe nimmt, übrigens in diagnostischer Absicht. Sein Theaterstück wurde aber bekanntlich als Empfehlung und darum als Gefahr für die öffentliche Sittlichkeit identifiziert. Der Fastenhirtenbrief der österreichischen Bischöfe, die Presseorgane der christlich-sozialen Regierung, zuletzt auch der Schlägertrupp, der, von Gott singend, am 16. Februar 1921 das Wiener Theater in einem Akt »christlicher Selbsthilfe« demolierte, erreichten den Abbruch der Aufführungen eines vermeintlich skandalösen Stückes.[2]

Die Erinnerung an solche Vorgänge markiert das Trauma, das der Begegnung von Literatur und Theologie, von Kunst und Kirche anhängt: das Trauma der Zensur. Die Zensur erfüllt – auch als Technik des Traums – die Funktion der Abwehr. Sie wacht über die Schwelle, an der sich die abgeblendeten Dimensionen der Erfahrung ins Bewußtsein drängen. Wer daher in theologischer Absicht nach der Nähe zum Poetischen fragt, wird sich vor allem darüber klar sein müssen, daß die symbolischen Formen der Kunst nicht als Einkleidungsformen Theologie konformer Einsichten mißbraucht werden dürfen. Das Poetische hat nicht das partielle Recht eines gebildeten Spiels, dem man sich wie einem Adiaphoron zuwenden könnte, nachdem man sich der eigentlichen Wahrheit schon vergewissert hat. Vielmehr gilt es, den Eigensinn ästhetischer Wirklichkeitserschließung zur Geltung zu bringen und der Prägnanz der Poesie gerade dort etwas zuzutrauen, wo sie die Schwellen und Grenzen bearbeitet, die das religiöse Bewußtsein, auch eine »ordentliche Theologie«, als definitiv gezogene ansieht. Tabubruch gehört zu den Ausdrucksformen, in denen sich poetische Erfahrung artikuliert.

Insofern sperrt sich schon die historische Erinnerung, die mit dem Titel des hier zu interpretierenden Gedichtes verbunden ist, gegen den Versuch einer harmonischen Vermittlung von religiöser und ästhetischer Erfahrung. Was Gedichte zeigen, legen sie in eigener Verantwortung frei. Darum sollten die symbolischen Darstellungsformen nur dann unter der Kategorie der »Kultur begründende[n] Funktion des Spiels« in eine theologische Perspektive eingebracht werden,[3] wenn dabei nicht verkannt wird, was solche Darstellungen aufs Spiel setzen. Die poetische Form riskiert es, die prekären Balancen, die zur Normalstimmigkeit unserer Erfahrung gehören, ins Ungleichgewicht zu versetzen. Verunsicherung ist die Folge. Solange Dichtung eine genuine

Sprachform bleibt, irritiert sie durch ihren schrägen Blick auf eingespielte Wahrnehmungsweisen und Lebensformen. Davon darf keine theologische Reflexion sie abbringen wollen, wenn sie den Dichtern traut.

II

Zu den Wirklichkeiten, die ungeschönt in ästhetischen Formen zum Ausdruck kommen, gehört auch die Realität des Regelwidrigen, das den kulturellen Regelungsbedarf ebensosehr weckt, wie es sich ihm beständig entzieht. Dieses »Ungebärdige«[4] markiert die Unvollständigkeit der Regeln, die das Leben nie so bestimmen können, daß dieses nicht aus ihnen auszubrechen strebt. Daran zeigt sich die Ohnmacht des Gesetzes, eine Ohnmacht, die freilich nicht gegen die kulturellen Formen spricht. Die Differenz von Form und Leben, seine Gegenläufigkeit zur Form, bricht notorisch an dem Phänomen hervor, dessen Elementarität man unterschätzt, wenn man es in der traditionellen Auffächerung von philia, eros und agape in Sicherheitsgewahrsam meint nehmen zu können: an der Liebe.

Der Widerstreit von Form und Leben wird in der ästhetischen Form nicht ausgeblendet, sondern repräsentiert und lebendig gehalten, zum Beispiel in der Form, an der das Poetische sich seit jeher in besonderer Weise erprobt hat: am Liebesgedicht. Von der Liebe muß immer wieder »geredet« werden, auch wenn nur zu sagen wäre, daß es sie nicht gibt.

REIGEN

Reigen – die Liebe hält manchmal
im Löschen der Augen ein,
und wir sehen in ihre eignen
erloschenen Augen hinein.

Kalter Rauch aus dem Krater
haucht unsre Wimpern an;
es hielt die schreckliche Leere
nur einmal den Atem an.

Wir haben die toten Augen
gesehn und vergessen nie.
Die Liebe währt am längsten
und sie erkennt uns nie.

III

Schleiermacher hat in seinen ersten Vorarbeiten zur Hermeneutik einen Satz notiert, der mit Fug und Recht auch im Kontext seiner grundsätzlichen religionstheoretischen Überlegungen zum Zusammenhang von Christentum und Kultur stehen könnte: »Das Christentum hat Sprache gemacht. Es ist ein potenzirender Sprachgeist von Anfang an gewesen und noch«.[5] Schleiermachers Notiz hält eine Einsicht in das Phänomen fest, das heute mit einer glücklichen Metapher ›kulturelles Gedächtnis‹ genannt wird. Zu diesem gehört vor allem die Sprache, die unsere gegenwärtige Wahrnehmung und ihre Ausdrucksformen strukturiert, indem sie ihnen Horizonte verschafft. Was im christlichen Glauben *gesagt* wurde und im Raum des Christentums *gehört* werden konnte, bestimmt die Bilder und Zeichen mit, unter denen sich auch gegenwärtig Wirklichkeit erschließt. An die Potenz der vom Christentum gemachten Sprache schließen wir an, indem wir unsere Sprache sprechen. Wir erinnern an sie, ohne daß sich die von ihr erschlossenen Möglichkeiten ausschöpfen ließen. Denn die Sprache, die das Christentum geprägt hat und die (wie jede Sprache nach Humboldt) von endlichen Mitteln einen unendlichen Gebrauch zu machen versteht, ist auf Potenzierung, auf Übersteigerung angelegt. Sie ist auch dort noch nicht an ihrem Ende angelangt, wo eine Gegenwart meint, ihr nicht mehr entsprechen zu können.

Daß nicht verblasst und daß sich nicht vergißt, was einmal gesagt wurde, gilt auch für den Zusammenhang von Liebe und Erkenntnis. Er hat sich, ursprünglich der hebräischen Sprache verdankt, in unser Gedächtnis eingeschrieben, seit Paulus dem Überbietungsgestus der Gnosis sein Lied auf die Liebe entgegengesetzt hat. Daß in die Liebe die Einheit von Erkennen und Erkanntwerden fallen wird, weil von ihr schon jetzt gesagt werden darf: »Die Liebe hört niemals auf«, zählt daher zu den Erinnerungen, die sich jederzeit einstellen können. (Das gilt für die Bearbeitung dieses Zusammenhangs bei Hölderlin und Hegel[6] nicht weniger als für die beratungsresistenten Textwünsche, die anläßlich kirchlicher Trauungen artikuliert werden.) Die Metaphern und Bilder des Glaubens haben offenbar eine eigene Widerständigkeit. Sie überstehen sogar den Abbau religiöser Gewißheit, indem sie in die Horizonte lebensweltlichen Selbstverständnisses einrücken. Kurz: die Erinnerung an den gehörten oder gelesenen Text der christlichen Tradition bestimmt die Erwartungen mit, an denen wir uns ausrichten.

Diese aber definieren auch das Maß der Enttäuschungen, die uns erwarten. Die herbe Formel, die Ingeborg Bachmann in der Schlußzeile ihres Gedichts ausspricht, definiert den Abstand gegenüber der Hoffnung: »dann aber werde ich erkennen, wie ich erkannt bin«: Daß es zu ihrer Erfüllung *nie* kommt, ist ein Ausdruck für den Verzicht auf Versprechungen, die wir uns selbst und einander machen, seit wir vom Zusammenhang von Hoffnung und Liebe gehört haben.

Allerdings wird diese Distanz klaglos benannt. Kein Anflug der Larmoyanz, es eigentlich anders verdient zu haben, trübt den Versuch, klar zu beschreiben, was den Subjekten widerfährt. Allenfalls nach einer Erklärung mag verlangt werden, warum die Liebe »am längsten« währt, aber dennoch bei »uns« nicht heimisch wird. Warum ist sie die »Zigeunerin«, »die von nirgends herkommt und nirgends zuhause ist«, wie Bachmann im Hörspiel ›Der gute Gott von Manhattan‹ schreibt: »Nirgends zu finden. Schon nicht mehr zu finden, wo sie eben noch war«? Eine Teilantwort scheint im Hinweis auf die Diskrepanz der Zeiten zu liegen: Was am längsten währt, kann sich Zeit lassen. Dagegen steht endlichen Subjekten nur eine »kurze schauerliche Zeit«[7] zur Verfügung. Die Zeitmaße der Liebe kommen mit der Zeit der Menschen nicht überein, wie sich ja auch die Schere zwischen Weltzeit und Lebenszeit nicht schließen läßt.[8] Doch viel erklärt ist damit nicht: Die Erklärung bricht an der Härte der Phänomene, die wir mit einer Mischung aus anerkennender Bewunderung und eingestandener Vergeblichkeit »unfaßbar« nennen, unvermittelt ab. Zu ihnen zählt auch die Liebe. Dem Begriff, der einer Sache auf den Kopf zusagt, wie es mit ihr bestellt ist, der »Kategorie«, unter der sie anklagend-überführend zur Rede gestellt werden könnte, widersetzt sie sich. Die Liebe, meint der vor Gericht gestellte ›gute Gott von Manhattan‹, sei eine Mitspielerin, »die wir nicht fassen und hierherbringen können und die nie aussagen wird«.[9]

Weil eine Erklärung zwar verlangt, aber nicht aufgeboten werden kann, endet die Aufforderung »Erklär mir, Liebe, was ich nicht erklären kann« im resignationsfreien Verzicht:

> Erklär mir nichts. Ich seh den Salamander
> durch jedes Feuer gehen.
> Kein Schauer jagt ihn, und es schmerzt ihn nichts.

Klaglosigkeit ist angesagt, wenn man sich im Reigen wiederfindet und Abschied nimmt, indem man dem nächsten die Hand reicht. Im Reigen sind alle Begegnungen nur für den Augenblick bestimmt als der einzigen Kongruenzform zwischen der Zeit der Liebe und unsrer Zeit. Zu bedauern ist da nichts.

Doch immerhin: ganz ohne Verheißung bleibt der Auftakt des Reigens nicht, wenn zunächst und zuerst gesagt werden darf: »die Liebe hält manchmal«. Erst an der Fortsetzung zeigt sich die Ambivalenz, die verdeutlicht, wie wenig Versprechen und wieviel Ernüchterung in dieser Behauptung lag: »die Liebe hält manchmal/im Löschen der Augen ein«. Liebe macht blind, vor allem für ihre begrenzte Haltbarkeit. Dies zeigt sich erst im Rückblick, im Nachhinein. Darin aber haben wir das Nachsehen.

Insofern ergibt sich bei Ingeborg Bachmann eine Umbesetzung im Metapherngefüge. Der Verbund von Liebe, Erkennen, Sehen, die Nähe von Augenblick und Angesicht, aber auch das Verhältnis von Liebe und Tod, werden neu justiert. Der Rückblick setzt den glücklichen Augenblick zum bloßen Moment herab: »es hielt die schreckliche Leere/nur einmal den Atem an«. Die Augen des anderen, in denen wir uns nicht mehr als erkannt erfahren, werden zu Bildern des Todes, zu erloschenen Augen. Aus vulkanisch Eruptivem, in dem sich die Liebe manifestierte, erinnert nur noch der »kalte Rauch aus dem Krater«.

Post coitum melancholia? Was den Umsturz des metaphorischen Feldes von dieser einfachen Diagnose unterscheidet, ergibt sich aus dem, was sich auch im Reigen nicht mehr vergessen läßt: Die Gewißheit, daß die Liebe am längsten währt, bleibt selbst dann noch im Spiel, wenn sie sich am Ort des Subjektes einzig dem horror vacui verdankt.

»Wollen Sie mein Glaubensbekenntnis?«, läßt Bachmann ihren guten Gott fragen, »Ich glaube, daß die Liebe auf der Nachtseite der Welt ist«. Ein Credo also auch hier, wenn auch ein bitteres. Es motiviert die »Revolte gegen das Ende der Liebe in jedem Augenblick« genauso wie das Wissen um die Vergeblichkeit, mit der die Liebenden sich Gegenwart schwören. Liebe bleibt deshalb eine »Flammenschrift«, die wir »auslöschen sehen, wenn wir nähergekommen sind. Wer hat geschrien, daß Gott tot ist?«

IV

Ingeborg Bachmanns Gedicht wurde nicht in der Absicht interpretiert, an das Verhältnis von Liebe und Tod oder gar an die zuletzt zitierte Frage nun eine theologische Deutung anzuschließen. Nur wer meint, die menschliche Situation verhalte sich zur Sache der Theologie wie die Frage zur Antwort, könnte auf einen solchen Anschluß verfallen. Denkt man jedoch an die theologieinternen Sperren, die es verbieten, Gottes Wirklichkeit in ihrer Funktion für den Menschen zum Verschwinden zu bringen, so wird man es unterlassen, das poetische und das theologische Wort direkt und passgenau zusammenfügen zu wollen. Annäherungen sind nur legitim, wenn die Fremdheit des Anderen gewahrt, ja gesucht wird. Andernfalls mutieren sie zu Aufdringlichkeiten. Man verdirbt es sich mit dem Menschen in seiner Erfahrungswelt, wie mit Gott in seiner Offenbarung, wenn man ihre Eigenheiten verschleift.[10]

Darum sei nach dem Verhältnis von Poesie und Theologie gefragt, indem noch einmal Ingeborg Bachmann zitiert wird:

»›Das Volk braucht Poesie wie das Brot‹ – diesen rührenden Satz, einen Wunschsatz wohl, hat Simone Weil einmal niedergeschrieben. Aber die Leute brauchen heute Kino und Illustrierte wie Schlagsahne, und die anspruchsvolleren Leute (und zu denen gehören nämlich auch wir) brauchen ein wenig Schock, ein wenig Ionesco oder Beatnikgeheul, um nicht überhaupt den Appetit auf alles zu verlieren. Poesie wie Brot? Dieses Brot müßte zwischen den Zähnen knirschen und den Hunger wiedererwecken, ehe es ihn stillt. Und diese Poesie wird scharf von Erkenntnis und bitter von Sehnsucht sein müssen, um an den Schlaf der Menschen rühren zu können. Wir schlafen ja, sind Schläfer, aus Furcht, uns und unsere Welt wahrnehmen zu müssen.«[11]

Der hier dargelegte Zusammenhang von Poesie und Erkenntnis erklärt, warum in dem ausgewählten Gedicht herb und ungehalten über die Liebe gesprochen wird. Das Lyrische ist nicht durch Empfindsamkeit, sondern durch Schärfe definiert. Schon deshalb kommt die Poesie, anders als ihre Interpretation, mit wenigen Worten aus. Sie schneidet alles ab, was auch noch gesagt werden könnte oder von einem anderen Blickwinkel aus in milderem Licht erscheinen dürfte. Nur indem sie eliminiert, artikuliert sie Wirklichkeit als das Minimum dessen, was sich nicht verleugnen läßt. Die Poesie konzentriert die Erfahrung bis zu dem Grad, an dem sie bitter wird. Sie zeigt daher zugleich weniger und mehr, als sich ohne sie sehen ließe.

Doch gerade deshalb kann Poesie Erkenntnis weder ersetzen noch unmittelbar in diese transkribiert werden. Es gibt keinen direkten Übergang, der »unmittelbar aus den Höhen der Poesie« auf die Probleme der Wissenschaft führen würde.[12] Aber die Poesie steht der Erkenntnis doch nahe, insofern sie nicht in bloße Expressivität aufgeht. Die Dichtkunst, meinte Kant, unterscheide sich darin von anderen Künsten, vor allem aber von der Musik, daß sie »etwas zum Nachdenken übrig bleiben läßt«.[13] Dabei dachte Kant ausschließlich an ihre belebende Wirkung auf das Gemüt, die die unterschiedlichen Vermögen in ein freies Spiel setzt. Zu ihrer Wirkung aufs Subjekt gehört aber auch die Steigerung von Wahrnehmungsfähigkeit. Diesseits der klaren und deutlichen Begriffe eröffnen die Metaphern und Bilder die Horizonte signifikanter Erfahrungen. Dem arbeitet die Poesie zu als die Kunst, neue Metaphern zu finden.

Wollte die wissenschaftliche Erkenntnis in der berechtigten Überzeugung, ihrerseits unersetzbar zu sein, diesen Sinnüberschuß auf sich beruhen lassen, so würde sie sich zugleich vom Boden der Lebenswelt abschneiden. Das kann ihr nicht bekommen. Während die theoretische Arbeit einen Sachverhalt solange erkennend bearbeitet, bis sie ihn erschöpfend (in des Wortes doppelter Bedeutung) behandelt hat, darf für Poesie wie für Metapher gelten: »Ein gutes Gleichnis erfrischt den Verstand.«[14]

Was die Erkenntnis also an der Poesie für ihre eigene Arbeit gewinnen kann, ist – die Metaphern der Erfrischung, Belebung und Erweckung zeigen es – eine Steigerung, die sie nicht aus eigenem Antrieb vollzieht, aber in eigene Verantwortung rückübersetzen muß. Vor der Schärfe des poetischen Wortes, vor der Eskalation ihrer Wahrnehmung kann nur zurückschrecken, wer es nicht länger mit Wirklichkeit zu tun haben will. Diesen Luxus können sich allenfalls »Schläfer« leisten, die sich »aus Furcht« Enttäuschungsresistenz verschaffen, nicht aber die Theologie. Für sie darf entsprechend gelten, was zum Verhältnis von Poesie und Erkenntnis gesagt wurde.

V

Schließlich aber bleibt zu bedenken, daß der Theologie an der poetischen Sprache die Intensität lebensweltlicher Erfahrung entgegenkommt, die auch der von ihr zu bedenkenden Sprache des Glaubens eigentümlich ist. Auch diese lebt von den Bildern und Metaphern, die der theologische Begriff zwar übersetzen muß, aber nicht ohne Verluste übersetzen kann.

Wiederum scheint Schleiermacher der Autor gewesen zu sein, dem dieser Sachverhalt am klarsten vor Augen stand. Denn seine Glaubenslehre bezieht die auf höchst-mögliche Bestimmtheit ihrer Sätze abzielende Dogmatik als eine darstellend-belehrende Redeform auf die dichterische, aber auch auf die rhetorische Form, und sucht sie zugleich von beiden zu unterscheiden. Die Gesamtheit möglicher Glaubenssätze differiert demnach in drei eigentümlichen Formen symbolischer Repräsentation, die nicht durch einander ersetzt werden können. Die systematische Theologie hat als Steigerungsgestalt darstellenden Belehrens zugleich den Zusammenhang und den Unterschied dieser Formen zu reflektieren.

Ihre eigenen Sätze verdanken sich den Bestimmtheitstransformationen und -zumutungen, die im Kontext der wissenschaftlichen Reflexion entstehen. Sie zeichnet daher eine Invarianzform aus, wie sie einem sich kontinuierenden und sozial vermittelndem Bewußtsein wesentlich ist. Dagegen repräsentieren die rhetorische und die dichterische Form »Momentane[s]«. Stetigkeit ist nur durch Entfernung gegenüber solchen Sätzen möglich, die der Poesie am nächsten stehen.

Insofern verbindet Schleiermacher mit seiner Zuordnung des Dichterischen und des Systematischen zugleich die Überzeugung, die Prägnanz der dogmatischen Darstellungsform resultiere aus der eigentümlichen »Ruhe« und Souveränität des höheren Selbstbewußtseins. Daß dieses verstetigend auf die Differenzerfahrungen des Subjektes wirkt, begründet die Identität individuellen Lebens. Daß diese aber etwas anderes als ein geschichtsferner Kern unwandelbarer Gleichheit-mit-sich und daß das höhere Selbstbewußtsein folglich seinerseits keine leere Indifferenz ist, soll sich umgekehrt aus der unaufgebbaren Beziehung des höheren Selbstbewußtseins auf das sinnliche Bewußtsein ergeben.[15]

Ohne Schleiermacher in jedem Aspekt folgen zu wollen, darf man doch den Versuch machen, die dogmatische Reflexion und den dichterischen Ausdruck entsprechend aufeinander zu beziehen. Der Gegensatz zwischen der Bestimmtheit, wie sie in der dogmatischen Rede repräsentiert ist, und der Unschärfe, die Schleiermacher dem »unbestimmten Gebiet des Dichterischen« attestiert, erweist sich dann als eine Differenz, die zum Leben selbst gehört. Am Verhältnis zur Poesie entscheidet sich für die christliche Lehre, ob und wie sie der Dynamik gerecht wird, die das Leben unabgeschlossen läßt.

Anmerkungen

Der Abdruck des Gedichtes erfolgt mit freundlicher Genehmigung des Piper Verlags, München. Es ist u.a. zu finden in: Ingeborg Bachmann, Werke, Bd. 1, München: Piper Verlag 1993, S. 35.

1 Essay on Man, zitiert nach Ch. Taylor: Sources of the self. The Making of the Modern Identity, Cambridge, 1989, S. 274f.
2 Vgl. G. Rühles Vorwort, in: Arthur Schnitzler: Reigen/Liebelei. Erweiterte Neuausgabe, Frankfurt a. M., 1995, S. 15f.
3 Wie W. Pannenberg vorschlägt; vgl. ders.: Anthropologie in theologischer Perspektive, Göttingen, 1983, S. 328ff.
4 Vgl. B. Waldenfels: In den Netzen der Lebenswelt, Frankfurt a. M., 1994, S. 93.
5 Hermeneutik (Aphorismen von 1805 und 1809/10), hg. v. H. Kimmerle, Heidelberg 1974, S. 38.
6 Vgl. D. Henrich: Hegel im Kontext, Frankfurt a. M., 1975, S. 26ff.
7 So im Gedicht: Erklär mir, Liebe. Aus: Ingeborg Bachmann, Anrufung des Großen Bären, München 1997, S. 38f.
8 Vgl. H. Blumenberg: Lebenszeit und Weltzeit, Frankfurt a. M., 1986.
9 I. Bachmann: Die Hörspiele, München [8]1996, S. 131.
10 Vgl. W. Krötke: Die Freiheit Gottes in der atheistischen Welt, in: ders.: Die Universalität des offenbaren Gottes, München 1985, S. 47.
11 Frankfurter Vorlesungen. Probleme zeitgenössischer Dichtung, Neuausgabe, München 1980, S. 21f.
12 Wie E. Troeltsch einmal spottete.
13 Kant: Kritik der Urteilskraft, A 215.
14 Wittgenstein, zit. nach H. Blumenberg, Schiffbruch mit Zuschauer, S. 79. Vgl. Blumenbergs Überlegungen zum ›Ausblick auf eine Theorie der Unbegrifflichkeit‹, a. a. O., S. 77–93.
15 Vgl. die fundamentale Funktion, die der § 5 der Glaubenslehre (2. Aufl.) für ihre Architektur hat.

Joachim Ringleben

Paul Celan: »Sommerbericht«

SOMMERBERICHT

Der nicht mehr beschrittene, der
umgangene Thymianteppich.
Eine Leerzeile, quer
durch die Glockenheide gelegt.
Nichts in den Windbruch getragen.

Wieder Begegnungen mit
vereinzelten Worten wie:
Steinschlag, Hartgräser, Zeit.[1]

Sommerbericht

Gleich die Überschrift lockt und befremdet. Die Worthälfte »Sommer« erscheint lyrisch-vertraut; ein unerschöpfliches Thema der Poesie. Im Wort wirken Wärme und Natur, Nähe und Fülle. Doch statt »Gedicht« hören wir »Bericht«. Damit meldet sich ein ganz anderer Ton, zu dem so etwas wie »Wetterbericht« und »Lagebericht« passen könnten. Etwas Prosaisches – das ist ein Bericht. Er hat emotionslos zu sein, sachlich und knapp. Seine Rede ist kühl und neutral, sie ergeht in streng definierter Situation, und eine persönliche Anrede oder ein Appell wird sich darin nicht finden. Aus beobachtender Distanz wird objektiv »berichtet«, was ist, Faktisches einfach konstatiert.

Diese Überschrift hält auf Abstand.

Der nicht mehr beschrittene, der
umgangene Thymianteppich.

Ins Auge fällt das irgendwie schöne, verlockende Wort »Thymianteppich«; bei ihm zu verweilen, wäre ein natürlicher Wunsch des Lesenden oder

Hörenden. Aber seltsam erschwert das Gedicht gleich anfangs den Zugang dazu, indem sich etwas unbestimmt-widerständig in den Weg legt. Wir finden uns genötigt, genauer hinzusehen, wie denn das Gedicht spricht.

Der Einsatz ist gegeben mit der Nennung eines Hauptwortes: der ... Thymianteppich. Die ersten beiden Zeilen des Gedichts *sind* nichts anderes als dies Nennen. Und doch sind sie sprachlich nicht einfach, weil zwei Partizipien wie Adjektive zwischen Artikel und Substantiv eingefügt sind. Nur so indirekt gibt es hier Verbformen. Der betont zweimal gesetzte, bestimmte Artikel mutet an wie ein Hindrängen zu dem eigentlich zu Nennenden, das aber irgendwie verzögert wird.

Ehe er noch selbst genannt wird, heißt es vom Thymianteppich: »nicht mehr beschritten«. Einen Teppich zu beschreiten, wäre das Natürliche. Aber dieser Teppich ist schon »der nicht mehr beschrittene«. Ein Grund für dies »nicht mehr« ist noch nicht erkennbar. »Umgangen« steigert »nicht mehr beschritten« ins Vorsichtig-Ausweichende. Gehört zu dieser Vorsicht, daß auch die Nennung eines Grundes für das Nicht-mehr umgangen wird? (Erst die achte Zeile spricht das hier sich meldende Negative deutlich aus.)

Jedenfalls ist mit »nicht mehr« ein zeitlicher Aspekt, Vergangenheit angesprochen. Undeutlich bleibt ein Vorher, »als er noch« betretbar war. Dies zeitliche Zurückweisen bleibt indes eingebunden in die präsentische Nennung »der ... Thymianteppich«. Es versteht sich: *jetzt* nicht mehr. So kommt auch dem »umgangen« Gegenwartsbedeutung zu.

Der »Thymianteppich« selbst wäre schlichte Evokation eines sommerlichen Bildes: ein üppig blühender Flor, der zum Betreten und Beschreiten einlädt, ein weicher Grund, eine in sich zusammenhängende, duftende Fülle, in die jeder Schritt und Blick gern versänken, ein kostbarer Erdbodenbelag. Die direkte Beschwörung des Sommers ist aber eigentümlich gehemmt; sie wird durch die Einschübe vor dem Substantiv aufgehalten. Die vom Artikel angekündigte Bestimmtheit wird sogleich gebrochen durch das verneinende »nicht mehr«. Sprachlich schon tut sich ein irritiertes Verhältnis zum sommerlichen Bild kund; auch fragt man: warum nicht mehr? warum umgangen? Eine geheimnisvolle Distanz, ein Ferngehaltensein hemmt unmittelbaren Zugang. Was hat es auf sich mit dieser Unzugänglichkeit des endlich nur noch genannten Sommers? Es ist wie ein unsichtbarer Zaun vor einem paradiesischen Gebiet. Auch umgeht man ja das Nichtgeheuere. Droht hier Gefahr?

Eine Leerzeile, quer
durch die Glockenheide gelegt.

War eben noch ein zwar eigentümlich entrückter, bestimmter Sachverhalt des Sommers genannt – ein sich sogleich einschränkender Zugang versucht –, so ist in diesen Zeilen das Satzsubjekt, das allein hier einen Hauptsatz vertritt, etwas ziemlich Unbestimmtes. Hauptwort wird etwas Ausgelassenes, ein Mangel: Leerzeile. Die kontextuale Dichte eines Teppichs ist hier unterbrochen. Dem »nicht mehr« entspricht jetzt das ausdrücklich benannte Leere. In den Vordergrund (Zeilenanfang) tritt als das Angesprochene eine Unterbrechung. Betont ist hinzugefügt: »quer ... gelegt«. Gegenüber dem mehr passiven, indirekt erst Negatives Ankündigen in den Zeilen 1 und 2 kommt nun ein aggressiver Ton hinein.

An das einfach ausgesagte Hauptwort schließt sich wie ein verkürzter Relativsatz eine partizipiale Näherbestimmung unmittelbar an. In ihr ist auch der Ort der »Leerzeile« angegeben. So indirekt erst wird Sommerliches genannt: »Glockenheide«.

Es geht um eine künstliche Aussparung in der blühenden Heide: eine kahle Spur ist durch diese Sommerlandschaft gezogen. Wer oder was zerstört durch solche Zäsur sommerliche Ganzheit? Ein Sprung geht durch das blühende Bild. Eine Leerzeile »legen« – das weist auf menschlichen Eingriff in die Natur. Sich in die Heide zu legen wie auf ein Bett *oder* sie durch eine Leerzeile zu zerschneiden: das ist Widerspruch zwischen Sehnsuchtserinnerung und Realität, sommerlicher Möglichkeit und dem, was zu berichten ist.

Nichts in den Windbruch getragen.

Die Klimax der Negativität: nicht mehr ... leer vollendet sich in ausdrücklicher Setzung: »Nichts«. Das Subjekt hat sich ganz ins Negative verloren. »Sommer« ist hier gar nicht mehr präsent. Natur wird nur noch im Modus der Zerstörung, als verwüsteter Wald, genannt: Windbruch.

Sprachlich gibt diese Zeile wohl eine indikativische Beschreibung. Sie erinnert aber auch an ein kategorisches Verbot: Es wird nichts ... getragen! (Durch Weglassen der Vorsilbe »ge«wäre es eine Warnung.) Geredet wird von einem Bezirk, in den man nichts mitnimmt. So als gäbe der Vers ein Grenzgebiet zu denken, wo es verbotene Ware gibt, die man nicht bei sich tragen darf. Jedenfalls ist hier kein absichtslos-unbefangener, sondern nur ein streng gesicherter Zugang möglich.

Formal ordnet sich der Vers dem Vorhergehenden durch eine gewisse Parallelität zu:

nicht mehr beschrittene/
Eine Leerzeile ...
... gelegt/
Nichts ... getragen/

Seine Kürze und seine Einzeiligkeit geben ihm jedoch besonderen Nachdruck; danach setzt das Gedicht auch neu an. Durch seine betonte Stellung wird das erste Wort gleichsam substantialisiert und liest sich als Substantiv-Objekt zu »getragen«. Das »Nichts« wird getragen – dahin, wo schon Vernichtung eingebrochen ist, in den aufgerissenen Wald. Wie eine Vermehrung des Zerstörerischen nimmt sich diese Lesart im Indikativ aus. Mit leeren Händen kommt man hin, wo umschließende Fülle erhofft wird und findet sie verletzt: im Walde klafft selbst eine Wunde. Wo heilendes Dunkel gesucht wird, ist man wieder nur trostlos-kahler Offenheit ausgesetzt.

Wieder Begegnungen mit
vereinzelten Worten wie:

Thymianteppich, Glockenheide – in solchen Wörtern spricht, wenngleich selbst partikularisiert, Sommerliches im Gedicht. In ihnen begegnet, was als Sommer erlebt werden könnte. Sind es doch Wörter, die Glück verheißen. Mit ihnen bewahrt die Sprache des Gedichtes die Erinnerung an eine Erfüllung auf, die vielleicht nie anders als in Sehnsucht antizipiert erfahrbar war.

Und doch, – so wird in diesem Gedicht erfahren – diese Sommer vergegenwärtigenden Worte vermögen es nicht. Es gibt kein Ausruhen bei dem Beglückend-Schönen, das sie nennen wollen. Vielmehr rufen die Worte selbst gleich krasse Gegenbilder. Mit diesen Worten meldet sich unausweichlich, was ihren Frieden aufstört. Die Verstörung sommerlichen Glücks ist damit bereits ein Vorgang in der Sprache: es gibt schon sprachlich keinen reinen Sommer mehr. (Schon »Leerzeile« läßt an einen Text denken.) Mit den einfachen Sommerworten bringt sich sofort ihre Unterminierung zur Sprache. Begegnung mit Sprache ist wie die mit Realität; in den behinderten Worten erfährt man bereits, was kaputt ist.

Von Wiederbegegnung ist die Rede, so als hätte man dies vergessen können, hätte in der Gefahr gestanden, es zu verdrängen, aber jetzt drängte es sich wieder auf, unabweisbar. Alter Schrecken, früher oder auch anderswie sonst erfahrene Negativität stellt sich neu ein. Das ist keine zusammenhängende, gerade *keine* Ganzheitserfahrung. Sondern vereinzelte Worte beschwören Bruchstücke einer bedrohlichen Wirklichkeit, in zwar nur einzelnen Worten begegnet – wie sich sofort zeigt – die ganze Härte der Realität.

Steinschlag, Hartgräser, Zeit

Einzeln, gleichsam Schlag auf Schlag, zählt die letzte Zeile facta bruta auf.

»Steinschlag« – das ist ein brutaler Kontrast zu dem weichen Thymianteppich. Eine tödliche Gefahr, Angst auslösend, unvorhersehbar in die Idylle einschlagend.

»Hartgräser«, lassen es hart, scharf und schneidend sein, wo das blühende Heidepolster erwartet wurde. Kahlheit und Leere finden sich ein, wie auf vermintem Feld.

»Zeit« bringt Verwüstung und Öde mit sich (Windbruch), die ein Niemandsland anzeigen.

Die geheimnisvollen Aussparungen der Zeilen 1–5 füllen sich jetzt mit aggressiver Negativität. Die Verneinungen entwickeln sich zur Gegenwart von Bedrohung, vereinzelte Worte geben einzelne Zeichen des Nichts.

Das letzte Wort des Gedichtes nennt, was es von Anfang an durchwaltet: Zeit. »Sommer« ist eine Zeit, die ἀκμή des Jahres. Zeit kündigt sich weiter an, in: nicht mehr, gelegt, getragen, wieder, Begegnungen. Aber erst hier, in letzter Zuspitzung, wird sie ausdrücklich als das bedrohliche Wesen von Veränderung, Entzug, Nichtung.

Als »Sommerbericht« stellt das Gedicht sich dar. Es ist Protokoll über ein Nicht-Erreichbares, gleichsam Vergangenes: klagende Aufzählung der Bilder eines nicht mehr zugänglichen, eines verlorenen Paradieses. Einfache Hingabe und unbeschwertes Aufgehen in der Fülle sommerlicher Natur erscheinen nicht mehr möglich. Die Natur ist nur als beschädigte noch da; sie hat irgendwie ihre Integrität verloren. Vom Paradies weiß dies Gedicht sich ausgeschlossen; in versprengten Resten ist es gerade noch aussprechbar, in »vereinzelten Worten« allein noch da, Thymianteppich, Glockenheide, Windbruch.[2] Und dies schwierige Sagen bestätigt nur noch einmal den Riß durchs Sein. Als unfaßbarer Grund des Nicht-mehr enthüllt sich schließlich das eine Wort »Zeit«. Mit ihr ist Negatives überhaupt ins Paradies eingebrochen. Zeit als Exponent jenes haarfeinen Nicht, das uns vom Ersehnten trennt.

Dies Gedicht realisiert einen Prozeß der Meidung, des Abgeschnittenwerdens und Verstummens. Es endet im Ausgesetztsein vor »einzelnen Wörtern«, in denen die verzehrende Reduktion des Erfahrens und Sprechens enggeführt wird: »Steinschlag, Hartgräser, Zeit«. Das Verlangen nach Fülle und Sprache wird ins immer Kargere gezwungen. In extremer Verarmung findet jener Hunger nur ein Surrogat der sich versagenden Ganzheit vor: die atomisierte Dinglichkeit toter Sachen und dürftiger Wörter, schließlich die nackte Abstraktion des Nichtens, Zeit. Was von solcher »Begegnung« mit dem trostlos Einzelnen etwa zu hoffen sei, wird nicht einmal gefragt.

Das Klagen verbirgt sich allerdings ganz in der Sprödigkeit eines einfach nennenden Berichtes: die entscheidenden Satzsubjekte ohne Verb, die Verbformen subjektlos. Der Bericht ist ganz unpersönlich; es wird nicht gesagt, für wen er spricht, und auch nicht, wem das Berichtete begegnet. Nur: so etwas findet statt, gibt es – wird berichtet. Das Klagende wird erspürbar, setzt man dem Bericht eine Frage voraus wie: Wie kann es ein Sommerparadies geben angesichts unserer Zeit? Und daß Klage nicht als »Gedicht«, sondern als Bericht nur sich aussprechen kann, belegt noch einmal ihren Anlaß: wo »Sommer« zu erfahren nicht mehr möglich ist, ist auch der Schmerz um seinen Verlust schon in der Erstarrung untergegangen. »Sommerbericht« spricht von einem kalten Schmerz, post-lyrisch, klagt schon jenseits der Möglichkeit von Klage.

Ist die Erfahrung des Sommers korrumpiert, so kann die sie aussagende Sprache davon nicht unbetroffen bleiben. Nur um den Preis von Naivität kann lyrische Sprache es unterlassen, in sich wiederzufinden, was die Wirklichkeit paralysiert. Die Erfahrung von den Behinderungen, Sommer zur Sprache zu bringen, ist nichts anderes als Reflex von dessen realer Bedrohtheit. Sprache ist Seismograph des Wirklichen. In welche Paradoxie Lyrik damit sich verstrickt findet, mögen Sätze Adornos beleuchten, die aus ähnlicher Erfahrung reden. »Noch der Baum, der blüht, lügt in dem Augenblick, in welchem man sein Blühen ohne den Schatten des Entsetzens wahrnimmt; noch das unschuldige Wie schön wird zur Ausrede für die Schmach des Daseins, das anders ist, und es ist keine Schönheit und kein Trost mehr außer in dem Blick, der aufs Grauen geht, ihm standhält und im ungemilderten Bewußtsein der Negativität die Möglichkeit des Besseren festhält.«[3]

Gerade aber aus solcher paradoxen Ortung von Lyrik an der Grenze ihrer selbst kommt dem Gedicht Celans eine wie immer riskante Absolutheit seiner Sprachlichkeit zu. Denn ein Gedicht wie dieses kommt vielleicht überhaupt nicht zustande als Beschreibung eines Sommers, sondern der einen Sommer aussagenden Sprache. In ihm spricht nicht unmittelbare Realität sich – lyrisch vermittelt – aus, sondern deren sprachliche Präsenz als solche. In einem Sommer-Gedicht spricht die Sprache *sich* aus – als eine »Sommer« besprechende. Ein Sommer-Gedicht ist gesammelte und gesteigerte Weise, das Sprechen von Sommer als solches zur Sprache kommen zu lassen. Lyrik wäre Sich-Aussprechen von Sprache, ihr losgelöster Selbstausdruck.

In dem vorliegenden Gedicht nun erfährt sich die Sprache des Sommers aber als behindert, wenn nicht nahezu verunmöglicht. Es ist eine Negativität darin, welche das Gemeinte nur noch gebrochen, den reinen Ausdruck allein getrübt noch zu finden weiß. Das nur als verlorenes zu vergegenwärtigende Paradies reflektiert sich in einem Sagen, das erst durch Verneinungen und allein unter Verneinungen hindeuten kann auf das, was positiv wäre.

Und gerade diese auch in seiner indirekten Vergegenwärtigung immer noch bleibende Unzugänglichkeit dessen, was das Positiv-Andere sein könnte, bestätigt die negative Andersheit der wirklichen Gegenwart noch einmal. Je unmöglicher das Zurückfinden zu einem höchst labil sich nur als verschwindend Zeigenden wird, desto endgültig-wirklicher drängt sich das Vorbei auf, die Leere, die jetzt ist. Die kaum noch bzw. nur noch zu nennende Erfahrung von Fülle, das ersehnte Versinken in ihrer bergend-umfangenden und beruhigenden Mütterlichkeit sieht sich unerbittlich in die Härte einer grausam anderen Wirklichkeit gestoßen. Das nichtende Wesen der Zeit gibt sich zu erfahren in der Unwiderruflichkeit schlechter Gegenwart.

Anmerkungen

1 Das Gedicht erschien erstmals in dem Band von Paul Celan: Sprachgitter. © S.Fischer Verlag GmbH, Frankfurt a.M. 1959. Abgedruckt auch in: Paul Celan, Gesammelte Werke. Erster Band, Frankfurt a.M. 1983, S. 192.
Der Abdruck erfolgt mit freundlicher Genehmigung des S.Fischer Verlags, Frankfurt a.M.

2 Thymian, Heide, Wald – in solchen Zusammenhang entfremdet wie in diesem Gedicht, das ist ein Anti-Idyll, wie etwa der Gedanke an Storms Lyrik unterstreicht.

3 Theodor W. Adorno: Minima Moralia. Reflexionen aus dem beschädigten Leben, Frankfurt a. M., S. 21.

Hartmut Ruddies

Wolf Biermann: »Nach Auschwitz« – Versuch einer Interpretation

NACH AUSCHWITZ

Nach Auschwitz ein Gedicht
zu schreiben ist barbarisch.
Adorno (1951)

Das Miserere ist vorbei,
Die Sterbeglocken schweigen.
Heine (1844)

Ja, es ist keiner da, der den Toten noch
Mit Totenfeiern groß Ruhe schafft.
Die Sterbeglocken, mein toter Freund,
Es stimmt: sie schweigen, schon lange.
Doch sie schweigen aus anderem Grund:
Es stirbt sich inzwischen so massenhaft
Wir verrecken so unter dem Hund
Und sind an uns selbst so verdorben
– und darum läuten die Glocken nicht mehr:
Es wird ja zu viel gestorben.

Und als mein Vater in Auschwitz brannte
War auch keine Sterbeglocke zur Hand.
Da war ja der Tod schon selber todkrank
Und über dem Lager wölbte sich nur
Ein irres Leichengekreisch:
Die Riesenglocke aus dem Gestank
Von verbranntem Fleisch. Doch
Es gibt noch Gedichte nach Auschwitz. Und
Es gibt sogar lustige Lieder. Wir
Sind eben so. Wir gehn ganz und gar
Zugrund. Und erheben uns wieder.

I

Zwei Zitate stehen wie Eingangsmarken vor und über dem Text Biermanns aus dem Jahre 1979,[1] der kein klassisches Gedicht ist, sondern eine zugleich offene und gebundene poetische Form hat, die Anklänge an die Lyrik Heines erkennen läßt: Adornos schroffes Diktum aus dem Jahre 1951,[2] das die Unmöglichkeit jeder Lyrik nach Auschwitz auf dem Hintergrund einer auch marxistisch inspirierten Kulturkritik zu behaupten scheint, und Heines Versfragment aus dem Anfang des Poems »Deutschland. Ein Wintermärchen«,[3] das zu Beginn des Jahres 1844 das Deutschland der vormärzlichen Restauration ohne individuelles Bedauern und ohne jede Aufforderung zur öffentlichen Trauerbekundung in einem lässig gereimten Reisebericht poetisch zu Grabe trägt. Auch dieser Text ist der politischen Linken verbunden; Heine hatte 1843/44 auch in der Begegnung und der Freundschaft mit Karl Marx – dem Marx der Pariser Manuskripte – den Kommunismus für sich rezipiert[4] und ihn doch niemals, auch nicht in seiner Religionskritik, einfach übernommen oder bloß kopiert.[5] Seine Annäherung an den Kommunismus blieb auf die Zeit der 1840er Jahre begrenzt und war von widersprüchlichen Empfindungen der Bezauberung und des Grauens geprägt. Später fürchtete er vom siegreichen Proletariat die akute Problematisierung seiner Existenz als Künstler und Intellektueller:[6] Es werde seine Gedichte bedrohen, es werde die »Marmorbilder der Schönheit« zertrümmern und die »unnützen Sänger« fortjagen.[7]

Durch diese Konstellation zwischen dem Poem und seinen Motti hat Biermann, der linke deutsche Barde par exellence in der zweiten Hälfte dieses Jahrhunderts, seinen Text zugleich lokalisiert und stilisiert: er ist einerseits ein Beitrag zur innerlinken Debatte um das Thema »Auschwitz und seine Folgen«, und er wirkt andererseits wie ein Nachtrag zur Realismusdebatte in der deutschen Literatur nach dem Zweiten Weltkrieg, in der es um den Status der Kunst zwischen dem politischen Standort des Künstlers und seinem Auftrag zur ästhetisch verdichteten Darstellung der Zeittendenzen ging.[8]

Aber dieser Text ist auch noch weit mehr. Biermanns Gedichte und Lieder, so politisch konkret sie auch sind, haben ein umgreifendes Thema, das auch in diesem Poem aufscheint: der Kampf zwischen den Kräften der Erstarrung und des Lebendigen.

Die Kraft des Lebendigen aber angesichts der großen Erstarrung auszusagen, die mit der Erfahrung von Auschwitz verbunden bleibt, ist das poetische Problem im Poem »Nach Auschwitz« von 1979: Auschwitz darf nicht ästhetisch instrumentalisiert und bagatellisiert werden und darum ist dieses Poem auch kein Auschwitz-Poem, kein Poem über Auschwitz, sondern eines nach Auschwitz. Und die Erstarrung, die von diesem Verbrechen ausgeht, soll nicht über die poetische Kraft im menschlichen Leben siegen. Die böse Macht der Vergangenheit, die keineswegs schon gebannt ist, darf in der Gegenwart nicht erneut und immer neu siegen, auch nicht im Geiste derer, die sie bekämpfen.

Es gibt einen Kampf gegen die Mächte, die Auschwitz ermöglicht haben und auch heute Massenmorde durchführen, in dem die Kämpfer von dem Objekt, gegen das sie kämpfen, subjektiv überwältigt werden und es damit sicherlich contre coeur, aber ebenso contraire à la raison, erneut und kontinuierlich in Kraft setzen. Biermanns Poem ist deshalb auch ein Beitrag zur Selbstaufklärung der politischen Linken über die Figur eines antifaschistischen Denkens, das seinen Namen wirklich verdient und das mehr ist als eine gegensatzgebundene Kontraposition zum Faschismus. An der Erzeugung einer politischen Mentalität, die diesen »Mehrwert« zur Geltung bringt, ist Biermanns Lyrik durchgängig auch interessiert: sie ist auf einen Ton gestimmt, bei dem die Parteinahme für das individuelle Leben vor den notwendigen politischen Einsprüchen rangiert.[9]

Mit dieser Position nimmt Biermann Adornos grundsätzliche Einwände gegen eine Lyrik nach Auschwitz in einer freien Weise auf und erneuert Heines Kritik an einem Sozialismus, der den poetisch-intellektuellen Geist zur Emigration treibt. Was Heine freilich immer nur als Furcht vor Augen hatte, hatte Biermann bei der Abfassung des Poems inzwischen als Erfahrung hinter sich: den Konflikt mit der SED, die Ausbürgerung durch die DDR und den Versuch der kommunistischen Propaganda, sein Leben zu beschädigen, wenn nicht gar zu vernichten.

II

Biermann, Sohn eines in Auschwitz ermordeten jüdischen Kommunisten, war 1953 freiwillig in die DDR gegangen; er wurde 1963 aus der SED ausgeschlossen und erhielt 1965 Publikationsverbot und lebte fortan »eingemauert hier im Loch«.[10] 1976 wurde der Regimekritiker anläßlich eines Konzerts in der Bundesrepublik auf eine feige Weise ausgebürgert, die ihm die Möglichkeit einer öffentlichen politischen Stellungnahme in der DDR nahm, in der er längst einer der Hoffnungsträger für eine reformkommunistische Erneuerung geworden war.[11] Mit der erzwungenen Übersiedlung in den Westen – Heinrich Böll bezeichnete ihn treffend als einen »In-die-Heimat-Vertriebenen« – verband sich bei Biermann eine auch von Peinlichkeiten und Irrtümern nicht freie Umstellung im politischen Erfahrungsbereich und seiner poetischen Darstellung, die er selber als einen gravierenden Umbruch in seinem Denken und Dichten bezeichnet hat: »Und ich bin fast gestorben hier an meiner Neugeburt«.[12] »Auf diese Art kam ich voran: Gerannt, geschritten, gehumpelt, gehüpft und gekrochen auf allen Vieren. Aber jedes Lied war ein Schritt auf meinem Weg heraus aus der eingetrimmten Unmündigkeit zu mehr Wahrheit und mehr Freiheit.«[13]

Aus dieser Zeit stammt sein Poem »Nach Auschwitz«; ich lese es auch als ein Dokument der Selbstverständigung, in dem Biermann seine politischen Zeiterfahrungen mit seiner poetologischen Position nun an dem Ort zum Ausgleich bringt, dessen Gesellschaft ihn vor allem dadurch irritiert, daß ehemalige Nationalsozialisten sich in führenden politischen Positionen befinden und der faschistische Bodensatz der Gesellschaft immer noch durchschlägt: der Bundesrepublik Deutschland der 70er Jahre. In den Jahren nach 1976 und insbesondere im Jahr 1979 führt er viele poetisch-politische Attacken gegen westdeutsche Politiker, die er zu diesem faschistoiden Milieu zählt,[14] besonders als der RAF-Terror Anlaß und Vorwand bot, Linksintellektuelle wie Biermann auszugrenzen. Das Poem »Nach Auschwitz« liest sich auf diesem Hintergrund wie ein Dokument, mit dem der linke Liedermacher aus der DDR anzeigt, daß er in der Heimat, in die er vertrieben wurde, auch wirklich angekommen ist. In der linken Kultur Westdeutschlands aber waren, wie Jürgen Habermas es beschrieb, Heine und Adorno die »Schattenrisse der deutschen Intellektuellen«.[15]

Mit der Zitatensequenz von Adorno und Heine verbindet Biermann eine Rezeption poetologischer Theorie mit geschichtlicher, individueller wie politischer, Erfahrung; sie ist quer zur Geschichte angelegt und führt damit den Bruch vor Augen, der das historische Kontinuum von Heine zu Adorno aufgesprengt hat. Biermanns Zitatencollage, in der Adorno vor Heine gestellt wird, aber Heine vor Adorno rangiert, reflektiert diesen Bruch. Sie ist das Tableau für die neue Verarbeitung des Themas Auschwitz nach Biermanns Übersiedelung in den Westen.

Zugleich repräsentiert und impliziert diese Zitatensequenz auch eine historische Aussage: die Geschichte Deutschlands zwischen Heine und Adorno, zwischen der Zeit des Vormärz und dem »Denken nach Auschwitz« (Adorno), zeitigt jedenfalls auch eine Konstanz und Kontinuität, die trotz des Kulturbruchs gefordert und gegeben ist; es ist keine historische oder geschichtsphilosophische Konstanz und Kontinuität, die Biermann im Blick hat, sondern eine praktische, die um ihren historischen Ort und ihre Verpflichtung gegenüber der Vergangenheit weiß, – und sie dennoch nicht als alleinverpflichtenden Grund menschlichen Handelns übernimmt, ohne sie freilich zu überspringen. Sie besteht im Auftrag zu einem menschlichen Leben, das sich selber auch im Blick auf das Leid und die Katastrophe immer wieder erneuert und erneuern muß, weil jedes Leben unvertretbar eigenes Lebens ist und sein darf, auch wenn es seit Auschwitz in der Sichtweite der Katastrophe leben muß.

Zeichen dieses sich »trotz alledem und alledem« erneuernden Lebens sind die Gedichte und Lieder, die die Katastrophe nicht dementieren, sondern die ihr standhalten, ohne ihr die Größe des nihil negativum zu nehmen oder zu geben:

Wir
Sind eben so. Wir gehn ganz und gar
Zugrund. Und erheben uns wieder.

Biermann dementiert Adornos Diktum, indem er es modifiziert anerkennt. Und er bleibt Heine verpflichtet, indem er dem Miserere auch keine Sterbeglocke läutet, aber doch ein Poem schreibt, ein Lied singt, das dem guten menschlichen Leben zu allen Zeiten des eigenen Lebens intensiv zugewandt ist, weil es den Todeserfahrungen von Auschwitz eingedenk bleibt. So wie Heines Weigerung, den deutschen Verhältnissen im Vormärz die Sterbeglocke zu läuten, ein Hinweis darauf ist, daß er aus der Verhaftung und Fixierung auf das politische Elend in Deutschland auch heraustreten kann, so ist Biermanns Weigerung, aus Auschwitz eine umfassende negative Vorgabe für die eigene, ästhetische, politische und humane Existenz zu machen, ein Ausbruch der Poesie aus dem Gefängnis der Vergangenheit und die Verweigerung, Auschwitz zu instrumentalisieren. Diese Gratwanderung prägt das Poem in allen seinen Teilen.

III

Das Risiko dieser Gratwanderung liegt auf der Hand: Sie könnte zermalmt werden zwischen einer Position, die die Gegenwart an die Vergangenheit kettet, um sie aufzuklären, und der anderen, die die Gegenwart von der Vergangenheit löst, um sie frei zu machen.

Hier, auf dieser Linie zwischen Adorno und Heine, dem »toten Freund«, liegt Biermanns eigene, biographisch und geschichtlich angereicherte Position. Ihr hat er in diesem Poem Ausdruck gegeben, in dessen Zentrum die Erkenntnis steht, daß die zugleich individuelle und wahre Erinnerung an Auschwitz alle beruhigenden Ontologien und Theologien entmachtet, die den Sinn von Auschwitz ergründen wollen; sie widerspricht auch den ethischen Entwürfen, die unkritisch und umstandslos vom gelingenden Leben reden. Biermann bindet die Erfahrung eines gelingenden menschlichen Lebens an die Erinnerung eines Seins- und Wertentzugs, wie er grausamer kaum gedacht werden kann: über dem Lager Auschwitz »wölbte sich nur ein irres Leichengekreisch«, das Lager hat mit seiner bodenlosen Schrecklichkeit auch noch die Äußerungen der Leidenden affiziert; sie schweben nur noch als

»irres Leichengekreisch« ohne humane Wort- und Sinnqualität über der »Riesenglocke aus dem Gestank von verbranntem Fleisch«.

In der historischen Gegenwart des Jahres 1979, nach dem Ende des grausamen Vietnamkriegs und mitten im noch grausameren Völkermord in Kambodscha, feiert dieser Tod eine makabre Wiederkehr: »Es stirbt sich inzwischen so massenhaft.« Diese Wiederkehr der Herrschaft des Todes, der doch in Auschwitz »schon selber todkrank« war, ist Anlaß zu einer Reflexion auf das menschliche Leben im Angesicht des Todes, die Auschwitz einbezieht in das große Massensterben in der neueren Geschichte, und die zugleich seine epochale, aber eben auch seine persönliche Bedeutung für Biermann betont.

IV

Der Anschein einer tödlichen Verfinsterung der Kultur als Widerschein unserer eigenen »Verdorbenheit«, der Anschein einer umfassenden Herrschaft des »Hundes«, einer alten poetischen Metapher für den Tod, dessen Macht durch seine Krankheit zum Tode schon begrenzt ist, ist für Biermann zugleich der Anlaß, seine eigene Deutung der condition humaine zu geben. Sie besteht, eigentümlich schlicht, fast banal, beunruhigend einfach, in einer nüchternen Erinnerung an die poetische Kraft im menschlichen Leben, der die Trunkenheit ausgetrieben worden ist, und in einer nüchternen Beschreibung unserer Verfassung:

> Wir
> Sind eben so. Wir gehn ganz und gar
> Zugrund. Und erheben uns wieder.

Mit diesen schlichten Worten, die den Menschen an sich jenseits aller politischen und religiösen Unterscheidungen in den Blick nehmen, scheint Biermann die marxistische geschichtsphilosophische Differenz zwischen dem »alten« und dem »neuen« Menschen genauso aufzugeben wie die ältere religiös-theologische Differenz unter dem gleichen Titel im Judentum und im Christentum. Wie sich jüdische Erfahrungen, die am unvergebbaren, einzigartigen jüdischen Leid im Holocaust orientiert sind, die gerade nicht in Aussagen zur condition humaine überführt werden können, mit diesen Sätzen reimen könnten, – das ist angesichts der Biographie Biermanns eine interessante Frage, die im Ernst nur von ihm selbst oder in einem Gespräch mit den Juden, die diese Auffassung vertreten, beantwortet werden kann.

Für Biermann jedenfalls gibt es die eine menschliche Grunderfahrung, die vor und in allen religiösen und politischen Gegensätzen steht:

Wir
Sind eben so. Wir gehn ganz und gar
Zugrund. Und erheben uns wieder.

Biermann läßt sein Poem »Nach Auschwitz« mit einer Beschreibung der condition humaine enden, in der die temporalen und prinzipiellen Aspekte im Poemtitel so zusammengehen, als ob hier vom Fundament einer postideologischen und postreligiösen Anthropologie geurteilt wird und nicht mehr aus der Perspektive des Schreckens von Auschwitz. »Wir sind eben so.« Und man könnte hinzufügen: Zu allen Zeiten, vor, in und auch nach Auschwitz.

Diese Aussagen sind durchaus befragbar: Hat sich die Erkenntnis von einem Wesen des Menschen gegen die Erfahrungen vom Zeit- und Kulturbruch in Auschwitz durchgesetzt? Welche Qualität hat die Zäsur von Auschwitz dann noch? Und: Ist das Wesen des Menschen von einem allzeitigen innergeschichtlichen Pendelschlag zwischen individuellem Zugrundegehen und individueller Erhebung geprägt? Was wird dann aus der moralischen Verpflichtung zur rechtzeitigen politischen Intervention, von der Biermanns Werk so durchgängig geprägt ist?

Diese provokanten Verse in Biermanns Poem machen nur Sinn, wenn sie als Schluß des ganzen Textes gelesen werden. So aber führen sie die Spannungen eines gelebten Lebens vor Augen, das seine eigene Humanität im Bezug auf den großen, immer noch andauernden Schrecken des massenhaften Sterbens in der Welt auslegt, und ihn gleichwohl im eigenen Leben transzendiert:

Doch
Es gibt noch Gedichte nach Auschwitz. Und
Es gibt sogar lustige Lieder.

Es gibt sie deshalb nicht zu Recht, diese Gedichte, nur weil sie auch nach Auschwitz möglich sind. Aber es gibt sie als Faktum, als Äußerungen eines gelebten Lebens, die auch nach Auschwitz nötig und möglich sind und deshalb ihr eigenes Recht haben. Totenglocken für Auschwitz können und dürfen sie nicht sein wollen, weil die, denen sie läuten wollen, verweht sind. Gedichte nach Auschwitz leisten keine retroaktive Sinnstiftung, aber sie sind ein Ausdruck dafür, daß der Mensch leben darf.

»Nach Auschwitz«: Das muß als post und secundum gelesen werden, weil beide Blickrichtungen ihr Recht haben. Biermanns Poem ist die Einladung und Aufforderung dazu, diese Dialektik auszuhalten und sie nicht einzuebnen, um dem Kampf des Lebendigen gegen die Erstarrung Richtungssinn und poetische Kraft zu geben, und um die poetische Kraft zu einem mimetischen Impuls für ein gelingendes Leben zu gestalten.

V

Biermanns Gedicht »Nach Auschwitz«, das insofern nicht zu einer theologischen Interpretation einlädt, als es keinen konstitutiven Zusammenhang zwischen Gott und dem geschichtlich-individuellen Leben benennt, streift dennoch Erkenntnisse, die in der Theologie lokalisiert sind. Es berührt sogar das Zentrum theologischer Erkenntnis: Denn es beschreibt ein Geschehen, in dem eine tödliche Erkenntnis, die uns erstarren läßt, auf eine befreiende Erkenntnis stößt, die uns leben läßt und die letztlich auch den Tod auf dem Weg des Sterbens sieht, so daß seine Macht gebrochen ist, obwohl er immer noch herrscht. So gibt es auch Anlaß, ja sogar Grund zu Gedichten und »lustige(n) Liedern«.

Das Gedicht zeigt – um es mit aller Vorsicht zu sagen – literarische Präsenzen theologischer Sachverhalte, die sich selber freilich nicht bruchlos zu einem Ganzen fügen und auch deshalb nicht einfach auf die Theologie abgebildet werden können, weil sie Biermanns eigenen, ironisch verspielten Umgang mit Religion reflektieren.[16] Wo Biermann auf religiöse Themen Bezug nimmt, sind sie immer schon interpretiert. Sie werden durchgängig auf eine anthropologisch-politische Grundposition bezogen: auf die im Frühwerk sinnlich-pathetische und dann zunehmend kritisch-gebrochene Bejahung des Menschen.

In seinem Gedicht »Nach Auschwitz« umschreibt Biermann in einer freien, poetischen Erkenntnis zunächst den Sachverhalt, den die Theologie als die geschichtliche Macht der Sünde bezeichnet. Die »an sich selbst« verdorbenen Menschen leben in Denk-, Handlungs- und Lebenszusammenhängen, die tödlich sind. Dabei bleibt in der Schwebe, ob der Vers »(Wir) sind an uns selbst so verdorben« als Ausdruck einer ursprünglichen Verdorbenheit zu lesen ist, oder ob die An-sich-selbst-Verdorbenheit geschichtlich erworben und vermittelt ist.

Es scheint, daß hier, entgegen logischer Konsistenz, poetische Absicht waltet: Denn so hält Biermann in der Schwebe, ob die von ihm angesprochenen massenhaften Morde in der neueren Geschichte eine Folge der menschlichen Verdorbenheit sind, oder ob die menschliche Verdorbenheit eine Folge der Geschichte ist, in der diese Massenmorde inszeniert wurden.

Ausdruck dieser Ambivalenz ist der Umstand, daß er keinen Kausalkonnex zwischen dem Massensterben, der Todesherrschaft und der An-sich-selbst-Verdorbenheit des Menschen herstellt: es besteht nur eine serielle Verknüpfung zwischen den drei entscheidenden Versen im ersten Gedichtteil:

> Es stirbt sich inzwischen so massenhaft
> Wir verrecken so unter dem Hund
> Und sind an uns selbst so verdorben

Diese serielle Verknüpfung und der Verzicht auf Kausalkonnexe beschreibt die Welt »Nach Auschwitz« so, daß ein geschichtlicher Eingriff denkbar ist, der die Welt von der Herrschaft des Todes befreien kann; aber er beleuchtet auch die historische Qualität, die ein solcher Eingriff haben müßte: er wäre eine revolutionäre Tat, die die Konstituenten der bisherigen Geschichte aufhebt – aber sie bleibt für Biermann offensichtlich gebunden an die Einsicht in das iterative Wesen des menschlichen Lebens:

> Wir
> sind eben so. Wir gehn ganz und gar
> Zugrund. Und erheben uns wieder.

Im Zentrum des zweiten Gedichtteils steht sodann eine poetische Aussage zum Charakter des Todes, unter dessen Herrschaft die Welt steht, und deren Höhepunkt Auschwitz war: »Da war der Tod selber schon todkrank.« Am Höhepunkt der Herrschaft des »Hundes«, des Todes, ist der Tod nicht entmachtet worden und er hat sich in der Gewalt seiner Herrschaft auch nicht aufgezehrt, wie die Weltgeschichte »nach Auschwitz« zeigt; sondern er ist an sich selber erkrankt. Die wahnwitzigen, »irren« Geschehnisse in Auschwitz zeigen an, daß hier von der Herrschaft eines todkranken Todes auszugehen ist, die keinen Respekt mehr verdient, weil sie monströs und darin konturlos geworden ist.

Die Perspektive, aus der diese Erkenntnis gewonnen wird, ist in den Schlußversen präsent: es ist die Bejahung des Lebens, die nun nicht mehr emphatisch ausfällt, sondern leise und skeptisch geworden ist, aber mit Kraft unverbrüchlich daran festhält:

> Es gibt noch Gedichte nach Auschwitz. Und
> Es gibt sogar lustige Lieder. Wir
> gehn ganz und gar
> Zugrund. Und erheben uns wieder.

Die tödliche Erkenntnis, die uns erstarren läßt, ist auf eine befreiende Erkenntnis gestoßen, die uns leben läßt. Sie ist der tödlichen Erkenntnis überlegen, sie ergibt sich nicht aus ihr, sie gehört in eine andere Dimension: in die des Lebens. Mit dieser befreienden Erkenntnis stehen wir am Sterbebett der tödlichen Erkenntnis – und bleiben dort nicht solange gebannt und gelähmt stehen, bis der todkranke Tod verschieden ist, – sondern wir erheben uns und singen »lustige Lieder«.

Damit aber plädiert Biermann für ein Leben, in dem Menschen ohne Fixierung auf die Vergangenheit zu dem stehen können, was sie geworden sind. Und erst in dieser Perspektive, aber dann auch gewiß in dieser Perspektive dürfen Menschen auch das wahrnehmen, was sie noch werden können, damit Wahrhaftigkeit und Lebendigkeit in alle menschlichen Verhältnisse einziehen können.[17]

Anmerkungen

1 Das Poem findet sich jetzt in: Wolf Biermann, Alle Gedichte, © 1995 Verlag Kiepenheuer & Witsch, Köln, S. 78f. Der Abdruck erfolgt mit freundlicher Genehmigung des Verlags Kiepenheuer & Witsch.

2 Th. W. Adorno: Kulturkritik und Gesellschaft, in: Ders.: Prismen. Kulturkritik und Gesellschaft, München 1963, S. 7–26, hier: S. 26. Der engere Kontext des Zitates lautet: »Kulturkritik findet sich der letzten Stufe der Dialektik von Kultur und Barbarei gegenüber: nach Auschwitz ein Gedicht zu schreiben, ist barbarisch, und das frißt auch die Erkenntnis an, die ausspricht, warum es unmöglich ward, heute Gedichte zu schreiben.«

3 Heinrich Heine: Deutschland. Ein Wintermärchen, in: Ders.: Werke in einem Band, hg. von Paul Stapf, Wiesbaden o. J., S. 607–667, hier: S. 611. Der vollständige Vierzeiler lautet: »Ein neues Lied, ein besseres Lied, / Es klingt wie Flöten und Geigen! / Das Miserere ist vorbei, / Die Sterbeglocken schweigen.« Zu Biermanns Interpretation des Textes vgl. Ders.: Heinrich Heine, Deutschland. Ein Wintermärchen, in: DIE ZEIT, Nr. 43, 19. Oktober 1979. – Biermann publizerte als Hommage an Heine 1973 auch selber eine Gedichtsammlung mit dem Titel »Deutschland. Ein Wintermärchen« (Berlin [West] 1973).

4 Belege bei Leo Kreutzer: Heine und der Kommunismus, Göttingen 1970, S. 33ff.

5 Vgl. Peter Meinhold: »Opium des Volkes?« Zur Religionskritik von Heinrich Heine und Karl Marx, in: MPTh 49 (1960), S. 161–176.

6 Heinrich Heine: Geständnisse (1854), in: Sämtliche Werke, hg. von Hans Kaufmann, München 1964, Bd. XIII, S. 113.

7 Heinrich Heine: Vorrede zur »Lutetia«, in: Werke, a. a. O., Bd. XI, S. 337f.

8 Vgl. Werner Mittenzwei (Hg.): Dialog und Kontroverse mit Georg Lukács, Leipzig 1975.

9 Diese Position wird insbesondere in dem großen, Peter Huchel gewidmeten Gedicht »Ermutigung« von 1966 ausgesprochen; das Problem, wie das Individuum gerade in der Übernahme politischer Verantwortung nicht untergeht, sondern sein Eigenleben führen kann, ist ein Dauerthema der Biermannschen Lyrik; es reflektiert auch die Irritation des Subjekts durch die kommunistische Ideologie, in der – psychologisch gesprochen – Selbstwandlungen ganz überwiegend nur als Ich-Opfer vorkommen durften oder mit dem Vorwurf des Klassen- oder Parteiverrats bedroht und belegt wurden.

10 Wolf Biermann: Die Bibel-Ballade (1974), in: Ders.: Alle Lieder, Köln 1991, S. 243–247, hier: S. 247. Zu Biermanns Situation in der DDR von 1965 bis 1977 vgl. nun auch die Briefe, Tagebücher und Dokumente seiner Freundin Eva-Maria Hagen, in: Dies.: Eva und der Wolf, Düsseldorf/München 1998.

11 Zu Biermanns politisch-ästhetischer Situation im Literaturbetrieb der DDR Ende der 60er Jahre nach dem Einmarsch der Truppen des Warschauer Paktes in die ČSSR und seiner Kritik an der Politik und Kulturpolitik der SED vgl. Uwe-K. Ketelsen: Reformkommunismus, Wolf Biermann, sozialistischer Realismus der DDR, in: Akzente 18. Jg. (1971), S. 451–463.

12 Wolf Biermann: Kleines Lied für R.[obert] H.[avemann] (1979), in: Ders.: Alle Lieder, Köln 1991, S. 313.

13 Wolf Biermann: Alle Lieder, Köln 1991, S. 456–464, hier: S. 463 (Nachwort zur 2. Aufl.).

14 Ebd., S. 286–325; im Mittelpunkt seiner Attacken gegen die politische Führung der Bundesrepublik stand um 1979 Franz-Josef Strauß, der 1980 Kanzlerkandidat der Unionsparteien wurde.

15 Jürgen Habermas: Heinrich Heine und die Rolle des Intellektuellen in Deutschland (1986), jetzt in: Ders.: Eine Art Schadensabwicklung. Kleine politische Schriften VI, Frankfurt a. M. 1987, S. 27–54, hier: S. 51.

16 Vgl. z. B. Die »Bibel-Ballade« von 1974, in: Ders.: Alle Lieder, Köln 1991, S. 243–246.

17 Wolf Krötke: Befreiende und tödliche Sündenerkenntnis, in: Ders.: Die Kirche im Umbruch der Gesellschaft, Tübingen 1994, S. 45–57, hier: S. 54f.

Henning Schröer

Auf der Spur des Gegenglücks – Gottfried Benn: »Einsamer nie –«

EINSAMER NIE –

Einsamer nie als im August:
Erfüllungsstunde – im Gelände
die roten und die goldenen Brände
doch wo ist deiner Gärten Lust?

Die Seen hell, die Himmel weich,
die Äcker rein und glänzen leise,
doch wo sind Sieg und Siegsbeweise
aus dem von dir vertretenen Reich?

Wo alles sich durch Glück beweist
und tauscht den Blick und tauscht die Ringe
im Weingeruch, im Rausch der Dinge –
dienst du dem Gegenglück, dem Geist.[1]

I. Lyrik und Dogmatik – nur ein Gegensatz?

Die folgenden Überlegungen ermessen und durchschreiten das Spannungsfeld zwischen Lyrik und Dogmatik. Besonders geeignet dazu erscheint das Gedicht »EINSAMER NIE –« von Gottfried Benn.[2] Das mag in doppelter Weise überraschen. Besteht überhaupt eine reelle Relation zwischen Lyrik und Dogmatik außer Adolf von Harnacks bekanntem ironischem Rat, beim Aufstellen der Bücher die Dogmatik der Belletristik zuzuordnen? Und wenn es eine solche Relation doch gibt, wäre sie gerade bei Gottfried Benn zu vermuten? Hat seine strenge Fassung von Lyrik, festgehalten in seinem epochalen Vortrag Probleme der Lyrik,[3] etwas mit Dogmatik zu tun, außer daß der Gegensatz deutlich wird? Benn schildert dort das »lyrische Ich«, das ganz allein mit seinem Gehirn an den Worten arbeitet, um das »Gedicht, das autonom ist«,[4] zu »machen«: »Ein Gedicht entsteht überhaupt sehr selten –

ein Gedicht wird gemacht«.[5] Von diesem Gedicht heißt es: »Aus all diesem kommt das Gedicht, das vielleicht eine dieser zerrissenen Stunden sammelt –: das absolute Gedicht, das Gedicht ohne Glauben, das Gedicht ohne Hoffnung, das Gedicht an niemanden gerichtet, das Gedicht aus Worten, die Sie faszinierend montieren.«[6] Diese Lyrik erfordert existentielle Entscheidungen: »Sie verlassen die Religion, Sie verlassen das Kollektiv und gehen über in unübersehbare Gefilde.«[7] Bestimmend für den Lyriker sind seine »Moira-Substanzen«, von denen es heißt: »und diese führen ihn, da es für ihn kein Mekka mehr gibt und kein Gethsemane, auch das Basrelief des Khmertempels in Angkor Vat nicht in seinen Breiten liegt, weiter den Weg auf den Olymp des Scheins – überall wo Menschen sind, werden auch Götter wohnen.«[8]

An dieser Stelle allerdings spätestens kann der aufmerksame Leser doch eine Beziehungsmöglichkeit zwischen Lyrik und Dogmatik dem Gegenstand nach sehen. Die alte Religion ist tot, ist vorbei, aber Götter gibt es doch noch! Es ist ohne Frage die Kunst als »progressive Anthropologie«,[9] von der Benn im Anschluß an Novalis als für das neue Zeitalter maßgeblicher Erkenntnis spricht, aber dieser dort beschriebene Mensch scheint doch das Problem der Götter nicht ganz verloren zu haben. Er sucht den »Olymp des Scheins«. Diese Wendung hat Benn von Nietzsche übernommen und in jenem Vortrag auch vorher ausführlich gewürdigt, als er Lyrik als »Artistik« kennzeichnete: »Artistik ist der Versuch der Kunst, innerhalb des allgemeinen Verfalls der Inhalte sich selber als Inhalt zu erleben und aus diesem Erlebnis einen neuen Stil zu bilden, es ist der Versuch, gegen den allgemeinen Nihilismus der Werte eine neue Transzendenz zu setzen, die Transzendenz der schöpferischen Lust.«[10] Dafür ist ihm Nietzsche der Kronzeuge: »Er sagte: die Delikatesse in allen fünf Kunstsinnen, die Finger für Nuancen, die psychologische Morbidität, der Ernst der Mise en scène, dieser Pariser Ernst par excellence – und die Kunst als die eigentliche Aufgabe des Lebens, die Kunst als dessen metaphysische Tätigkeit. Das alles nannte er Artistik.«[11] Und er bildete diese drei rätselhaften Worte »Olymp des Scheins«.[12]

Wir entdecken also mögliche Beziehungspunkte. Von Transzendenz ist die Rede, von Metaphysik. Freilich wird auch die Differenz sogleich deutlich. Das Heute gegenüber dem Gestern und die Ästhetik statt der Theologie.

Hat heutige Theologie diese Wendung im Blick? Derzeit ist Theologie und Ästhetik kein Gegensatz mehr,[13] und Dogmatik als Wahrnehmungs-Wissenschaft des Denkens in eschatologischer Perspektive, als Pneumatologie schöpferischer Wahrnehmung, wird zumindest erprobt. Allerdings fragt sich, was denn aus dem Ehrentitel Wissenschaft dabei wird. Es ist faszinierend zu sehen, wie Gottfried Benn damals bereits die Krisenprobleme heutiger Wissenschaft prognostizierte bis hin zur Kybernetik und Gentechnik und seine Theorie von Lyrik in diesen Kontext stellte, Arzt und Naturwissenschaftler, der er auch als Lyriker war, der doch zugleich das Verhängnis spürte, die Herrschaft der Mittelmäßigkeit, der Medien und aller, die den Verlust der Mitte beschwören oder zurück wollen. Es hat deshalb, meine ich, Sinn, in Kontakt zu Benn in den heute neuen Konstellationen von Anthropologie und Theologie, von Technik und Kunst, von – und damit berühren wir Benns ständiges Thema – von Leben und Geist, einem seiner Gedichte eingedenk, erneut sowohl nach Lyrik wie Dogmatik zu fragen. Die mögliche Verbindung wird ja nicht nur darin liegen, daß man von der Dogmatik heute dasselbe sagen kann, was Benn damals von der Lyrik sagte. »Es gibt, scheint mir, überhaupt kein Gebiet, über das so viele Mißverständnisse herrschen, wie über Lyrik.«[14]

II. Das »Gegenglück, der Geist« – wo ist sein Leben?

Als ich in meiner Studentenzeit – ich weiß leider nicht mehr genauer, wann – das Gedicht *Einsamer nie* – zum ersten Mal las, faszinierte mich vor allem sogleich diese für mich neue Begriffsbildung, dieses Wort *Gegenglück*. Es war verbunden mit dem Leitwort, das mich als Theologen mit großem philosophischen Interesse, gerade für den deutschen Idealismus und Kierkegaards Kritik daran, hauptsächlich interessierte, dem Leitwort *Geist*. Studierte ich doch in Heidelberg, wo über dem Eingang der Neuen Universität die Inschrift »Dem lebendigen Geist« stand. Was mochte das wohl besagen? Zumal in der dortigen Universitätsbibliothek beim Eingang zum Lesesaal auch ein Bibelzitat zum Thema Geist stand: »Der Buchstabe tötet, der Geist macht lebendig« (2. Kor 3,6). War *Gegenglück* hier ein Schlüssel zu dem Mysterium, wie Geist und Leben zueinander stehen? Welches Leben hat der Geist, welches gibt er und wie verhält es sich zu unserem Geist und Leben? Wer weiß, weiß Gott, was für tolle Möglichkeiten mit diesem faszinierenden neuen Wort auftauchten, zumal für jemand, der wie ich immer das Paradoxe, von Kierkegaard auf die Spur gesetzt, im Sinn hatte.[15] *Gegenglück*, das war doch ein Paradox. Konnte es so etwas zugleich Positives mit seinem Gegenteil zugleich geben? Ich erinnere mich, wie ich später als Pfarrer mit einer an Literatur sehr interessierten Lehrerin diese Gedichtzeile wieder erörterte und sie mir das Problem als Erfahrung der Ambivalenz noch deutlicher machte: Ist Gegenglück wirklich, wie ich meinte, ein wirkliches Glück oder doch nur dessen besondere Negation? Da steht ja inhaltlich nicht einfach »Unglück« oder »Pech«, aber auch nicht einfach nur Glück oder Superglück oder so ähnlich, da ist doch durch die Wort-Form der Gegensatz unmittelbar mit der Position verbunden, und zwar nicht als »Synthese«.[16]

III. »Erfüllungsstunde« – wann ist die Zeit des Seins im Geist?

Betrachten wir nun diese drei Strophen, die auf das geheimnisvolle Synonym für Geist zulaufen, näher.

Zuerst die *Situation* des lyrischen Ichs. Absolute Einsamkeit. Eine extreme Situation des völligen Kontrasts von Innenwelt und Außenwelt. Dort draußen ist *Erfüllungsstunde*, innen hier dagegen das *Gegenglück*. Wie die Brennpunkte einer Ellipse bestimmen diese beiden ungewöhnlichen Worte die *Form* des Gedichts. Es ist die Situation des Sommers auf dem Höhepunkt des Monats August. Mohnblumen und Weizenfelder kann man vermuten. »Mohn, pralle Form des Sommers« läßt Benn den Arzt Rönne in dem Prosastück *Die Insel*[17] schon 1916 sagen, der eben ständig auf das Thema Natur und Geist, Leben und Geist, Leben und Sprache stößt und sich fragt: »Wo aber blieb die Auseinandersetzung innerhalb seiner selbst, wo fand die statt? Ihr Ausdruck, das Sprachliche, wo vollzog sich das?«[18] Am Ende eines Ausrufs, der das »Dynamit des Dualismus« ausdrückt, finden wir auch das Wort *Gegenglück*: »›An meinen Randen spielend, in Sommersweite, all mein Gegenglück – und nun: wo bin ich nicht?‹«[19] Man kann also bei dieser Rönne-Novelle so etwas wie die erste Szenerie des Gedichts *Einsamer nie* – begründet vermuten. Schon dort war die Kontrastsituation vorhanden mit der insgeheimen Frage. Doch wo ist deiner Gärten Lust? Ist es die Lust am Ausdruck, an der Sprache? Das lyrische Ich erlebt sich als ausgeschlossen. Zwei Reiche tun sich auf, dort die Natur mit all den Zeichen des Triumphs, hier das einsame Ich, offensichtlich ohne Siege. Einsamkeit, Sieglosigkeit stehen unter Beweisnot. In einem Brief an Oelze erinnert Benn an eine eigene Gedichtzeile aus *Weinhaus Wolf*: »Du stehst für Reiche, nicht zu deuten, und in denen es keine Siege gibt.«[20] Diese Natur, dieses Leben, ist nicht nur ein äußerliches Gegenüber, sondern es ist biologisch, lebendig, kreativ mit dem geistigen Ich unmittelbar verbunden. Dem trägt die dritte Strophe Rechnung, denn hier ist die Rede vom *Tausch*, dem Tausch der Blicke, – das lyrische Ich denkt sicher an Goethe: »Wer gab uns die tiefen Blicke« – und von dem Tausch der Ringe in Liebe und Ehe, von der Natur und Kultur des Weingenusses – dionysische Freude – und abschließend von dem *Rausch* der Dinge, etwa in Musik und Farben. »Farben und Klänge gibt es in der Natur, Worte nicht«, heißt es markant in *Probleme der Lyrik*.[21] Das Wort, der Ausdruck, die Form stehen diesen Erfüllungsstunden als Gegenglück gegenüber, das ist die Situation, das ist der Geist. Hier findet keine Synthese statt, sondern Differenz wird wirksam als Wirklichkeit. Es gibt anscheinend kein Glück höherer Ordnung über den Dingen. Wohlmeinend Übelwollende, »die Mitte«, unterstellen höhnisch: »Das ist Transzendenz des Menschen nach unten.«[22] Das ist die Situation des Lyrikers: »Er steht allein, der Stummheit und Lächerlichkeit preisgegeben. Er verantwortet sich selbst. Er beginnt seine Dinge, und er macht sie fertig. Er folgt einer inneren Stimme, die niemand hört. Er weiß nicht, woher diese Stimme kommt, nicht, was sie schließlich sagen will.«[23]

IV. Religion im Erbe – was sagen die Wörter?

Hat der Lyriker in seiner Situation die Religion hinter sich gelassen? Was bedeutet sie für die Ausdruckswelt? Wir sahen es schon bei der Beschreibung der Probleme der Lyrik: Einerseits ist die Tradition der Religion verabschiedet, andererseits wird eine neue Transzendenz gesucht, die das Erbe der Religion in Anspruch nimmt. Wie geschieht das? Es bleiben die Wörter, die in eine neue Form zu bringen sind, die dann Inhalt bedeutet. Das Wort in den Wörtern ist neu als Kunstprodukt zu realisieren.

Wir entdecken in dem Gedicht *Einsamer nie* – zahlreiche Worte und Wendungen religiöser und christlicher Tradition: *Erfüllung*, das erinnert an Verheißung und Erfüllung, an die »Fülle der Zeit« (Gal 4,4) und auch an »So ist nun die Liebe des Gesetzes Erfüllung« (Röm 13,10). *Stunde*, das ist das eschatologische Wort der Entscheidungszeit, der Kairos mitten in aller Chronologie: »Es kommt die Stunde und ist schon jetzt« (Joh 5,25). Die *Gärten*, »jenseits von Eden«, immer wieder das Bild des Paradieses. Der *Sieg*, letztlich doch das Ziel: »Die Rechte des Herrn behält den Sieg« (Ps 118,15). »Unser Glaube ist der Sieg, der die Welt überwunden hat« (1. Joh 5,4). *Glück*, eine für den Glauben unziemliche Vokabel? Keineswegs, wenn man nicht zwischen Seligpreisung und Gratulation entgegen der Tradition der Gattung des Makarismus eine solche Trennung aufrichtet. Könnte nicht Gegenglück gerade dem paradoxen Glück der Seligpreisungen Jesu entsprechen? *Tausch*, ein Wort, das an den »fröhlichen Wechsel« erinnern kann, von dem Martin Luther so theologisch und poetisch zugleich gesprochen hat.[24] *Wein*, Element des Sakraments im Abendmahl. *Rausch*, auch dies kein Tabuwort für Religion, auch die biblische Ekstase als prophetische Erfahrung, als Glossolalie bis hin zur Erkenntnis, daß Ekstase, die nicht notwendig die rationale Struktur des Bewußtseins zerstört, eines der Merkmale der Offenbarung ist.[25] Schließlich *Dienst*, Dienen als Diakonie, als Grundform der Nachfolge, auch in dichterischer Freiheit. Was nützen diese Erinnerungen? Was besagen diese Worte für die Gegenwart? Mit Benn stoßen wir jedenfalls auf das theologisch so sehr bekannte Problem des Wortes in den Wörtern. Das Wort ist die Brücke zwischen Leben und Geist, das Wort allerdings, das als eine neue zeitauthentische Form der Wörter die Situation nicht illusioniert. Diese Brücke, die den Abgrund nicht verdeckt, ist theologisch ebenso wie lyrisch, wenn auch anders, das Wort.

V. Das Wort in den Wörtern – Brückenschlag im Geist zum Leben

Benn hat das Wortgeschehen vielfach beschrieben, lyrisch vollendet in seinem bekannten Gedicht EIN WORT,[26] denkerisch in einem Abschnitt von *Probleme der Lyrik*.[27] In dem Gedicht zeigt Benn den kosmologischen Epiphaniecharakter des Worts auf: »*Ein Wort – ein Glanz, ein Flug, ein Feuer, / ein Flammenwurf, ein Sternenstrich – / und wieder Dunkel, ungeheuer, / im leeren Raum um Welt und Ich.*« In dem Vortrag wird das Verhältnis zum Reich des Geistes thematisiert, was zu der kühnen anfechtbaren Aussage führt: »Das Wort ist der Phallus des Geistes, zentral verwurzelt. Dabei national verwurzelt. Bilder, Statuen, Sonaten, Symphonien sind international – Gedichte nie.«[28] Für die muttersprachliche Bindung der Verkündigung ist das allerdings eine wichtige Analogie. Die zweideutige Brückenfunktion des Wortes kennzeichnet der Satz: »Worte schlagen mehr an als die Nachricht und den Inhalt, sie sind einerseits Geist, aber haben andererseits das Wesenhafte und Zweideutige der Dinge der Natur.«[29]

Könnte dies nicht auch für die Theologie gelten: »Schwer erklärbare Macht des Wortes, das löst und fügt.«[30] Freilich werden die folgenden Sätze zeigen, daß Benn das Denken stets notwendig pessimistisch im Sinne einer kritischen Theorie verstand, aber sie könnten doch Gegenglück der Theologie werden:

»Fremdartige Macht der Stunde, aus der Gebilde drängen unter der formfordernden Gewalt des Nichts. Transzendente Realität der Strophe voll von Untergang und voll von Wiederkehr: die Hinfälligkeit des Individuellen und das kosmologische Sein, in ihr verklärt sich ihre Antithese, sie trägt die Meere und die Höhe der Nacht und macht die Schöpfung zum stygischen Traum: ›Niemals und immer‹.«[31]

Widerspruch ist hier nötig, aber als Erwiderung auf das Gegenteil schmerzlich tragischer Erfahrung, die auch Theologie nicht hinter sich lassen kann. Wie auch Kurt Marti scharf die Differenz von Predigt und Gedicht erkannte, ohne die geheime Verbindung zu leugnen, so kann möglicherweise doch Lyrik und Dogmatik einander verstehen, wenn der Lyriker sagt: »Dies Ich arbeitet an einer Art Wunder, einer kleinen Strophe, der Umspannung zweier Pole, dem Ich und seinem Sprachbestand, arbeitet an einer Ellipse, deren Kurven erst auseinanderstreben, aber dann sich gelassen ineinandersenken.«[32] Daß Benn der Kirche prinzipiell übrigens gar nicht so ablehnend gegenüberstand, zeigt eine weniger bekannte briefliche Äußerung:

»An meinem Grab soll ruhig ein Pfarrer sprechen. Die Religion stand trotz ihrer Armseligkeit u. obschon sie mir persönlich nie in meinem Leben etwas gegeben hat, doch den Reichen immer am nächsten, zu denen es mich zog, und ihr Wort: ›Das Reich ist nicht von dieser Welt‹ will ich ihr nicht vergessen. (Wenn es mehr tiefe u. erlebnisfähige Pfarrer gäbe, wäre die Kirche überhaupt keine schlechte Sache. Es war mir immer eine Enttäuschung, außer meinem Vater eigentlich nie einem Pfarrer begegnet zu sein, der persönlich dem gewachsen war, was er beruflich zu vertreten u. zu verkünden hatte).«[33]

VI. Lyrik und Dogmatik – Ähnlichkeiten zu Ostern

Anstatt eines summarischen Schlusses, der gar nicht zum Thema passen würde, weise ich am Ende auf ein Ostergedicht Gottfried Benns hin, das uns, so wie narrative Theologie einer Erzählung mit einer anderen weiterhilft, ohne uns von Pontius zu Pilatus zu schicken, lyrisch und theologisch weiterbringt. Ich entdeckte es in dieser Weise zuerst in dem Briefwechsel Benns mit Oelze. Wir lesen dort unterstrichen, quasi als Überschrift: »*Ostern ähnlich wie Sie*«[34] und gleich danach das Gedicht, das später den Titel *Anemone* erhielt. Es steht in den Gesammelten Werken vielleicht nicht zufällig direkt vor *Einsamer nie* –:

ANEMONE

Erschütterer –: Anemone
die Erde ist kalt, ist nichts,
da murmelt deine Krone
ein Wort des Glaubens, des Lichts.

Der Erde ohne Güte,
der nur die Macht gerät,
ward Deine leise Blüte
so schweigend hingesät.

Erschütterer –: Anemone,
du trägst den Glauben, das Licht,
den einst der Sommer als Krone
aus großen Blüten flicht.[35]

Hier also doch ein »Wort des Glaubens, des Lichts«, murmelnd mitgeteilt von einem Lebenszeichen der Natur, der Blume, die zeichenhaft den Nihilismus der kalten Erde durchbrochen hat, einer Erde, in der Macht statt Güte regiert. Eine schweigende Botschaft als Zeichen, das vorausweist auf den Sommer, der auch als eschatologischer Terminus[36] ernst- und wahrzunehmen ist, dem auch die Erfüllungsstunde des Geistes gehören könnte. Schöpferische Lust in strenger Form, nur selten wahrnehmbar, aber doch so, daß eine österliche Dogmatik hortensischer Theologie, die Mut zu neuer Liturgie als Theopoesie[37] hat, Lyrik als Gegenüber erkennen und sich provozieren lassen kann vom Lob der Sprache zur Sprache des Lobes,[38] das die Klage nicht vergißt. Ähnlichkeiten zu Ostern sind nicht zufällig.

Anmerkungen

1 Das Gedicht wurde dem Band entnommen: Gottfried Benn, Statische Gedichte, © 1948, 1983 by Arche Verlag AG, Raabe + Vitali, Zürich. Es ist auch zu finden in: Gottfried Benn, Gesammelte Werke in 2 Bd., hg. v. Dieter Wellershoff, Wiesbaden 1968, Bd. 1, S. 140.
2 Das Gedicht findet sich auch im Briefwechsel Benns mit F. W. Oelze 1932–1945 unter der Nr. 97 in einem Schreiben Benns vom 4. September 1936 mit den Nachsätzen »Bedarf keiner besonderen Antwort! Guten Sonntag!«, in: Gottfried Benn: Briefe,Wiesbaden 1977, zit. nach der Taschenbuchausgabe Frankfurt 1979, S. 144.
3 Gehalten 1951 in Marburg, GW 1, S. 1058–1096.
4 Ebd., S. 1073.
5 Ebd., S. 1059.
6 Ebd., S. 1088.
7 Ebd.
8 Ebd., S. 1091.
9 Ebd., S. 1065.
10 Ebd., S. 1064.
11 Ebd.
12 Ebd., S. 1065.
13 Man beachte vor allem die Arbeiten von Hermann Timm (Das ästhetische Jahrzehnt, Güterloh 1990) und Albrecht Grötzinger (Praktische Theologie und Ästhetik, München 1987).
14 Gottfried Benn: Probleme der Lyrik, a. a. O., S. 1094.
15 Vgl. meine Dissertation: Die Denkform der Paradoxalität als theologisches Problem (Göttingen 1960).
16 Hier liegt Benns Interesse, der sich wiederholt schroff gegen jedes Daseinsverständnis als Synthese wandte.
17 Gottfried Benn: Gesammelte Werke 2, S. 1209–1219, (Erstveröffentlichung in Gottfried Benn: Gehirne, Leipzig 1916), das Zitat: S. 1213.
18 Ebd., S. 1213.
19 Ebd., S. 1214.
20 Gottfried Benn, Briefe, 1979, Nr. 124 (30. Mai 1937) S. 172.
21 Gottfried Benn: Gesammelte Werke 1, S. 1074.
22 Gottfried Benn: Probleme der Lyrik, a. a. O., S. 1083.
23 Ebd., S. 1081.

24 Martin Luther: Von der Freiheit eines Christenmenschen, WA 7,55. Übrigens findet sich das Motiv des fröhlichen Wechsels in Patrick Roths Erzählung »Riverside« eindrücklich poetisch neu und bibelnah realisiert.

25 Vgl. Paul Tillich: Systematische Theologie, Bd. 1, Stuttgart ^{5}1977, S. 140.

26 Gottfried Benn: Gesammelte Werke 1, S. 208.

27 Gottfried Benn: Gesammelte Werke 1, S. 1074–1078.

28 Ebd., S. 1074.

29 Ebd., S. 1075.

30 Ebd., S. 1077.

31 Ebd.

32 Ebd., S. 1082.

33 Gottfried Benn: Briefe, Frankfurt a. M. 1979, Nr. 99 (11. September 1936), S. 146.

34 Ebd., Nr. 70 (15. April 1936), S. 112.

35 Gottfried Benn: Gesammelte Werke 1, S. 139.

36 Ich erinnere an das Kirchenlied »Herzlich tut mich erfreuen die liebe Sommerzeit, wenn Gott wird schön erneuen alles zur Ewigkeit« (EG 148).

37 Kurt Marti hat im Blick auf die biblischen Psalmen diesem Begriff erste Konturen gegeben, der auch bei Dorothee Sölle (vgl. in diesem Band S. 231ff.) und anderen in seiner Bedeutsamkeit für Theologie und Literatur erkannt worden ist. 1997 fand in Bonn ein hermeneutisches Symposion zu diesem Leitwort statt, dessen Vorträge 1998 erscheinen werden.

38 Vgl. dazu Kurt Martis eindrückliche Bemühungen um eine theologische Definition von Literatur.

Hans-Walter Schütte

Else Lasker-Schüler: »Gebet«

GEBET

Ich suche allerlanden eine Stadt,
Die einen Engel vor der Pforte hat.
Ich trage seinen großen Flügel
Gebrochen schwer am Schulterblatt
Und in der Stirne seinen Stern als Siegel.

Und wandle immer in die Nacht ...
Ich habe Liebe in die Welt gebracht –
Daß blau zu blühen jedes Herz vermag,
Und hab ein Leben müde mich gewacht,
In Gott gehüllt den dunklen Atemschlag.

O Gott, schließ um mich deinen Mantel fest;
Ich weiß, ich bin im Kugelglas der Rest,
Und wenn der letzte Mensch die Welt vergießt
Du mich nicht wieder aus der Allmacht läßt
Und sich ein neuer Erdball um mich schließt.[1]

1. Eine Paraphrase

»Ich«, sagt das poetische Ich und beginnt die Suche nach seinem Ursprung, der jenseits der Doppelung liegt, die sich im Ichsagen des poetischen Ich auftut. Es ist die Suche nach dem Allervertrautesten, nach dem, was im Suchen schon gegenwärtig ist und doch so unauffindbar zu sein scheint wie die Stadt, die als Bild für das Gesuchte eintritt.

»Ich suche ... eine Stadt«, sagt das poetische Ich, keinen Elephanten, keinen Gespielen, kein Zirkuspferd, keine Bleisoldaten, sondern eine Stadt; aber keine jener Städte, die Cafés haben und Salons und Kabaretts, Parkbänke, auf denen Menschen schlafen müssen und schmale Zimmer, sondern eine Stadt mit einer Mauer, die eine andere Zeit anzeigt als die gegenwärtigen Städte. Ich suche eine Stadt, von einer Mauer umgeben, und in diese Mauer ist eine Pforte eingelassen, und vor dieser Pforte steht ein Engel. Diese Stadt ist das Gegenbild aller Städte, länderlos und ohne angebbaren Ort, obwohl sie durch den Engel und die Pforte hinreichend genau beschrieben ist. Wer sie finden würde, hätte mehr gefunden als einen Engelsflügel.

Das poetische Ich, das sucht, das hinter allen Bildern sich selber sucht, findet sich mit einem »großen Flügel«, den es am »Schulterblatt« trägt. Es sagt: »Ich trage seinen großen Flügel / Gebrochen schwer am Schulterblatt.« Vielleicht hat es ihn immer schon getragen, aber nun, wo das Suchen begonnen hat, wird es sich dieses Umstandes bewußt, und das in aller Schwere und Gebrochenheit. Das suchende Ich ist ein gebrochenes Ich, und in der Erfahrung der Gebrochenheit bleibt es sich so fern wie der Stadt, die es sucht.

Das poetische Ich beschreibt sich durch einen Vergleich und legt sich einige Merkmale des Verglichenen bei, wohl wissend, daß es noch lange nicht fliegen kann und auch den Sternen nicht näher kommt. Aber es beschreibt sich mit dem Bild des Engels. Engel tragen das poetische Ich über die Abgründe seiner Einfälle hinweg, Engel eröffnen der Imagination Möglichkeiten, von denen das Ich verwegen Gebrauch macht, die sie aber dennoch nicht verwirklichen kann. Engel sind weder an den Raum noch an die Zeit gebunden, aber sie gewähren einen Blick in Unermeßlichkeiten, die das poetische Ich in Gedanken durcheilen kann. In Gedanken – denn es ist ein gebrochenes Ich, das sich nur in Selbstunterscheidungen wahrnehmen kann, als ein Ich, das sich sucht und als eines, das gesucht wird, als ein doppeltes Ich, das nichts leidenschaftlicher begehrt als *ein* Ich zu sein. Und doch wachsen ihm aus dieser Unterscheidung ungewöhnliche Kräfte zu, Kräfte freilich, an denen Gewichte hängen, die es verhindern, daß dieses Ich einfach davonfliegt. Nur der Engel kann einfach davonfliegen, denn er bleibt immer derselbe. Deshalb ist er ja auch »allerlanden« wie die Stadt, zu der er gehört, allerlanden, ohne Ort, ein utopischer Engel, das geradezu exemplarische Gegenbild zu dem gebrochenen Ich, das sich nur in dieser Gebrochenheit gegenwärtig ist. Gleichwohl nimmt dieses gebrochene Ich am Objekt seines Suchens teil: durch Flügel und Stern. Der »Stern« ist das Siegel, das Zeichen der Bestätigung, daß es sich trotz seiner Schwere über sich selbst erheben kann. Es trägt diesen Stern »in der Stirne«, nicht im Herzen, auch nicht im Blut. Der Stern geht am Ort des Wissens auf, dort, wo es hell wird.

Das poetische Ich hat eine Stadt gesucht. Gefunden hat es diese merkwürdige Selbsterschlossenheit, dieses Licht, das von anderwärts her leuchtet, aber von dessen Helle es weiß. Dieses Wissen erscheint ihm mit den Merkmalen des Engels, im Flügel und im Stern. Flügel und Stern: Sicherhebenkönnen trotz Schwere und Gebrochenheit und darum wissen und diesem Wissen standhalten.

Und doch taucht das poetische Ich aus dieser Erschlossenheit so selbstvergessen auf, daß es vor sich hinsummt: »Und wandle immer in die Nacht...« und, so möchte man fortfahren, ziehe wie im Traum den gebrochenen Flügel hinter mich her. Der Weg in die Nacht ist ein Weg, der zum Wandeln einlädt, zu diesem schwebenden Gehen, das ohne Ziel zu sein scheint, aber doch eine deutliche Richtung hat. Durch die Richtungsangabe bleibt dem ichlos gewordenen Wanderer die Herkunft präsent, die Herkunft aus den Unterscheidungen, die von der Nacht aufgesogen zu werden drohen. Die Nacht ist ja in der Regel die Region der Unterscheidungslosigkeit, die Zeit des Glücks, die Zeit des Blühens, die Zeit auch der Bilder, die immerfort ineinander übergehen. Die Nacht ist die blaue Stunde, die Stunde des Strömens und Verschmelzens. Sie muß vor dem Vergessen bewahrt werden, sie muß Ich werden. Sie muß Ich werden durch das Ich, das »Liebe in die Welt gebracht« hat. »Ich habe Liebe in die Welt gebracht –«, das sind Worte von einer hinreißenden Unanschaulichkeit, aber von einer Unanschaulichkeit, in der jedermann seine Geheimnisse aufgehoben wissen kann. Was immer das Wort »Liebe« bedeuten mag: die Last, die der trägt, der sie bringt; die Gabe, die über die Welt verstreut wird; das Strömen, in dem Leere und Fülle im Gleichgewicht bleiben; was immer dieses Wort bedeuten mag, auf das ein Gedankenstrich folgt: es scheint kein Gedanke mehr kommen zu können. Die Liebe ist an ihr Ende gelangt, an ein Ende, von dem her aber zurückgeblickt werden kann auf blühende Herzen und jenen Augenblick der Ekstase, der nur in sich selber verweilt und erlischt. Hervorgerufen wird dieses wunderbare Geschehen durch das Schwellwort »blau«, Ausdruck einer unvorstellbaren Steigerung, in sich verlaufend wie der Himmel und in sich selber bewegt wie das Meer. Blau ist der Augenblick der Frühe, der Schöpfung, in dem Herzen anfangen zu blühen. Blühen aber ist ein Vorgang vorbegrifflicher Erschlossenheit, ein Herausgehen aus sich selbst, etwas ungemein Zartes über den Abgründen der Dunkelheit. Blühen ist aber auch ein Vorgang, der in die Zeit fällt, der einen Anfang hat und ein Ende. Wer Herzen erblühen lassen kann, der schwebt selber zwischen Entzücken und Ermüden, zwischen Anfang und Ende.

Liebe zehrt die Kräfte auf, Wachen macht müde, Blühen hört auf. Das sind Erfahrungen in denen ein Ich zerfallen, in denen es aber auch geprägt und versiegelt, wenn auch mit gebrochenem Flügel, auftauchen kann. So wie das Suchen »allerlanden« sich zu verlieren drohte, um erst in der Gebrochenheit seine Begrenzung zu finden, so kann sich das müde gewordene Ich nur so vor dem Selbstverlust bewahren, daß eine andere, eine neue Gewißheit in ihm aufdämmert: die Gewißheit, »in Gott gehüllt« zu sein. Auch das ist eine Gewißheit, die dem Ursprung so nahe ist wie das Gefühl, sich selber erschlossen zu sein und sich in Unterscheidungen ansichtig zu werden. Aufspringende Einsichten, die einander rufen, die aber nicht auseinander ableitbar sind. Die Gewißheit, in Gott gehüllt zu sein, spiegelt nicht den Wunsch wieder, sich selbst preiszugeben oder in Gott zu verschwinden und unterzugehen, sondern sie ist gerade angesichts der Vernichtungs- und Untergangserfahrungen vom Gefühl einer Geborgenheit getragen, in dem der Atem neu gemessen wird. So wie der Schlag unseres Herzens den Rhythmus des Lebens angibt, so verbindet sich mit dem Atem die Vorstellung der Schöpfung, des zum Leben Erschaffenwerdens. Atem ist Lebensgabe, und in der Gabe des Lebens ist der Ursprung gegenwärtig. Zwischen Ursprung und Vollendung liegt das Maß, nach dem das Leben, der Atem gemessen wird, ein Maß, das das Messen im Dunkeln vollzieht, das aber allem Leben vorgegeben ist und dem es gehorchen muß. Die Suche nach dem Ursprung dauert lange. Das poetische Ich, das unterwegs war, um eine Stadt zu suchen, hat sich dabei selber kennengelernt und hat am Ende seinen Ursprung gefunden, aus dem all seine Lebensbewegungen entspringen und in den sie eingehüllt bleiben. Fast beiläufig ist die Suche ans Ziel gelangt, unangestrengt trotz der vielen Umwege, trotz der Müdigkeit, trotz der Gebrochenheit, durch die sich der Ursprung zu entziehen schien.

Nun erst kann das poetische Ich den Mund zu einer Bitte öffnen. Aber die Bitte, die über seine Lippen kommt, ist gar keine richtige Bitte. Sie spricht nur aus, wessen sich das Ich schon gewiß ist. Wer sich »in Gott gehüllt« weiß, wer sich seiner auf solche Weise innegeworden ist, der weiß auch, daß solches Innesein nicht überboten werden kann. Die Bitte, der »Mantel« Gottes möge sich fest schließen, kann sich nur darauf beziehen, daß die Gewißheit, in ihn eingehüllt zu sein, Bestand und Dauer habe. Aber was diese Bitte – trotz des Erfülltseins – eine Bitte sein läßt, ist das Gespür für die Grundlosigkeit, mit der Gott den Bittenden umschließt. Auf dem Grunde dieses Gespürs für die Grundlosigkeit von Gottes Nähe lauert das unheimliche Wissen, daß dieser Gott auch anders handeln kann.

Deshalb möchte das betende Ich von dem Mantel Gottes umschlossen sein. Mantel ist ein Bild für das Licht. Nach diesem Licht sehnt sich das Ich. Dieses Licht ist unveränderbar, und in diesem Licht möchte es sich selber durchsichtig werden. Es möchte wissen, was in diesem Licht gewußt werden kann. Es möchte selber ein wissendes Ich sein. Es sagt: »Ich weiß ...« Was weiß das bittende Ich? Es weiß, daß es »der Rest« ist. Das ist nicht viel, aber dieses geringe Wissen ist beladen mit den Vorstellungen der alttestamentlichen Propheten. Sie redeten vom Rest, immer wieder. Rest Israels. Schmerzliche Erinnerungen an den Gott der Väter und an das Volk, von dem sich dieser Gott, einer alten Überlieferung zufolge, geschieden hat, um sich dann ganz an das Volk wegzugeben. Aber das ist wohl nicht gemeint. Das bittende Ich weiß sich als Rest, aber als Rest im »Kugelglas«, als Rest, der vergossen werden kann, wenn der »letzte Mensch« die Welt vergießen sollte.

Die Rede vom Rest im Kugelglas ist eine rätselhafte Rede. Sie führt die Vorstellung von einem Trinkglas herauf, in dem sich ein letzter Schluck befindet. In den Erinnerungen an Peter Hille ist auch von einem Kugelglas die Rede[2], aber diesem Wort kommt eine ganz andere Bedeutung zu. Es heißt dort: »Einmal erlebte ich, wie einem größeren Straßenjungen beim Anblick Peter Hilles nicht allein der Mund, auch das Herz still stand, sich schüchtern näherte und – dem ›lieben Gott‹ seine große Glasmurmel darbot, auf das silberne Kälbchen im kleinen Kugelglas besonders hinwies.« Wie immer es sich mit der Rede vom Kugelglas verhalten möge, wenn das Ende der Welt kommen sollte, dann spricht das betende Ich eine zweite Bitte aus. Es ist die Bitte, im Ende bewahrt zu werden, nicht das Ende zu verschieben oder es gar aufzuhalten, sondern als der Rest bewahrt zu werden.

Diese Bitte um Bewahrung appelliert nicht etwa an die Liebe Gottes oder an seine Gerechtigkeit, sondern an seine Allmacht. Wer von der Allmacht Gottes umschlossen bleibt, der kann nicht verloren gehen. Wer nicht von der Allmacht Gottes umschlossen ist, der ist schon verloren. Die Allmacht ist aber kein namenloses Verhängnis, sondern sie kann mit »Du« angeredet werden, als ein »Du«, das längst verfügt hat, worum das betende Ich bittet. Es bittet ja darum, anerkennen zu dürfen, was sich in der Allmacht Gottes als Grund und Folge zusammengeschlossen hat.

Das poetische Ich hat einen weiten Weg zurückgelegt. Es hat sich in Bildern, die ineinander übergehen, kennengelernt, und es hat den gefunden, der Grund aller Bilder und Grund seiner selbst ist. Die gleitenden Metaphern sind ein Spiegelbild der Suche. Zwischen ihren Bedeutungen schwebend führt das poetische Ich eine Welt voller Bedeutung herauf. Der Wechsel der Bilder, der Wechsel der Gestalten, ein Wechsel, der voller Spannungen ist, wird gebändigt durch drei fünfzeilige Strophen, die von einer großen formenden Kraft getragen sind. In ihr überführt das gebrochene Ich seine Einsichten in lauter Poiesis.

2. Eine biographische Notiz

Im Jahr 1917 erschienen im »Verlag der Weißen Bücher« zu Leipzig »Die gesammelten Gedichte« von Else Lasker-Schüler. In dieser Ausgabe trug das Gedicht »Gebet« folgende Widmung: »Meinem teuren Halbbruder, dem blauen Reiter.« Dieselbe Widmung kehrte 1919 in der von Kurt Pinthus herausgegebenen Sammlung expressionistischer Lyrik »Menschheitsdämmerung« wieder. Das vielen Menschen vertraute Gedicht »Gebet« ist also zusammen mit dieser Widmung bekannt geworden. Es schien an Franz Marc, den langjährigen Bekannten zu erinnern, der am 4. März 1916 vor Verdun gefallen war. Mit ihm hatte Else Lasker-Schüler viele Briefe gewechselt und die gemalten Postkarten, die ihr Franz Marc geschickt hatte, waren kleine Kostbarkeiten.[3]

»Der Blaue Reiter« ist ursprünglich die Bezeichnung eines Almanachs, der 1912 bei R. Piper in München veröffentlicht wurde;[4] der Name ging dann sehr schnell auf die Gruppe von Künstlern über, die sich um Franz Marc und W. Kandinsky gesammelt hatte, wurde auch die Parole des künstlerischen Programms, das durch einige Mitglieder dieser Künstlergruppe beredte Interpreten fand. Der »Blaue Reiter« gehörte zusammen mit der »Brücke« und anderen künstlerischen Zusammenschlüssen zu den Sezessionsbewegungen, die sich als Träger eines neuen Stils, einer neuen Malweise und eines neuen Farbenkosmos verstanden und schon früh den Streit um die »neue Kunst« heraufführten.[5]

Franz Marc, der auf die erste Ausstellung des »Blauen Reiters« in Köln zu Beginn des Jahres 1912 zurückblicken konnte, hielt sich zusammen mit seiner Frau vom 11.12.1912 bis zum 7.1.1913 in Berlin auf. Während dieser Tage lernte er Else Lasker-Schüler persönlich kennen, nachdem er sich mit einer Postkarte und dem Gruße des blauen Reiters angemeldet hatte. Else Lasker-Schüler befand sich in dieser Zeit in einer schwierigen und angespannten Lage. Sie war von Herwarth Walden, dem Herausgeber des »Sturm« geschieden worden, aber schon wieder verliebt. »Im Café Jost in Berlin, so berichtet Maria Marc, habe man sich im Dezember 1912 erstmals aus der Nähe und doch mit Distanz betrachtet. Die Situation war hinreichend prekär. Franz und Maria Marc saßen mit dem Kunsthändler Herwarth Walden und seiner jungen Frau Nell an dem einen Tisch, die soeben von Walden geschiedene Else Lasker-Schüler an dem anderen.«[6]

Der erste Gruß des »blauen Reiters« erreichte eine Frau, die nicht ganz unbekannt war, die viele Stunden im »Café des Westens« zubrachte, sich mit den Verlagern plagte und schon während ihrer zweiten Ehe in die Rolle des »Prinzen Jussuf« geschlüpft war. Franz Marc nahm diesen Namen ganz selbstverständlich auf und trat ohne Vorbehalte in eine Welt, die von Imaginationen, Träumen, Bildern erfüllt war und über die Jussuf, der Prinz, die Regierung ausübte. Was man von ihm sehen konnte, hat G. Benn so beschrieben: »Sie war klein, damals knabenhaft schlank, hatte pechschwarze Haare, kurzgeschnitten, was zu der Zeit noch selten war, große rabenschwarze, bewegliche Augen mit einem ausweichenden unerklärlichen Blick. Man konnte weder damals noch später mit ihr über die Straße gehen, ohne daß alle Welt stillstand und ihr nachsah: extravagante weite Röcke oder Hosen, unmögliche Obergewänder, Hals und Arme behängt mit auffallendem, unechtem Schmuck, Ketten, Ohrringen, Talmiringen an den Fingern, und da sie sich unaufhörlich die Haarsträhnen aus der Stirn strich, waren diese, man muß schon sagen: Dienstmädchenringe, immer in aller Blickpunkt. Sie aß nie regelmäßig, sie aß sehr wenig, oft lebte sie wochenlang von Nüssen und Obst. Sie schlief oft auf Bänken, und sie war immer arm in allen Lebenslagen und zu allen Zeiten. Das war der Prinz von Theben ...«[7] Vor dem Hintergrund einer bei aller Weltläufigkeit bürgerlichen Stadt inszenierte diese Frau ihre Auftritte, veröffentlichte bestürzende schöne Gedichte, die wie zauberhafte Gebilde über einem bisweilen verworrenen Leben standen.

Franz Marc ließ sich in die Welt des Prinzen von Theben als Ruben, Halbbruder des Jussuf, aufnehmen. Jussuf, das war der von den Brüdern Verstoßene, der Träumer und Träumedeuter, der in der Fremde die Schrecken des Erotischen erlebte und doch als ein vom Glück Begünstigter Karriere machte. Ruben, der Halbbruder, der Jakob zum Vater und Lea zur Mutter hatte, nahm am Geschick des in den Brunnen geworfenen Halbbruders mit Trauer und Hilflosigkeit teil. Ruben war Franz Marc, und er bereicherte die Welt des Prinzen Joseph mit »Großkatzen«, »blauen Pferden«, die »lauter wiehernde Erzengel« sind, mit »heiligen, geheiligten Lamas und Hirschkühen ... sie ruhen in geweihten Hainen.«[8]

Tiere und Pflanzen gehörten zu dieser Welt, auch Geschichten, die in immer anderen Varianten erzählt werden konnten und die noch in ihrer phantastischen Unwirklichkeit eine eigene poetische Logik hatten.

Die Farbe, in die diese Welt getaucht war, die Leitfarbe gleichsam, ist blau gewesen, die Farbe der Dichter und nun auch die Farbe der Maler. »Blau – so schrieb Franz Marc an August Macke – ist das männliche Prinzip, herb und geistig.«[9] Und W. Kandinsky meinte: »Blau ist die typische himmlische Farbe. Sehr tiefgehend entwickelt das Blau das Element der Ruhe. Zum Schwarzen sinkend, bekommt es den Beiklang einer nicht menschlichen Trauer.«[10] Es wird nicht mehr lange dauern und G. Benn beschwörte mit derselben Farbe eine nochmals andere Welt, in der Else Lasker-Schüler für eine Weile heimisch wurde.

Als Franz Marc seiner neuen Bekannten einen Vorgeschmack dieser anderen Welt geben wollte und sie zu sich nach Sindelsdorf einlud, da verließ sie diese dörfliche Idylle mit den großen Wiesen und weiten Räumen und suchte Abwechslung in München. In den großen Städten, die sie von Herzen verabscheute, zeigte doch die Kultur ihre Stunde an. Diese Stunde wollte sie nicht an sich vorübergehen lassen.

Unbeschadet der persönlichen Eigentümlichkeiten kommt es zwischen Else Lasker-Schüler und Franz Marc zu einer Freundschaft, die unanfällig war von Krisen und vier Jahre dauerte. Im Frühjahr 1916 erreichte sie die Nachricht, daß der Freund gefallen sei. Mit seinem Tod erloschen auch die Farben, in denen die Welt des blauen Reiters geleuchtet hatte. Am 9. März 1916 schrieb Else Lasker-Schüler im »Berliner Tagblatt«: »Der blaue Reiter ist gefallen, ein Großbiblischer, an dem der Duft Edens hing. Über die Landschaft warf er einen langen Schatten. Er war der, welcher die Tiere noch reden hörte; und verklärte ihre unverstandenen Seelen. Immer erinnerte mich der blaue Reiter aus dem Kriege daran: es genügt nicht alleine, zu den Menschen gütig zu sein, und was du namentlich an den Pferden, da sie unbeschreiblich auf dem Schlachtfeld leiden müssen, gutes tust, tust du mir.

Er ist gefallen. Seinen Riesenkörper tragen große Engel zu Gott, der hält seine blaue Seele, eine leuchtende Fahne, in seiner Hand ... Der blaue Reiter ist angelangt; er war noch zu jung zu sterben.«[11]

1917, in der Ausgabe der »Gesammelten Gedichte« trug der »Gebet« genannte Text die Widmung: »Meinem teuren Halbbruder, dem blauen Reiter«. Diese Zuneigung ist nicht ohne Einfluß auf die Interpretation dieses Gedichts geblieben; sie hat immer wieder die Frage ausgelöst, durch welche Formulierungen und welche Bilder des Freundes gedacht werde. Doch die Widmung ist sekundär. Das Gedicht »Gebet« ist zum ersten Mal am 24.12.1916 in der »Frankfurter Zeitung« erschienen, ohne jede Zueignung.[12] Das Gedicht läßt sich also verstehen, ohne daß des Todes Franz Marc' gedacht werden müßte.

Trotzdem ruft die später hinzugefügte Widmung die Erinnerung an zwei Künstler zurück, die einander deshalb verstanden haben, weil sie sich selber verstanden. In diesem gegenseitigen Verstehen war auch das Eingeständnis eingeschlossen, von anderen nicht verstanden zu werden. Else Lasker-Schüler sorgte schon durch ihr Auftreten dazu bei. Franz Marc aber konnte sich als einen der »jungen Wilden« bezeichnen,[13] dessen Erregung in den neuen Bildern zu spüren sei, und Else Lasker-Schüler hat diese Bezeichnung nicht ungern übernommen. Die Bilderflut, von dieser Wildheit getragen, sollte sie in eine neue Welt bringen, die doch vom künstlerischen Willen heraufgeführt und geprägt, den Charakter der Notwendigkeit tragen sollte.

3. Ein Wort und seine Bedeutung

»Gebet« heißt die Überschrift, die Else Lasker-Schüler diesem dreistrophigen Gedicht gegeben hat. Reichen die Worte, reichen die Bilder und Motive, die als Material für dieses Gedicht verwendet werden, aus, um diese Sprachsequenz »Gebet« zu nennen? Gibt es gebetsspezifische Formulierungen, die für den mit der Sprache des Gebets Vertrauten auch dann erkennbar sind, wenn die Bezeichnung »Gebet« fehlte? Oder wird durch die Benennung »Gebet« eine Abfolge von Worten in den Rang eines religiösen Textes erhoben? Ist also das Gebet, das aus dem Munde eines Betenden kommt, durch den Beter bestimmt, oder ist es ein deklaratorischer Akt, der den Suchbewegungen eines poetischen Ichs eine gewollte Richtung verleiht?

Es scheint nur schwer möglich zu sein, das Wort »Gebet« auf unbefangene Weise zu gebrauchen und so zu tun, als böte sich die Bedeutung dieses Wortes von selber an. Die Bedeutung des Wortes »Gebet« kann durch den Betenden, der in einer Tradition des Betens steht, bestimmt werden. Dann ergibt sich der Sinn des Gebets aus der durch diese Tradition geprägten Lebenswelt.

Die Bedeutung des Wortes »Gebet« kann aber auch durch das poetische Ich festgelegt werden. Es kann die Sprache des Gebets verwenden, um das, was nicht wahrnehmbar ist, wahrnehmbar zu machen. Dann verdankt sich die Bedeutung des Wortes »Gebet« einem Akt, durch den dieses Ich sich selber überschreiten möchte. Das Wort »Gebet« kann seine Bedeutung durch den Frommen gewinnen, der die Fügungen des Schicksals hinnimmt, ohne sie durchschauen zu können und sie dennoch Gott zuschreibt, der ihm noch in den widersprüchlichsten Erfahrungen der eine Gott ist. Dann ist das Gebet Lebensbewältigung. Im Wort Gebet können sich all diese Bedeutungen versammeln und durch ein wissendes Ich aufeinander bezogen werden. Dann wird das Gebet zum Ort der Selbst- und Gotteserkenntnis, an dem sich ein theoretisierendes Ich des gedanklichen Potentials inne wird und beobachtet, welche Variante der Bedeutung des Wortes »Gebet« von wem in Anspruch genommen wird.

Es spricht nun allerdings einiges für die Vermutung, als ließe sich ein sprachliches Gebilde dann als Gebet charakterisieren, wenn in ihm der Begriff »Gott« auf eine dem Gebet adäquate Weise vorkommt. Der Betende pflegt ja in der Tat dieses Wort zu gebrauchen und auch der Poet macht sich die Vieldeutigkeit dieses Begriffs nicht ungern zunutze. »Denn jedem wird ein anderer Gott erscheinen, bis sie erkennen, nah am Weinen, daß durch ihr meilenweites Meinen, durch ihr Vernehmen und Verneinen, verschieden nur in hundert Seinen *ein* Gott wie eine Welle geht.« So läßt R.M. Rilke im »Buch vom mönchischen Leben«, dem ersten Buch des »Stunden-Buches« den Schlitten seiner Phantasie über die Mehrdeutigkeit des Wortes »Gott« gleiten.[14] Wenn sich Unbestimmtheit steigern ließe, dann wären diese Formulierungen ein Beispiel für solche Unbestimmtheit, die ihre eigenen Aufschwünge noch aus sich selber holt und die wie eine Welle ist, die im Zurückrollen alle Spuren löscht.

Der Unbestimmbare, der Bestimmungslose, der Wellen- und Wassergott, immer wieder vermeint, der erscheint und der sich entzieht, ist nicht der Gott, der im Gedicht von Else Lasker-Schüler angesprochen wird. Diese Frau, die durch viele Gestalten geschritten ist und die ihre Freunde in ihre Verwandlungen hineingezogen hat, redet zu dem wandlungslosen, dem allmächtigen Gott, der das Leben noch in seinen Abgründen, den Deformationen und Fragmenten umfängt.

Das poetische Ich, das suchende, das den großen Flügel tragende, das liebende und das müde gewordene, möchte nichts anderes als von der Allmacht Gottes umfangen, eingehüllt, geborgen sein. Umhülltsein, von der Allmacht umfangen sein – das sind Bilder für das Eingeschlossenseinwollen. Eingeschlossensein, und sei es wie das Insekt im Bernstein, ist allemal dem Ausgeschlossensein vorzuziehen. Das Ausgeschlossene vergeht. Und weil das Eingeschlossene immer vom Ausgeschlossenen bedroht ist, bittet das betende Ich um nichts anderes als um das eine: umhüllt zu bleiben. Dieses Ich, das »Liebe in die Welt gebracht hat«, weiß nur zu genau, daß das Wachen an den Stätten der Liebe müde macht, daß Liebe aufhören kann. Was in seinem Blühen endlos zu sein schien, hat ein Ende. Eine Liebe, der die Macht fehlt, muß in den Hinterhöfen sammeln gehen oder in den Cafés darauf warten, daß einer eine volle Tasse auf den Tisch stellt. Ein liebendes Ich, das verlassen wurde und das verlassen hat, scheint ganz und gar nichts zu sein, wenn es nicht »in Gott eingehüllt« wäre. Deshalb erhebt es seine Stimme, um von dem allmächtigen Gott gehört zu werden. Es weiß, daß es nicht ins Ungefähre spricht. Aber es weiß etwas anderes, es weiß sich als Rest. Wenn es seine Worte zu dem Allmächtigen schickt, dann begibt es sich unter einen Widerspruch, an dem es zerbrechen müßte, aber gleichwohl nicht zerbricht. Es erzählt diesem Gott seine Gedanken, seine Erfahrungen und Wünsche und tut gerade so, als würde Gott nun erst wissen, wie es um dieses Ich bestellt ist. Und weiß doch, daß alles, was es ausspricht, von dem allmächtigen Gott bewirkt ist. Es bittet ihn und schickt sich schon in den Gedanken, daß alles getan ist. Gott ist der Allmächtige, der in seiner Macht Schaffende, der alles, was geschieht, bewegt und bewirkt. Im Gebet kann sich das bittende Ich des Umstandes vergewissern, daß alle Widersprüche, die es zerreißen müßten, von der Allmacht zusammengehalten werden. Der Betende weiß, daß er in der von Gott geschaffenen Welt nur ein kleines, winziges Teilchen ist, ein »Rest« eben, der in sich keinen Bestand hat. Dieses bittende Ich aber tut so, als könne es Gott als ein selbständiges Wesen gegenübertreten, und es tritt ihm entgegen und sagt das Wort, das sein Wort ist: Ich. »Ich weiß, ich bin im Kugelglas der Rest« ...

Das ist, wie gesagt, eine etwas rätselhafte Formulierung. Wird das Wort »Kugelglas« in der Bedeutung gebraucht, wie es in dem Hille-Text der Fall war, dann heißt »Kugelglas« die Glaskugel. Der Rest wäre dasjenige, was in diese Glaskugel eingeschlossen ist. Die Glaskugel kann zerspringen, sie kann verlorengehen, sie kann irgendwo liegen bleiben. Vom Geschick der

Glaskugel hängt das Geschick des Restes ab, von der Allmacht Gottes das Ergehen des bittenden Ichs.

Das Wort »Kugelglas« kann seine Bedeutung aber auch dem Wortumfeld entnehmen, in dem es steht, z.B. aus dem Ausdruck »vergießen«. Dann legt sich die Vorstellung von einem Getränkerest im Glase, das fast geschlossen ist, nahe. Weil sich der Rest im Glase nicht selber trinken kann, weil er sich aber auch nicht selber vergießen kann, muß sein Ende in das Ende aller Dinge eingeschlossen sein. Angesichts dieses möglichen Endes bittet es darum, daß sich der Mantel Gottes um es schließen möge. Der Mantel Gottes ist Licht. Der Rest, von lauter Licht umgeben, das ist das Heil.

Ob sich im Ausdruck »der letzte Mensch« die Situation des 1. Weltkrieges spiegelt oder ob – der Widmung entsprechend – das Bild des letzten Menschen an Franz Marc erinnern soll, mit dessen Tod eine Welt untergegangen ist, die Frage ist durch die Abfolge der Veröffentlichungen beantwortet. In der Rückblende aber können sich die Bilder auch überlagern.

Wenn sich das bittende Ich als Rest bezeichnet, wenn es mit der Möglichkeit rechnet, noch einmal aus der Allmacht entlassen zu werden, wenn dieses Entlassenwerden das Vergehen ist, das Sterben, das Verschwinden, dann hat die Liebe nichts mehr zu lieben, dann kann die Gerechtigkeit ihre Schalen nicht mehr ins Gleichgewicht bringen, dann hätte selbst die Allmacht über nichts mehr Macht. Liebe, Gerechtigkeit, Allmacht, Worte, dem einen Gott beigelegt, Worte auch, in denen sich die Erfahrungen derer aussprechen, die sich auf diesen Gott bezogen wissen. Worte insbesondere, in denen sich die Einheit Gottes auf merkwürdige Weise bricht. Im Gedicht der Else Lasker-Schüler wird nur die Allmacht genannt. Wer einmal die Erfahrung gemacht hat, aus der Allmacht entlassen worden zu sein, der weiß, daß die Allmacht die tiefste und die verläßlichste Bindung ist, die uns mit Gott verbindet.

Diese Einsicht indes ist wohl nur im Gebet zu gewinnen. Nur im Gebet führt der Gegensatz zwischen Rest und Allmacht nicht zum Schweigen, sondern läßt das betende Ich zu der Gewißheit gelangen, die nichts anderes als Bejahung der Allmacht ist. Von der Allmacht umhüllt zu sein, das ist die bittere und die süße Erkenntnis, auf unentrinnliche Weise an diese Allmacht gebunden zu sein. Diese Unentrinnlichkeit ist das Glück des Betenden. Es müßte für das bittende Ich das größte Unglück sein, einen ohnmächtigen Gott zu haben, einen Gott, der sich im Erschaffen der Welt an diese Welt verloren hätte, der sein eigener Rest wäre.

Vor dem allmächtigen Gott kommt das betende Ich zur Ruhe. Es ist bereit, hinzunehmen, was Gott in seiner Allmacht getan hat. Es ist bereit hinzunehmen und das Hingenommene zu bejahen.

Im Gedanken der Allmacht hat das Gebet sein Ziel erreicht. Das bittende Ich ruht nun in der Anerkennung dieser Allmacht. Diese Anerkennung aber ist aus der Geschichte des bittenden Ich erwachsen. Seine Geschichte ist der Weg, auf dem es Gottes inne wurde. Dieses Innewerden aber heißt nicht, im Innenraum Gottes zu verdämmern, sondern es heißt, sich seiner Allmacht innewerden. Weil der allmächtige Gott seine Allmacht darin erweist, daß er das Nichtseiende ruft, daß es sei, deshalb bittet das betende Ich ein letztes mal. Es bittet um einen »neuen Erdball«. Wer um einen neuen Erdball bittet, der bittet auch darum, daß alles noch einmal sein könnte, alles noch einmal so, wie Gott es zuschickt. Das betende Ich kehrt am Ende in den Anfang zurück, nicht, um mit Gott eins zu werden, sondern um das Gebet wahr zu machen, das nichts anderes ist als Einkehr in die Allmacht. Dann nimmt es auch das poetische Ich in sich auf.

Anmerkungen

1 Else Lasker-Schüler: Gesammelte Werke in drei Bänden, Band 1, Gedichte 1902–1943, © Suhrkamp Verlag, Frankfurt a. M. 1996, S. 288; vgl. S. 406. Der Abdruck des Gedichtes erfolgt mit freundlicher Genehmigung des Suhrkamp Verlags, Frankfurt a.M.
Albrecht Weber: Else Lasker-Schüler, Zwei Gedichte. Interpretationen expressionistischer Lyrik. Die Menschheitsdämmerung. Verfaßt von einem Arbeitskreis, München ^{2}1974, S. 9–14.28–35.
Elisabeth Kleemann: Zwischen symbolischer Rebellion und politischer Revolution, Frankfurt a.M. 1985.

2 Else Lasker-Schüler, a. a.O., Band 2, S. 684.

3 Franz Marc – Else Lasker-Schüler: »Der Blaue Reiter präsentiert Eurer Hoheit sein Blaues Pferd«, Karten und Briefe, herausgegeben und kommentiert von Peter-Klaus Schuster, München 1996.

4 Der Blaue Reiter, Dokumente einer geistigen Bewegung, herausgegeben und mit einem Nachwort von Andreas Hüneke, 2. Aufl. Leipzig 1991, S. 103.

5 A. a.O., S. 414ff.

6 Peter-Klaus Schuster, a. a.O., S. 114.

7 Gottfried Benn, Essays und Reden. In der Fassung der Erstdrucke, mit einer Einführung herausgegeben von Bruno Hillebrand, Frankfurt a. M. 1989, S. 541f.

8 Der blaue Reiter, a. a.O., S. 318.

9 A. a.O., S. 407.

10 A. a.O., S. 344.

11 A. a.O., S. 320.

12 Else Lasker-Schüler, Werke und Briefe. Kritische Ausgabe, Band 1, 2, Frankfurt a. M. 1996, S. 228–230.

13 Der Blaue Reiter, a. a.O., S. 104f, vgl. S. 27.

14 Rainer Maria Rilke, Die Gedichte, Frankfurt a. M. 1986, S. 220.

Dorothee Sölle

»Mein einziges Korn« – Ein Stück anonymer Theopoesie

I

Daß für das Weiterleben der Religion des armen Schluckers aus Nazareth eine neue andere Sprache nottut, wissen heute die meisten seiner Freundinnen und viele seiner Freunde. Der abendländische Weg, der Gott vor allem mit dem Logos verband, und Theo-Logie formulierte, scheint wenig Verständigung zu erlauben. Wir brauchen anderes, wir brauchen mehr.

Vor Jahren, im Januar 1960, habe ich Martin Buber in Jerusalem besucht. Ich hatte mich als »Theologin« angemeldet und seine erste Frage an mich war: »Theo-logie, wie machen Sie das eigentlich? Es gibt doch keinen Logos von Gott!« Diese Anfrage hat mich begleitet, und meine Distanz zu der sich als möglichst »reine« Wissenschaft verstehenden Theologie ist gewachsen. Warum hat sich im Abendland, in Distanz von der jüdischen Denkweise, nur Theo-logie entwickelt, nicht aber eine ernstgenommene Theo-poesie? Bei Berufschristen und Berufspoeten ruft der Ausdruck Theopoesie Befremden hervor, während sie »Theo-logie« seit Jahrhunderten schlucken. Ich denke, daß die Wissenschaft eine ›ancilla‹ ist, die die Widersprüche aus dem Haus kehren soll, für Sauberkeit und Klarheit sorgen kann, aber wenn sie sich zur Herrin macht, und aus den Theologen »religionists« werden, dann gibt sich die Rede von Gott selbst auf! Lebendige Religion hat immer andere Sprachmodi hervorgebracht, die sich den narrativen Formen der Erzählung annähern oder dem Gebet. Wenn Gott, nach einem Satz von Meister Eckart »das Allermitteilsamste« ist (Quint, Meister Eckehart, Deutsche Predigten und Traktate, Predigt 10. S. 197), dann ist es unumgänglich, *die* Sprache zu suchen, die in der Lage ist, Gott mit anderen zu teilen.

II

Bei der Suche nach einem Text, an dem sich das Thema Theopoesie darstellen läßt, fiel mir ein Gedicht in die Hand, das mit Reiner Kunze unterzeichnet war. Eine Nachfrage beim Autor ergab, daß es nicht von ihm stammt. Kunze schrieb am 7. 10. 1997 an seinen Verlag: »... es verfolgt mich seit ungezählten Jahren. Ich weiß nicht, wer es unter meinem Namen in die Welt gesetzt hat«. Ein Anonymus oder eine Anonyma, selber ohne Namen und vielleicht von Kunzes Versen bewegt und gestärkt, schrieb den folgenden Text:

Ich halte ein Samenkorn in der Hand.
Mein einziges Korn.
Sie sagen, ich soll das Korn in die Erde legen,
ich muß mein Korn schützen,
mein einziges Korn.
Ich habe nie erlebt, daß es Frühling gibt.

Sie sagen, es wächst neues Leben aus dem Korn.
Ich verliere mein Korn,
mein einziges Korn.
Ich habe nie erlebt, daß es Frühling gibt.

Sie sagen, ich muß mein Korn riskieren.
Mein einziges Korn.
Aber ich habe nie Frühling erlebt.
Mein Geliebter sagt: Es gibt Frühling!
Ich lege mein Korn in die Erde.

Es ist ein Text, der von einfachen Bildwörtern lebt: Korn, Hand, Erde, Frühling sind die wichtigsten immer wiederholten Wörter. Wiederholung ist das hier gebrauchte und tragende poetische Mittel, es verweist einmal auf die Traditionen des Volkslieds, obwohl es an der Urwiederholung, die wir »Reim« nennen, nicht partizipiert. Zugleich ist die Wiederholung von Wörtern, die sich langsam mit Sinn, mit Auftrag, mit Trost, mit Veränderung der Ausgangslage füllen, ein zentrales Element der Liturgie. Jedes Kyrie wächst in der Wiederholung. Das anonyme Gedicht vom Korn hat Anteil an diesen ästhetischen Traditionen.

Es ist ein Sprech- eher als ein Lesetext, die viermal wiederholte Zeile »mein einziges Korn« bietet der Stimme die Gelegenheit, Bedrohtsein und Angst, den Wunsch zu schützen und den sich im Besitzen zu sichern, Hab-sucht und die Sehn-sucht nach einem anderen Leben hörbar zu machen. Ähnliches gilt von dem mit einer Variation dreimal wiederholten Satz »Ich habe nie erlebt, daß es Frühling gibt« – soll man »ich« betonen oder »nie« oder »Frühling«? und was ändert sich jeweils? Der Text lädt zum stimmlichen Experimentieren ein.

Es sind drei Agenten im Spiel: Das Ich, das eine Veränderung vom In-der-Hand-halten zum In-die -Erde-legen durchlebt, dann die Stimmen, die hier als anonyme »sie« bezeichnet werden und dreimal mit dem Wort »sagen« im Sinne von ›behaupten‹ oder gar ›mir einreden wollen‹ verbunden sind, und schließlich »mein Geliebter«, eine nicht erklärte, vielleicht nicht erklärbare Benennung. Ist es der reale Partner, ist es, wie so oft in mystischer Frauenpoesie, Christus? Oder darf man so nicht fragen? Der Ausdruck scheint mir etwas über die Hilflosigkeit der Sprechenden zu verraten, er stellt nach meinem Verstehen die schwächste Stelle des Textes dar.

Der Text hat wenig von jenem Grundmerkmal der Moderne, das man als »poetische Autonomie« benennen kann, er fügt sich eher ein in eine Tradition, es handelt sich nicht um ein »großes« Gedicht, um eine eigene Stimme, um etwas nie zuvor Gehörtes. Er gehört vielleicht eher der Vormoderne an und damit einem breiteren Verständnis von dem, was Poesie ist, nichts besonders Außergewöhnliches, sondern etwas, das in vielen Kulturen in den Alltag – der Hand-arbeit, der Kinderaufzucht und der Liebesbeziehungen hineingehörte.

III

Vor einigen Jahren habe ich in den USA die Erinnerung einer alten Frau in einem Leserbrief an die lokale Zeitung in New England wahrgenommen. Sie erzählte, wie sie als junges Mädchen immer die Tageszeitung ihrem Vater wegschnappte und damit verschwand. Als er sie eines Tages zur Rede stellte, erklärte sie ihm, es sei wegen des Gedichts, das damals vor dem ersten Weltkrieg jeden Tag in der Zeitung stand. Jeden Tag gab es eins – und das junge Mädchen hat es für eine Art Lebensmittel gehalten. Ich mußte über den Brief lächeln. Heute denke ich, er ist ein starkes Symbol für die kulturellen Veränderungen unter denen wir leben: Gedichte gehören nicht mehr in die Zeitung, schon gar nichts, was man zweimal oder gar fünfmal lesen muß, ehe man es versteht. Die Normen unserer Sprache werden barbarischer, und damit meine ich nicht unflätige Ausbrüche, sondern die Herrschaft von Abstraktion und Entsinnlichung. Der Info-Wert frißt die anderen Mitteilungen auf. Im Alltag hat die Poesie keinen Platz, ebensowenig wie die Religion.

Theologie und Poesie haben heute mehr gemeinsam als je zuvor. Vielleicht sterben beide an derselben Krankheit. Beide sind heimatvertrieben, beide gelten als irrelevant. In den Schulen und Ausbildungsstätten kann man auf das Erlernen dieser Sprache verzichten. Die passive Aneignung wird vielleicht noch geduldet, aber alles, was über die bloße Rezeption eines kulturellen Erbes hinausgeht, wird begradigt. Wer sollte denn dichten und beten lehren?!

Wer maßte sich denn an, aus einer Engelssprache zu übersetzen, wie Hamann sich ausdrückt? Und welcher Lehrer hätte denn ein Interesse daran, den »Zeigefinger des verborgenen Menschen in uns« durch Sprache sichtbar zu machen?! Wer wollte denn tun, was Poesie und Gebet immer wieder versuchten, Gott mitzuteilen, Gott zu verteilen, »das Gute, das sich mitteilt« (Eckart) weiterzuverteilen?

In einer Sprachwelt, die vom Konsumismus im Sinne Pasolinis beherrscht wird, können wir uns nur in den Kategorien des Habens ausdrücken. Das Verhältnis zur Welt ist von den wichtigsten Götzen, die unsere Kultur anbetet, definiert, und das bedeutet sprachlich, daß viele Menschen in eine merkwürdige Hilflosigkeit geraten allem gegenüber, das nicht erworben, besorgt, angeschafft, erobert, in Besitz genommen, kontrolliert und vermarktet werden kann. Die Herrschaftssprache des Habens hat die geteilte Sprache des Seins überwältigt und ein hilfloses Gestammel, wie Seelsorger es von Trauerfällen kennen, ist noch das Beste, was die Stummgemachten zuwege bringen.

Aus diesen Gründen möchte ich solche vergleichsweise simplen Texte wie den vom einzigen Korn nicht missen, ich wünsche mir mehr Menschen, die so zu schreiben lernen. Ich wünsche mir Gottesdienste, in denen solche Texte gelesen werden und entstehen. Ich möchte, daß einfache Sätze wie »Es gibt Frühling!« als Stimme Gottes gehört werden und daß viele immer wieder versuchen, etwas auf einfache Weise sagbar zu machen, das in der Tradition große Namen trägt wie Befreiung von der Angst, Konversion, Berufung zur Freiheit. In diesem kleinen anonymen Gedicht geht es in der Tat um den Prozeß, den der Jesus des Johennesevangeliums benennt. »Wenn das Weizenkorn nicht in die Erde fällt und erstirbt, bleibt es allein; wenn es aber stirbt, trägt es viel Frucht.« (Joh 12,24) Dieser Prozeß braucht »Geschichten vom lieben Gott«, wie dieses Gedicht eine darstellt.

IV

Der bitterste Satz des Gedichts ist der vom nie erlebten Frühling. Er wird nicht aufgehoben, es handelt sich nicht um einen Endsieg des Guten, weder um Droh- noch um Frohbotschaft, wohl aber um das Wissen, das Paulus so ausdrückt: »Du Tor, was du säst, wird nicht lebendig gemacht, wenn es nicht zuvor stirbt.« (1. Kor 15,36) Das Risiko bleibt, Triumphalismus hat hier – und vielleicht ist es notwendig, zu sagen: in unserer Weltzeit – keinen Ort.

Aber vielleicht könnte uns der Text annähern an etwas, was die Theologie mit dem Begriff »Eschatologie« ausdrückt. Damit meine ich nicht, was die Wissenschaft mit Begriffen wie Naherwartung, Irrtum Jesu, Parusieverzögerung, schließlich Fernerwartung ausgedrückt hat. Diese Begriffe stammen aus dem Horizont des linearen Zeitdenkens, sie benennen (und belächeln) die Illusionen der Urgemeinde, während in diesem kleinen Gedicht die Nähe Gottes nicht in chronologischen Abständen, die schließlich darauf hinauslaufen, Diesseits und Jenseits voneinander zu trennen, wiedergespiegelt, reflektiert wird. Eschatologie – wie ich das Zweite Testament verstehe, bedeutet tatsächlich etwas wie: »Ich lege mein Korn in die Erde«, auch wenn ich nicht aus dem Widerspruch von »ich habe nie Frühling erlebt« und »es gibt Frühling« herauskomme. Die Theopoesie dieses Gedichts hält den Widerspruch aus. Damit leistet sie etwas, was die rein wissenschaftliche Theologie gerade vermeidet, weil sie nicht lehrt, wie ein Mensch dazu kommen kann, sein einziges Korn herzugeben und in die Erde zu legen.

»Dichterisch wohnet der Mensch«, sagt Hölderlin, genährt von Poesie und Gebet. Wo immer wir selber der Herrschaftssprache entkommen und eine andere versuchen, das heißt sie hören, verstehen und sprechen lernen, da ist die Sprachschöpfung, das Neuwerden von Sprache eine Quelle der Kraft, eine Ermutigung, die weit über analytisch-kritische Erkenntnis hinausgeht. Ich erinnere mich, wie ich den Satz »Das weiche Wasser bricht den Stein« zum erstenmal hörte. Ein Satz voll Erinnerung an das, was das weiche Wasser schon getan hat, an Brechts Gedicht über die Entstehung des Buches Tao-te-king, ein Satz der Vision, der aus dem, was die Bibel die »Stärke der Schwachen« nennt, spricht, ein theo-poetischer Satz. Zugleich ein Satz, der keine Zeitaussage macht und die am nächsten liegende Frage »wann denn endlich?« nicht beantwortet. Es spielt keine Rolle mehr, daß ich wahrscheinlich sterben werde, ehe das weiche Wasser den Stein gebrochen hat und der Krieg gegen die Armen und die Mitgeschöpfe, in dem wir leben, zu Ende ist. Dichterisch »wohnen« bedeutet, eine andere Sprache miteinander zu teilen. »Ich lege mein Korn in die Erde« ist ein eschatologischer Satz und Poesie dieserart verteilt, was ist.

Literatur

Dorothee Sölle: Das Eis der Seele spalten. Theologie und Literatur in sprachloser Zeit, Mainz (Matthias Grünewald Verlag) 1996.

Martin Uhle-Wettler

Das Ungeheure, Unnennbare benennen? Gedanken zu Paul Celans Gedicht »Tenebrae«

TENEBRAE

Nah sind wir, Herr,
nahe und greifbar.

Gegriffen schon, Herr,
ineinander verkrallt, als wär
der Leib eines jeden von uns
dein Leib, Herr.

Bete, Herr,
bete zu uns,
wir sind nah.

Windschief gingen wir hin,
gingen wir hin, uns zu bücken
nach Mulde und Maar.

Zur Tränke gingen wir, Herr.

Es war Blut, es war,
was du vergossen, Herr.

Es glänzte.

Es warf uns dein Bild in die Augen, Herr.
Augen und Mund stehn so offen und leer, Herr.
Wir haben getrunken, Herr.
Das Blut und das Bild, das im Blut war, Herr.

Bete, Herr.
Wir sind nah.[1]

»Vita enim sine uerbo incerta est et obscura«

Als Leitmotiv für die folgenden Überlegungen möchte ich einen Satz Martin Luthers aus de servo arbitrio[2] in Erinnerung rufen, der auf das knappeste die Problematik beschreibt, der wir uns zu nähern versuchen. Ohne große Mühe lassen sich, sozusagen in punktierter Linie, von ihm aus Verbindungen zur Sprachphilosophie des 20. Jahrhunderts ziehen. Aber auch in anderer Hinsicht ist er bedeutsam: Streiche ich mit der Neuzeit den göttlichen Verheißungshorizont (des Wortes) – oder behaupte sein Verblassen, so erhalte ich ein ungewisses und dunkles, d.h. »absurdes« Dasein zurück, in dem ich mich irgendwie, unter großer Anspannung und Not, zurechtfinden muß. Das macht den verborgenen, ungeheuren Schmerz unserer Zeit aus, den auch wir Christen kennen. Es ist eine Art Phantomschmerz, der häufig mit Surrogaten betäubt oder verdrängt wird.

Mit diesen Gedanken sind wir bei dem Titel des Gedichtes »Tenebrae« (Finsternis), der sich auf Markus 15,33 (in der Vulgata: tenebrae factae sunt per totam terram ...), die *Kreuzigungsnacht* bezieht, die als Wiederkehr der uranfänglichen Chaosnacht von 1.Mose 1,2, mithin als Gerichtszeichen, verstanden wird. Diese Nacht ist uns am Ende des oft schrecklichen 20. Jahrhunderts nicht unbekannt.

Annäherungen an einen großen und dunklen Text

Wie über einen Autor schreiben, der ins gänzliche Verstummen getrieben worden ist? Ende April 1970, also vor über einem Menschenalter, ging der Überlebende deutscher Konzentrationslager, freiwillig, zutiefst erschüttert, in den – viel zu frühen – Tod. Ist seither nicht alles über ihn bereits gesagt, geklärt worden? Es gibt viele und beeindruckende Deutungsversuche, die mit großer Einfühlungskraft und äußerstem Scharfsinn vorgenommen worden sind.[3] Wieso ihnen noch etwas eigenes hinzufügen?

»... das Gedicht ist nicht zeitlos. Gewiß, es erhebt einen Unendlichkeitsanspruch, es sucht, durch die Zeit hindurchzugreifen – durch sie hindurch, nicht über sie hinweg.

Das Gedicht kann, da es ja eine Erscheinungsform der Sprache ist, eine Flaschenpost sein, aufgegeben in dem – gewiß nicht immer hoffnungsstarken – Glauben, sie könnte irgendwo und irgendwann an Land gespült werden, an Herzland vielleicht. Gedichte sind auch in dieser Weise unterwegs: »Sie halten auf etwas zu.« So Celan selbst, unter Verwendung eines eindrucksvollen Bildes, das seither fast zu einer Leitvorstellung geworden ist.

Vielleicht beginne ich daher am besten mit einer persönlichen Erfahrung.

Vor zwei, drei Jahren erlebte ich im Deutschen Historischen Museum, dem ehemaligen Zeughaus, sonntagvormittags eine Celanlesung, die mich stark beeindruckte. Eine sehr unterschiedlich zusammengesetzte Gruppe von Zuhörern, ältere, aber auch ganz junge, hatte sich dort eingefunden. Beim ersten Augenschein hielt man es nicht für möglich, daß sich diese Leute, träfe man sie unvermittelt draußen auf der Straße »Unter den Linden«, für eine so hermetische Dichtung wie die Celans interessieren würden. Die Lesung begann – mit einer hellen, klaren, an naturwissenschaftliche Präzision erinnernden Stimme (ähnlich übrigens der Gottfried Benns), die ganz konzentriert den einzelnen Worten zu folgen schien, dem Bedeutungszusammenhang nachspürte und ihn dann auch herstellte ... Etwas sehr Merkwürdiges geschah: Vieles, was einem selbst als »Text« verschlossen geblieben war, er-schloß sich einem jetzt wie von selbst, ohne daß man den Grund für dieses Geschehen hätte angeben können. Die (vorgetragenen) Gedichte schufen sich ihre Zuhörerschaft – in actu, vereinigten die Menschen, die dort schweigend und wohl auch ergriffen saßen, ließen wie von selbst eine Atmosphäre, eine Aura vielleicht entstehen, in der alles klar und geordnet schien, auch die gewagtesten Metaphern und Disharmonien, wenn auch nur für Augenblicke, für diesen kostbaren Moment. Zeit im Reinzustand, Zeit pur; wie beim Bibelstudium, wenn es gut geht.

Auf dem Nachhauseweg erinnerte ich mich an das Urteil Peter Jokostras, selbst Lyriker, der vor vielen Jahren bereits festgestellt hatte: Celans Gedichte seien »präzis *und* dunkel«[4] zugleich.

War ich diesem Geheimnis begegnet, dessen Wesen vielleicht so zu beschreiben ist: die Gedichte, hochdifferenzierte sprachliche Gebilde, wären wohl eher zu meditieren als zu interpretieren? (Das eine schließt das andere ja nicht aus!) Ich dachte einen Augenblick lang an den methodischen Zweifel des Romanisten Harald Weinrich, der schon vor zwanzig Jahren geäußert hatte: »Ich weiß nicht genau, was wir überhaupt mit Celans Gedichten machen, wenn wir sie nicht gerade interpretieren. Machen wir vielleicht gar nichts mit ihnen?« Doch dann fiel mir die beinah prophetische Äußerung Walter Benjamins ein, die ein lehrhaft gewordener Protestantismus zu leicht vergißt oder überspielt:

»... in irgendeinem Grade enthalten alle großen Schriften, im höchsten aber die heiligen, zwischen den Zeilen ihre virtuelle Übersetzung«.[5] Genau diese Erfahrung hatte ich soeben, nicht zum erstenmal!, gemacht.

Gewiß: Celan ist für immer verstummt, jedoch nicht seine Stimme, die eigene Bild- und Klangwelten erschuf. –

Man muß natürlich die Entstehungsumstände für dieses Gedicht Tenebrae kennen, die der Celanbiograph Felstiner in Erfahrung gebracht hat: »Es war ihm auf der Straße eingefallen, und er hatte es gleich zu Hause aufgeschrieben.

Inspiriert war es zum Teil von der Passionskantate Lecons de Ténèbres von François Couperin, einer lichtvollen Vertonung der Klagelieder Jeremias, jenes zentralen Trauerliedes, worin die Judenschaft den Untergang Jerusalems und alles folgende Unheil beklagt.« Als Entstehungszeit wird bei Felstiner März 1957 angegeben. »Tenebrae beschreibt, seinem Titel gemäß, eine gebetsartige Kurve ... Ein christliches Gedicht? Gewiß, per definitionem. Celan war von der Kreuzigung Christi beeinflußt, und dieses Gedicht erschüttert den christlichen Glauben. Aber erhöht es die Karwoche? Das wäre etwas ganz anderes«[6] – Mit dieser Erschütterung wären wir jedoch bei der ältesten Schicht der Kreuzigungsberichte (Mark 15,34,39).

Ich empfinde hier ein ungeheures *Paradox*. Der jüdische Dichter wagt zu einer Zeit, da Gott als »abwesend« gedacht wird, höchst widersprüchlich, von einer eigenartigen Nähe dieser Geschundenen und Gequälten zu Ihm, den er elfmal mit »Herr« anredet, zu sprechen. Es liegt dabei der Krematoriumsgestank von Auschwitz in der Luft (Zeile 3–6 beziehen sich auf geöffnete Gaskammern, also entsetzliche Bilder). Dennoch wagt Celan zu sagen: »wir sind nah«. Sind »wir« eingeschlossen? – Oder als Nichtjuden prinzipiell ausgeschlossen? Aufgrund unserer Geschichte?

Erscheint hier etwa, und sei es nur für Augenblicke, die unglaubliche *Hilflosigkeit* Gottes selbst, jüdisch gesprochen: der Schechina, die mit in das Exil, in die äußerste Verlassenheit geht? Und könnte man den Verlassenheitsschrei Jesu, der Psalm 22,2ff aufnimmt und mit unvergeßlicher Stimme ins Recht setzt, also das furchtbare: »Eli, Eli lama asabthani« so verstehen, daß es noch in alle Auschwitz- und Gulag- und Krebserfahrung hinein- und auch hinabreicht? Könnte also das »wir sind nah« in der Widerspiegelung eines grausigen Geschehens auch bedeuten, daß es keinen Ort gibt (vgl. Psalm 139,8b) der ohne IHN, den leidenden, gekreuzigten, verlassenen Herrn wäre? Ist das zu christlich gedacht? Immerhin läßt sich der »Herr« hier (noch?) anreden und scheint nicht in einem Irgend-Nirgend verschwunden zu sein ...

Man mag einwenden, daß ein betender Gott, ein um Hilfe schreiender »Herr« ein Skandal sei, wenn nicht sogar Blasphemie. Aber ist der Dichter, auch bei einer möglichen Verneinung, nicht viel näher am Kreuz (der Wirklichkeit, wie Rosenstock-Huessy sagen konnte) als viel oberflächliches Gerede?

Für mein Empfinden scheinen sich in dem Gedicht die Paradoxe gerade zu überschlagen. Sie brechen die gewohnte Sicht auf und spielen in einem neuen, bisher nicht gekannten Sprachfeld Möglichkeiten durch. Wie könnte Dichtung die Wirklichkeit dieses schrecklichen, nun zu Ende gehenden Jahrhunderts anders in Worte fassen als im gewagten Überschritt ins eigentlich Unsagbare? – vestigia terrent!

Celan hat zeitweise, auf Wunsch eines katholischen Freundes, in der 8. Zeile das »zu uns« (als »eine bloße, leere Geste«) getilgt, es dann aber, weil unentbehrlich an dieser Stelle, wiederhergestellt[7] Der Biograph Felstiner urteilt wohl zu recht:

»Nicht Golgatha also, sondern das ländliche Polen sieht menschliches Leben so zerbrochen, daß es die Gottheit zu sich herabzieht.« Die Wiederholung: »Bete, Herr, bete zu uns,« kann wie häufiger im biblischen Zeugnis als Verstärkung und Präzisierung verstanden werden. Liefert der Nachsatz »wir sind nah« eine vorsichtige und zugleich evozierende Begründung? Wie auch immer, diese drei Worte lassen verschiedene Deutungen zu, und man wird gut beraten sein, wenn man das Geheimnis, seine unauslotbare Tiefe nicht anrührt.

Es gibt ein anderes frühes, großartiges Gedicht von Celan, das mich seit der ersten Begegnung vor vielen Jahren beschäftigt, ich könnte auch sagen: in Atem hält, weil es so unendlich viel sagt – und beschweigt:[8]

»Beim Anblick der Mandorla am Campo Santo in Pisa, aus welcher die Christusfigur herausgewittert ist:

MANDORLA

In der Mandel – was steht in der Mandel?
Das Nichts.
Es steht das Nichts in der Mandel.
Da steht es und steht.

Im Nichts – wer steht da? Der König.
Da steht der König, der König.
Da steht er und steht.

Judenlocke, wirst nicht grau

Und dein Aug – wohin steht dein Auge?
Dein Aug steht der Mandel entgegen
Dein Aug, dem Nichts stehts entgegen.
Es steht zum König.
So steht es und steht.

Menschenlocke, wirst nicht grau.
Leere Mandel, königsblau.«

Es ist wohl eine geradezu magische Sprachfigur, die sich hier schrittweise entfaltet, und Celan selbst hat mit der Ortsangabe (»beim Anblick ... in Pisa«) – ausnahmsweise – so etwas wie einen hermeneutischen Schlüssel angeboten, von dem zurückhaltend Gebrauch zu machen wäre; ihn aber später wieder zurückgenommen, vielleicht um größere Indirektheit der Aussagen zu sichern. Ein aufschlußreiches poetisches Verfahren insgesamt, meine ich.

Mit einer unvergeßlich-beschwörenden, wohl auch sehr leisen Stimme wird hier die Verschränkung – oder sogar die Koinzidenz? – von dem Nichts, das die Moderne in all ihren Spielarten so ängstet, mit »dem König« (rex Judorum; so der titulus) und dem – in die ungeheure Ambivalenz – Schauenden zu beschreiben versucht. Im Akt des Erkennens findet wohl eine ziemlich einmalige Aufhebung der Zeit statt. Ich könnte auch sagen, wenn es nicht zu direkt klänge, inmitten dieses Säkulums findet – für Augenblicke – so etwas wie der Widerschein einer Christus-Epiphanie statt, die sich an vielen Orten ereignen kann, die not-wendige Aufmerksamkeit einmal vorausgesetzt. Sie ist in der Postmoderne mit ihrer z.T. fürchterlichen Bilderflut sicher selten geworden. Zeile 17 und 18 im Gedicht »Tenebrae« (»Es warf uns dein Bild in die Augen, Herr. / Augen und Mund stehn so offen und leer, Herr.«) scheinen mir diesen Mangel und zugleich die mögliche Offenheit anzudeuten. Nach uralter mystischer Überzeugung ist ja »Leere« die Voraussetzung für aufgenommene Fülle.

In der Celanphilologie ist man den vielfältigen Beziehungen zwischen dem Werk des Dichters und dem Hölderlins nachgegangen. Der Schluß des hier betrachteten Gedichtes lenkt als – vollendete Ringkomposition – wieder zum Anfang zurück (»Bete, Herr. / Wir sind nah.« zum uranfänglichen: »Nah sind wir, Herr, / nahe und greifbar«. Was für eine Bedeutungsfülle liegt allein in diesem einzigen Wörtchen »greifbar«?!) Unüberhörbar ist gewiß, wir folgen hier Felstiner, die paradoxe Anspielung auf den Beginn von Hölderlins Hymne *Patmos* (1802): »Nah ist / Und schwer zu fassen der Gott. / Wo aber Gefahr ist, wächst / Das Rettende auch.«[9]

Freilich wird man hierher noch die Klage Hölderlins stellen müssen, die weit über seine Zeit hinweg in die unsere reicht[10] : »Aber weh! es wandelt in Nacht, es wohnt, wie im Orkus, / Ohne Göttliches unser Geschlecht ... «

Steht »Tenebrae« vielleicht doch, jedenfalls für einen Christen, unter jenem göttlichen Verheißungshorizont (des sich er-schließenden Wortes), von dem zu Beginn in leichter Anlehnung und Fortführung eines Lutherzitates die Rede war? Wir möchten es jedenfalls, wie Abraham unter dem nächtlichen (Sternen!-) Himmel (1. Mose 15,1ff) ein Stück weit glauben, d. h. wahr sein lassen.

Anmerkungen

1 Aus: Paul Celan, Sprachgitter, © S. Fischer Verlag GmbH, Frankfurt a.M. 1959. Der Abdruck des Gedichtes erfolgt mit freundlicher Genehmigung des S. Fischer Verlags.

2 Martin Luther BoA III, 144, 1f.

3 Vgl. nur etwa John Felstiner, Paul Celan C.-H. Beck München 1997, der die Ergebnisse jahrzehntelanger Forschungsarbeit in dieser großen Biographie vorlegt. Sein Werk ist auch dahingehend kritisiert worden, Felstiner lese die Texte »zu sehr mit jüdischen Augen«, ein Einwand, den ich nicht nachprüfen konnte. Er fällt im übrigen auf die Kritiker in gewissem Sinn zurück.
Eine gute, vielleicht sogar hervorragende Einführung und zugleich Gesamtinterpretation findet man in *Sinn und Form* 2/1982, S. 417ff: Hans Richter, Paul Celan. Vgl. auch im vorliegenden Band: Joachim Ringleben, Paul Celan: »Sommerbericht«, S. 192ff.

4 Peter Jokostra, Zeit und Unzeit in der Dichtung Paul Celans in der Zeitschrift ECKART 3/60, S. 162.

5 W. Benjamin – Exzerpt des Verf., aus: Die Aufgabe des Übersetzers (ohne genaue Fundortangabe, vermutlich Deutscher Geist. Ein Lesebuch aus zwei Jahrhunderten Insel 1982, S. 978ff. Dort auch die bemerkenswerte Feststellung: »Es gibt eine Nachreife auch der festgelegten Worte« (S. 982).

6 Felstiner a. a.O. S. 143.

7 Felstiner a. a.O. S. 143.

8 Paul Celan: Mandorla. Aus: ders., Die Niemandsrose, © S. Fischer Verlag GmbH, Frankfurt a. M. 1963. Der Abdruck des Gedichtes erfolgt mit freundlicher Genehmigung des S. Fischer Verlags.

9 Felstiner a. a.O. S. 141f.

10 Aus der Ode »Archipelagus« von Hölderlin (Exzerpt).

Wolfgang Ullmann

Ende der Zeit – Ende der Sprache
Zu Ossip Mandelstams »Der Hufeisenfinder«

DER HUFEISEN-FINDER

Wir sehen den Wald an und sagen:
Da, ein Schiffswald, ein Mastenwald,
Rosenfarbene Kiefern,
Frei von jeglicher Mooslast bis in die Wipfel –:
Sie sollten knarren im Sturm,
In entfesselter, waldloser Luft,
Als einsame Pinien;
Das Bleilot
Fühlt dann die salzige Ferse des Windes, bleibt fest,
Angepaßt an das tanzende Deck.
Und der Seefahrer,
Unbezähmbar in seinem Durst nach Weite und Raum,
Er schleppt die fragilen Apparate des Geometers durch
die Wasserfurchen,
Er vergleicht die rauhe Fläche der Meere
Mit der Anziehung des Erdenschoßes.
Wir atmen den Duft
Der Harztränen, die aus der Schiffswand treten,
Weiden unsere Blicke
An vermieteten, schön in die Schotten gepaßten
Brettern und Bohlen
– Nicht der friedliche Mann aus Bethlehem wars,
der das zimmerte,
Sondern ein andrer, der Vater
Der Fahrten, der Seefahrer-Freund –

Und sagen:
Auch sie standen einst auf der Erde,
Der wie ein Eselsrücken unbequemen,

Mit den Wipfeln die Wurzeln vergessend,
Auf der berühmten Gebirgskette,
Sie rauschten im Süßwasserregen
Und boten – erfolglos – dem Himmel ihre edle Last an
Für eine Prise Salz.

Wo beginnen?
Alles kracht in den Fugen und schwankt.
Die Luft erzittert vor Vergleichen.
Kein Wort ist besser als das andre,
Die Erde dröhnt von Metaphern
Und die leichten zweirädrigen Gefährte
Mit dem farbenfrohen Vogelgespann, den dichtgedrängten
  Vogelschwärmen,
Springen in Stücke
Im Wettkampf mit den schnaubenden Favoriten der Rennplätze.

Dreimal selig, wer einen Namen einführt ins Lied!
Das Namengeschmückte Lied
Lebt länger inmitten der andern –
Es ist kenntlich gemacht inmitten seiner Gefährten
  durch eine Stirnbinde,
Die von Bewußtlosigkeit heilt, von allzu starken,
  betäubenden Gerüchen:
Von Männernähe,
Vom Geruch, der dem Fell starker Tiere entströmt,
Oder einfach dem Duft des zwischen den Handflächen
  zerriebenen Thymians.

Die Luft ist dunkel, wie das Wasser, und alles Lebendige
  schwimmt darin, wie die Fische,
Mit den Flossen sich den Weg bahnend durch eine Kugel,
Eine feste, federnde, leicht erhitzte –
Einen Kristall, darin sich Räder bewegen und Pferde scheuen,
Die feuchte Schwarzerde Neairas, neu umgebrochen jede Nacht
Mit Forke, Dreizack, Karst und Pflug.
Die Luft ist ebenso dicht gemischt wie die Erde –
Man tritt aus ihr nicht hinaus, sie betreten ist schwer.

Ein Rascheln läuft grün durchs Gehölz, ein Schlagholz;
Die Kinder knöcheln mit den Wirbelknochen verendeter Tiere.

Unsere fragile Zeitrechnung nähert sich dem Ende.
Dank für das, was war:
Ich selbst habe mich geirrt, bin aus dem Konzept gekommen,
habe mich verrechnet.
Das Zeitalter klang, wie eine goldene Kugel,
Hohl und aus einem Guß, von keinem getragen.
Auf jede Berührung antwortete es mit »ja« und »nein«.
So wie ein Kind antwortet:
»Ich geb dir den Apfel« oder »Ich geb dir den Apfel nicht«.
Und sein Gesicht ist der genaue Abdruck der diese Worte sagenden Stimme.

Der Klang klingt fort, obgleich das, was ihn auslöste, dahin ist.
Ein Pferd liegt im Staub, schaumbedeckt, schnaubend,
Doch sein jäh gewendeter Hals
Bewahrt noch die Erinnerung an die Luft mit weit
auseinandergeworfenen Beinen:
Als ihrer nicht vier waren,
Sondern so viele wie Steine am Weg lagen,
Viermal gewechselt – sooft
Als der feuerschnaubende Zauber abstieß vom Boden.
Und der
Das Hufeisen fand,
Er bläst es vom Staub rein,
Reibt es mit Wolle blank,
Sodann
Hängt er es über der Hausschwelle auf;
Da soll es nun ausruhn
Und nie wieder Funken schlagen müssen aus Kieselsteinen.
Die menschlichen Lippen, die nichts mehr zu sagen haben,
Bewahren die Form des letzten Worts, das sie sagten.
Und die Hand, sie spürt noch das volle Gewicht des Krugs,
Den sie zur Hälfte verschüttete, als sie ihn heimtrug.

Was ich jetzt sage, sage nicht ich,
Sondern es ist ausgegraben aus der Erde, wie das
versteinerte Weizenkorn.
Die einen bilden einen Löwen ab auf den Münzen,
Die andern einen Kopf;
Allerlei kupferne, goldene, bronzene Scheibchen
Ruhn in der Erde, die einen so ehrenvoll wie die andern.

Das Zeitalter, das sie zu durchnagen versuchte, prägte ihnen
seine Zähne auf.
Die Zeit sägt an mir wie an einer Münze,
Und ich – ich reiche mir ja selber nicht aus.[1]

I. Lyrik unter Bedingungen des Terrorismus

In ihrem Lebensrückblick erzählt Nadeshda Mandelstam, die Ehefrau des Dichters, angesichts der Französischen Revolution habe sie sich schon als junges Mädchen gefragt, ob es möglich sei, den Terror zu überleben. Im Rückblick auf ihr eigenes Leben sagt sie als alte Frau: »Jetzt weiß ich, daß es unmöglich ist. Wer die Luft des Terrors geatmet hat, stirbt, auch wenn er zufällig am Leben bleibt.«[2]

Damit hat sie zugleich klargestellt, daß es eine Verharmlosung war, als Wiesengrund-Adorno behauptete, nach Auschwitz könne man keine Gedichte mehr schreiben. Denn nicht dies war oder ist die Frage, ob man Gedichte schreiben solle oder nicht. Wer es tun will, der tut's, trotz des Adorno-Verdiktes, wie der Celan der »Todesfuge«. Aber die eigentliche Frage war in der Tat, wie man leben könne, nachdem die Luft zur Luft des Terrors geworden ist, wie lange man sie aushält, ohne an ihr zu ersticken. Natürlich trifft Nadeshda Mandelstam ihre Feststellungen angesichts des Schicksals ihres Mannes, den man nicht wie andere GULAG-Insassen ermorden mußte, weil allein schon die Entwürdigung der Verhöre und die Bedingungen des Lagerlebens genügten, um seinem physischen Leben ein Ende zu setzen.

Aber hat sie damit nicht zugleich eine Grundfrage für alle anderen gestellt, die im Rest des Jahrhunderts von der Atmosphäre des Terrors erreicht worden sind, deren Ausbreitung keineswegs, wie die Völkergemeinschaft mit der Gründung der Vereinten Nationen meinte, nach 1945 ein Ende gefunden hat? Wie soll man von den Entwürdigungen der Schauprozesse der 50er Jahre in den damals kommunistisch regierten Ländern genesen, gesetzt den Fall, man hat sie überlebt? Gibt es eine Möglichkeit, nach der Erfahrung, daß in einer der bedeutendsten Kulturnationen der Welt, in China, die Beseitigung aller Kultur zur politischen Hauptaufgabe erklärt werden konnte, wieder in eine Art »Normalität« zurückzukehren? Wie soll eine menschenwürdige Lebensmöglichkeit, eine erträgliche Zukunft in Massakerländern wie Kampuchea oder Rwanda aussehen? Ist eine Welt denkbar, in der Überlebende von Srebrenica aufatmen können? Können Frauen und Kinder in Algerien überhaupt noch aus dem Angsttraum aufwachen, zu dem ihr Alltag geworden ist?

Niemand vermag zu sagen, wie lange man noch so weiterfragen könnte. Aber die hier aufgereihten Fragen genügen schon, um die am Ende des Jahrhunderts eher verstärkte Dringlichkeit des von Nadeshda Mandelstam Festgestellten zu unterstreichen. Wir stehen am Ende einer Epoche, voll von Ereignissen, von denen allen gilt, was Hannah Arendt in ihrem großen Totalitarismus-Buch in einem einzigen Satz zusammengefaßt hat: »Dies hätte nicht geschehen dürfen!« Aber da nun einmal geschah, was nicht hätte geschehen dürfen, ist auch klar, daß es einen Weg zurück in die »Normalität« vor diesem unerhörten und verbotenen Geschehen nicht gibt.

Ich will jetzt zu zeigen versuchen, daß ausgerechnet etwas so Alltagsfernes wie Lyrik deutlicher als jede soziologische, politologische oder psychologische Analyse sichtbar zu machen vermag, daß die Abgeschnittenheit und die Versperrung aller Rückwege eine Grundtatsache unserer gegenwärtigen geschichtlichen Existenz ist.

Das erkennt man schon daran, daß bereits am Beginn des Jahrhunderts, im Jahre 1902, einer der Erfolgsautoren des Fin de siècle, Hugo von Hofmannsthal, in seinem »Brief an Lord Chandos« in Sätzen von allzu absichtlicher und in krassem Widerspruch zum Inhalt des Textes stehender Erlesenheit berichtet, es sei ihm völlig die Fähigkeit abhanden gekommen, über irgend etwas zusammenhängend zu denken oder zu sprechen.[3] Als Ursache dieses beunruhigenden Zustandes wird erklärt, der Schreiber des Briefes könne weder mehr in der lateinischen noch der englischen noch der italienischen oder spanischen Sprache schreiben oder denken, sondern allein in einer Sprache, von deren Worten ihm nicht eines bekannt sei.[4]

Ich glaube nicht, daß man diesen Text abtun kann als persönliche Hypochondrie eines durch seine jugendlichen Anfangs- und Überraschungserfolge in die Krise und Selbstblockade geratenen Schriftstellers. Das Überraschende am Text des Chandos-Briefes ist vielmehr, daß bereits mehrere Dekaden vor ihren Ausbrüchen von einem sprachlich hochsensiblen Künstler etwas vorweggenommen wird, was eine der wichtigsten Voraussetzungen des Sieges aller Terrorismen werden sollte: das Abreißen der sprachlichen Kommunikation im Inneren einer bis dahin ausdrucks- und übersetzungsfähigen Kultur. Irgendetwas ist geschehen, was nicht mehr ausgedrückt und vermittelt werden kann.

Was Hofmannsthal noch in einem Dokument hochartifizieller Subjektivität dokumentieren mußte, erhält wenig später – 1921 – in Rilkes sogenanntem Testament einen unüberhörbaren Zeit- und Geschichtsbezug. Denn Rilke erklärt sein Scheitern an den »Duineser Elegien« zunächst durch den Hinweis auf den »Ausbruch des heillosen Krieges« und dessen Auslaufen in »revolutionären Zuckungen«, die ihn dahin gebracht hätten, mit Deutschland nur noch durch seine Sprache zusammenzuhängen. Aber der Kern der Krise ist auch bei ihm ein Sprachvorgang, der in eine Art Glossolalie der Verzweiflung ausbrechende Zerfall aller Syntax zu einer Workaskade aus dem sogenannten »Zerstörten Tagebuch«, die, nur unterbrochen durch drei erläuternde Klammerbemerkungen, ohne Punkt und Komma über eineinhalb Druckseiten dahinrast von »Nachtmahr« über »Bohre« zu den surrealistischen Sätzen »Spule spielt langsam aber keine Musik reicht an den Reigen Naumann«.[5] Die ein Jahr später wider Erwarten doch vollendeten »Duineser Elegien« wirken verglichen mit der bestürzenden Präzision dieses Textes fast konventionell, beinahe, als habe Rilke mit ihnen die Katastrophe des Sprachzyklons vom Jahr zuvor zudecken wollen. Für seine eigene Existenz hat Rilke damals nur noch ein einziges Charakteristikum: »Geworfensein«, ein Wort, das wenige Jahre später durch Heidegger eine nicht unbedenkliche Karriere machen sollte. Ich wüßte außer den Schriften Kafkas keinen anderen Text zu nennen, der die Bewußtseinslage der »Verlassenheit«, nach Hannah Arendt die entscheidende Voraussetzung der Durchsetzung des Totalitarismus, anschaulicher und überzeugender dokumentierte, als dies »Testament« Rilkes.

Mitten im siegreichen Aufbruch des Terrorismus befinden wir uns, wenn Mandelstams Zeitgenosse Karl Kraus den »Untergang der Sprache« konstatiert, nachdem durch die proklamierte wie begangene Brutalität der Nazis Metaphern aufhören welche zu sein, »wenn es der Aufbruch physischen Blutes ist, das aus der Sprachkruste zu fließen beginnt«.[6] Karl Kraus hatte schon im Krieg 1914–18 die »letzten Tage der Menschheit«, nämlich die siegreiche Niederwerfung aller Humanität, gesehen. Der Nationalsozialismus konnte dann, nach dieser Niederlage der Humanität, nur noch die von allen Bedenken und Zurückhaltungen emanzipierte Inhumanitat proklamieren.

Es hatte begonnen, was Ossip Mandelstam in einem März 1931 entstandenen Gedicht »das Wolfshunde-Jahrhundert« getauft hatte. Wem fielen bei diesem Wort nicht sofort Grassens »Hundejahre« und die Wachhunde an der Berliner Mauer ein? Aber gerade angesichts solcher Assoziationen muß man es aufs höchste bewundern, wie Mandelstams Verse dieses Jahrhundert ohne alles Pathos und ohne politische Polemik als eines beschreiben, in dem Frohsinn und Ehre verlorengingen, angesichts dessen, was an Kleinmut und Jauche zu sehen war und umgetrieben wurde vom »Rad auf Blutknochen-Naben«[7] – obwohl dieses Jahrhundert behauptete, alles zum höheren Ruhme des Menschen zu tun.

Im Jahr 1934 aber schrieb Mandelstam jenes Epigramm auf Stalin, das ebenso knapp wie präzise in der Form des lyrischen Gedichtes dasselbe sagt wie seine Frau: den Terrorismus zu überleben ist nicht möglich. Denn: Im Reich des Kreml-Bergmenschen (Stalin) lebt man so entfremdet, daß man nicht einmal mehr den Boden des eigenen Landes unter den Füßen fühlt. Alles Sprechen ist zum im Umkreis von zehn Schritten unhörbaren Flüstern zusammengesunken, ein Flüstern, das keinen anderen Inhalt mehr kennt, als das Tun jenes Bergtyrannen, dessen Worte freilich zentnerschwere Hammerschläge sind, Hammerschläge, die seinen Opfern Hufeisen als Denkzeichen seiner Todesurteile in die Stirn, die Brauen, die Augen oder die Lenden schmieden.[8]

Aber wie steht es um den selbst, dessen Gewalt nichts anderes ist als die Gewalt von Todesurteilen, in dessen Umkreis Regierungs-, Gerichts- und Hinrichtungsstätte zu einem einzigen Raum verschmelzen, in dem es nur noch das Flüstern der Angst und die Hammerschläge der Todesurteile gibt? Was ist das für ein Jemand, der sie eins nach dem anderen fällt? Nach Mandelstams Epigramm eine Art lebender Leichnam, mit Wurmfingern, einem Kakerlakenbart und schwarz glänzenden Stiefeln, als einzigem freilich umso grauenhafterem Rest einer sonst entschwundenen Normalität.

Mandelstam hat recht behalten. Auch er hat sein Epigramm nicht lange überlebt. Der Terror des Totalitarismus ist tödlich – das gehört zu seinem Prinzip. Aber das Epigramm hat überlebt und damit einen Hinweis gegeben, den kein Terror zu unterdrücken oder zu töten vermochte: Durch die »Hufeisen« seiner Verbrechen hat er Spuren gelegt, die er selbst nicht mehr auszulöschen vermochte. Aber damit werden wir einer Seite der Lyrik Mandelstams gewahr, die gänzlich neue Perspektiven eröffnet.

II. Geschichte als Sintflut und die Apokalypse der Sprache

Mandelstams »Hufeisenfinder« ist nicht nur eines seiner bedeutendsten Gedichte, sondern auch darin einzigartig, daß es eine völlig neue Antwort auf das Problem des Kommunikationsbruches und Kulturrisses gibt, das Hofmannsthal und Rilke in Schrecken versetzt und zum Verstummen gebracht hatte.

Das Gedicht, ein nicht in Strophen geteilter Hymnus von 95 Versen, bietet dem Verständnis schon deswegen erhebliche Schwierigkeiten, weil es einen völlig neuartigen Gehalt in einer Weise behandelt, deren Poetik Mandelstam selbst erst ungefähr ein Jahrzehnt später in dem zu seinen Lebzeiten unveröffentlichten »Gespräch über Dante« von 1933 theoretisch zu formulieren in der Lage war.

Das war kein Zufall. Denn eines der Hauptmerkmale dieser Poetik bestand darin, darauf zu bestehen, daß ein künstlerisch relevantes Gedicht gerade keinen von seiner Versform ablösbaren, sozusagen in Prosa nacherzählbaren Gehalt haben könne. Nach Mandelstam ist vielmehr die Nacherzählbarkeit »das sicherste Zeichen für das Nichtvorhandensein von Dichtung«.[9] Beruht doch das Entstehen von Dichtung nach Mandelstam allein auf dem, was er den »gekreuzten Prozeß« nennt, die Durchkreuzung überlieferter Wortbedeutungen und Wortsymbole durch einen Vorgang, der sich allein mit dem Sprechenlernen eines Kindes vergleichen läßt, das die gehörten Worte zunächst in einem ihm allein eigenen und bewußten Sinn gebraucht, ehe es sich allmählich der konventionellen Semantik und Semiotik anpaßt. Mit diesen Voraussetzungen hängt auch die eigenartig universelle Kulturauffassung des in hohem Maße traditionsbewußten Mandelstam zusammen, die so weit gehen kann zu behaupten, es gehe um den »wechselseitigen Zusammenhang zwischen Stein und Kultur«,[10] d.h. um eine bewußte und polemische Absage an den Dualismus von Natur und Kultur, ein Gedanke, der gerade für die Konzeption des »Hufeisenfinders« ganz entscheidend ist.

Trotz aller Befremdlichkeiten dieses Textes entdeckt man schon bald, daß er eine deutliche Dreigliederung aufweist, wobei Teil 1 die Verse 1–31 umfaßt, der zweite von Vers 32–59 und der dritte von Vers 60 bis zum letzten Vers reicht. Hat man diese Zäsuren einmal bemerkt, erkennt man unschwer, daß jeder dieser Teile von einer Bildkonstellation beherrscht wird, die genau der im Dante-Gespräch entwickelten Poetik gehorcht.

Im ersten Teil ist es die in eine Fülle unerwarteter Details auslaufende Gleichung Wald-Schiff, die mit der unerhörten Suggestivkraft ihrer Worte den Boden erschüttert, auf dem Sprecher und Leser bzw. Hörer dieser Verse stehen. Einerseits heißt es von den Bäumen, die sich in Schiffsmasten verwandelt haben, sie knarrten im Sturm (V. 5), in entfesselter, waldloser Luft. Das Schiffsdeck tanzt (V. 10). Aber andererseits wird der Duft der Harztränen wie auf einem Waldspaziergang beschworen (V. 17), aber nur, um uns aufs Neue in einen Weitblick auf den in Gebirgsketten gerunzelten Rücken der Erde – »wie ein Eselsrücken« (V. 26) – zu versetzen.

Was uns in diesem, in jeder Hinsicht des Wortes unerhörten Panorama widerfahren soll, das entrollt sich im zweiten Teil des Gedichtes, dem bei weitem für das Verständnis am schwierigsten erschließbaren. Das hängt damit zusammen, daß dieser Teil wiederum eine neue Reflexionsebene der Sprache betritt. Ein Lied über das Lied, ein Sprechen über die Sprache des Dichters – wo befinden wir uns auf einmal? Inmitten einer Arena, wo es nötig wird, daß wir uns freimachen oder freimachen lassen von der Macht einzelner Sinneseindrücke, sei es der Körpergeruch von Wettkämpfern oder der Duft zwischen den Händen zerriebenen Thymians (V. 46–48). Die schon im ersten Teil eingetretene Durchbrechung der Grenze zwischen Meer und Festland wird jetzt noch weitergetrieben bis zur Vermischung von Luft, Wasser und Erde. Der Ozean wird angesprochen als »feuchte Schwarzerde Neairas« (der Tochter des Okeanos, V. 53). Aber von der Luft heißt es, sie sei so dicht gemischt wie die Erde (V. 55). Das Ganze gipfelt in einem der zentralen Verse des ganzen Gedichtes: »Unsere fragile Zeitrechnung nähert sich dem Ende« (V. 59).

Und damit beginnt jener einmalige Schlußteil, der mittels einer Sprachkunst, für die es nur sehr wenige Vergleiche in der Weltliteratur geben dürfte! – die bisherige Perspektivenausweitung genau umkehrt, sie erst gleichsam zum Bild des nach dem Wettlauf erschöpften Pferdes gerinnen und schließlich über das Finden des Hufeisens in den historischen Relikten von ausgegrabenen Münzen zerbröckeln läßt, als deren letzte der Dichter selbst ins Bild tritt und in ihm verschwindet.

Überlegt man, welcher der überlieferten Literaturgattungen dieses kolossale Gedicht am ehesten zugeordnet werden könnte, dann ist es am ehesten die der Apokalypse, auf die schon Dante für die Divina Comedia zurückgegriffen hatte, indem er, was über Henoch, Elia oder Johannes von Patmos überliefert war, in bewundernswerter Kühnheit auf sich selbst, Vergil und Beatrice übertrug.

Aber Mandelstams »Hufeisenfinder« ist gleichsam ein umgekehrter Dante. Während dieser die unerschütterliche Weltordnung von Inferno, Purgatorium und Paradies durchwandert, erfährt der Hufeisenfinder, wie die Grenzen des bisherigen Welt- und Zeitgefüges durchlässig und hinfällig werden, um am Ende in unvordenklichen Erdschichten zu versinken.

Das Besondere an Mandelstams Apokalypse ist aber auch, daß die Sprache zum Horizont ihres Geschehens wird, etwa so wie in den überlieferten Apokalypsen der Himmel es ist, der in eine welterschütternde Bewegung gerät. Das wird besonders am zweiten Teil des Gedichts deutlich, wie bereits angedeutet. Aber schon der erste bewegt sich in diese Richtung, indem er die Symbole der wissenschaftlichen Welterfassung, »Bleilot« (V. 8), »die fragilen Apparate des Geometers« (V. 12), zum Nachtrab eines Verwandlungssturmes werden läßt. Auch wenn sie fest bleiben, erreichen sie bestenfalls »die salzige Ferse des Windes« (V. 9). Was aber ist denn eigentlich mit jenem Orkan gemeint, der Wälder zu Schiffsmasten, unsere Wirklichkeit zu Brettern, Bohlen und Schotten vor etwas werden läßt, das auf »der rauhen Fläche des Meeres« (V. 14) dahinrast? Der Dichter sagt es uns, indem er die Bretter und Bohlen erklären läßt, nicht Jesus, »der friedliche Mann aus Bethlehem« (V. 21) sei der Zimmerer dieses »Schiffes« und darum Leitfigur der stürmischen Epoche, sondern »der Vater der Fahrten, der Seefahrerfreund« (V. 22–23), der die Arche auf der »berühmten Gebirgskette« (V. 28) habe landen und stehen lassen. Also Noah heißt der, an dem erkannt wird, daß die Geschichte ins Zeitalter der Sintflut eingetreten ist.

Darum muß nun der zweite Teil des Gedichtes erklären, worin sich die neue Sintflut von der alten unterscheidet. Das ist keine leichte Aufgabe. »Wo beginnen?« seufzt der erste Vers (V. 32). Aber diese triviale Frage hat einen nichts weniger als trivialen Sinn. Denn: »Alles kracht in den Fugen und schwankt. Die Luft erzittert von Vergleichen« (V. 33–34). Sprache und

Wirklichkeit sind ununterscheidbar geworden in jener entsetzlichen Deutlichkeit, auf die nur mit der Deutlichkeit des Entsetzens reagiert werden kann, etwa wie wenn es in der Johannesapokalyse des Neuen Testamentes heißt »und der Himmel entwich wie ein zusammengerolltes Buch« (Offb 6,14).

Bei Mandelstam heißt es freilich ganz anders: »Die Erde dröhnt von Metaphern« (V. 36). Ähnliches begibt sich im Gedicht selbst. Eine Sturzflut von ineinandergeschobenen Metaphern – Vogelschwärme, Rennplätze, Lieder auf die mit der Stirnbinde gekennzeichneten Sieger – all das geht aus in einer geheimnisvollen Welt, in der Himmel, Erde und Meer verschwimmen in einer Kugel, in der sich Flossen, Räder und Pferde gleichgut bewegen können. Denn: »Die Luft ist ebenso dicht gemischt wie die Erde – Man tritt aus ihr nicht hinaus, sie betreten ist schwer« (V. 55–56). Und weil es aus dieser alles mit allem vergleichenden Sprache der Welt kein Entweichen mehr gibt, spielen würfelnde Kinder auf jeden Fall mit den Wirbelknochen verendeter Tiere« (V. 58) und unsere »fragile Zeitrechnung nähert sich dem Ende«.

Umso unerwarteter die Konsequenz, die der 3. Teil aus diesem Ergebnis zieht: »Dank für das, was war« (V. 60). Dieser ruhige Ton des Dankes bestimmt den letzten Teil des Gedichtes bis zum Schluß. Auf ihn sind alle Bilder dieses Teiles gestimmt: das vom Zeitalter der goldenen Kugel; das vom Kind, das den Apfel gibt oder verweigert. Auch diese scheinbaren Eindeutigkeiten gehören der Vergangenheit an. Darum verweilt das Gedicht fortan beim Bild des vom Rennen erschöpften Pferdes, das noch in seiner Erschöpfung gezeichnet ist von einer Raserei, die seine vier Beine in so viele verwandelte wie Steine am Weg lagen (V. 72–73). Wenn man Mandelstams seltsam friedliche Zeilen liest, kommt einem unwillkürlich ein anderes berühmtes Bild in den Sinn: Es ist, als ob das viel später gemalte schreiende Pferd Picassos aus Guernica schon in diesem Gedicht Mandelstams im Voraus in sich zusammengesunken wäre.

Und nun folgen jene Verse, die dem Gedicht die Überschrift gegeben haben: Das Getöse einer sintflutgleichen Epoche ist am Ende. Aber sie hat nicht nur Spuren, sondern auch Relikte dessen hinterlassen, was diese Spuren gezogen hat. Das gilt auch von der Sprache, deren apokalyptische Schicksale Gegenstand dieses denkwürdigen Gedichtes waren: »Die menschlichen Lippen, die nichts mehr zu sagen haben, Bewahren die Form des letzten Worts, das sie sagten« (V. 83–84).

Ob es das wirklich schon einmal in irgendeinem anderen Gedicht gegeben hat, was Mandelstam jetzt tut: Nachdem das Hufeisen der vergangenen Wettrennen gefunden ist, blickt das Gedicht auf sich selbst zurück, indem es erklärt, es selbst sei nur ein Fundstück wie das Hufeisen, wie ein versteinertes Weizenkorn oder ausgegrabene Münzen, mit denen einer der Dichter am Ende sich selbst vergleicht.

Was eigentlich hat der Hufeisenfinder gefunden? Er hat erkannt, daß es ein Ende der Sprache wie ein Ende der Zeitrechnung in einer Sintflut von Geschehnissen geben kann. Aber weder das Ende der Zeit, der Zeitrechnung, noch der Sprache kann die Unauslöschlichkeit der Geschichte beseitigen, die Hufeisen, Krüge, Münzen und Menschen verbindet, und zwar so unaufhörlich, daß alle Zeitalter an dieser Verbindung sich die Zähne ausbeißen werden.

III. Sprache als Überlebensinitiative

Nadeshda Mandelstam ist es zu verdanken, daß die unschätzbaren Dichtungen ihres Mannes der Nachwelt und damit uns trotz aller Repressionen des Stalinismus erhalten geblieben sind. Nach ihrem eigenen Sprachgebrauch wäre das den »Zufälligkeiten« des Überlebens zuzurechnen. Ich will jetzt nicht darüber streiten, ob das Wort »Zufälligkeit« hier der Bedeutung der Tatsache dieses Erhaltenbleibens gegenüber angemessen ist. Auf jeden Fall wäre dieses Wort ein Hinweis darauf, daß es nichts weniger als selbstverständlich ist, daß wir diese Texte lesen, bewundern und bedenken können.

Zu diesem Bedenken gehört auch die Erinnerung daran, daß die Terrorismen dieses Jahrhunderts in wahrhaft niederschmetterndem Umfang erfolgreich waren in der von ihnen beabsichtigten und betriebenen Kulturzerstörung. Man braucht dabei nicht zuerst an die in China unwiederbringlich zerstörten Kulturgüter oder an die in der SU Stalins wirklich vernichteten Texte, Handschriften und Partituren zu denken. Nein – Kulturvernichtung, das heißt auch die unwiederbringliche Zerstörung des Zusammenhanges von Nation, Demokratie und Menschenrechten durch den Nationalsozialismus. Alle, die das leugnen und heute wieder einer angeblich legitimen Aufwertung des Nationalen das Wort reden, liefern unfreiwillig durch ihre mehr oder weniger offene Infragestellung der Universalität von Menschenrechten den Beweis des Gegenteils.

Und ob die von dem fanatischen Gebrüll, der hetzerischen Infamie einerseits und der intellektuellen Bodenlosigkeit andererseits so gründlich, wie es von Karl Kraus in seiner »3. Walpurgisnacht« dokumentiert wurde, geschändete deutsche Sprache je wieder die machtvolle Überzeugungskraft Luthers, die erleuchtende Helle Lessings, den Ausdrucksreichtum Goethes und das niemals hohle Pathos Schillers wiedererlangen werde, das ist mehr als fraglich.

Bleibt uns also nichts anderes als das ehrfürchtige und wehmütige Blättern im Grimmschen Wörterbuch, damit wir vielleicht dort hin und wieder ein Worthufeisen finden, das blankzuputzen sich lohnt? Ich glaube, in Mandelstams Gedichten doch noch eine ganz andere Antwort gefunden zu haben.

Im gleichen Jahr wie der »Hufeisenfinder« entstand ein anderes, in mancher Hinsicht sehr verwandtes Gedicht. Selbst das Motiv des Hufeisens taucht an hervorgehobener Stelle, nämlich am Schluß, wieder auf. Aber nicht zufällig ist die »Griffelode« – so der Name des Gedichts – in strenger Strophenform gehalten, wobei deren Neunzahl einmal mehr das Vorbild Dantes heraufbeschwört.

Dieses Gedicht, in Stil und Inhalt alles andere als apokalyptisch, lebt vom Gegensatz zwischen Sternenhimmel und Erdenkies, im Sinne des Gegensatzes zwischen dem alles auslöschenden Himmelsgriffel im Geierschnabel der Nacht und dem winzigen Griffel des Dichters, der wie ein ABC-Schütze die Gerinnsel des Wassers, »was der Kiesel spricht« und alle möglichen »Lichtspuren« nachzuzeichnen versucht.[11]

Es ist der im Dantegespräch mit linguistischer Präzision ausgeführte Gedanke von der Rückverwandlung des geformten Sprechens in die Lernsituation des Kindes, in der der Dichter für jede Gedichtkonstellation die Sprache gewissermaßen neu erfindet. So gesehen, wäre des im »Hufeisenfinder« konstatierte Ende von Sprache gewiß ein Ende, aber eben nicht das letzte Wort der Sprache und der Dichtung.

Was hat das alles mit der von den Terrorismen begangenen Kulturzerstörung zu tun? Es eröffnet eine Möglichkeit danach zu fragen, wie es überhaupt möglich wurde, daß die europäischen und nach ihnen anderen Völker an der politischen Pest des Terrorismus erkrankten.

Es war ausgerechnet die unerschütterliche und unbestechliche Nüchternheit des nach der Realisierung eines ewigen Friedens trachtenden Kant, der mit geradezu prophetischer Schärfe die Möglichkeit eines Zustandes vorhersah, wie er Mandelstam beschäftigt hat und uns noch immer beschäftigt.

In seiner Schrift über »Das Ende aller Dinge« schreibt er, ein solches Ende sei eigentlich unvorstellbar, um dann aber zwei höchst bedrohliche Möglichkeiten doch einzuräumen, die empörende Vorstellung, daß einmal ein Zeitpunkt eintreten werde, da alle Veränderung aufhört und zweitens die historisch gegebene Möglichkeit eines »verkehrten Endes aller Dinge in moralischer Hinsicht«.

Auf die Frage, worin denn ein solches verkehrtes Ende aller Dinge bestehen sollte, hat er eine bestürzende Antwort gegeben: Ein solches Ende aller Dinge würde darin bestehen, daß das Christentum aufhöre liebenswert (Kant sagt »liebenswürdig«) zu sein. Es waren Dostojewskij und Nietzsche, die hundert Jahre später mit bis zur Verzweiflung gehender Leidenschaft ihre Zeitgenossen vor der nur zu nahe gekommenen Möglichkeit warnen und es verhindern wollten, daß das europäische Christentum sein eigener Judas werden und nur noch in den verschiedenen Formen des Großinquisitorentums weiterexistieren könnte. Daß ihre Befürchtungen nur zu berechtigt waren, wird am Ende dieses »Wolfsjahrhunderts« wohl kein vernünftiger Mensch bestreiten.

Auch Mandelstams Hufeisenfinder sah, wie wir bemerken konnten, seine Epoche mehr im Zeichen Noahs und der Sintflut als in dem »des friedlichen Manns aus Bethlehem«. Eine Unterscheidung, die gewiß unverkennbar theologischer Natur ist. Aber lassen wir uns ja nicht verleiten, aus den Augen zu verlieren, daß sie von Mandelstam als eine ästhetische eingeführt wird. Er will eine Einheit aller Dinge, die auf einem Mitgerissenwerden in einem einzigen Kataklysmus beruht, unterscheiden von einer anderen, die in einem friedlichen Miteinander aller Dinge besteht.

Natürlich ist diese Unterscheidung auch einer theologischen Präzisierung bedürftig. Aber schon die Frage, inwiefern ästhetische Unterscheidungen auch theologische Implikationen haben, ist von einer Klärung weit entfernt. Man kann sich bei dieser Gelegenheit auch der Bemerkung nicht enthalten, daß Bonhoeffers Programm einer nichtreligiösen Interpretation biblischer Begriffe gerade im Bereich der Eschatologie ebenso dringlich ist wie fern von einer auch nur annähernd den Ungeheuerlichkeiten von Geschichtsalltäglichkeiten, wie sie Mandelstams Gedichte kennzeichnet, gewachsenen Behandlung! Welche Treuherzigkeiten werden hier noch immer feilgeboten, als ob wir Auschwitz-, Gulag- und Srebrenica-Zeitgenossen noch im seligen Zeitalter des Bildungsphilisteriums der David-Friedrich-Straußschen oder Feuerbachschen Gartenlaube lebten!

Ob Mandelstams »Griffelode« mit ihren Schlußversen »So daß ich Wasser dort und Stein zusammenschließ, Den Huf zum Fingerring dort unten...« so etwas wie das oben erwähnte friedliche Miteinander aller Dinge andeuten will? Dann freilich müßte einer anderen höchst merkwürdigen Anspielung dieses Gedichtes eine besondere Bedeutung beigemessen werden, nämlich der, wo er sagt, er wolle seinen Finger in den Kies von einst wie in eine Wunde legen.

Wie dem auch sei – der Dichter des Wolfsjahrhunderts hat mit dieser Andeutung darauf hingewiesen, daß der Schritt vom ungläubigen zum gläubigen Thomas die einzige, aber auch die entscheidende Chance für diejenigen ist, die die Terrorismen nicht überlebt haben, genau so wie die einzige Chance ihrer sie überlebenden Nachwelt.

Anmerkungen

1 Aus: Ossip Mandelstam, Gedichte, © S.Fischer Verlag GmbH, Frankfurt a.M. 1959. Der Abdruck des Gedichtes erfolgt mit freundlicher Genehmigung des S.Fischer Verlags.
2 Nadeshda Mandelstam: Das Jahrhundert der Wölfe, Frankfurt a.M. 1991, S. 344.
3 Hugo von Hofmannsthal: Ausgewählte Werke, Leipzig 1975, S. 99.
4 A.a.O., S. 108.
5 Rainer Maria Rilke: Von Kunstdingen, Weimar/Leipzig 1983, S. 202f.
6 Karl Kraus: 3. Walpurgisnacht, Frankfurt a.M. 1989, S. 138.
7 Ossip Mandelstam: Tristia, Berlin 1985, S. 433.
8 Ossip Mandelstam: Mitternacht in Moskau, Frankfurt a.M. 1990, S. 165.
9 Ossip Mandelstam: Gespräch über Dante, Leipzig/Weimar 1984, S. 7.
10 A.a.O., S. 115.
11 Ossip Mandelstam: Tristia, Berlin 1985, S. 105ff.

Michael Weinrich

Hans Magnus Enzensberger: »Abendmahl. Venezianisch, 16. Jahrhundert«

ABENDMAHL. VENEZIANISCH, 16. JAHRHUNDERT

I
Als ich mein *Letztes Abendmahl* beendet hatte,
fünfeinhalb mal knapp dreizehn Meter,
eine Heidenarbeit, aber ganz gut bezahlt,
kamen die üblichen Fragen.
Was haben diese Ausländer zu bedeuten
mit ihren Hellebarden? Wie Ketzer
sind sie gekleidet, oder wie Deutsche.
Finden Sie es wohl schicklich,
dem Heiligen Lukas
einen Zahnstocher in die Hand zu geben?
Wer hat Sie dazu angestiftet,
Mohren, Säufer und Clowns
an den Tisch Unseres Herrn zu laden?
Was soll dieser Zwerg mit dem Papagei,
was soll der schnüffelnde Hund,
und warum blutet der Mameluck aus der Nase?
Meine Herrn, sprach ich, dies alles
habe ich frei erfunden zu meinem Vergnügen.
Aber die Sieben Richter der Heiligen Inquisition
raschelten mit ihren roten Roben
und murmelten: Überzeugt uns nicht.

II
Oh, ich habe bessere Bilder gemalt;
aber jener Himmel zeigt Farben,
die ihr auf keinem Himmel findet,

der nicht von mir gemalt ist;
und es gefallen mir diese Köche
mit ihren riesigen Metzgersmessern,
diese Leute mit Diademen, mit Reiherbüschen,
pelzverbrämten, gezaddelten Hauben
und perlenbestickten Turbanen;
auch jene Vermummten gehören dazu,
die auf die entferntesten Dächer
meiner Alabaster-Paläste geklettert sind
und sich über die höchsten Brüstungen beugen.
Wonach sie Ausschau halten,
das weiß ich nicht. Aber weder euch
noch den Heiligen schenken sie einen Blick.

III
Wie oft soll ich es euch noch sagen!
Es gibt keine Kunst ohne das Vergnügen.
Das gilt auch für die endlosen Kreuzigungen,
Sintfluten und Bethlehemitischen Kindermorde,
die ihr, ich weiß nicht warum,
bei mir bestellt.
Als die Seufzer der Kritiker,
die Spitzfindigkeiten der Inquisitoren
und die Schnüffeleien der Schriftgelehrten
mir endlich zu dumm wurden,
taufte ich das *Letzte Abendmahl* um
und nannte es
Ein Dîner bei Herrn Levi.

IV
Wir werden ja sehen, wer den längeren Atem hat.
Zum Beispiel meine *Heilige Anna selbdritt.*
Kein sehr amüsantes Sujet.
Doch unter den Thron,
auf den herrlich gemusterten Marmorboden
in Sandrosa, Schwarz und Malachit,
malte ich, um das Ganze zu retten,
eine Suppenschildkröte mit rollenden Augen,
zierlichen Füßen und einem Panzer

aus halb durchsichtigem Schildpatt:
eine wunderbare Idee.
Wie ein riesiger, kunstvoll gewölbter Kamm,
topasfarben, glühte sie in der Sonne.

V
Als ich sie kriechen sah,
fielen mir meine Feinde ein.
Ich hörte das Gebrabbel der Galeristen,
das Zischeln der Zeichenlehrer
und das Rülpsen der Besserwisser.
Ich nahm meinen Pinsel zur Hand
und begrub das Geschöpf,
bevor die Schmarotzer anfangen konnten,
mir zu erklären, was es bedeute,
unter sorgfältig gemalten Fliesen
aus schwarzem, grünem und rosa Marmor.
Die *Heilige Anna* ist nicht mein berühmtestes,
aber vielleicht mein bestes Bild.
Keiner außer mir weiß, warum.[1]

I

Weder das Abendmahl noch das monumentale Bild des venezianischen Renaissancemalers Paolo Veronese »Gastmahl im Hause des Levi« (1573) stehen im Mittelpunkt dieses Gedichtes. Vielmehr werden wir zu Zeugen einer fiktiven Selbstreflexion des Künstlers, der als Auftragswerk ein großes (Abend-)Mahl(s)-Gemälde erstellt hat, mit dem nun Hans Magnus Enzensberger das letzte Dinner auf der Titanic garniert. Diese wenigen Hinweise genügen bereits, um eine Fülle verschiedener Assoziationen aufsteigen zu lassen, die einzudämmen weder die Absicht des Gedichtes noch meiner Reflexionen über dieses Gedicht ist.

Auf ihrer ersten Fahrt havariert in der Nacht zum 14. April 1912 die als unsinkbar geltende Titanic, der unvergleichliche britische Luxusliner, mit einem Eisberg und zieht – nicht zuletzt aufgrund fehlender Sicherheitsvorkehrungen – mehr als eintausendfünfhundert Passagiere und Besatzungsmitglieder in die Tiefe des Eismeeres weit draußen vor der Küste Neufundlands.

Noch ist scheinbar alles in Ordnung. In den oberen Decks flaniert man durch das gigantomachische Gefährt und läßt sich – teilweise aus Zeitvertreib, teilweise zur weiteren Ernährung des traumwandlerischen Rausches dieser prunkvoll inszenierten ›Jungfernfahrt‹ – die Semantik des freilich nicht stufenlosen Luxus erklären – »Vorsicht Stufe« (30). Ein Spaziergang vor dem Essen durch die unendlich erscheinende künstliche Welt dieses Fortschrittssymbols mit seinem ambitionierten Namen auf hoher See. Es steht ein geruhsamer Abend bevor. Dieser soll mit einem aus Spezialitäten aus aller Welt zusammengestellten kulinarischen Höhepunkt beginnen, der allein dadurch relativiert wird, daß es auf den oberen Decks dieses beinahe unerschöpfliche Potenz demonstrierenden Flaggschiffs menschlicher Möglichkeiten eben nur noch Höhepunkte gibt.

Bleiben wir noch einen Moment bei dem Kontext, für den und in dem Enzensberger sein Gedicht formuliert hat. In dreiunddreißig Gesängen wird »Der Untergang der Titanic« (so der Titel des Buches, Frankfurt/M. 1978; die Seitenangaben im Text beziehen sich auf dieses Buch) beschrieben, beklagt, beteuert, beschworen, besprochen, bedacht – nicht aber tatsächlich betrauert, denn er geht ja weiter in dem Maße, in dem die Titanic als Geisterschiff unsere Geschichte nach wie vor begleitet: »Sterbliche Träume, /durch die eine Karawane /von Eisbergen zieht« (27). (Zum Zeitpunkt der Abfassung dieser Besprechung läuft in den Kinos gerade ein weiterer Titanic-Film mit großer Resonanz an, der seinerseits alle bisherigen cineastischen Superlative in seine Schatten stellt – die Faszination dieses Untergangs hat ihre (Symbol-)Kraft in keiner Weise verloren.) Je länger es währt, um so weniger ist es eine Tragödie, eher schon eine Farce, doch der zur Verschleierung betriebene Aufwand an Ironie und Verstellung macht das Ganze zu einer »Komödie«, die ihren Lauf nimmt und sich doch stets gleichzeitig ereignet, denn der Untergang findet auch dort bereits statt, wo noch nicht von seinem Kommen die Rede ist. »Der Eisberg kommt auf uns zu /unwiderruflich« (27). Es bleibt durchaus zufällig, mit welchem »Gesang« wir gerade beginnen, weil wir nicht alle gleichzeitig vernehmen können. Wichtig bleibt allein, nicht zu vergessen, daß wir es stets in irgendeiner Weise mit der Titanic zu tun haben, so daß auch das Lachen sein Maß behält und nicht aus dem Ruder gerät.

Niemand weiß genau, wie hoch das Wasser bereits steht – »Der Anfang vom Ende /ist immer diskret.« (9) Es geht alles weiter, während das Wasser bereits ins Unterdeck eindringt. »Nur ganz unten, wo man, wie immer, zuerst kapiert, /werden Bündel, Babies, weinrote Inletts / hastig zusammengerafft.« (11) Kein großer Knall, mit dem alles zerfetzt wird und in die Luft fliegt, sondern das Wasser steigt langsam aber stetig, »bis du es selber fühlst, in deinem Brustkorb, / wie es sich dringend, salzig, geduldig einmischt, /wie es, kalt und gewaltlos, ... /... alles ausfüllen, /wie es verschluckt werden, und verschlucken will« (51f). »Wir sinken lautlos.« (56) Es ist nicht abzuschätzen, wann das Wasser die kritische Höhe erreicht hat.

Und bis zum Ende bleiben die Widersprüche: »Alles, heule ich, wie gehabt, alles schlingert, alles /unter Kontrolle, alles läuft, die Personen vermutlich ertrunken /im schrägen Regen, schade, macht nichts, zum Heulen, auch gut, /undeutlich, schwer zu sagen, warum, heule und schwimme ich weiter« (115) – ... und schwimme ich weiter: das Ende dieser »Komödie«.

»Wir dürfen nunmehr die Damen und Herren zum Dinner bitten« (30), so lauten die letzten Worte vor diesem Gedicht, mit denen in den Palmensaal eingeladen wird, wo man auf die »beiden Bronze-Nymphen am Eingang des Großen Foyers« blickt – »in klassischer Renaissance-Manier gehalten. /Die eine stellt den Frieden, die andre den Fortschritt dar.« (30) Es wird ausdrücklich darauf hingewiesen: »Die herrlichen Wandgemälde sind eigens angefertigt für die *Titanic*«; sie gehören also ins Ambiente, sind Teil der Inszenierung. Sie passen sich in die Gesamtkomposition ein, zumindest vordergründig, etwa durch die Etikette des gewählten Titels: *Abendmahl. Venezianisch, 16. Jahrhundert* – das scheint zum Dinner zu passen, und darauf kommt es auf der Titanic vor allem an, daß es eben paßt, besonders solange der Titanic noch nicht zu Bewußtsein gekommen ist, daß sie die Titanic ist. Aber auch hintergründig, denn das Bild erinnert kaum ganz zufällig an den Anfang der Neuzeit und seinen Titanismus und gehört insofern in gewisser Weise von vornherein zu den Ausstattungsrequisiten der Titanic, die schließlich mit ihr ins Eismeer der radikal ernüchternden Desillusionierung versinken werden. Die von Enzensberger in der Titanic aufgehängten Bilder geben diesem versinkenden Fortschrittssymbol eine weit zurückgreifende, eben bis an den Anfang der Neuzeit zurückgreifende historische Dimension. Es ist mehr als die Titanic, die untergeht – mit ihr findet der neuzeitliche Wahn der vollkommenen Naturbeherrschung sein definitives Ende, dessen Wurzeln in die Anfänge der Neuzeit zurückweisen. »Die Wahrheit der Erfahrungsgeschichte ist der Schiffbruch, nicht die dialektische Selbstvollendung der Geistesreise.« (Lehmann, 322) Die bekannten und unbekannten Maler des Aufbruchs des Menschen zu sich selbst und seinen unbegrenzt erscheinenden Möglichkeiten führen den zutiefst ambivalenten Charakter einer Epoche vor Augen, deren Abgründigkeit schließlich von dem abzuschätzenden Ausmaß der Katastrophe ihres Untergangs zu bemessen sein wird.

II

Nun spricht nicht etwa das Bild zu uns – Bilder sprechen für sich selbst und nicht durch Gedichte, die über sie geschrieben werden –, sondern der Maler, der diesen gut bezahlten Großauftrag für eine Abendmahlsdarstellung – »eine Heidenarbeit« – bekommen hat. Er erzählt einen Teil der Geschichte dieses

Bildes. Es ist sein eigener Teil der Geschichte mit diesem Bild, und wir erfahren von der Überlebenskunst des Künstlers, die schließlich weit über dieses Bild hinausgeht bis zu dem ›besten Bild‹ in der Selbsteinschätzung – »Heilige Anna selbdritt« –, das aber in der ›Enzyklopädie der Malerei‹ nicht einmal erwähnt wird. Weil das so ist, daß nicht immer berühmt wird, was auch gut ist, und daß auch gut sein kann, was schon bald nicht einmal mehr erwähnt wird, ist es wichtig und sogar notwendig, daß der Künstler nicht nur seine Werke präsentiert, sondern auch sich selbst. Dies geschieht in diesem Gedicht, in dem Enzensberger dem ungenannten Renaissancemaler Veronese seine Stimme verleiht.

Die Selbstreflexion dient nicht der Selbstfindung oder gar einem zu Markte getragenen Narzißmus, sondern sie zündet ein paar Lichter an, durch welche ein bestimmtes Licht auf das Werk fällt, in dem es wahrgenommen werden will. Unter den vielen Verstehensmöglichkeiten wird zwar nicht die ›richtige‹ hervorgehoben, denn es gibt keine ›richtige‹, wohl aber werden die Möglichkeiten ein wenig eingeschränkt. Sehen und Hören werden uns nicht abgenommen, aber das Ganze wird mit einem bestimmten Resonanzboden versehen, so daß sich besser vernehmen läßt, in welche Richtung die Töne klingen wollen; deshalb meldet sich der Künstler zu Wort, der ja kein Anfänger mehr ist, sondern längst seine durchaus ambivalenten Begegnungen hatte mit seinen »Kritikern«, den »Inquisitoren« und »Schriftgelehrten«, den »Galeristen« und »Zeichenlehrern«, den »Besserwissern« und »Schmarotzern« – und all den Auslegern, die »Bedeutungen mit ... Tranchiermessern« runterraspeln (53). Der Künstler ergreift mit der Präsentation seiner Geschichte mit dem von ihm geschaffenen Bild eine wohl unvermeidliche Notmaßnahme, ohne welche die Kunst immer weniger zurechtzukommen scheint, wenn sie nicht selbst ganz und gar der Ausdruck einer solchen Notmaßnahme sein will, indem sie nur noch das Problem der Kunst reflektiert. Die mitgeteilte Selbstreflexion des Künstlers wehrt sich gegen zu viel Unmittelbarkeit und gegen zu viel Mittelbarkeit, gegen die vollkommene Voraussetzungslosigkeit und gegen das fest geschnürte Korsett bereits mitgebrachter Verwertungsinteressen, die alles nur noch auf die Bestätigung der festgelegten Kontur mitgebrachter Erwartungen hin betrachten.

Das gilt genauso für den »Untergang der Titanic« mit seiner eher zweifelhaften, andauernden Konjunktur wie für die Bilder, die während dieses Untergangs von Enzensberger gleichsam zitiert werden. Damit das Ganze nicht schließlich zu *einem* Abgesang degeneriert, sondern tatsächlich noch dreiunddreißig Gesänge zu hören und voneinander zu unterscheiden bleiben, bedarf es möglichst vieler Hemmungen gegenüber den verschiedenen Mißverständnissen der Eingängigkeit, und so macht sich der Künstler auch selbst zum Gegenstand seiner Kunst, indem er seine eigenen Bilder zwar nicht bespricht, wohl aber in eine Perspektive stellt, die ihrerseits von mancherlei Erfahrungen der Besprechung durch andere gekennzeichnet ist. Dabei entwickelt sich kein künstlerischer Höhenflug; vielmehr bleiben wir im konkreten Horizont der Produktionsbedingungen der Kunst einschließlich ihrer ökonomischen Dimension – »ganz gut bezahlt«.

III

Kaum ist das Kunstwerk fertiggestellt, kommen auch schon die üblichen Fragen. Der Auftrag ist erfüllt – ganz gleich ob für S. Giovanni e Paolo in Venedig, wofür Veronese ursprünglich sein großdimensioniertes Bild gemalt hat, oder für den Palmensaal der Titanic, wo Enzensberger dieses Bild vor zwanzig Jahren wieder aufgehängt hat – und schon findet sich die Kritik der Auftraggeber ein, die nun den Auftrag nicht nehmen wollen, den sie gegeben haben. Überall wittern sie die subversive Eigenwilligkeit des Künstlers, der nicht nur seinen Auftrag erfüllt habe, sondern darüber hinaus – gleichsam als ungebetene Beigabe, die nun die Entgegennahme des Bildes gefährdet – seine eigene Botschaft geschickt in das Bild codiert habe. Zwar wissen auch die Inquisitoren nicht so recht zu sagen, worin die Verführung und somit die Irreführung des Bildes besteht, doch ihre absichtsgelenkte Mentalität unterstellt jedem überraschenden Detail eine geheime Botschaft, die – wenn man all die an verschiedenen Stellen versteckten Botschaften zusammennimmt – auf eine künstlerische Verschwörung gegen die Absicht des Auftraggebers führt. Dem eigenen traditionellen und prinzipientreuen Erwartungshorizont verschworen wittern sie überall Verschwörung, wo auch nur geringfügig von ihren Wahrnehmungsgewohnheiten abgewichen wird. Weil sie wissen, daß die Brisanz oft erst im Detail liegt, mißtrauen sie gerade hier jeder Überraschung. Die »Sieben Richter der Heiligen Inquisition /raschelten mit ihren roten Roben«; offenkundig sind sie sich einig, daß die Dementi des Künstlers nicht überzeugend sind.

Enzensberger hat offenkundig gewußt, daß Veronese 1573 wegen der Üppigkeit seiner Abendmahlsdarstellung tatsächlich vor ein Inquisitionsgericht bestellt worden war. Doch die Art der hier geschilderten Inquisition betrifft auch Enzensberger selbst, denn sie akzeptiert nicht das künstlerische Vergnügen, das eben gerade im Detail liegt, auch wenn es für den Palmensaal auf der Titanic bestimmt ist. Kunst ist weder Rezitation noch didaktisch durchtriebene Schulmeisterei. Solche Erwartungen führen nur zu den »üblichen Fragen«, die in dem Moment, wo sie von den entsprechenden Personen gestellt werden, schnell inquisitorische Züge bekommen.

IV

Sowohl in Venedig als auch im Palmensaal der Titanic geht es um das letzte Abendmahl. Wenn es aber um das Letzte geht, was hat da all das Alltägliche zu suchen? Warum die ganze aufgebotene Pracht und ein so einzigartiger Himmel? Warum all die Ablenkung von dem »Eigentlichen«, das mehr und mehr an den Rand gedrängt zu werden droht? Mit dem Thema des Bildes wird der Künstler umstellt und bedrängt – dies war sein Auftrag. Es geht um das Thema, von dem sich all die Kompetenzen auf den Plan gerufen fühlen, die sich seit eh und je mit all den Facetten des Abendmahls auseinandersetzen und sich souverän in den verschiedenen Dimensionen und Frageebenen zu bewegen verstehen. Doch der Zahnstocher in der Hand des Heiligen Lukas bringt sie aus dem einstudierten und aufeinander abgestimmten Rhythmus. Auf allen Bedeutungsebenen des Abendmahls kennen sie sich aus und auch mit der besonderen Zeit des »Gründonnerstags«, einen Tag vor Karfreitag. Sie wissen um die gewichtige Wahrheit, die hinter diesem letzten Abendmahl steht, und fühlen sich plötzlich von der Wirklichkeit, in der sie zur Darstellung kommt, um diese Wahrheit betrogen.

Aber in der Wirklichkeit gibt es keine Jünger oder Gäste, die zu einem Mahl geladen sind. Das sagt ihnen der Künstler, denn er weiß, daß man keine Jünger oder Gäste malen kann, sondern nur konkrete Menschen, und da muß man sich überlegen, wen man zu einem Jünger oder zu einem Gast macht. Wer sind diese Jünger und die geladenen Gäste – jeder und jede einzelne will gemalt werden, und sie alle sind verschieden, so wie Menschen eben verschieden sind. Und wie werden sie in Erscheinung treten, wie setzen sie sich in Szene, was bringen sie mit und was wird aus ihnen bei diesem Mahl. Das sind nur ganz wenige Fragen, neben denen noch viele andere stehen, die alle beantwortet werden müssen, wenn nicht nur prinzipiell vom Abendmahl geredet werden soll, sondern wenn es gemalt werden soll; und dazu haben sie selbst den Auftrag erteilt, die sich nun die Haare zausen und die »üblichen Fragen« stellen. Dabei hätten sie doch wissen müssen, daß man das Letzte nur im Vorletzten malen kann. Es liegt also im Wesen des Auftrags, daß er sich niemals wirklich ausführen läßt, sondern immer nur sehr vorläufig und zwangsläufig mißverständlich. Wie sollten auch Bilder im Palmensaal der Titanic als Umgebung des letzten Dinners davor geschützt werden, mißverständlich zu sein? Der Bilderstreit gehört mit zum Bild, und auch die Ikonoklasten setzen die Bilder voraus.

V

Und so entzieht Veronese seinerseits einfach sein Bild den Auftraggebern, jedenfalls scheinbar. Er gibt ihm einen anderen Titel und läßt damit die Kompetenz der Kritiker ins Leere laufen. Doch der neue Titel verbirgt nicht den alten Auftrag und macht das Resultat um so provozierender. Welchen Titel der Künstler dem Bild auch geben mag, es bleibt das »Abendmahl. Venezianisch, 16. Jahrhundert«. Doch nun ist das Kunstwerk der Dramaturgie seiner Auftraggeber und Kritiker mit ihren »üblichen Fragen« entzogen. Es bestätigt durch den neuen Titel, daß es sich aus der überkommenen Bildtradition befreien will, so daß es schließlich sogar unter der Regie von Enzensberger zu einem geheimnisvollen Auftragswerk für den Palmensaal der Titanic werden kann. Freilich werden auch hier wieder die Kritiker die Stimme erheben, doch nun läßt sich einfach auf den neuen Titel des Bildes verweisen, um nicht weiter mit den Kritikern verhandeln zu müssen. So behält der Künstler sein Vergnügen an der Kunst, in der er ebenso »Mohren, Säufer und Clowns /an den Tisch Unseres Herrn« einladen darf wie diesen »Zwerg mit dem Papagei« und den »schnüffelnde[n] Hund«. Das Resultat der »*Heiden*arbeit«, die er für seine kirchlichen Auftraggeber erbracht hat, wird schließlich »umge*tauft*« und damit der dogmatischen Observanz kirchlicher Religionsverwaltung entzogen – alle Transformationen treten als überraschende Mutationen in Erscheinung.

Der Künstler hat mit seinem Kunstwerk sein eigenes Geheimnis, und dieses bleibt vor den ›Konsumenten‹ ebenso verborgen wie die übermalte »Suppenschildkröte mit rollenden Augen« auf dem von der Enzyklopädie verschwiegenen Bild »Heilige Anna selbdritt« (es legt sich der Verdacht nahe, daß Enzensberger an ein Bild eines anderen Künstlers gedacht haben mag, der ebenso ungenannt bleibt wie auch Veronese, geht es doch um die Bilder, mit denen er die Titanic ausstattet. Es ist auch nicht auszuschließen, daß dieses Bild ganz und gar ein Produkt des künstlerischen Vergnügens von Enzensberger ist, – dies kann hier getrost offen bleiben). Die Alternative zur Umbenennung eines Bildes ist seine Veränderung. So wie der Wechsel des Titels alles ändert, so entzieht die Übermalung des potentiellen Angriffspunktes für die Kritik das Bild den geflissentlichen und besserwisserischen Interpreten, die dem Künstler »erklären, was es bedeute«. Allein der Künstler weiß, was sich unter den »sorgfältig gemalten Fliesen /aus schwarzem, grünem und rosa Marmor« befindet. Möglicherweise handelt es sich bei dem Vergnügen, gerade weil es im Grunde keinen namhaft zu machenden Anlaß hat, nur um das Ornament, doch das Ornament hat in unseren Tagen eine bisher nie dagewesene Bedeutung erhalten.

Wir leben in Zeiten, in denen im Grunde alles gesagt ist – alles ist bekannt, auch wenn manches bisweilen verschwiegen werden mag. Man muß kein Besserwisser mehr sein, um über unseren gegenwärtigen Zustand Bescheid zu wissen. Besserwisser sind inzwischen alle, und sie fahren – mit und ohne rote Roben – auf der Titanic und besprechen beim letzten Dinner den eigenen Untergang, so als gehörten sie zu den wenigen, für die es einen Platz im Rettungsboot gibt. Da, wo alles gesagt ist, bedarf es keines Propheten mehr. Der Dissens kann allein darum gehen, wie es gesagt wird und ob nicht noch mehr als alles zu sagen ist.

Das Vergnügen zielt wohl kaum auf die Lust am Untergang, eher wohl darauf, die noch und noch bekannte Wahrheit im Kontakt mit einer Wirklichkeit zu halten, die immer noch mehr ist als die bekannte Wahrheit. Die Wirklichkeit aber geht verloren, wenn gerade die unpassenden Details abgewiesen werden oder »unter sorgfältig gemalten Fliesen« verschwinden. Die ständige Besprechung kann sich vom Besprochenen isolieren, weil sie nur noch Lust an sich selber und nicht mehr an der besprochenen Wirklichkeit hat.

VI

Es mag durchaus sein, daß Enzensberger hinsichtlich der Reichweite seines Wirkens im Laufe der Jahre derartig desillusioniert und ernüchtert ist, daß er die Kunst auf das Ornament bescheidet. Er ist der an ihn gestellten Erwartungen müde: all »die endlosen Kreuzigungen, /Sintfluten und Bethlehemitischen Kindermorde, /die ihr, ich weiß nicht warum, /bei mir bestellt.« Diese Fixierung auf die Rolle des Unheilspropheten, des ätzenden und beißenden Zeitkritikers, der schonungslos in die Maskerade gegriffen hat, um das geschäftige Treiben hinter den Kulissen offen zu legen. So wird Horrorszenarium um Horrorszenarium bei ihm bestellt. Was zunächst Prophetie gewesen sein mag, wird so zum Auftragswerk, zur bestellten Ware, deren Zutaten und Mixturen auch den Auftraggebern bereits allzu vertraut sind. Erst in der Überschreitung der Grenzen der Aufträge eröffnet sich – freilich auf enger gewordenem Raum – die Möglichkeit der Kunst, und sei es nur im Ornament, das als solches überhaupt erst zu entdecken ist.

Vergnügen und Ornament wären allerdings zu leicht genommen, wollte man Erheiterung und Ablenkung in ihnen suchen; eine solche Flucht ins Abseits hat mit Kunst nichts mehr zu tun, sondern gehört zu den massenpsychologisch organisierten Selbstbeschwichtigungsbemühungen, mit denen die Gesellschaft – vor allem von den Medien – in dem nötigen relativen Gleichschritt gehalten wird, um die Augen in der Richtung zu halten, aus der – aller Wahrscheinlichkeit nach – keine gefährlichen Eisberge zu erwarten stehen. Wie viel eine derartig narkotisierte Gesellschaft hinzunehmen bereit ist, läßt sich nur mit zunehmender Verwunderung konstatieren. Nicht dieses eskapistische Moment des Vergnügens kann gemeint sein, – nicht der Zynismus, mit welchem der Riesendampfer auf Kurs gehalten wird, komme, was da wolle, nicht die leichtfertige oder auch hemmungslose Verantwortungslosigkeit, in der die Gegenwart alles aufs Spiel setzt, so als gäbe es eine zweite Chance, wenn es – wie zu erwarten steht – schief geht. Auch steht mit dem Vergnügen nicht die mit zunehmender Gefahr sinkende Hemmschwelle zur Debatte, wo man sich schließlich gehen läßt, um sich in der Wehrlosigkeit der Verhältnisse nun das Vergnügen zu erdreisten, was unter ›normalen‹ Umständen nicht ungestraft zu haben wäre. Keine eigensinnige Ausnutzung des Notstands und keine Vergewaltigung der Gedemütigten, auf deren Kosten auch dem Elend noch ein Vergnügen abgetrotzt wird, weil alle Lebensmöglichkeiten ausgereizt scheinen.

Das Vergnügen der Kunst liegt auf einer völlig anderen Ebene. Es geht um die Kraft, die einen weiterschwimmen läßt in diesem Durcheinander der großen und kleinen Untergänge. Da, wo der Kopf noch das einzige ist, was aus dem Wasser ragt, da, wo bei anhaltender Nacht und bei anhaltendem Regen kein Ufer zu sehen ist, kann es wohl kaum als Selbstverständlichkeit genommen werden, daß man weiter schwimmt, so wie es Enzensberger in seinem abschließenden dreiunddreißigsten Gesang seinem eigenen Heulen entgegenstemmt. Keine Erheiterung, auch nicht gleich ein Lichtblick, wohl aber die Ausnahme, das Überraschende, der kleine Hoffnungsfunken am Horizont. Hier bekommt das Vergnügen am Ornament, an dem, was man sonst als Beiwerk abtun würde, seine Wichtigkeit, auch auf der Titanic dem herannahenden Eisberg zum Trotz.

Es schwingt gewiß auch der Reiz mit, der von dem scheinbar Überflüssigen oder zumindest Unbeteiligten ausgeht, von denjenigen, die den Heiligen keinen Blick schenken, auch wenn es nicht klar ist, »wonach sie Ausschau halten«. Allein das Faktum, daß sie woanders hinblicken als dorthin, wo alle hinblicken, könnte ein Funken Hoffnung sein, wenn ihr Blick nicht nur als Wegsehen verstanden wird.

VII

Gewiß geht es in diesem Gedicht nicht vor allem um das Abendmahl und auch nicht um die Darstellung des Abendmahls von Veronese. Aber es wäre ebenso unzutreffend zu behaupten, es ginge gar nicht um das Abendmahl und das Bild von Veronese. Immerhin bleibt auch nach der Veränderung des Titels zu erkennen, was zu sehen sein soll, und ebenso macht Enzensberger keinerlei Anstrengungen, das Thema des Abendmahls im Kontext der Titanic unkenntlich zu machen. Und so müssen wir uns in einem letzten Gedankenbogen auch dem Abendmahl zuwenden, nicht um das Gedicht einer theologischen Beurteilung zu unterziehen oder ihm eine bestimmte Theologie zu unterstellen, sondern um ihm ein wenig abzulauschen, warum und in welcher Weise sich für Enzensberger die Assoziation mit dem Abendmahl angeboten hat.

Der Schlüssel scheint mir das Vergnügen im Angesicht des Untergangs zu sein. Jenseits aller auch nur indirekten christologischen Anspielungen steht das Mahl vor dem Kreuz im Zentrum des Interesses (das Kreuz steht zunächst nur für den Untergang). Zu dem Mahl gehört einerseits die Üppigkeit, die es in der Vorstellung hat – nur so kann es tatsächlich Vergnügen erzeugen – und andererseits die Durchbrechung überkommener Etiketten und Konventionen: alle sind geladen, und sie sind auch alle gekommen, die »Mohren, Säufer, Clowns« und auch der »Mameluck« mit seiner blutenden Nase, selbst die Ketzer bzw. – etwas zurückhaltender und distanzierter formuliert – die wie Ketzer aussehen. Eine gewisse Dekadenz liegt in der Üppigkeit, die in der Gegenwart »Unseres Herrn« einen Hauch von Apokalyptik auf sich zieht – nicht nach der Melodie: »laßt uns noch einmal kräftig auf die Pauke hau'n, denn morgen sind wir tot«; keine orgiastische Zügellosigkeit – »nach mir die Sintflut« – und auch keine aus der Gemeinsamkeit des bedrohlichen Schicksals motivierte Verbrüderung bzw. Vergeschwisterung weinseliger Solidaritätsbekundungen. Es ist mehr die Summe verschiedener Andeutungen, die diesem Mahl immerhin so viel Ungewöhnliches verleiht, daß »die Sieben Richter der Heiligen Inquisition [...] mit ihren roten Roben [rascheln]« wegen des Überschwangs der Darstellung, der ja nur deshalb in Erstaunen versetzt, weil es doch vorgeblich um das letzte Abendmahl »Unseres Herrn« geht.

Ist im Blick auf Veronese die Üppigkeit und das zusammengerufene Ensemble der Gäste das Anstößige – geht es doch um eine von der Kirche bestellte Abendmahlsdarstellung –, so sind im Blick auf den Palmensaal der Titanic zumindest Üppigkeit und Überfluß nichts Überraschendes; sie gehören vielmehr zur Normalität eines Luxusliners, ganz gleich auf welcher Reise er sich gerade befinden mag. Überraschend kann hier allein die von Enzensberger hergestellte Verbindung zum Abendmahl sein. Das Inerscheinungtreten »Unseres Herrn« sorgt an diesem Ort für den apokalyptischen Hauch, der bei Veronese durch die vielen überraschenden Gäste erzeugt wurde, die sich da am Tisch des Herrn nicht nur drängeln, sondern es sich auch offenkundig gemütlich machen. Bei Veronese wird im Angesicht Jesu gleichsam die ›Klassengesellschaft‹ mehrdimensional durchbrochen, so daß die Welt durch das Abendmahl mit den längst nicht erreichten Grenzen ihrer Möglichkeiten konfrontiert wird. Auf der Titanic dagegen zeigt das

Hinzutreten »Unseres Herrn« zu der konservierten und exzessiv ausgelebten ›Klassengesellschaft‹ die Befremdlichkeit und Fragilität des sich selbst feiernden Luxus angesichts der allseits präsenten Möglichkeit des Untergangs. Niemand wird sich hier über das Vergnügen echauffieren, und ob das Hinzukommen Jesu als befremdlich empfunden wird, steht auch dahin, läßt er es sich auf dem Bild doch offenkundig auch wohl sein. Aber wir wissen ja, daß es um das letzte Dinner auf der Titanic geht, und so lesen wir die Zeichen an der Wand ein wenig anders, nachdem das Schiff bereits einmal untergegangen ist.

Sowohl in Venedig als auch auf der Titanic bleibt – wenn auch aus anderen Gründen – das Maßnehmen an Jesus die Provokation, die sich auch nicht durch die Umbenennung des Bildes entscheidend mildern läßt. Der Anlaß zur Provokation ist jeweils ein anderer; auch auf der Titanic zwei Decks unter dem Luxusdeck sähe die Herausforderung schon wieder anders aus – doch dort hängen keine Gemälde. Wenn Jesus beim Essen dabei ist, bekommt jedes Mahl einen anderen Charakter, denn es bekommt unversehens den Charakter eines Abendmahls, dem immer auch etwas Letztes eignet, was auch immer dieses Letzte sein mag. Es läßt sich auch nicht einfach sagen, auf welcher Seite vom Vergnügen Jesus zu finden sein wird. Das Vergnügen, das Jesus einschließt, ist allerdings deutlich ein anderes als das, welches ihn ausschließt.

Mit diesen letzten Bemerkungen überschreiten wir nun die Grenzen, die sich das Gedicht von Enzensberger selbst gezogen hat. Ich bin mir ziemlich sicher, daß Enzensberger jede Theologisierung den von dem Gedicht angegriffenen und schließlich stehen gelassenen Kritikern und Besserwissern, wenn nicht gar den schließlich noch aufgebotenen Schmarotzern zuweisen würde. Und tatsächlich sind die Theologinnen und Theologen ja auch häufig exakt dort aufzufinden in ihrer Sucht, immer und überall dabei zu sein, wobei sie längst bereit sind, ihre Roben – je nach Bedarf – den Verhältnissen entsprechend zu wechseln. Doch diese Art von Theologen lassen wir getrost stehen, um uns mit Hans Magnus Enzensberger über die »Suppenschildkröte mit rollenden Augen« unter den »sorgfältig gemalten Fliesen« zu freuen.

Literatur

H. Bauer (Hg.), Die große Enzyklopädie der Malerei, acht Bände, Freiburg 1976–1978 (im Bd. 3 findet sich auf S. 1084 eine Reproduktion des »Gastmahls im Hause des Levi«).

W.M. Fues, Kunst als Logik des Nichts. Überlegungen mit Hans Magnus Enzensbergers Komödie »Der Untergang der Titanic«, in: ders., Text als Intertext, Zur Moderne in der deutschen Literatur des 20. Jahrhunderts (Probleme der Dichtung Bd. 23), Heidelberg 1995, S. 70–157.

A. Hauser, Der Ursprung der modernen Kunst und Literatur. Die Entwicklung des Manierismus seit der Krise der Renaissance, München 1964.

H.-Th. Lehmann, Eisberg und Spiegelkunst. Notizen zu Hans Magnus Enzensbergers Lust am Untergang der Titanic, in: Hans Magnus Enzensberger, hg. v. R. Grimm, Frankfurt/M. 1984, S. 312–334.

J. Meyer zur Capellen u. *B. Roeck* (Hg.), Paolo Veronese. Fortuna Critica und künstlerisches Nachleben (Studi Bd. 8), Sigmaringen 1990.

H.-H. Preuße, Der politische Literat Hans Magnus Enzensberger. Politische und gesellschaftliche Aspekte seiner Literatur und Publizistik, Frankfurt/M. 1989.

U. Reinhold, Geschichtliche Konfrontation und poetische Produktion. Zu Hans Magnus Enzensberger in den siebziger Jahren, Weimarer Beiträge 27 (1981), S. 104–127.

G. Zürcher, »Ich bin keiner von uns«. Auf den Spuren von Hans Magnus Enzensbergers lyrischem Ich, in: Text und Kritik 49 (1985), 2. erweit. Aufl, S. 10–27.

Anmerkung

1 Aus: Hans Magnus Enzensberger, Der Untergang der Titanic, © Suhrkamp Verlag, Frankfurt a.M. 1978. Der Abdruck erfolgt mit freundlicher Genehmigung des Suhrkamp Verlags.

Christof Gestrich

Theologie und Dichtung – Evangelische Erörterung einer alten Beziehung

I. Definierendes zu Theologie und Dichtung

Seit alters verschwägert, sind Theologie und Dichtung in der Sache dadurch verbunden, daß sie es beide mit den Quellen der Sprache zu tun haben. Beide sind bestimmungsgemäß damit befaßt, *das richtige Wort zu finden*. Sie suchen es aber dort, wo die Sprache sich generiert. Sie gebrauchen die Sprache nicht nur als Medium, um sich auszudrücken, sondern sie schöpfen aus deren Grund und versuchen zugleich, sie zu ihrem Ziel zu führen bzw. sie das sein zu lassen, wofür sie da ist. Theologie und Dichtung sind somit selbst Medien der Sprache, Diener am Wort (und nicht ist umgekehrt die Sprache ihr Medium)! Dabei ist es für die Theologie klar, wo sie das richtige Wort suchen muß, zu welchem Ziel und Ende sie es suchen muß, und daß es zu finden ist. Für die Dichtung aber ist klar, daß sie das richtige Wort suchen muß, daß sie es überall finden kann, und daß immer ungewiß bleibt, ob sie es findet, und strittig, wozu es dient. So sind Theologie und Dichtung zwar auf verwandten Wegen, gleichzeitig aber auch von Unterschieden bestimmt, vielleicht sogar von tiefen Gegensätzen.

Theologie ist im folgenden in der Definition im Blick, die ihr Martin Luther gab. Theologie ist demnach die durch christliche Regeln (sola scriptura, sola gratia, solo Christo!) angeleitete Suche des ›Wortes‹ in den Wörtern und einer heutigen Glaubenssprache, in der Menschen wohnen, leben, weben und zu ihrem Heil finden können, und zwar dergestalt, daß nicht etwa die Menschen, wenn sie wollen, diese heilsame Sprache sich aneignen und anverwandeln, sondern daß umgekehrt diese sie suchende und findende Sprache die Menschen in sich hinein verwandelt. Sie erweisen sich dann, mit Hölderlin zu reden, selbst als ein *Gespräch*. Ihr Leben ist Hören und Antworten. Indem Luther der Theologie diesen existentiellen, aufs Wortgeschehen bezogenen Rang einräumt, der in späteren wissenschaftstheoretischen Entwicklungen z.T. wieder verloren ging, wird die Theologie direkt mit der Poetik *und* mit der Poesie vergleichbar, also sowohl mit der Lehre von der Dichtung wie auch mit dem Vorgang der *poiesis* im Reich der

Wörter: der Dichtung. Luthers Theologie ist nicht nur »Lehre von ...«, sondern sie umgreift z. B. den musikalischen Sprachausdruck der christlichen Frömmigkeit: die Choräle.

Dichtung oder die literarische Sprachkunst, wie sie im folgenden mit der Theologie ins Gespräch gebracht werden soll, möchte ich entsprechend fassen als Einheit von Poetik und Poesie. Dies wird dem gedanklichen Hintergrund des Werks großer ›Schriftsteller‹ am ehesten gerecht. Daß ich dieses Werk auch dann, wenn es sich um Prosa handelt, nicht ›Literatur‹, sondern – scheinbar etwas veraltet – ›Dichtung‹ nenne, geschieht, um seinen Charakter als Kunst zu unterstreichen.

Das Vorhaben dieses Aufsatzes ist es, zwei alte, verwandte Wort-Beauftragte sich darüber unterhalten zu lassen, ob sie vielleicht den gleichen Auftraggeber und die gleiche Liebe haben, und wie sie, gegebenenfalls, ihr Konkurrenzverhältnis ›geschäftsbelebend‹ zu nützen hätten.

II. Theologen-Leben und das Dichterische

In einer theologischen Fakultät dichten – mehr oder weniger heimlich – viele. Pfarrer tun sich leichter, wenn sie ein bißchen dichten können.[1] Unter den Dichtern wiederum gibt es manchen heimlichen Theologen, und in der Urzeit waren sie es wohl alle. Heute scheinen die poetischen Liebhabereien der Theologen freilich größer als die theologischen Ambitionen der Dichter, die ja mittlerweile auch ›Schriftstellerinnen und Schriftsteller‹ heißen. Mancher systematische Theologe ist dafür bekannt, daß er in seinen Lehrveranstaltungen gewisse dogmatische Probleme durch Gedichte erläutert.[2]

Eine spezifische Rolle spielte das Gedicht in der DDR und innerhalb einer dortigen theologischen Existenz. In diesem Land herrschten ›Mächte‹, die vor Gedichten Angst hatten und sie zensierten. So geschah es im Bereich von Theologie und Kirche nicht selten, daß man Gedichte liebgewann als Inseln der Freiheit und der Wahrheit in einer Umwelt, die dem dichterischen Wort nicht gewachsen war. In der DDR-Zeit waren predigende Pfarrer und dichtende Menschen gleichermaßen Hoffnungsträger, sofern sie in mehr oder weniger verschlüsselten Texten die Mächte der Unfreiheit und der verdrehten bzw. verschleierten Wahrheit entlarvten und überlisteten.

Daraus entnehme ich als allgemeinere Einsicht: Das evangelische ›Wort‹, in das hinein Menschen – hierdurch frei und wahr werdend – verwandelt werden können, hat längst auch seine säkulare Zwillingsschwester bekommen: das Gedicht oder die gedichtete Prosa, womit man »in dürftiger Zeit« leben kann. Die Hölderlin zugeschriebene Klage, »in dürftiger Zeit« als

Dichter überflüssig zu sein, hat sich insofern als unangebracht erwiesen.[3] Gerade die Dürftigkeit im Zeitlauf selbst erwies sich als Nährboden für lebendige Dichtung, auch für erneute Rezeptionen älterer Sprachkunst. Gedichte können in dürftiger Zeit das individuelle Leben reich beschenken und befreien, zumal wenn sie die Wahrheit auf den Punkt bringen.

III. Theologie und Dichtung in Konkurrenz

Es muß dahingestellt bleiben, ob in unserer Zeit nicht *mehr* Menschen bei Schriftstellern als bei Theologen echten Trost, wahre Erbauung und Befreiung finden. Das macht die Theologenschaft natürlich schon seit längerem unruhig und aufmerksam: diese offenkundig vorhandene, eigene, nicht christlich-religiös fundierte Vollmacht der Dichtung, ein Sprach-brot zu bieten, durch das nicht wenige Menschen, wie man zu sagen pflegt, ›geistig überleben‹ können.

Zwar ist der Geist des Christentums auf geschichtlichen Wegen in viele weltliche Dichtungen – in ihre Transzendenzvorstellungen, in ihre Sicht des Menschen und der Welt, in ihr Ethos und in ihren Wahrheitssinn – eingegangen. Die Dichtung ist das wahrscheinlich größte und sicherlich das geistig produktivste Feld der sogenannten *Säkularisierung*.[4] Aber die Theologie wäre schlecht beraten, würde sie der Dichtung deshalb die Eigenständigkeit bestreiten und sie, im Falle der Konkurrenz, ideell zwangsverchristlichen. Pfarrer haben das Evangelium zu predigen, das uns von Sünden lösende Wort zu verkündigen. Was aber die Dichter tun wollen, wissen wir nicht so genau.[5] Wir wissen nur: Dichtung ist nicht Predigt. *Beide können aber von der anderen entliehene Formen und Inhalte übernehmen und auf ihre Weise nutzen*. Das literarische Kunstwerk kann tief ins Christentum eintauchen – und dann vielleicht aus ihm etwas herausbringen, was schriftgemäßer Theologie sehr fremd ist. Theologie/Predigt können ein Gedicht zur Beschreibung der conditio humana, wenn nicht gar dessen, was *sie selbst* das *Gesetz* nennen, heranziehen. Aber es fragt sich, ob auch der Dichter selbst das theologisch verstandene Gesetz gesucht hat, und ob alle, die das Gedicht lesen, ›Gesetz‹ darin finden.

Außerdem bleibt der Stachel, daß die andere ›Sprachbeauftragte‹ (um nicht zu sagen: ›Prophetin‹) derzeit vielleicht mehr Vollmacht hat als ihre Verwandte, die Schwägerin. Es bleibt ferner der Stachel, daß die neuzeitliche Säkularisierung die Theologie mehr als die Dichtung mit Relevanzverlust heimgesucht hat. Und es bleibt der Stachel, daß nicht nur weltliche Dichtungen gelegentlich theologische Vorgaben nützen und dabei entstellen, sondern daß auch ein theologischer Text weltliche Gedichte auf bedenkliche Weise vereinnahmen und gegen den Strich bürsten kann.

Der Königsweg des theologischen Umgangs mit der Dichtung, aber auch des poetischen Umgangs mit der Theologie, ist die lernbereite Interpretation, die Auslegung, die das Risiko eigenen Verändertwerdens nicht scheut.

Um im folgenden die Unterschiede, das Gemeinsame und die Möglichkeiten eines positiven Zusammenwirkens von Theologie und Dichtung noch schärfer zu erfassen, kommen wir nicht darum herum, nach ›Grundlegendem‹ im Verhältnis von Sprache und Glaube zu fragen.

IV. Das Grundlegende im Verhältnis von Sprache und Glaube

Wie sind Sprache und Glaube im Menschenleben verankert? Hierzu zwei Thesen:

1. Sprache ist das Unterpfand menschlicher Freiheit.
2. Glaube ist das Unterpfand menschlicher Wahrhaftigkeit.

Wahrheit und Freiheit stehen wiederum untereinander in einer tiefgründigen Beziehung: »Die Wahrheit wird euch frei machen« (Joh 8,32)!

Sprache – warum ist sie das Unterpfand der menschlichen Freiheit? Wilhelm von Humboldt verglich die Sprache öfters mit einem *Teppich*, d. h. mit einem multistrukturellen Gewebe.[6] Die miteinander verwobenen bzw. untereinander zusammenhängenden Strukturen sind *Aus-drücke*. Wir sollten uns diesen Teppich nicht auf dem Boden liegend denken, sondern aufgehängt zwischen den Sprechenden und ihrer Umwelt. Die Kommunikation zwischen ihnen geschieht durch das Gewebe der Sprache hindurch. Die Kraft der Sprache besteht, diesem Bild zufolge, in der *Vermittlung* zwischen Menschen und ihrer ›Außenwelt‹. Die Lebensregungen beider stoßen, wo Sprache ist, *nicht unvermittelt* aufeinander. Die Personen und Dinge der Umwelt haben, uns gegenüber, ihre Repräsentation im ›Sprachteppich‹, und auch wir werden, der Umwelt gegenüber, repräsentiert und ausgedrückt durch unsere Worte. Die Muster, Eindrücke oder Ausbuchtungen, die durch Lebensvorgänge in jenem Teppich entstehen, sind die Wörter unserer Sprache und zugleich die Zeichen dessen, was für uns *ist*, und was wir für andere *sind*, also Zeichen der Wirklichkeit. Durch den aufgehängten Teppich oder ›Sprachvorhang‹ gelingt es, eine distanzierte Nähe zu pflegen. Die Gewalt des unmittelbaren Zusammenpralls wird abgeschwächt oder verhindert. Bereits dies aber bedeutet den Gewinn eines *Freiheitsspielraums*. Außerdem können wir Entitäten, die jetzt nicht hier sind, durch die Sprache er-innern, herholen, abrufen oder präsent machen. In diesem Sinne verfügen wir über das, ›dessen Namen wir wissen‹. Auch dieses Abrufenkönnen kraft der Sprache bedeutet

Freiheit. Als befreiend erweist sich Sprache schließlich noch, wenn wir, wahrscheinlich durch liebevolle Zuwendung eines Dritten, endlich aussprechen können, was wir quälend erlebt und dann vergessen haben. Wir werden die Qual, wie Sigmund Freud aller Welt bekanntgemacht hat, erst dann los, wenn wir uns der peinvollen Urszene wieder erinnern und sie aussprechen können. Freilich ist Sprache nicht nur therapeutisch. Worte können auch töten! Der ›Sprachvorhang‹ federt nicht nur vermittelnd ab, und nur ausnahmsweise überträgt er unsere Liebe. Öfters überträgt er nach beiden Seiten: Bosheit und Sünde. Das Instrument der Freiheit wird von Menschen auch als Instrument der Verführung in ausweglose Räume hinein mißbraucht. Es wird zum ›Lügengewebe‹, entsprechend der Qualität der ›Webenden‹. Doch widerlegt dies nicht die These, die Sprache sei das Unterpfand unserer Freiheit. Viele Mythen deuten an, daß Menschenwesen eigentlich *freigesprochene Tiere* sind. ›Einst‹ – und dieses mythische ›einst‹ meint: *immer* – muß das Menschliche erweckt worden sein durch ›gute Worte‹, die uns die tierische Scheu, Wildheit oder Unmittelbarkeit ablegen ließen. Wer aber ist der Sprechende dieses liebenden ›guten Wortes‹ – schon *bevor* es das Menschliche (und damit das Sprechende) gab? Wie kommt es überhaupt in die Natur hinein: dieses *frei*sprechende, den Menschen als Menschen erschaffende Wort? Eine gedankliche Lösung anbietend, antwortet die Bibel im Neuen Testament (Joh 1; Kol 1,16; Eph 1,4 u. ö.) nicht nur, es sei dieses Wort göttlichen Ursprungs und göttliche Gabe, sondern weit mehr noch, es sei dieses Wort der vorzügliche Ort der Gottesgegenwart in der Welt, ja, es seien dieses ›gute Wort‹ und der ›menschgewordene Gott‹ (der Christus-Logos) *eines*. Der Gott offenbarende Logos, der den Menschen *möglich* macht und sogar zum Hoffnungsträger werden läßt, Christus, gilt dem Neuen Testament auch als Mittler der gesamten Schöpfung.

Glaube im Sinne des Neuen Testaments ist das Unterpfand menschlicher Wahrhaftigkeit. Er erschafft einen Menschen, der nicht mehr durch das biblische Gesamturteil »alle Menschen sind Lügner« (Ps 116,11) zu charakterisieren ist. Der Glaube läßt an der göttlichen Wahrheit Anteil gewinnen. Hineingesogen in die Wahrheit des Glaubens, wird der Mensch selbst wahrhaftig, d. h. frei von dem Zwang, sündig verdrehte Beziehungen (Vertauschung »von Schöpfer und Geschöpf«, Röm 1,20ff) zu erzeugen. Keineswegs aber kennzeichnen alle Religionen das richtige Verhältnis der Menschen zu Gott als *Glauben*. (Sie charakterisieren es vielmehr fast alle als Gehorsam und als menschliches Sich-Fügen oder auch als korrekte kultische und sittliche Gottesverehrung). Die Bibel aber bedient sich seit der Zeit des Propheten Jesaja (auch) des Glaubensbegriffs. Seit dem 8. vorchristlichen Jahrhundert hat sich bei den biblischen Beschreibungen unseres angemessenen Gottes- und Weltverhältnisses mehr und mehr die Kategorie des Glaubens in den Vordergrund geschoben. Somit hat das richtige Gottes-, Welt- und Selbstverhältnis, wie die Bibel es sieht, eine *prophetische Grundlage*: Es wurzelt in einem vorausgegangenen, prophetisch vermittelten Angeredetwordensein durch Gott. Menschlicher Glaube – als angemessenes Gottesverhältnis und zugleich als angemessene Fundierung menschlicher Existenz – wird *hervorgerufen*! Die archaisch-mythische Szenerie, aus der heraus sich die anthropologische Bedeutung des Glaubens ansatzweise darstellen ließe, ist die nomadische Welt des Weidewechsels. Folgendes Bild: Am Rande der Wüste begegnen sich vor Winteranbruch zwei Hirten mit ihren Herden. »Warum ziehst du«, fragt der eine den anderen, »ausgerechnet in diese Richtung, wo deine Herde bald nirgenwo mehr etwas finden wird? Ich kenne ein gutes, wintersicheres Gebiet. Du mußt aber, wenn ihr nicht elend umkommen wollt, euren Weg ändern, und ich verspreche dir: So werdet ihr leben!« – Wird sich der zweite Hirte wohl dem Gehörten entsprechend verhalten? Wird er ›glauben‹ (und Glaube ist formaliter ›entsprechendes Verhalten‹)? Er wird es wohl tun, sofern ihm der Zeuge *verläßlich* erscheint! Er wird dann sogar seinen gut aussehenden bisherigen Weg gegen einen derzeit dürr und gefährlich erscheinenden Pfad eintauschen. Denn für diesen Pfad hat er die ›Verheißung‹. Von nun an ist sein Leben ganz aufs ›Wort der Verheißung‹ gestellt. Alle Güter, die der Glaubende hat, sind lediglich Worte. Aber er weiß sich jetzt auf dem rechten, weil durch diese Worte versprochenen Weg und hofft, daß im Winter *alles* ›wahr werden‹ wird. – Diese Parabel zeigt: Der Glaube ist ganz und gar aufs wahre und zugleich verheißende Wort gestellt. *Wahr* ist dieses Wort, weil es *verläßlich* ist.

Dem biblischen Glauben, der gemäß der hebräischen Wortwurzel *aman* ein Sich-Festmachen-beim-Verläßlichen (bei der Wahrheit) bedeutet, geht das durch frühere gute Erfahrungen mit Gott untermauerte Verheißungswort voran. An dieses muß er sich halten, wenn er ›während des Weges‹ von konterkarierenden Bildern *angefochten* wird. In dem *Wort*, auf das der Glaubende baut, steckt Gott. Denn Gott hat sich selbst an sein Wort gebunden, ›seine Ehre hinein verpfändet‹. Deshalb gibt der Glaube schon auf dem Wege, obwohl die Erfüllung (das ›Schauen‹) noch aussteht, bereits Anteil am Göttlichen.

V. Was Theologie und Dichtung aneinander gewinnen können – und was nicht

Es ist freilich nicht so, als wäre die Theologie, weil im Horizont des Glaubens arbeitend, ausschließlich auf die Wahrheit ausgerichtet, die Gedanken und die Sprache der Dichter aber ausschließlich auf den Vollzug oder den Gewinn von Freiheit. Die Theologie fragt zwar nach der Wahrheit. Aber sie fragt nach der *befreienden* Wahrheit. Die eher absichtslose Sprache der Dichter kann zwar befreien,[7] aber das ist nicht unbedingt ihr direktes Ziel, geschweige denn ihr einziges. Die Sprache der Dichter will ja eigentlich nichts und alles, sie ist von einer Wirkung, die schwer auszumessen ist. Sie kann führen und verführen, moralisch erheben und moralisch ruinieren, Wahrheit aufdecken und Wahrheit verkennen lassen, Schrecken bannen und Schrecken hervorrufen, erfreuen und beleidigen. Sie ist fast immer Ausdruck irgendeiner Freiheit. Sie kann harmlos sein oder im Guten wirkungsvoll wie ein unschuldiges Kind, und sie kann die zerstörende Gewalt einer reißenden Hochwasserflut gewinnen. Hölderlin bezeichnete daher das Dichten einerseits als das »unschuldigste aller Geschäfte«;[8] andererseits erkannte er im Zusammenhang seines Dichtens, daß die Sprache »der Güter Gefährlichstes«[9] ist. Heidegger hat auf diese Ambivalenz in der Poetik und Poesie Hölderlins hingewiesen.[10]

Theologie fragt zwar nach der Wahrheit. Aber ihre Resultate wirken manchmal in steriler Weise dogmatisierend und befreien dann keineswegs. Wodurch aber Theologie gelegentlich doch befreiend wirkt, das ist ein situationsgerecht gelungenes Benennen der Wahrheit.[11] Darum ist ihr auch die Kraft der Dichtung so interessant. Aus der Begegnung mit der Dichtung erhofft sich die Theologie insgeheim jene ›Beflügelung‹, jene Entlassung aus dem Dogmatismus, die sie als Theologie relevant werden läßt.[12] Und doch müssen Theologie und Verkündigung wesentlich aus Eigenem zu diesem Ziel gelangen!

Dichtung *ist* zwar in mancherlei Hinsicht ein befreiendes Geschehen. Aber auch sie steht in der Gefahr, ins Leere zu laufen und weit mehr, als es dem Dichter lieb ist, ein ganz ›sinnloses Spiel‹ zu sein. Sie kann sogar in sich falsch sein, sich als Kitsch erweisen oder als verführend zu moralisch schlechten Zielen. Sie ist dann, weil unwahr, auch nicht befreiend. Darum benötigt das befreiende Wirken der Dichter eine Tiefenberührung mit der Wahrheit des Menschseins. Diese aber ist aus der Erfahrungswirklichkeit des Lebens heraus nicht ohne weiteres zu gewinnen. *Sehr viele Dichter blicken deshalb zur Religion hinüber.* Sie studieren regelrecht theologische Fragenkomplexe. In der Handbibliothek sogar eines Gerhard Hauptmann auf Hiddensee findet sich die umfangreiche Kemptener Ausgabe der Schriften der Kirchenväter. Sogar ein Ernst Jünger hatte – am Ende des Zweiten Weltkrieges – eine Schaffensphase, die ihn an die christliche Theologie heranführte. Es ist nicht nötig, die Beispiele zu vermehren. Hingegen ist es nötig, solche Beispiele vorsichtig zu bewerten, weil es, verständlicherweise, oft beim Hinüberblicken geblieben ist.

Eine Theologie nun, die nicht schon kraft ihrer eigenen Inhalte und ihrer

Sprache anschaulich und verständlich ist, wird es auch nicht durch die Zuhilfenahme von Gedichten. Auch wird Theologie die Fähigkeit zu Zeitansagen oder die Kraft, zeitgemäß zu sein, nicht wie Blütennektar aus den Produkten der Poeten schlürfen können, wenn ihr die eigene entsprechende Kraft und damit die eigene theologische Erkenntnis, was die Stunde geschlagen hat, mangelt. Wenn nicht eine Neues erzeugende *Begegnung* zweier schon in sich selbst gereifter und durch sich selbst wissender Sprachwelten in der Hinwendung der Theologie zur Dichtung stattfindet, wenn also die Dichtung von der Theologie z. B. nur zu Illustrationszwecken instrumentalisiert wird, wäre es besser, die Theologie hielte sich von der Dichtung fern.

Ebenso gilt für die Dichtung, daß ihr keine Theologie ›religiösen Tiefsinn‹ verleihen kann, wenn sie nicht selbst schon das Leben elementar angeht. Auch wird das Gedicht nicht das überindividuelle Allgemeine aus der Theologie schöpfen, wenn es nicht selber schon als Kunstwerk die Fähigkeit besitzt, am Einzelnen das Ganze oder Allgemeine darzustellen. Am fruchtbarsten wird die Begegnung sein, wenn ein Dichter an der Glaubenswahrheit, die ihm in biblisch-theologischer Prosa begegnet, die verborgene Poesie entdeckt, wodurch seinem Dichten ein neuer Bereich erschlossen wird.

Der Dichter soll, um in der Poesie zu reüssieren, *kein* Theologe werden wollen, sondern in der Begegnung mit der anderen Denk- und Redeweise der Theologie ein Dichter bleiben. Der Theologe soll umgekehrt kein Dichter werden wollen, sondern in der Begegnung mit der Poesie seine eigene theologische Aussage noch stärker, noch theologischer machen können.

VI. Bemerkungen zu Hölderlin

Friedrich Hölderlin gilt seit langem als Paradefall. Der gelernte Theologe und praktizierende Dichter wirkte – wie sein alter ego: Empedokles – im Riß zweier Epochen als Fremder in seiner Heimat, seinem »Vaterland«. Er wollte der Dichter eines besseren Deutschlands, zuletzt eines wieder aufblühenden Abendlandes (»Hesperien«) sein.[13] Mehr und mehr wollte er auch der Dichter einer zu stiftenden besseren Religion – als des Fundamentes einer schöneren menschlichen Gesellschaft – sein. In jüngeren Jahren hat er den Jugendfreund Hegel inspiriert – mehr als dieser umgekehrt ihn. »Reich Gottes« war das sie gemeinsam begeisternde »Losungswort«,[14] das besagte, daß ihnen die Kirche nur noch als eine auf Größeres hin zu übersteigende Wirklichkeit galt. Hölderlin war ein Feiner, Schüchterner; gleichzeitig war ein gewisser Hochmut in ihm, der geringfügige, aber befremdliche ›Gewaltausbrüche‹ bewirken konnte. Er hatte Angst vor dem Pfarramt, in dem ihn Mutter, Schwester und Großmutter so gern gesehen hätten. In tiefem

Unverständnis gegenüber dem Dogma vom erlösenden, stellvertretenden Sühnetod Jesu wehrte er sich erfolgreich gegen jede berufliche Verwendung im Kirchendienst.

Als ich gerade konfirmiert war, wurde 1954 ein bis dahin unbekanntes,[15] bedeutendes Hölderlin-Gedicht neu entdeckt. Der äußere Anlaß dieser Dichtung war der in die Napoleonsche Eroberungszeit fallende, interimistische Friedensschluß von Lunéville (1801), den Hölderlin als Anbruch einer tiefgreifend besseren Zeit überhöhte. Die nach ihrer Entdeckung sofort zu den großen späten Christushymnen gerechnete Hölderlinsche »Friedensfeier« beginnt mit den Worten »Versöhnender der du nimmergeglaubt / Nun da bist, Freundesgestalt mir / Annimmst Unsterblicher ...«. Am Abendbrottisch meines Elternhauses wurde unter den Erwachsenen nach meiner Erinnerung darüber diskutiert, *wer* dieser »Versöhnende« sei: Napoleon, Christus, – ein Dritter?[16] Mein Vater, ein Pfarrer, hielt damals Volkshochschulvorträge über dieses Problem. An einem schönen Sommerabend 1956 rezitierte ein Schauspieler bei der Brunnenkapelle im Kreuzgang des Klosters Maulbronn, wo ich damals Seminarist war, vor den Honoratioren der Umgebung und uns Schülern den neuentdeckten Hymnus. Ich verstand noch immer wenig von dem in diesem Gedicht Gemeinten. Doch war die Stimmung erhebend und ließ sogar das (sich später als verfrüht erweisende) Gefühl der ›definitiv beendeten Nachkriegszeit‹ aufkommen. Das dichterische Genie Hölderlins, der 130 Jahre vor mir die Geschicke eines Seminaristen in der Maulbronner ›Stube Hellas‹ durchgemacht hatte, begann mir heftig zu imponieren. Wie viele andere, hielt ich die Zeit für reif für ›Hölderlins Wiederkehr‹. Norbert von Hellingrath, der als Hölderlininterpret noch im Vordergrund stand, hatte eine Deutung des Dichterberufs präsentiert, die den wirklichen Dichter als den priesterlichen Vermittler zwischen dem Göttlichen und den Menschen darstellte. So wie im Halbgott Bacchus, dem Sohn der irdischen Semele und des in Gewittern sich offenbarenden Zeus, Göttliches und Menschliches sich vereinigen, und so wie in den Trauben des Bacchus Sonne und Erde sich mischen, so fließt in der wahren Dichtung Göttliches und Menschliches zusammen. Der Dichter, falls er nicht bloß ein ›nichtssagender Schriftsteller‹ ist, gehört, wie es in Hölderlins Elegie »Brod und Wein« heißt, unter die Priester des »Weingotts ... / Welche von Lande zu Land zogen in heiliger Nacht«;[17] er ist also geradezu die *Stimme Gottes*, dessen Existenz ohne den Gesang des Dichters »unaussprechlich wär und einsam in seinem Dunkel umsonst«. Auch ist der Dichter ein *Seher*, der über seine Zeit hinausschaut, die Zukunft verkündet und zugleich heraufbeschwört. Insbesondere ist sein Beruf das Erkennen und Heraufführen des (sich zurückgezogen habenden) Heiligen und Göttlichen durch Namen-Geben, Namen-Finden, Nennen. – 1959 durfte ich die Abitursrede halten, und ich wählte dafür, in fortgeschrittener Verbundenheit mit Hölderlin, das Thema »Dichter in dürftiger Zeit«. Ich sagte u. a.: »Hölderlins ganzes Werk ist von der Bemühung gekennzeichnet, sein ›Vaterland‹ zu einem Hort alles Schönen, Wahren und Heiligen zu machen, sein Vaterland zu nationaler Größe zu erheben. Das Hölderlinsche Wunschvaterland meint allerdings nicht den Großraum zwischen Maas, Memel, Etsch und Belt, sondern es meint Heimat, Schicksalsgrund menschlichen Daseins, worin der Mensch ursprünglich wurzelt. Es meint Rhein, Donau, Neckar, Heidelberg und Stuttgart, es meint die Götter Griechenlands und das Christentum, es meint Rousseau und Luther (sic!), es meint alles, was die Deutschen an Schönem und Großem haben und sein könnten, was sie aber nicht sind.« Allerdings habe Hölderlin die ganze Welt um Deutschland versammelt gesehen. Doch dies habe ihn nicht übermütig gemacht, sondern ihn die *Feiertage Germaniens* preisen lassen,

Germania, wo du Priesterin bist
Und wehrlos Rat giebst rings
Den Königen und den Völkern.[18]

Ich sagte in merkwürdiger, schwäbischer Verrenkung, aber eindeutig in der politischen Absicht: »Fast ist man versucht, die unerlaubte Frage zu stellen: Deutschland, warum hast du dich nicht an deinen Dichter, an deinen Vorgänger und Vorsänger gehalten? Aber immer noch ist Hölderlin aktuell, und immer noch haben die Deutschen Gelegenheit, ihm zu folgen.« Kühn behauptete ich auch: »Hölderlin hat gespürt, worüber Goethe, Schiller und vor allem Kant sich hinwegtäuschten, daß der gewaltige Aufschwung des von der Aufklärung ergriffenen Geistes, die gewaltige Arbeit in den Werkstätten Europas ohne Erfolg bleiben mußte, denn ...«:

... es wandelt in Nacht, es wohnt, wie im Orkus
Ohne Göttliches unser Geschlecht. Ans eigene Treiben
Sind sie geschmiedet allein, und sich in tosender Werkstatt
Höret jeglicher nur und viel arbeiten die Wilden
Mit gewaltigem Arm, rastlos, doch immer und immer
Unfruchtbar, wie die Furien, bleibt die Mühe der Armen.[19]

Nach dieser Einkehr in Hölderlins Elegie »Archipelagus« führte mich mein weiterer Lebensweg ins Tübinger Stift zum Theologiestudium, wo ich über Hölderlin erfuhr, er habe versucht, das Christentum und die neuzeitliche Aufklärung zu versöhnen. Als Dichter habe er seinem »Vaterland«, dem unter dem Ansturm der geistigen und politischen Aufklärungmächte sowohl das

Christentum verloren ging wie auch ›die Götter entflohen sind‹, die Voraussetzungen für eine neue Religiosität und menschliche Lebensganzheit zu stiften versucht. Er sei bemüht gewesen, das Christentum ›griechischer‹ werden zu lassen und zugleich die Gedanken der zeitgenössischen (idealistischen) Philosophen *sinnenhaft* (= religiös) und damit allem Volk begreiflich zur Sprache zu bringen.[20] Zu diesem Zweck sei Hölderlin sogar noch hinter die mythische Götterwelt Homers zu den vorhomerischen Gottes- und Naturmächten zurückgegangen – z. B. zum Vater Kronos (Saturn). Kurz vor dem Ende seiner geistig noch klaren Schaffenskraft sind die in Hölderlins Dichtungen erwähnten zahlreichen Griechengötter und -halbgötter auf nur noch wenige zusammengeschrumpft: Apollo (Helios), Herakles, Dionysos/Bacchus, Zeus.[21] Es vollzog sich eine »abendländische Wendung«,[22] indem nun auch Christus zur festlichen Runde der soeben Genannten noch hinzustieß als ›den Tag‹ vollendender und versöhnender stiller, himmlischer Genius und als Bruder von Herakles und Dionysos. – Um uns Studierende zu warnen, hieß es im Tübinger Stift, daß Hölderlin an seinem eigenen Dichteranspruch zerbrechen mußte! Kein Mensch dürfe sich so ›Vermessenes‹ vornehmen wie die Re-Religionisierung philosophischer Gedanken. Solches dürfe man nicht verwechseln mit der Tätigkeit der alttestamentlichen Propheten, die in der Regel unfreiwillige Werkzeuge von Gottesoffenbarungen gewesen seien. Hölderlin wurde eigener ›Ehrgeiz‹ attestiert. Die Welt der von der dialektischen Theologie wieder zu Ehren gebrachten christlichen Offenbarungstheologie, die im Tübinger Stift galt, und die philosophische Welt Hölderlins lägen himmelweit auseinander. (Aber war Hölderlins ›Beruf‹ wirklich so ganz ohne ›Berufung‹?). Trotzdem hielten manche der jungen Lehrer (Repetenten) im Tübinger Stift viel von *Heideggers* Hölderlininterpretation, die eng mit dieses Philosophen eigener Wende zum ›späten Heidegger‹ hin verknüpft war. Über diese Wende arbeiteten damals viele von uns jungen Theologen, und die Quintessenz der Ergebnisse war, zum Zweck der *Zeitdeutung* (»Zeitansage«) habe sich die Theologie durchaus auf Dichter und Denker wie Hölderlin und Heidegger einzulassen. Aber wir spürten kaum, wie theologisch fragwürdig diese Auffassung im Grunde war, denn: Wo blieb da die *christliche* Zeitdeutung? – Als ich dann selbst junger Dozierender an der Theologischen Fakultät der Universität Tübingen war, erhielt die Hölderlinforschung Ende der sechziger Jahre eine ganz neue Richtung. Im Anschluß an Ergebnisse des französischen Germanisten Pierre Bertaux[23] wurde nun von vielen die Meinung vertreten, Hölderlin sei bisher ›geistesgeschichtlich mißdeutet‹ worden. Sein eigentliches Anliegen sei nicht eine neue Religion gewesen, sondern ein republikanischer politischer Umsturz in seinem Vaterland, an dem auch sein Freund Sinclair gearbeitet habe. Hölderlins Enttäuschung über die (trotz Zusammenarbeit mit Frankreich) nicht gelingende politisch-soziale Erneuerung der Heimat habe ihn zuletzt in die geistige Umnachtung getrieben – in den »Wahnsinn«, wie die Schwaben sagen. Alsbald erschien ein neues Hölderlin-Theaterstück, verfaßt von Peter Weiss, in dessen Schlußbild der junge Karl Marx auf einer Bildungsreise nach Tübingen kam und das Bedürfnis verspürte, den umnachteten Hölderlin in seinem Turm am Neckar zu besuchen. Ahnungsvolle Sätze werden ausgetauscht, die besagen, daß Marx der eigentliche Vollstrecker des Erbes Hölderlins ist![24] Offenbar mußte auch diese Vereinnahmung noch kommen, nachdem Hölderlin in der vorausgegangenen Generation öfters den Ahnherr für nationalsozialistisches Gedankengut zu spielen gehabt hatte.

Theologen sollten sich Hölderlins Religion genau ansehen! Teilweise trägt sie ja Züge des idealistischen Gottesbegreifens in der Nachbarschaft Schellings und Hegels. Hölderlins eigene Vision von den zum abendlich-abendländischen Festmahl wiederkehrenden Göttern ist noch immer anrührend, dennoch nicht recht klar und nicht mehr recht nachvollziehbar. Hölderlins ›Abendmahlstheorie‹ ist zugleich Hölderlins Eschatologie: Das kommende Heil ist die ›Wiederkehr‹ bzw. die künftige, neue Gegenwart der entflohenen, uralten Götter, zu denen sich Christus zuletzt als Teilnehmer am Festmahl der Götter (»Herbstfeier«) *auch* hinzugesellen wird.

Freilich weiß auch Hölderlin: Solche Götteranwesenheit ist für uns Menschen nicht ungefährlich! Doch ist umgekehrt, so meint er, auch die Götterferne und die Gottesvergessenheit für uns Menschen nicht gut. Denn ohne Göttliches verliert unser Leben allen Glanz. Christus wird die gewitterträchtige Gefahr, die uns Irdischen grundsätzlich aus der Gottesanwesenheit droht, mildern. Die Liebe wird sich im Volke verallgemeinern. *Objektive Versöhnung der Gegensätze und neue Heiligkeit des Lebens – das ist das von Hölderlin ersehnte, ›herbeigesungene‹ Heil.* – Vermutlich erwiese eine heutige genaue Rekonstruktion seiner Religionsauffassungen, daß diese nicht nur mit dem christlichen Glauben unvereinbar sind, sondern auch nicht mehr in den heutigen gedanklichen Lebenshorizont passen. Trotz ihres scheinbar pluralistischen Ansatzes präsentieren sie in Wahrheit eine auswählende, alteuropäische Synthese. Sie tendieren zu einer Resakralisierung der Welt (Hesperien als das Land der Götterwiederkehr), die, trotz der heutigen, neuen Aufgeschlossenheit für den Mythos, nicht mehr aktualisierbar sein wird.

Der springende Punkt, der hier für die Verhältnisbestimmung von Theologie und Dichtung herauskommt, ist, daß Hölderlin ein archaisches ›Singen‹ vollzog, demzufolge *Dichten* die an einem schöneren Bild vom Leben festgemachte »Stiftung« eines Sprach-Raumes sein will oder sein soll, worin Menschen sich neu einbürgern und dem verlorenen Heiligen wieder begegnen sollen. Die Wesensart solcher Dichtung ist einerseits Beschreiben und

Beklagen der »Weltnacht«; andererseits Herbeirufen und Nennen des unser menschliches ›Irdisches‹ notwendigerweise ergänzenden ›Himmlischen‹. Zugleich ist ihre Wesensart: Hinführung zum Symbol und zum Ursprung; sprachliche Stiftung dessen, was angesichts der Flüchtigkeit und Verkehrtheit menschlichen Lebens Bestand hat und verheißt. Einem Volk, dem ›Namen‹ und ›Werte‹ abhanden gekommen sind, sollen – bei Hölderlin wohlüberlegt bezüglich dessen, was in der gegebenen Situation nach vorn weisen kann – diese neu zugesprochen werden.

Das alles scheint heute bestenfalls eine esoterische Spezialauffassung vom ›Beruf‹ des *Dichters* darzustellen. Aber es scheint dies alles doch dem Geschäft der *Theologie*, jedenfalls dem Auftrag christlicher Predigt, nahezukommen! Ja, es scheint dies der Mangel vieler heutiger Kirchenpredigten zu sein, daß ihnen die ›mythische Qualität‹ der Weltfrömmigkeit des Hölderlinschen Dichtens fehlt. Theologen könnten freilich gerade deshalb – um Wirklichkeit zu gewinnen – versucht sein, ihre eigene Verkündigung einzufügen in die Vorgaben des durch Hölderlin eröffneten Sprach-Raums (einschließlich seiner Zeitansage und Eschatologie). Aber wie wäre dies zu beurteilen?

Zwar ist die *Struktur* von Hölderlins Streben so, daß manches davon analog auch in der Theologie am Platze wäre. Aber *inhaltlich* gilt: Die Theologie darf die poetischen Zeitdiagnosen der Dichter und Denker *nicht* als eine sie verpflichtende ›Prophetie‹ übernehmen: Sie darf es weder Hölderlin noch Marx noch Heidegger abnehmen, daß diese wirklich wüßten, in welcher ›Stunde‹ wir leben. Leben wir heute z. B. in einer durch das neuzeitliche Denken und Leben einschließlich seiner christentumsgeschichtlichen Voraussetzungen bewirkten »Weltnacht«? Hat die »Weltnacht« nach christlicher Überzeugung nicht mit der Menschwerdung Gottes in Jesus Christus für immer *aufgehört?* Muß also die christliche Theologie nicht von ihrer Eschatologie her zu einer *ganz anderen* Zeitansage fähig sein? Ist ihre eigene poetische Berauschung durch das neuzeitliche Lebensgefühl, daß Gott tot sei, nicht pseudotiefsinnig und theologischer Unsinn?

VII. Memento für die Theologie!

Das Häßlichste, was Theologen den ›Dichtern‹, aus denen sie schöpfen, antun können, ist die Stilisierung von deren tiefempfundener, meist auch erlittener Wirklichkeitsbeschreibung als einer *Frage an die Theologie,* auf die von den Theologen eine *Antwort aus der Offenbarung* ›abgeleitet‹ werden solle. In diesem Falle tut die Theologie so, als sei die Offenbarung ein ihr speziell zur Verfügung stehendes Kapital und vorgefertigtes Lösungspotential für existentielle Problemstellungen aller Art. Auch meint die Theologie dann, menschliche Sehnsüchte und Visionen zu Fragen an sie selbst formen zu dürfen und – unerbetene – Antworten auf sie erteilen zu müssen. Da setzt der Dichter vielleicht sein Leben in seine Kunst, der Theologe aber hebt seine ›Antworten‹ manchmal ungerührt von einem vermeintlich ihm vererbten, dicken Konto ab. Der Theologe handelt dann möglicherweise methodisch in einem erlernten Schema, aber doch völlig kunst- und stillos, ja, geschmacklos und unmenschlich. Wie aber könnte eine geschmacklose, unmenschliche Theologie auch nur einen Funken von Relevanz, auch nur eine Spur von Wahrheit besitzen? Ein Dichter wie Hölderlin zeigt den Theologen, daß sich Glaubwürdigkeit mit amtskirchlicher Konformität noch längst nicht wie von selbst einstellt. Hölderlin ist begeistert von einem Schönen, dessen Zeichen er manchmal in seinem eigenen Leben erblickte. Er hat etwas wahrgenommen, was eine große, lebensbestimmende Sehnsucht in ihm erweckte. Nun sucht er leidenschaftlich, dieses Bild zur Welt und die Welt zu diesem Bild zu bringen. Er ringt dabei ›nach Kräften‹ mit den geistigen und politischen ›Umständen‹ seiner Zeit. All dieses aber müßte bei der Theologie entsprechend auch der Fall sein! Theologie darf nicht ›leichtes Spiel‹ sein, wo andere schwer sich mühen. Theologie darf sich nicht von vornherein aufs ›Antworten aus der Offenbarung‹ verlegen, und sie darf auch nicht die übrigen geistigen Leistungen der Gesellschaft funktionalisieren als jeweilige Ausarbeitung der Fragen, auf die die Theologie angeblich antworten soll. Theologie muß vielmehr bereits dazu Vorschläge machen, wie die *Fragen* zu formulieren wären![25]

Theologie muß sich *selber* beteiligen an der jeweiligen Zeitanalyse, an der differenzierten, leidenden und eben menschlichen Wahrnehmung der Wirklichkeit. Sie muß *ihren* Beitrag dazu leisten! Mehr noch: Theologie und Verkündigung müssen sich auch beteiligen an der ›hölderlin-mäßigen‹ *Suche* nach dem jeweils Schönen, den Bildern, aus denen Versöhnung und Harmonie winken. Sie können, was diese Bilder anbetrifft, nicht einfach reiche Antworten ›von einem kirchlich-dogmatischen Sonderkonto abheben‹, wo andere arm und verletzt in dürftigem Lande *suchen*! Theologie müßte dringend wieder langsamer werden im Antworten und solidarischer im Suchen! Gerade sie hat das Diktum Friedrich Hebbels zu beachten: »Es ist töricht, von dem Dichter das zu verlangen, was Gott selbst nicht darbietet: Versöhnung und Ausgleichung der Dissonanzen.«[26] Was das Christentum bieten und die Theologie nach angestrengter Suche finden kann, ist erst recht nicht ein Sonderweg zur »Ausgleichung und Versöhnung der Dissonanzen«! Sondern es ist die Gemeinschaft des Glaubens *in* den Dissonanzen und die – vielleicht – höchste Möglichkeit ihrer Nicht-Verdrängung. Christliche Theologie ohne Leidenschaft und Sehnsucht, ohne Involviertheit in die Passionen des Lebens und ohne mutige Offenbarung eigener Angst und

Antwortlosigkeit, kann es nicht geben, wäre theologisches Berufsbeamtentum ohne Berufung. Wahrscheinlich ist die heute eingetretene kulturelle Nichtbeachtung vielleicht sogar Nichtbeachtlichkeit der Theologien auf deren Selbstdispensierung von der Teilnahme am Leben (im genannten Sinne) zurückzuführen. *Theologen könnten von Dichtern – wenn auch nicht das ›Wirklichkeitsverständnis‹ und die ›Zeitansage‹ – den existentiellen Preis alles relevanten Denkens lernen!* Auch könnten sie durch Beachtung der Dichtungen vieles über die *Sehnsucht* erfahren, auf die *solche* ›Botschaften‹, die gehört werden, bezogen sein müssen.

VIII. Ist ›christliches Dichten‹ ein theologisches Ideal?

Man müßte wissen, was christliche Dichtung ist! Wir wissen es – trotz des Werks von Dichtern wie Paul Gerhardt, Johann Peter Hebel, Jeremias Gotthelf, Jochen Klepper, Paul Claudel, Reinhold Schneider, Luise Rinser usw. – mit Eindeutigkeit immer noch nicht.[27] Darum ist es auch und gerade für die Theologie sehr fraglich, ob in der christlichen Dichtung das Ideale der Dichtung erblickt werden könnte. Die Tatsache, daß einen Dichter *auch* Christus beschäftigt, macht seine Dichtung, wie an Hölderlin zu sehen, noch nicht zur christlichen. Auch wenn ein im kirchlichen Sinn gläubiger Mensch dichtet, kann dabei alles mögliche herauskommen. Christliche Dichtung ist allererst eine solche, die mit den Mitteln eines Dichters – nämlich z. B. Nennen, Herbeirufen, Rühmen[28] und einen symbolischen Sprach-Raum-Erschaffen – die *Christuspredigt* versucht. Wer aber der Meinung ist, daß Dichtung per definitionem *nicht* Verkündigung sein könne, sondern immer nur künstlerische Nachbildung der Natur bzw. menschlicher Wirklichkeit, muß auch die Idee einer christlichen Dichtung für in sich selbst verfehlt halten. Andererseits sind die biblischen Propheten immer wieder zum Gebrauch einer dichterischen Sprache gedrängt worden, eben weil sie im Auftrag Gottes zu nennen, herbeizurufen und einen symbolischen Sprach-Raum zu eröffnen hatten.[29] Aber müssen *wir* – als Theologen – noch Propheten sein? Wohl nicht! Unser Glaube lebt vielmehr in der Kraft des Prophetischen, die ihm schon vorgegeben ist.

Die christliche Kirche aber hat, wie ich in Abgrenzung gegen andere Auffassungen meine, nicht direkt einen prophetischen Auftrag, sondern die Aufgabe, dem Leben das Leben, das in Christus schon erschienene Leben, bekannt zu machen. Die christliche Verkündigung und Theologie hat unsere jeweilige Geschichte mit der Geschichte Jesu Christi, die ihrerseits prophetisch ist, zusammenzusprechen. Das ist eher eine *künstlerische* Aufgabe, weil es darauf ankommt, eine umfassendere Sprache als die, die wir schon sprechen, zu entwickeln: einen Sprach-Raum zu errichten, der uns aufnimmt.[30] Aber *dichterisch* ist diese theologische Aufgabe wenigstens insofern *nicht*, als nicht ein ferner Gott herbeigerufen oder ein sich nahendes Schicksal benannt werden soll, und auch keinerlei Fiktion errichtet werden darf. *Dichtung* muß vielleicht nicht ›schön‹ sein, sie kann es aber sein. Die *wahre Sprache des Glaubens* aber *ist* schön, obwohl gerade sie auch Häßlichstes und Traurigstes zu integrieren hat – oder sie ist nicht, was sie zu sein meint.

Schönheit soll also einem theologischen Werk mit Verkündigungscharakter durchaus eignen! Aber es ist dann gleichwohl nicht eine Dichtung. Denn im Gedicht redet der Mensch *über sich* und über sich hinaus. Zuletzt ruft er im Gedicht anderes zu sich her. In der Verkündigung aber wird er *von einem anderen her* herausgerufen aus seinem fragilen und fragwürdigen Sosein in sein unzerstörbares Dasein. Diese Bewegung zur Sprache (und damit zur Wirklichkeit) zu bringen, ist nicht weniger schwierig, als es die Sprachbewegung der Dichtung ist. Aber Theologie und Verkündigung einerseits sind dann offenkundig dem Dichten andererseits *entgegengesetzt* ausgerichtet. Nur im Schmerz der jeweiligen Entäußerung bzw. des Überschritts aus dem ›ersten Dasein‹ treffen Theologie/Verkündigung und Dichtung unmittelbar zusammen. In diesem Schmerz haben sie einen gemeinsamen *Übergangsraum*, aus dem heraus dann beide in verschiedener Richtung ins ›Ihrige‹ weiterziehen.

Es gibt keinen Weg von Theologie/Verkündigung weiter zum Dichten! Denn solches Weitergehen wäre ein Rückschritt. Gibt es aber vielleicht einen Weg vom Dichten weiter zur Theologie oder zur christlichen Verkündigung? Kann Dichtung christlich *werden*? Auch das ist eher unwahrscheinlich. Es ist ja auffallend, wie die Dichtung geradezu magisch angezogen wird vom (aus christlich-theologischer Sicht) *Häretischen*! So versucht sie nämlich, auch in der Bewegung zur Religion hin, doch noch dichterische Kunst zu bleiben. Zwar könnte sie sich durchaus in eine Wendung zum wirklich Christlichen hin begeben. Aber kommt sie dort an, hört sie auf, dichterisch zu sein, – es ist dann die Poesie am Ende. Das Kreuz beendet alle Fiktion, jeden Schein. Es endet das Gedicht, es endet das Malen, es endet die Bildhauerei. Man kann dem Dichter und jedem Künstler als Menschen trotzdem nur wünschen, in die *Wendung zum Christlichen* hineinzugelangen – und so, wie besonders im Mittelalter und in der Renaissance häufig geschehen, im künstlerischen Tun, sei es ›gescheitert‹, sei es letztmalig gesteigert, mit der eigenen poiesis dann zu enden.

> Am Ziel der Fahrt ist angelangt mein Leben –
> Wie schwach der Kahn, wie wild des Meers Gewalten –
> Im Hafen, wo der Landende gehalten,
> Ist Rechnung über all sein Tun zu geben.

Die mich die Kunst zur Gottheit ließ erheben,
Zum einz'gen Herrn, die Freude aus Gestalten,
Jetzt seh ich, wieviel Irrtum sie enthalten,
Und wie wir gegen unser Bestes streben.

Die eitle, frohe Schaffenswonne endet,
Da sich ein zwiefach Sterben mir bereitet:
Der Tod ist da, den andern seh ich nahen.

Nicht mal' noch meißel' ich mehr: Die Seele wendet
Zur Gottesliebe ruhig sich, die breitet
Vom Kreuz die Arme aus, uns zu umfahen.

Michelangelo, Sonett »Giunto è gia 'l corso della vita mia«[31]

Anmerkungen

1 J. Müller: Hebel als Theolog für den Theologen, 1876, S. 1; VIII, meinte sogar im Blick auf J. P. Hebel: »der ächte Theolog muß Poet sein« (nach: W. Eisinger: Erlebte und ersehnte Heimat. Theologie und Dichtung bei J. P. Hebel. In: J. Seim/ L. Steiger [Hg.]: Lobet Gott. Beiträge zur theologischen Ästhetik, Festschrift R. Bohren zum 70. Geburtstag, München 1990, S. 86–95, hier S. 93). – Über das Verhältnis bedeutender evang. Theologen des 20. Jh.s zur Literatur s. jetzt die (den gegenwärtigen Diskussionsstand zum Thema »Theologie und Literatur« einbeziehende) Arbeit: Th. Kucharz, Theologen und ihre Dichter. Literatur, Kultur und Kunst bei Karl Barth, Rudolf Bultmann und Paul Tillich (Reihe: Theologie und Literatur, hg. v. K.-J. Kuschel, Bd. 4), Mainz 1995 (Lit.).

2 Das gilt auch für meinen Kollegen Wolf Krötke, dem dieser Beitrag gewidmet ist.

3 Hölderlin sagt in der Elegie »Brod und Wein« (Hölderlin. Grosse Stuttgarter Ausgabe – künftig: GSA), GSA 2/1, S. 94: »Indessen dünket mir öfters / Besser zu schlafen, wie so ohne Genossen zu seyn, / So zu harren und was zu thun indeß und zu sagen, / Weiß ich nicht und wozu Dichter in dürftiger Zeit? / Aber sie sind, sagst du, wie des Weingotts heilige Priester, / Welche von Lande zu Land zogen in heiliger Nacht.« – Gerade Hölderlin wird mißverstanden, deutet man sein Diktum von der »dürftigen Zeit« als Mitteilung, daß er keine Lust mehr habe und es nicht mehr angebracht finde, zu dichten. Denn Hölderlin ging im Gegenteil davon aus, der Beruf des Dichters bestehe darin, »die Spur der entflohenen Götter / Götterlosen hinab unter das Finstere« zu bringen. Gerade die ›schlechte Zeit‹ ist Hoch-Zeit der Dichtung!

4 Vgl. A. Schöne: Säkularisation als sprachbildende Kraft, Göttingen 1958. Hier wird gezeigt, wie enorm groß der Beitrag deutscher Pfarrerskinder zur modernen weltlichen Literatur ist – z.T. Auseinandersetzungen mit dem ›kirchlichen Vater‹!

5 Es empfiehlt sich, bei der Antwort auf diese Frage nicht hinauszugehen über die epigrammatische Weisheit des Horaz: »Et prodesse volunt et delectare poetae.«

6 Vgl. W. von Humboldt: Werke in fünf Bänden, hg. von A. Flitner und K. Giel, Bd. III (Schriften zur Sprachphilosophie), Darmstadt 1963, S. 3.14.396.434.

7 Das gilt sogar generell von der *Kunst.* Siehe hierzu H.-E. Bahr: Poiesis. Theologische Untersuchung der Kunst, München und Hamburg 1965, S. 15: »Die Kunst der Gegenwart hat neue Erfahrungszonen des Menschen freigekämpft oder offengehalten ... durch ihr Eintreten für
1. die Freiheit vom technisch Perfekten,
2. die Freiheit zum Spielen und Lachen,
3. die Freiheit künstlerischen Wagnisses,
4. die Freiheit des Bekennens (Zugeben dessen, was ist).«

8 Brief an die Mutter vom Januar 1799, GSA 6/1, S. 311.

9 Aus dem Fragment »Im Walde«, GSA 2/1, S. 325.

10 Martin Heidegger: Hölderlin und das Wesen der Dichtung, München, 4. und 5. Auflage 1937, S. 41f.

11 Darum ist »Befreiungstheologie« ein zu dick auftragender Begriff. Theologie kann nicht *auch* in der Gestalt spezieller Befreiungstheologie betrieben werden. Sondern das Gelingen ihrer Arbeit an der Wahrheit hängt immer an ihrer befreienden Kraft (und umgekehrt hängt ihre Befreiungskraft immer an ihrer Wahrhaftigkeit).

12 Vgl. hierzu besonders Dietmar Mieth: Dichtung, Glaube und Moral. Studien zur Begründung einer narrativen Ethik mit einer Interpretation zum Tristanroman Gottfrieds von Strassburg. (Tübinger Theologische Studien 7), Mainz 1976, S. 243–247. Mieth hat – wohl erstmals methodisch-wissenschaftlich – die Möglichkeit einer Befruchtung der Theologie, speziell der theologischen Ethik, durch Dichtung untersucht. Er stieß dabei auf das Problem, daß das individuelle menschliche Lebens- und Freiheitsbedürfnis in so schwere Konflikte mit vorgegebenen Ordnungen geraten kann, daß die allgemeine Ethik daraufhin ›umlernen‹ muß. Dichtung mißt zuvor oftmals den Raum aus, in dem die Ethik dann die eingetretene Differenz zwischen kollektivgeschichtlicher und individualgeschichtlicher Moral produktiv zur Moralerneuerung nützen kann. Im Blick auf die methodische ethische »Konstituierung sittlicher Modelle« gilt: »Die Dichtung evoziert die Differenz zwischen Erfahrungsgehalt und Ordnungsgestalt und damit die Aufforderung, sie zu überwinden.« »Das Modell der intensiven Entfaltung der sittlichen Selbstverwirklichungschance, auf die man durch die konkreten Grenzen von Person und Gesellschaft zurückgedrängt wird, hat auch heute noch seine Gültigkeit. An solchen Modellen mäeutisch zu arbeiten, ist eine Aufgabe der Ethik, die sie nicht über ihren sonstigen systematischen Interessen an der Findung ›richtiger Normen‹ vergessen darf.«

13 »Was der Alten Gesang von Kindern Gottes geweissagt, / Siehe! wir sind es, wir; Frucht von Hesperien ists!« (Aus der Elegie »Brod und Wein«, GSA 2/1, S. 95).

14 Vgl. den Beginn von Hölderlins Brief an Hegel aus Waltershausen vom 10. Juli 1794: GSA 6/1, S. 126f.

15 Nur Fragmente davon waren schon bekannt.

16 Ist er identisch mit dem später genannten *Fürsten des Festes?* Von diesem heißt es dann nochmals in der 9. Strophe: »... denn darum rief ich / Zum Gastmahl, das bereitet ist, / Dich, Unvergeßlicher, dich, zum Abend der Zeit, / O Jüngling, dich zum Fürsten des Festes ... «. S. hierzu Eduard Lachmann (Hg.): Der Streit um den Frieden. Beiträge zur Auseinandersetzung um Hölderlins »Friedensfeier« von Walter Bröcker, Heinrich Buhr, Walter Hof, Eduard Lachmann, Ludwig von Pigenot, Erich Przywara und Alois Winklhofer, Nürnberg 1957. – Vgl. auch Ulrich Häussermann: Friedensfeier. Eine Einführung in Hölderlins Christushymnen, München 1959.

17 S. oben: Anm. 2.

18 GSA 2/1, S. 152.

19 GSA 2/1, S. 110.

20 Vgl. hierzu GSA 4/1 (S. 297–299), S. 298f: »Entwurf« (Das älteste Systemprogramm des deutschen Idealismus): »Zuerst werde ich hier von einer Idee sprechen, die soviel ich weiß, noch in keines Menschen Sinn gekommen ist – wir müssen eine neue Mythologie haben, diese Mythologie aber muß im Dienste der Ideen stehen, sie muß eine Mythologie der Vernunft werden. Ehe wir die Ideen ästhetisch d. h. mythologisch machen, haben sie für das Volk kein Interesse und umgekehrt ehe die Mythologie vernünftig ist, muß sich der Philosoph ihrer schämen.« So muß »die Mythologie ... philosophisch ... und die Philosophie ... mythologisch werden, um die Philosophen sinnlich zu machen. Dann herrscht ewige Einheit unter uns. Nimmer der verachtende Blick, nimmer das blinde Zittern des Volkes vor seinen Weisen und Priestern.« – Vgl. GSA 4/1 (S. 275–281), S. 281 aus Hölderlins fragmentarischem Aufsatz »Über Religion«: »So wäre alle Religion ihrem Wesen nach poetisch.«

21 Vgl. hierzu Friedrich Beissner: Hölderlins Götter, Stuttgart/Berlin/Köln/Mainz 1969, S. 4–10.

22 Vgl. Wilhelm Michel: Hölderlins abendländische Wendung, Jena 1923.

23 Vgl. Pierre Bertaux: Hölderlin und die französische Revolution, Frankfurt a. M. 1969.

24 Peter Weiss: Hölderlin. Stück in zwei Akten, Frankfurt a. M. 1971, S. 171–179.

25 Dieser Abschnitt ist auch – leicht erkennbar – als kritische Anfrage an Paul Tillichs ›Kultur-Theologie‹ formuliert; und mehr noch an deren oberflächliche Nachahmungen!

26 F. Hebbel: Tagebücher (Reclam Univers.-Bibl. Nr. 8247–52), Stuttgart 1963, S. 184.

27 Vgl. hierzu D. Mieth: Dichtung, Glaube und Moral (s. oben Anm. 12), S. 16–21 (Lit.!), wo die Vermutung geäußert wird, »christliche Dichtung« sei eine vorübergegangene Zeiterscheinung gewesen, die besonders *in der noch nicht ganz vollendeten Säkularisierung Europas* ihren Platz hatte. »Heute ist ›christliche Dichtung‹ ein literarischer Epochenbegriff geworden; die Einstellung zu ihr ist historisch bestimmt.« M. Wehrli wird zitiert: Man ist ans »Ende einer ›immerhin ein Jahrtausend währenden Symbiose von Glaube und Dichtung‹« gelangt. – »In der Reaktion auf Aufklärung und Säkularisierung wurde die ursprüngliche Spannungseinheit von Glaube und Dichtung aufgelöst.« »Heute ... ist es schwer, die Notwendigkeit ... des ›Christlichen‹ zwischen Profanität und Gnade einzusehen. Seit D. Bonhoeffer ist die Autonomie der Kunst, der Ethik und der Religion als

weltlicher Phänomene immer deutlicher formuliert worden.« (Frage des Vf.s an Mieth und seinen Gewährsmann A. Auer: wirklich die Autonomie der *Religion* als eines weltlichen Phänomens?). – Mit Recht sagt Mieth, daß ›christliche Versuche‹, solche Lebensformen, die durch die neuzeitliche Säkularisierung aus früherer christlicher Einbindung herausfielen, wieder ›heimzuholen‹ mit den Mitteln einer ›christlichen Dichtung‹, heute als obsolet zu betrachten sind.

28 Vgl. H. Vogel: Der Christ und das Schöne (1955). Gesammelte Werke Bd. 9, Stuttgart 1983, S. 13: »›Oh sage, Dichter, was du tust?‹ so fragt Rilke ... den Dichter und läßt ihn antworten: ›Ich rühme!‹ Freilich gerade dieser Dichter – und er war einer der letzten Sänger unter den Dichtern unseres Volkes! – verkündete als eines der späten, schweren Worte seiner Weisheit, daß ›alles Schöne ist nur des Schrecklichen Anfang‹ ... «. Vogel selbst übernahm von Rilkes Engel-Dichtung die Kategorie des Rühmens, in der er das Charakteristische christlicher Dichtung und generell christlicher Kunst erblickte. Vgl. a. a. O., S. 75: »*Die christliche Kunst preist die Menschwerdung Gottes, in der ihre Ermöglichung, ihr Auftrag und ihre Verheißung liegt.* Weil Gott *Mensch* wurde, darum, darum allein gibt es christliche Kunst! Darum ist die Rühmung Jesu Christi mit Wort und Ton und Farbe möglich und wirklich. Was ... die Hirten und die Könige auf die Knie treibt ..., das Wunder der Weihnacht, ist es, in dem die christliche Kunst ihren Ursprung hat.« Das Rühmen wird von Vogel allerdings vom Verkündigen, das der Kunst nicht möglich sei, unterschieden (a. a. O., S. 118).

29 Vgl. hierzu aber die vor einer direkten heutigen Verwertung der Bibelpoesie – mit Recht – warnenden Ausführungen bei G. Nebel: Das Ereignis des Schönen, Stuttgart 1953, S. 135f: »Jeder Kulturbetriebler und Bildungsverehrer stellt sich vor die hochpoetische Bibel, rechnet sie begeistert zu den Achttausendern der Weltliteratur.« Aber mit solcher kulturellen Vereinnahmung wird »Gott in seinem Wort boshafter gekränkt«, als wenn andere die Bibel »als Pfaffenschwindel oder Völkergift entlarven. Die rechten Feinde sind den falschen Freunden vorzuziehen.« Denn schnell wiederholt der insbesondere »von Herder inaugurierte Umgang mit der Bibel als einer Dichtung ... die Sünde des Goldenen Kalbes, bringt also Jahwe in das Sein des mythischen Gottes« oder verfällt gar in die »Geschmacklosigkeit Jakob Burckhardts, der Jesus Christus die ›schönste‹ Erscheinung der Weltgeschichte« nannte.

30 Die »Wesensverwandtschaft der Religion und der Kunst« ist nicht zu bestreiten! Vgl. H.-E. Bahr: Poiesis (s. oben Anm. 5), S. 28.

31 Gerhard Nebel, Altphilologe, Schriftsteller und Liebhaber evangelischer Theologie, stellte dieses Sonett seinem Buch »Das Ereignis des Schönen« (s. oben Anm. 29) als Motto voran.

Autorenverzeichnis

Siegfried Bräuer, Dr. theol., geb. 1930 in Oberneuschönberg/Erzgeb.; 1959 Pfarrer in Leipzig; 1972 Rektor des Pastoralkollegs der Evang.-Luth. Landeskirche Sachsen; 1980 Theol. Direktor der Evang. Verlagsanstalt Berlin; 1991–1995 Oberkirchenrat in der Außenstelle des Kirchenamtes der EKD in Berlin; 1994 Privatdozent für Kirchengeschichte an der Humboldt-Universität zu Berlin.

Christoph Demke, Dr. theol., geb. 1935 in Bunzlau (heute Bolesławiecz); nach dem Studium der Evang. Theologie Assistent und ab 1964 Dozent für Neues Testament am Sprachenkonvikt der Evang. Kirche in Berlin. Seit 1978 Sekretär, ab 1981 Leiter des Sekretariats des Bundes der Evangelischen Kirchen in der DDR. Ab 1983 Bischof der Evangelischen Kirche der Kirchenprovinz Sachsen in Magdeburg. Lebt seit 1997 im Ruhestand in Berlin.

Christoph Dieckmann, geb. 1956, Filmvorführer, 1975–1981 Studium der Evang. Theologie am Theologischen Seminar Leipzig und am Berliner Sprachenkonvikt; anschl. Vikar; 1984 Assistent der Theologischen Studienabteilung beim DDR-Kirchenbund; 1986 Referent für Öffentlichkeit am Ökumenisch-Missionarischen Zentrum/Berliner Missionsgesellschaft. Nebenher freier Autor. 1991 Kulturredakteur des FREITAG, seit 1991 politischer Redakteur im Berliner Büro der ZEIT.

Christofer Frey, geb. 1938 in Reichenbach/Schlesien; nach dem Studium der Evang. Theologie in Berlin, Tübingen, Chicago, Göttingen, Heidelberg und Paris im württembergischen Kirchendienst; Wiss. Assistent und Professor an den Universitäten Heidelberg, Erlangen und Bochum.

Christof Gestrich, Dr. theol., geb. 1940, Studium der Evang. Theologie in Tübingen und Zürich; nach Pfarramt, Promotion und Habilitation Professor für Systematische Theologie, z. Zt. an der Humboldt-Universität zu Berlin.

Christian Gremmels, Dr. theol., geb 1941; nach der Habilitation von 1979–1981 Professor für Sozialethik am Fachbereich Evang. Theologie der Philipps-Universität Marburg; seit 1981 Professor für Evang. Theologie an der Universität Gesamthochschule Kassel.

Kjetil Hafstad, Dr. theol., geb. 1946, Professor für Systematische Theologie an der Universität Oslo.

Peter Heidrich, Dr. theol, geb. 1929; Studium der Evang. Theologie und Orientalistik; Mitarbeiter an der Edition von Werken Meister Eckharts; Lektor für alte Sprachen an der Sektion Theologie der Universität Rostock; nach der Wende Professor für Religionsgeschichte.

Jürgen Henkys, Dr. theol., geb. 1929, Professor für Praktische Theologie; lehrte nach dem Studium der Evang. Theologie von 1956–1965 am Predigerseminar in Brandenburg/H., von 1965–1990 an der Kirchlichen Hochschule Berlin-Brandenburg (vormals »Sprachenkonvikt«) in Berlin-Ost, von 1991–1995 an der Humboldt-Universität in Berlin.

Wolfgang Huber, Dr. theol.; geb. 1942 in Straßburg; 1960–1966 Studium der Evang. Theologie in Heidelberg, Göttingen und Tübingen; Promotion 1966; von 1966-1968 Pfarrer in Reutlingen-Betzingen; 1968-1980 Wissenschaftlicher Mitarbeiter an der Universität Heidelberg (Habilitation 1972); 1980–1984 Professor für Sozialethik an der Universität Marburg; 1983–1985 Präsident des Deutschen Evangelischen Kirchentages; 1984–1994 Professor für Systematische Theologie an der Universität Heidelberg; seit 1994 Bischof der Evang. Kirche in Berlin-Brandenburg.

Klaus-Peter Jörns, Dr. theol., geb. 1939 in Stettin, Professor für Praktische Theologie und Leiter des Instituts für Religionssoziologie und Gemeindeaufbau der Theologischen Fakultät der Humboldt-Universität zu Berlin; veröffentlichte neben zahlreichen theologischen Werken auch Gedichte und Prosa.

Manfred Josuttis, Dr. theol., geb. 1936 in Insterburg/Ostpr.; seit 1963 Pfarrer in Gödenroth/Hunsrück; seit 1968 Professor für Praktische Theologie an der Theologischen Fakultät der Georg-August-Universität Göttingen.

Ingo Klaer, Dr. theol., geb. 1937; Theologiestudium an kirchlichen Hochschulen in der DDR; 1965–1969 im Gemeindepfarramt; anschl. Dozent für Systematische Theologie am Sprachenkonvikt in Berlin (Ost) und ab 1973 am Katechetischen Oberseminar in Naumburg/Saale; nach der Schließung dieser kirchlichen Hochschule 1993 im Gemeindepfarramt in Droyßig; lebt im Ruhestand in Bad Oeynhausen.

Bertolt Klappert, Dr. theol., geb. 1939 in Balige (Sumatra/Indonesien); Studium der Evang. Theologie, Philosophie und Religionsgeschichte; Wiss. Assistent an den Universitäten Bonn und Göttingen; seit 1975 Professor für Systematische Theologie an der Kirchlichen Hochschule Wuppertal.

Dietrich Korsch, Dr. theol., geb. 1949; Studium der Evang. Theologie in Wuppertal, Bonn und Göttingen; nach Promotion, Ordination und Habilitation von 1988–1991 Pfarrer in Göttingen; von 1991–1998 Professor für Evang. Theologie an der Universität Passau; seit 1998 Professor für Systematische Theologie an der Philipps-Universität Marburg.

Ernstpeter Maurer, D. theol., geb. 1957, Studium der Evang. Theologie in Bonn, München sowie an der Duke Divinity School (USA); nach Promotion und Habilitation seit 1995 Professor für Systematische Theologie an der Universität Dortmund.

Michael Meyer-Blanck, Dr. theol., geb. 1954; 1981–1987 Pfarrer in Bramstedt (Niedersachsen); 1987–1995 Dozent am Religionspädagogischen Institut Loccum; 1995–1997 Professor für Praktische Theologie an der Humboldt-Universität Berlin; seit 1997 Professor für Praktische Theologie an der Universität Bonn.

Michael Moxter, Dr. phil., geb. 1956; Studium der Philosophie und Evang. Theologie; Promotion in Philosophie; Habilitation in Systematischer Theologie; Privatdozent für Systematische Theologie an der Johann Wolfgang Goethe-Universität, Frankfurt a.M.

Joachim Ringleben, Dr. theol., geb. 1945 in Flensburg; Studium der Evang. Theologie und Philosophie in Göttingen und Tübingen; Promotion (1974) und Habilitation (1981) in Kiel; seit 1984 Professor für Systematische Theologie in Göttingen; seit 1997 Mitglied der Göttinger Akademie der Wissenschaften.

Hartmut Ruddies, Dr. theol., geb. 1947 in Leer (Ostfriesland). Nach dem Studium der Evang. Theologie, Philosophie und Geschichte wissenschaftlicher Mitarbeiter und Assistent in Göttingen und Frankfurt a.M.; z.Zt. Lehrbeauftragter für Systematische Theologie an der Martin-Luther-Universität Halle (Saale).

Henning Schröer, Dr. theol., geb. 1931; 1960–1966 Pfarrer in Kopenhagen; 1968 Habilitation für das Fach Praktische Theologie in Heidelberg; 1971–1996 Professor für Praktische Theologie an der Universität Bonn; zahlreiche Veröffentlichungen zu Theologie und Literatur; Emeritus in Königswinter.

Hans-Walter Schütte, Dr. theol., geb. 1932; 1968 Habilitation; 1970 Professor für Praktische Theologie in Göttingen; 1979 Pfarrer in Celle; seit 1997 im Ruhestand.

Dorothee Sölle, Dr. phil., Dr. theol. h.c., geb. 1929; Studium der Philosophie und der Alten Sprachen in Köln und Freiburg; Studium der Evang. Theologie und Germanistik in Göttingen. 1971 Habilitation an der Philosophischen Fakultät der Universität Köln; 1975–1987 Professorin für Systematische Theologie am Union Theological Seminary in New York; lebt heute als freie Schriftstellerin in Hamburg.

Martin Uhle-Wettler, geb. 1931; nach Besuch der Franckeschen Stiftungen Abitur und anschl. Studium der Evang. Theologie in Halle; Studieninspektor am Sprachenkonvikt; 1959–1970 Gemeindepfarrer in Aken/Elbe; 1970–1979 Studentenpfarrer in Magdeburg; 1979–1986 Studiendirektor des Predigerseminars in Brandenburg; 1986–1994 Gemeindepfarrer in einem Berliner Vorortbereich; seither im Ruhestand.

Wolfgang Ullmann, Dr. theol., geb. 1929 in Bad Gottleuba/Sachsen; 1948 Studium der Evang. Theologie an der Kirchlichen Hochschule Berlin (West); 1950–1954 Studium der Evang. Theologie und Philosophie mit anschl. Promotion in Göttingen;

1954–1963 Vikar und Pfarrer der Evang.-Luth. Landeskirche Sachsen; 1963–1978 Dozent für Kirchengeschichte an der Kirchlichen Hochschule Naumburg (ehem. Katechetisches Oberseminar); 1978–1990 Dozent für Kirchengeschichte am Sprachenkonvikt Berlin (Ost); 1990 Abgeordneter und Vizepräsident der Volkskammer der DDR; 1990–1994 Mitglied des Deutschen Bundestages; seit 1994 Mitglied des Europäischen Parlamentes.

Michael Weinrich, Dr. theol., geb. 1950; Studium der Evang. Theologie in Bethel, Mainz und Göttingen; nach Promotion und Habilitation zunächst seit 1982 Professor für Evang. Theologie an der Universität-GH Paderborn, seit 1996 Professor für Systematische Theologie an der Freien Universität Berlin.